本书系教育部人文社会科学重点研究基地重大项目
"在神圣和世俗之间：西亚城市带的交融与冲突"
（编号：16JJD770032）结项成果

海上丝绸之路
城市带文化研究系列

在神圣和世俗之间
西亚城市带的交融与冲突
（公元前 7000—公元 1922 年）

Between the Sacred and the Secular:
Blending and Conflict in West Asia's Urban Belt
(7000 BC – 1922 AD)

孙宝国 ■ 著

中国社会科学出版社

图书在版编目（CIP）数据

在神圣和世俗之间：西亚城市带的交融与冲突：公元前7000—公元1922年／孙宝国著．—北京：中国社会科学出版社，2022.4

（海上丝绸之路城市带文化研究系列）

ISBN 978-7-5203-9827-5

Ⅰ.①在⋯　Ⅱ.①孙⋯　Ⅲ.①城市史—西亚—前7000-1922　Ⅳ.①K937.5

中国版本图书馆CIP数据核字（2022）第035257号

出 版 人	赵剑英
责任编辑	耿晓明
责任校对	李　剑
责任印制	李寡寡

出　　版	中国社会科学出版社
社　　址	北京鼓楼西大街甲158号
邮　　编	100720
网　　址	http://www.csspw.cn
发 行 部	010-84083685
门 市 部	010-84029450
经　　销	新华书店及其他书店

印　　刷	北京明恒达印务有限公司
装　　订	廊坊市广阳区广增装订厂
版　　次	2022年4月第1版
印　　次	2022年4月第1次印刷

开　　本	710×1000　1/16
印　　张	20.75
插　　页	6
字　　数	295千字
定　　价	98.00元

凡购买中国社会科学出版社图书，如有质量问题请与本社营销中心联系调换
电话：010-84083683

版权所有　侵权必究

图1　埃布拉城址

图2　赫梯帝国首都哈图沙想象图

图 3　奥斯汀·亨利·莱亚德公元 1853 年所绘尼尼微亚述王宫想象图

图 4　卢卡斯·范瓦尔肯博奇公元 1594 年所绘巴别塔

图5 公元1098—1098年安条克之围

图6 弗里德里希·蒂尔希公元1882年所绘帕加马卫城想象图

图 7 罗马军团围攻耶路撒冷

图 8 爱德华·福克纳所绘以弗所想象图

图 9 纽伦堡编年史中的君士坦丁堡插图

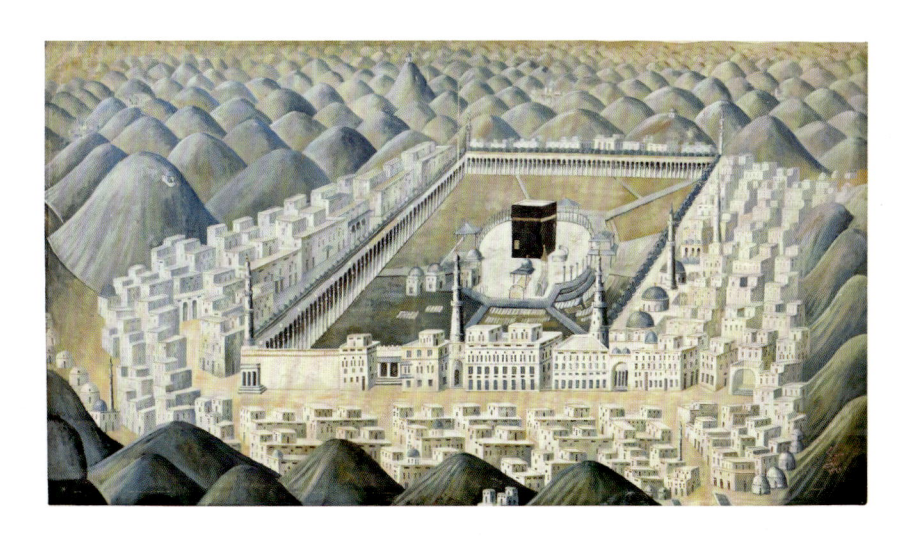

图 10 麦加古城鸟瞰图

图 11　大马士革大清真寺正门

图 12　公元 10 世纪的巴格达想象图

图 13　吉戈·加巴什维利所绘撒马尔罕巴扎

图 14　朱尔斯·劳伦斯公元 1872 年所绘蓝色清真寺

图15 法国建筑师帕斯卡尔·科斯特公元1841年所绘沙赫清真寺

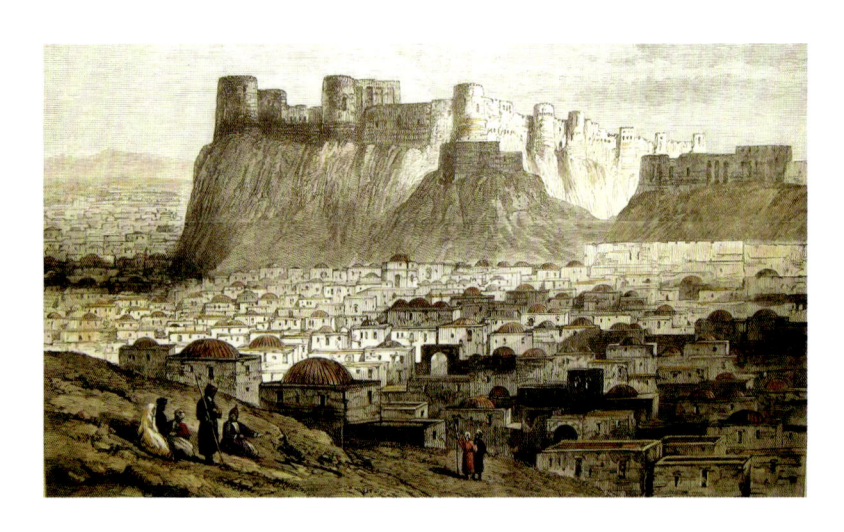

图16 公元1879年的赫拉特卫城

序　言

深入开展"海上丝绸之路"城市带研究

苏智良

2000多年前，亚欧大陆上勤劳勇敢的人民，探索出多条连接亚欧非几大文明的贸易和人文交流通路，后人将其统称为"丝绸之路"。千百年来，"和平合作、开放包容、互学互鉴、互利共赢"的丝绸之路精神薪火相传，推进了人类文明进步，成为世界各国共有的历史文化遗产。

2013年9月和10月，中国国家主席习近平在出访中亚和东南亚国家期间，先后提出共建"丝绸之路经济带"和"21世纪海上丝绸之路"（"一带一路"）的重大倡议，得到国际社会高度关注。"一带一路"倡议成为中国新时期深化改革开放，拓展和建构国际新格局的国家战略，对于促进沿线各国共同发展、共同繁荣具有重大的意义。

海上丝绸之路，是古代中国与外国交通贸易和文化交往的海上通道，1913年由法国的东方学家沙畹首次提出。它萌芽于商周，发展于春秋战国，形成于秦汉，兴于唐宋，转变于明清，是人类已知的最为古老的海上航线。南海丝路从中国经中南半岛诸国，穿过印度洋，进入红海，抵达东非和欧洲，途经100多个国家和地区，成为中国与外国贸易往来和文化交流的海上大通道，并推动了沿线各国的共同发展。茶叶、瓷器、丝绸、香料等经海上丝绸之路而传播。

国内学界很早就已开始对"海上丝绸之路"进行研究，当时一般是涵盖在"中西交通史""南洋交通史""海交史"等研究范畴之下，侧重于航海交通路线、航海工具、途经地点、贸易货物等具体问题的考证。1987年，联合国教科文组织决定对"丝绸之路"进行国际性的全面研究，国内随即出版了一些对主要港口城市进行专题研究的著作，此后"海上丝绸之路"的研究愈加深入。但是，前人著作或成果主要专注于海上丝绸之路物资交流和航运交通的历史，或专注于作为港口的单体城市在中外经济文化交流中的作用和发展过程，并未从整体地域的尺度上提出城市带的概念，也未由此展开对"海上丝绸之路"沿线城市带的整体研究。"一带一路"倡议提出后，"海上丝绸之路"沿线城市的研究进一步得到诸多学者的关注。在已有的研究成果中，相当一部分成果主要是从宏观经济学、国际关系学等角度来展开研究，聚焦于"一带一路"建设沿线国家、地区的区域经济合作等问题。对"海上丝绸之路"沿线城市的研究，也多偏重宏观经济、区域合作和国际贸易研究，而对这些城市的文化研究，则显得相对薄弱。

　　基于上述学术和现实思考，上海师范大学都市文化研究中心结合中心多年来对都市文化的研究积累，开始对"海上丝绸之路"城市带的历史文化展开研究，并提出建设"海上丝绸之路"应以文化为先导，通过深化与包括东亚、东南亚、南亚、西亚和地中海在内的沿线城市带之间的文化交流合作研究，填补"一带一路"建设研究在文化层面的空白。因为从"海上丝绸之路"的历史来看，城市带所包含城市如上海、东京、首尔、高雄、新加坡、胡志明市、孟买、科伦坡、吉布提、阿巴斯、伊斯坦布尔、亚历山大、耶路撒冷、罗马、马赛等，都是在人类文明的不同阶段兴起和发展的重要城市。对这些城市的历史、文化进行系统研究，既能丰富"一带一路"建设研究，为国家战略实施提供文化层面的咨询，又能以国家重大发展战略为抓手，推动都市文化研究的理论和方法创新，提升跨学科协同创新的水平，并拓宽国际都市文化研究和世界城市群研究的深度与广度。

　　自2016年起，中心将"海上丝绸之路"城市带文化研究作为

"十三五"规划主攻方向，以沿线的东亚城市带、东南亚城市带、南亚城市带、西亚城市带和地中海城市带为主要研究对象，并从中选取若干具有代表性的城市展开个案研究。研究聚焦于"海上丝绸之路"城市带历史演进的轨迹，探讨其城市文化发展、演变的基本特征，从城市文化研究的视角，拓展了"一带一路"建设研究的深度和广度，对于完善"一带一路"建设研究具有积极的理论和实践意义。该研究获得2016年度教育部重点研究基地的重大项目立项。

"海上丝绸之路"城市带系列研究中的"西亚城市"由上海师范大学都市文化研究中心研究员——上海师范大学影视传媒学院孙宝国教授领衔承担。项目成果汇集成为这部名为《在神圣和世俗之间：西亚城市带的交融与冲突（公元前7000—公元1922年）》的著作。该研究涉及内容跨越时段之长、关涉地域之广，可以想象其中的艰辛。

2018年为了能够完成该基地重大项目，宝国教授申请获得年度国家留学基金管理委员会国家公派访问学者留学基金资助，并于该年9月到英国利物浦大学考古学、古典学和埃及学系开展为期一年的访学活动。在此期间，宝国教授几乎天天泡在图书馆，爬梳各种数据、文献，完成了与西亚城市带研究相关的大量原始文献收集和数据采集工作，以及相关学术专著和论文等国外最新研究成果的整理和分析工作。最终，该项目提前完成并顺利通过结项。

城市是人类文明的载体和缩影，城市化是人类文明发展的一条主线。西亚是人类城市的发源地，更是三大宗教文明——犹太教、基督教、伊斯兰教的发祥地，是人类文明和城市"神圣的起源"。西亚文明的发展史，亦可视为西亚诸文明单元或复合体基于政治、经济、军事、宗教、文化、教育等目的，建立或再造中心城市、次中心城市等各级各类城市，并建构和完善城市网络共同体的历史。《在神圣和世俗之间：西亚城市带的交融与冲突（公元前7000—公元1922年）》一书正是在上述理念基础上按照西亚主导文明体演进的时间顺序，纵向上，将西亚城市发展分为城邦主导时期、原生帝国时期、希腊化时期、罗马帝国时期、阿拉伯帝国时期、伊儿汗国时期、奥斯曼帝国时期七个时段进行考察，时间上限为公元前70世纪以杰里科为代表的西亚乃至世界上最早的城市的出现，时间下限为公元1922年奥斯曼帝国的解体，跨度约9000年；在横向上，从注重宏观空间的全球史和侧重微观空间的城市史两个视域，分别从"政治生态""发展概览""典型城市"等三个层面逐章展开论述，将不同时段的西亚城市带的政治生态、经济贸易、社会生活、宗教文化、规划管理等的演进大致脉络立体地呈现出来。

宝国教授本着严谨科学的研究态度，将考古资料等第一手参考文献充分运用到研究工作的全过程，在强化研究成果学术性的同时，强化了内容文本的可读性，将文献性、学术性、可读性熔于一炉，呈现了以下三个方面的创新：

一是将西亚与近东、中东等概念和范畴区别开来，并对西亚城市发展史进行了既有继承又有发展的时期划分。同时对不同时期城市演进的历史背景——也即文本中的"政治生态"——进行了简单扼要而又清晰准确的论述，从而使整个研究奠基在扎实的历史语境中。

二是根据主要特点或者说"希腊化""伊斯兰"等关键词，对不同时期的西亚城市的发展样貌分别进行了详略比较适宜的评述，从而初步形成了一个西亚城市通史研究的理论框架和基本观点。

三是在西亚城市发展的每个历史时期中遴选出四至五个典型城市案例（城市传记），以期形成对前面通史类型叙事的补充，同时也使相对枯燥的课题研究文本显得血肉丰满。

《在神圣和世俗之间：西亚城市带的交融与冲突（公元前7000—公元1922年）》一书将宏观叙事和微观个案相结合，从内到外无不透露着作者运用史料的严谨和研究方法的独到之处，该成果的出版具有重要的学术价值和现实意义。从学术价值来看，该研究在国内外世界史和城市史学术界累积的研究成果的基础上，在"一带一路"倡议和人类命运共同体理念提出的新时代背景下，以中国学者的视角，对公元前70世纪至公元1922年西亚城市发展史进行了比较全面系统地梳理和述评，为接下来的进一步研究工作做了理论、文献、观点等方面的前期准备；从现实意义来看，公元前70世纪至公元1922年西亚城市之间通过频繁的物质交往和精神交往，成就了长达9000年的融合与冲突表象背后的共存共荣，这与"尊重世界文明多样性，以文明交流超越文明隔阂、文明互鉴超越文明冲突、文明共存超越文明优越"的"持久和平、普遍安全、共同繁荣、开放包容"的人类命运共同体理念具有跨越历史时空的契合之处。

该书的问世将是中国学者对西亚城市带文化研究的重要开端，期待未来有更多的成果推出，为构建人类命运共同体贡献中国学者的智慧和力量！

是为序！

（苏智良，教育部人文社会科学重点研究基地上海师范大学都市文化研究中心主任、教授）

目　　录

导论 ……………………………………………………（1）

第一章　城邦主导时期的西亚城市 ……………………（20）
　第一节　政治生态 ……………………………………（20）
　第二节　发展概览 ……………………………………（24）
　　一　城邦时期的建城活动 …………………………（24）
　　二　王国时期的建城活动 …………………………（27）
　第三节　典型城市 ……………………………………（30）
　　一　埃布拉 …………………………………………（30）
　　二　乌加里特 ………………………………………（32）
　　三　巴比罗斯 ………………………………………（39）
　　四　哈图沙 …………………………………………（42）
　　五　卡尼什 …………………………………………（44）

第二章　原生帝国时代的西亚城市 ……………………（47）
　第一节　政治生态 ……………………………………（47）
　第二节　发展概览 ……………………………………（51）
　　一　亚述帝国的建城活动 …………………………（51）
　　二　新巴比伦王国的建城活动 ……………………（54）
　　三　阿契美尼德王朝的建城活动 …………………（55）
　第三节　典型城市 ……………………………………（57）

· 1 ·

一　尼尼微 …………………………………………………（57）
　　二　巴比伦 …………………………………………………（59）
　　三　埃克巴坦那 ……………………………………………（62）
　　四　苏萨 ……………………………………………………（63）
　　五　波斯波利斯 ……………………………………………（65）

第三章　希腊化时期的西亚城市 ……………………………（68）
　第一节　政治生态 ……………………………………………（68）
　第二节　发展概览 ……………………………………………（75）
　　一　亚历山大帝国的建城活动 ……………………………（75）
　　二　塞琉古王朝的建城活动 ………………………………（78）
　　三　帕提亚帝国的建城活动 ………………………………（80）
　第三节　典型城市 ……………………………………………（82）
　　一　米利都 …………………………………………………（82）
　　二　塞琉西亚 ………………………………………………（86）
　　三　安条克 …………………………………………………（88）
　　四　帕加马 …………………………………………………（91）
　　五　尼萨 ……………………………………………………（94）

第四章　罗马帝国时期的西亚城市 …………………………（97）
　第一节　政治生态 ……………………………………………（97）
　第二节　发展概览 ……………………………………………（101）
　　一　罗马帝国的建城活动 …………………………………（102）
　　二　萨珊王朝的建城活动 …………………………………（107）
　第三节　典型城市 ……………………………………………（109）
　　一　推罗 ……………………………………………………（109）
　　二　耶路撒冷 ………………………………………………（112）
　　三　以弗所 …………………………………………………（117）
　　四　君士坦丁堡 ……………………………………………（119）

五　泰西封 ………………………………………………… (124)

第五章　阿拉伯帝国时期的西亚城市 ………………………… (127)
　第一节　政治生态 ………………………………………………… (127)
　第二节　发展概览 ………………………………………………… (141)
　　　一　原有城市的保护与改造 …………………………… (141)
　　　二　新建城市的功能与形态 …………………………… (147)
　第三节　典型城市 ………………………………………………… (151)
　　　一　麦加 ………………………………………………… (151)
　　　二　大马士革 …………………………………………… (153)
　　　三　萨那 ………………………………………………… (157)
　　　四　巴格达 ……………………………………………… (159)
　　　五　萨马拉 ……………………………………………… (163)

第六章　伊儿汗国时期的西亚城市 ……………………………… (166)
　第一节　政治生态 ………………………………………………… (166)
　第二节　发展概览 ………………………………………………… (178)
　　　一　汗国前期的城市政策与后果 ……………………… (178)
　　　二　汗国后期的城市建设与成就 ……………………… (180)
　第三节　典型城市 ………………………………………………… (181)
　　　一　阿勒颇 ……………………………………………… (181)
　　　二　撒马尔罕 …………………………………………… (183)
　　　三　大不里士 …………………………………………… (186)
　　　四　马什哈德 …………………………………………… (189)
　　　五　苏丹尼叶 …………………………………………… (191)

第七章　奥斯曼帝国时期的西亚城市 …………………………… (193)
　第一节　政治生态 ………………………………………………… (193)
　第二节　发展概览 ………………………………………………… (205)

一　奥斯曼帝国的城市化进程 ·· （205）
　二　伊朗诸王朝的城市化进程 ·· （210）
第三节　典型城市 ·· （214）
　一　伊斯法罕 ··· （214）
　二　赫拉特 ·· （218）
　三　卡尔巴拉 ··· （220）
　四　德黑兰 ·· （222）
　五　伊斯坦布尔 ·· （224）

附录　专有名词英汉对照 ·· （229）

参考文献 ··· （241）

导　　论

　　城市是人类文明的载体和缩影。恩格斯在《家庭、私有制和国家的起源》一书中写道："在新的设防城市的周围屹立着高峻的城墙并非无故。它们的壕沟深陷为氏族制度的墓穴，而它们的城楼已经耸入文明时代了。"① 马克思和恩格斯在《德意志意识形态》一书中指出："物质劳动和精神劳动的最大的一次分工，就是城市和乡村的分离。城乡之间的对立是随着野蛮向文明的过渡、部落制度向国家的过渡、地方局限性向民族的过渡而开始的，它贯穿着全部文明的历史并一直延续到现在。"② 科特金在《全球城市史》一书中认为："人类最伟大的成就始终是她所缔造的城市。"③ 从文明演进和城市发展的角度看，西亚既是人类文明的发祥地之一，亦是世界城市的起源地之一。从中外物质交往和精神交往的角度来看，西亚城市既是陆上丝绸之路的系列支点，亦是海上丝绸之路的重要节点。对西亚城市长逾万年的演进脉络的历时性梳理，将有助于深化对新时代中国提出的"一带一路"倡议和人类命运共同体理念的共时性的观照。④

---

① 《马克思恩格斯选集》第4卷，人民出版社1972年版，第160页。
② 《马克思恩格斯选集》第1卷，人民出版社1972年版，第116页。
③ ［美］乔尔·科特金：《全球城市史》，王旭等译，社会科学文献出版社2014年版，第2页。
④ "丝绸之路"一词最早出现于东罗马帝国治下的安条克的希腊史学家阿米安·马塞林（Ammianus Marcellinus, 325—395）所著《历史》一书第23册中。德国地理学家李希霍芬（Ferdinand von Richthofen, 1833—1905）1887年出版的学术专著《中国：亲身旅行的成果和以之为根据的研究》（简称《中国》）第一卷初版中使用 Seidenstrassen（Sild Road）一词，并将丝绸之路定义为"从公元前117年到公元127年间，连接中国和河中以及中国与印度，以丝绸之路贸易为媒介为西域交通路线"。参见［俄］叶莲娜·伊菲莫夫（转下页）

一 概念界定

本书的研究对象为西亚城市的历史和未来。在展开论述之前，有必要对"城市"和"西亚"等相关概念加以界定。

（一）城市

"城"，主要指防御设施；"市"，主要指交易场所。《墨子·七患》曰："城者，所以自守也。"《礼记·礼运》云："城，郭也，都邑之地，筑此以资保障者也。"《说文解字》载："城，以盛民地"，"市，买卖之所也"。《尔雅·释言》称："贸、贾，市也"。

19世纪下半叶，法国古史学家古朗士对"城市"与"城邦"两个概念进行了区分："城邦与城市在古语中并非同义。城邦是各家及各部落互相结合所形成的宗教与政治团体，城市则是这个团体进行集会、居住和神庙的所在。"①古朗士进一步阐述了"城"的概念："城的周围是神圣的城墙，中央是祭坛，它是一处宗教的处所，接待城邦中的人与神。"②我国学者王敦书也认为："最早的城往往是卫城，供军事防御之用，可以是宗教中心、行政中心，但未必有市，不是经济中心。城市则是城与市相结合的统一整体。最初围绕卫城而建立的早期国家未必已有完整的城市，不如称为邦或邦国。"③本书中的"城市"

（接上页）娜·库兹米娜《丝绸之路史前史》，梅维恒英译、李春长汉译，科学出版社2015年版，第1页；D. Waugh, "Richthofen's 'Silk Roads': Toward the Archaeology of a Concept", *The Silk Road* 5/1 (2007), pp. 1-10。目前国内学术界将由河西走廊经新疆到中亚的古代商路称为"沙漠绿洲丝绸之路"或"丝绸之路"，而其他交通线路称为"草原丝绸之路""西南丝绸之路""东北亚丝绸之路"等陆上和海上线路，成为广义"陆上丝绸之路"。丝绸之路不只是丝绸流通之路，更是古代中国经印度、中亚、西亚连接北非和欧洲的经济、文化和政治交往之路。

① ［美］J. W. 汤普森：《历史著作史》，孙秉莹、谢德风译，商务印书馆1996年版，第123页。

② 转引自［美］M. 罗斯托夫采夫《罗马帝国社会经济史》，马雍、厉以宁译，商务印书馆2005年版，第128页。

③ 王敦书于1996年3月在香港中文大学历史系和新亚书院合办的"古代、中世纪之政治与宗教"学术讨论会上的宣读文章《略论古代世界的早期国家形态——中国古史学界关于古代城邦问题的研究与讨论》，转引自解光云《古典时期的雅典城市研究：作为城邦中心的雅典城市》，中国社会科学出版社2006年版，第47页。

概念，是一个纵贯西亚古今的广义的城市概念。

对于城市的功能，马克思认为，"城市本身表明了人口、生产工具、资本、享乐和需求的集中；而在乡村里所看到的却是完全相反的情况：孤立和分散"①。恩格斯认为，城市之间的经济联系打破了地域差异的束缚，形成一个自然的、有机联系的社会群体，"城市彼此发生了联系，新的劳动工具从一个城市运往另一个城市，生产和商业间的分工随即引起了各城市间在生产上的新的分工，不久每一个城市都设立一个占优势的工业部门。最初的地域局限性开始逐渐消失"②。列宁认为，"城市是经济、政治和人民精神生活的中心，是前进的主要动力"③。

柴尔德和芒福德等的论述，丰富了马克思、恩格斯和列宁的城市功能理论。柴尔德认为，城市从无到有的产生过程，既是人类居住地的第一次根本性变革，也是畜牧业与农业分工这一新的经济时代的革命的结果和标志。④ 芒福德认为"在城市当中，通过市场、聚会场所等介质的交融手段的浓缩强化，人类的生存方式逐渐形成了各种形式：乡村根深蒂固的循规蹈矩渐渐不再具有强制性，祖传的生活目标渐渐不再是唯一的满足生存需求；异国他乡传入的新奇事物，闻所未闻的神灵仙子，无不逐渐瓦解着血缘纽带和邻里联系"，而城市功能的形成是一个缓慢过程，正如"由锄耕向犁耕文化的转移一样，是在进行了很久很久之后，方才会有充分发达的城市最终出现"，而且"城市不只是建筑物的群体……不单是权力的集中，更是文化的归集"，"城市把某个历史文化和某个历史时代，对于这座城市的存在这一基本事实都曾经采取过什么态度，通通记录下来：建筑物的穹窿和尖塔、轩敞的大道、幽秘的庭院，都讲述着这样的故事，不仅讲述

---

① 《马克思恩格斯全集》第3卷，人民出版社1972年版，第57、60页。
② 《马克思恩格斯选集》第1卷，人民出版社1995年版，第107页。
③ 《列宁全集》第19卷，人民出版社1959年版，第264页。
④ [英]戈登·柴尔德：《城市革命》，陈洪波译，孙逊、杨剑龙主编：《都市文化研究·网络社会与城市环境》第6辑，上海三联书店2010年版。

着城市的各种不同的物质设施，而且讲述着有关人类命运的各种不同观念和思想"。①

（二）西亚

"西亚"在19世纪早期是作为一个地理术语来使用的，譬如，在欧洲古典作家的眼中，"西亚"指的是他们当时已知的亚洲部分。②19世纪末20世纪初，"西亚"成为考古学和历史学研究中借用的一个大略的地理时代概念，用以概括肥沃的新月地带中除古代埃及文明之外的早期文明地区，以便在区隔两种文明的基础上展开进一步的探讨。20世纪60年代前后，"西亚"这一概念开始应用于当代地缘政治和世界经济领域。

从地缘政治的角度来看，"西亚"这一概念与"近东"和"中东"两个概念重合之处甚多。"近东""中东""远东"，都是源自欧洲中心论的地缘政治术语。"近东"是指相对"中东""远东"而言，距离西欧较近的国家和地区，主要包括欧洲的南斯拉夫、阿尔巴尼亚、希腊、保加利亚和罗马尼亚等巴尔干国家，亚洲的土耳其、叙利亚、黎巴嫩、巴勒斯坦、以色列和约旦等地中海沿岸国家和东地中海岛国塞浦路斯，以及非洲的埃及和利比亚。第一次世界大战后，一般不再把巴尔干国家称为近东国家，而是列为东南欧或南欧国家。目前在国际上"近东"一词已不常用。

"中东"最早特指伊朗和阿富汗，意指欧洲以东的介于近东与远东之间的国家和地区。后来"中东"这一概念的内涵和外延都大大拓展了，指代亚洲西部、非洲东北部、土耳其的欧洲部分（东色雷斯）的国家和地区。由于中东大多数国家居民以阿拉伯人或穆斯林为主，因此"中东"又常与"阿拉伯国家""伊斯兰国家""阿拉伯—伊斯兰国家"等概念关联。

---

① ［美］刘易斯·芒福德：《城市发展史：起源、演变和前景》，宋俊岭、倪文彦译，中国建筑工业出版社2005年版，第3、101、91、4页。

② J. Rennell, *The Geographical System of Herodotus Examined and Explained*, Charleston: Nabu Press, 2011, p. 210.

从地理范围上，"西亚"指亚洲、非洲和欧洲三大洲的交界地带，位于阿拉伯海、红海、地中海、黑海和里海之间，被称为"五海三洲之地"。自古以来就是联系亚非欧三大洲和沟通大西洋、印度洋的枢纽，具体包括叙利亚和巴勒斯坦、两河流域、小亚、伊朗、亚美尼亚高地、南高加索、阿拉伯半岛和西奈半岛等地区。

从近现代主权国家的角度来看，西亚包括伊拉克、叙利亚、黎巴嫩、巴勒斯坦、以色列、约旦、塞浦路斯[1]、土耳其、伊朗、沙特阿拉伯、巴林、卡塔尔、也门、阿曼、阿拉伯联合酋长国、科威特、亚美尼亚、格鲁吉亚、阿塞拜疆和阿富汗20个国家。[2]

二 研究现状

（一）国外相关研究成果丰硕

城市史一直是国内外学术界的一个重要研究领域，无论是个案研究，还是区域研究；无论是断代研究，还是综合研究，都取得了显著成绩。欧文斯的《希腊罗马世界的城市》一书，按照历史发展次序，分别对地中海世界的希腊城市规划、希腊化时期的城市规划和罗马帝

---

[1] 塞浦路斯古称阿拉西亚。该岛位于地中海东北部、扼亚非欧三洲海上交通要冲，面积9251平方千米，为地中海第三大岛，北距安纳托利亚40千米，东距叙利亚—巴勒斯坦96.55千米，南距埃及尼罗河三角洲402.3千米。自古以来，该岛以盛产铜闻名遐迩，"塞浦路斯"的希腊语意即为"产铜之岛"。现今的塞浦路斯是亚洲国家，从地理位置上属于西亚，但在政治、经济和文化上与欧洲密不可分。

[2] 中东国家包括埃及、伊拉克、叙利亚、黎巴嫩、巴勒斯坦、以色列、约旦、塞浦路斯、土耳其、伊朗、沙特阿拉伯、巴林、卡塔尔、也门、阿曼、阿拉伯联合酋长国和科威特，共17个，即不包括西亚国家中的阿富汗以及格鲁吉亚、亚美尼亚和阿塞拜疆外高加索三国，但包括了北非的埃及。有时阿富汗也与哈萨克斯坦、吉尔吉斯斯坦、塔吉克斯坦、乌兹别克斯坦和土库曼斯坦等中亚五国一起被视为中亚国家，合称大中亚6国，理由是"这一区域最大的河流——阿姆河南北两岸在历史和文化上从来是无法分割的"，"它是西亚，但又不是西亚；它是南亚，但又不是南亚；它是中亚，但又好像不是中亚。更准确地说，它在中亚通往西亚和南亚的十字路口，或者地处中亚、西亚、南亚的十字路口"。参见潘志平《"丝绸之路经济带"与中亚的地缘政治》，《西北民族研究》2016年第1期，第43—44页。

国早期的城市规划进行了考察。① 皮雷纳的《中世纪的城市》一书，将"城堡论"与"市场论"相结合，认为城市是商人围绕设防地点——城镇和城堡——的聚居地，在城市起源问题上成一家之言，颇具影响。② 施莱辛格出版的《城市的兴起：1878—1898》③ 一书和《美国历史上的城市》④ 一文，标志着美国城市史研究的诞生，揭示了美国向城市工业国家文化的转变。芒福德的突出贡献在于揭示了城市发展与文明进步的内在联系和规律，主要著作有《城市文化》⑤《城市发展：解体与重生》⑥《公路与城市》⑦《城市发展史：起源、演变与前景》⑧《城市展望》⑨ 等，其中《城市发展史：起源、演变与前景》一书分析了城市的起源和演进，并对城市的现状和走向进行了思考。林奇的《城市形态》一书，论述了城市形态的形成原因，以及什么样的城市形态是好的，同时界定了城市设计的五个功能维度。⑩ 贝纳沃罗的《世界城市史》一书，以生动的文字和珍贵的图片系统阐述了5000余年来世界城市的发展及其与经济、科技和政治的关系。⑪ 科特金的《全球城市史》一书，归纳了决定城市命运的三要素，即神圣、繁荣和安全。⑫《城市的形成——历史进程中的城市模

---

① E. J. Owens, *The City in the Greek and Roman World*, London and New York: Routledge, 1991.
② [比利时] 亨利·皮雷纳：《中世纪的城市》，陈国樑译，商务印书馆2011年版。
③ A. M. Schlesinger, *The Rise of the City, 1878–1898*, New York: Macmillan, 1933.
④ A. M. Schlesinger, "The City in American History", *The Mississippi Valley Historical Review* 27/1 (1940), pp. 43–66.
⑤ L. Mumford, *The Culture of Cities*, New York: Harcourt Brace, 1938.
⑥ L. Mumford, *City Development: Studies in Disintegration and Renewal*, New York: Harcourt Brace, 1945.
⑦ L. Mumford, *The Highway and the City*, New York: Harcourt Brace and World, 1963.
⑧ L. Mumford, *The City in History: Its Origins, Its Transformations and Its Prospects*, New York: Harcourt, Brace and World, 1961.
⑨ L. Mumford, *The Urban Prospect*, New York: Harcourt Brace Jovanovich, 1968.
⑩ K. Lynch, *A Theory of Good City Form*, Cambridge: MIT Press, 1981.
⑪ [意] 贝纳沃罗：《世界城市史》，薛钟灵译，科学出版社2000年版。
⑫ J. Kotkin, *The City: A Global History*, New York: Modern Library, 2005.

式和城市意义》①和《城市的组合——历史进程中的城市形态的元素》②两部专著分别对历史上的城市形态进行了阐述。

从20世纪60年代开始,国外学者开始对中东城市、伊斯兰城市、阿拉伯城市、地中海城市的起源、演进和影响等开展比较深入系统的研究。除了陆续发表《伊斯兰城市、阿拉伯城市:东方主义神话与近期观点》③《伊斯兰城市:历史神话、伊斯兰本质与当代意义》④《地中海城市与建筑规范:起源、内容、影响和教训》⑤《阿拉伯城镇规划》⑥《阿玛纳文献中的示剑城》⑦《丝绸之路上的大不里士:13世纪的欧亚文明交往》⑧《大都市圈的崛起》⑨等大量论文外,一大批著作面世。除了洛克哈特的《波斯城市》⑩、休布伦的《伊斯坦布尔》⑪这类介绍城市历史沿革和名胜古迹的知识普及书籍外,一些全方位、多视角和跨学科的专著陆续付梓。帕金斯和史密斯主编的《贸易、商人与古代城市》一书,运用最新的考古和文献资料,对从青铜时代的近东城市到罗马帝国晚期意大利北部城市进行了考察,认为贸易、交

---

① S. Kostof, *The City Shaped: Urban Patterns and Meanings through History*, London: Thames and Hudson, 1991.

② S. Kostof, G. Castillo, *The City Assembled: The Elements of Urban Form through History*, London: Thames and Hudson, 1999.

③ A. Raymond, "Islamic City, Arab City: Orientalist Myths and Recent Views", *British Journal of Middle Eastern Studies* 21/1 (1994), pp. 3 - 18.

④ J. L. Abu-Lughod, "The Islamic City: Historic Myth, Islamic Essence and Contemporary Relevance", *International Journal of Middle East Studies* 19/2 (1987), pp. 155 - 176.

⑤ B. S. Hakim, "Mediterranean Urban and Building Codes: Origins, Content, Impact and Lessons", *Urban Design International* 13/1 (2008), pp. 21 - 40.

⑥ F. J. Costa, A. G. Noble, "Planning Arabic Towns", *The Geographical Review* 76/2 (1986), pp. 160 - 172.

⑦ E. F. Campbell, "Shechem in the Amarna Archive", in G. E. Wright, ed., *Shechem: The Biography of a Biblical City*, London: Duckworth, 1965, pp. 191 - 207.

⑧ R. Prazniak, "Tabriz on the Silk Roads: Thirteenth Century Eurasian Cultural Connections", *The Asian Review of World History* 2 (2013), pp. 169 - 188.

⑨ R. Florida, T. Gulden, C. Mellander, "The Rise of the Megaregions", *Cambridge Journal of Regions, Economy and Society* 3/1 (2008), pp. 459 - 476.

⑩ L. Lockhart, *Persian Cities*, London: Luzac, 1960.

⑪ C. Thubron, *Istanbul*, Amsterdam: Time Life Books, 1978.

换和商业与人们的生活息息相关，尤其对城市居民不可或缺。① 本尼森和加斯科因主编的《前现代伊斯兰世界中的城市：宗教、国家与社会对城市影响》一书，从城市历史学和城市考古学等跨学科的视角，重点关注了宗教对城市空间布局和居民日常生活所产生的影响。② 科斯特洛的《中东的城市化》一书，对伊斯兰城市肇始至20世纪60年代中东城市现代化转型的历史进程进行了系统梳理。③ 胡拉尼和斯特恩主编的《伊斯兰城市：学术报告会》④、西格特主编的《伊斯兰城市》⑤、布莱克和劳利斯主编的《变化中的中东城市》⑥ 和萨卡夫主编的《中东城市：古代传统与现代世界相遇》⑦，都是有关伊斯兰城市和中东城市研究的论文集，内容涵盖城市经济、管理、教育和社会等领域，体现了力图将因时代和地域不同而差异巨大的城市个案研究与所处宏观背景相结合的研究旨趣；⑧ 贝尔的《中东的农民与市民：社会历史》一书，对中东城乡关系和城市管理相关议题进行了考察；⑨ 雷蒙德的《16—18世纪伟大的阿拉伯城市导论》一书，突破了欧洲中心论的局限性，对奥斯曼帝国统治时期的大马士革、阿勒颇和巴格

---

① H. Parkins, C. Smith, eds., *Trade, Traders and the Ancient City*, London and New York: Routledge, 1998.

② A. K. Bennison, A. L. Gascoigne, eds., *Cities in the Pre-Modern Islamic World: The Urban Impact of Religion, State and Society*, London: Routledge, 2007.

③ V. F. Costello, *Urbanization in the Middle East*, New York: Cambridge University Press, 1977.

④ A. Hourani, S. M. Stern, eds., *The Islamic City: A Colloquium*, Philadelphia: University of Pennsylvania Press, 1970.

⑤ R. B. Segeant, ed., *The Islamic City: Selected Papers from the Colloquium Held at the Middle East Centre, Faculty of Oriental Studies, Cambridge, United Kingdom, from 19 to 23 July 1976*, Paris: UNESCO, 1980.

⑥ G. H. Blake, R. I. Lawless, eds., *The Changing Middle Eastern City*, New York: Barnes and Noble Books, 1980.

⑦ A. Y. Saqqaf, ed., *The Middle East City: Ancient Tradtions Confront a Modern World*, New York: Paragon House Publishers, 1986.

⑧ A. Hourani, S. M. Stern, eds., *The Islamic City: A Colloquium*, Oxford: University of Pennsylvania Press, 1970, pp. 23 – 24.

⑨ G. Baer, *Fellah and Townsman in the Middle East: Studies in Social Histroy*, London and New York: Rouledge, 1982.

达等城市的发展历史进行了相对公允的评析。① 雷蒙德的另一部著作《奥斯曼时期的城市：开罗、叙利亚和马格里布》，同样摒弃了对伊斯兰城市的传统文化偏见，重新审视了近现代化进程开始之前长达3个世纪的奥斯曼帝国在城市建设上所取得的成就，并着重探讨了阿勒颇、阿尔及尔和君士坦丁堡等城市在组织结构、社会生活和建筑空间等方面的特色。② 阿尔萨耶德的《城市与哈里发：阿拉伯穆斯林城市化的源起》一书，对哈里发时代阿拉伯穆斯林城市的创建和发展进行了梳理。③ 杜普尔和斯坦利主编的《中东和北非城市：一部历史百科全书》，介绍了中东和北非从古至今5000年100余座城市的经济、文化、社会和政治概况；④ 惠特利的《男人共同祈祷之所：7—10世纪伊斯兰土地上的城市》一书，开宗明义地指出伊斯兰城市是由功能而非形态来界定的，进而分析了早期伊斯兰城市在伊斯兰世界经济、文化、宗教和政治交往中所扮演的角色。⑤ 此外，21世纪以来的一些欧洲城市史著述也将研究视域拓展到西亚地区，如布舍龙等的《欧洲城市史》一书，就在中世纪部分增加了有关伊斯兰城市的篇幅。⑥

除了上述断代研究和综合研究外，有关西亚城市的专题研究和个案研究取得积极进展。比特尔的《哈图沙：赫梯人的首都》一书指出，哈图沙这座公元前20世纪的赫梯首都在小亚和叙利亚北部有巨大影响力，而该城遗址以其完备卓越的城市布局以及巧夺天工的神

---

① A. Raymond, *The Great Arab Cities in the 16th – 18th Centuries: An Introduction*, New York: New York University Press, 1984.

② A. Raymond, *Cities in the Ottoman Period: Cairo, Syria and the Maghreb*, London and New York: Routledge, 2002.

③ N. Alsayyad, *Cities and Caliphs: On the Genesis of Arab Muslim Urbanism*, New York: Greenwood Press, 1991.

④ M. R. T. Dumper, B. E. Stanley, eds., *Cities of the Middle East and North Africa: A Historical Encyclopedia*, Santa Barbara: ABC-CLIO, 2007.

⑤ P. Wheatley, *The Places Where Men Pray Together: Cities in Islamic Lands, Seventh through the Tenth Centuries*, Chicago: University of Chicago Press, 2001.

⑥ P. Boucheron, D. Menjot, *Histoire de l'Europe Urbaine, Tome I- II, La Ville Medievale*, Paris: Points, 2011.

庙、皇宫、堡寨和门廊设计而令人印象深刻。① 赖特的《示剑：一座圣经城市的传记》一书，对约旦河西岸的青铜器时代中期至希腊化时代晚期的商贸城市示剑的发展历史进行了探讨。② 塞弗雷泽的《亚历山大大帝的城市》一书，通过对托勒密王朝3世纪颁行的官方宣传手册等文献的考证，得出亚历山大所建城市的数量比通常认为的少得多的结论。③ 希蒂的《阿拉伯—伊斯兰首都城市》④ 和汉森等主编的《城市中的帝国：奥斯曼帝国晚期的阿拉伯省会城市》⑤，透过作为重大政治、军事、文化和宗教事件发生之地——首都和省会城市——这两类窗口，对阿拉伯帝国和奥斯曼帝国的历史进行了生动的介绍，提出了独到的观点。弗里雷的《伊斯坦布尔：帝国之城》一书，描述和分析了发生在帝国都城伊斯坦布尔的政治权谋与宫廷斗争的内幕。⑥ 利克的《伊斯坦布尔的重建：19世纪奥斯曼之城的肖像》一书，对伊斯坦布尔的城市布局和主要建筑的演化进行了阐释。⑦ 丹尼尔森和凯勒斯的《快速城市化的政治：现代土耳其的政府与增长》一书，探讨了20世纪土耳其的城市化之路和政府的应对之策。⑧ 海拉巴德的《伊朗城市的形成与发展》一书，考察了二战后伊朗全面现代化之前伊朗传统城市的物理结构和空间格局背后的基本原理。⑨ 马丹尼普尔

---

① K. Bittel, *Hattusha: The Capital of the Hittites*, Oxford and New York: Oxford University Press, 1970.

② G. E. Wright, *Shechem: The Biography of a Biblical City*, London: Duckworth, 1965.

③ P. M. Fraser, *Cities of Alexander the Great*, Oxford and New York: Oxford University Press, 1996.

④ P. K. Hitti, *Capital Cities of Arab Islam*, Minneapolis: University of Minnesota Press, 1973.

⑤ J. Hanssen, T. Philipp, S. Weber, eds., *The Empire in the City: Arab Provincial Capitals in the Late Ottoman Empire*, Wuurzburg: Ergon in Kommission, 2002.

⑥ J. Freely, *Istanbul: The Imperial City*, London: Penguin Books, 1996.

⑦ Z. Celik, *The Remaking of Istanbul: Portrait of Ottoman City in the Nineteenth Century*, Seattle and London: University of Washington Press, 1987.

⑧ M. N. Danielson, R. Keles, *The Politics of Rapid Urbanization: Government and Growth in Modern Turkey*, New York and London: Holmes and Meier, 1985.

⑨ M. Kheirabade, *Iranian Cities Formation and Development*, Austin: The University of Texas Press, 1991.

的《德黑兰：创造一个大都会》是世界范围内第一部有关德黑兰城市研究的专著，对任何对德黑兰城市历史和形态感兴趣的人来说，都是一本必备参考书。① 哈基姆的《阿拉伯伊斯兰城市：建筑与规划原则》一书，系统分析了在长期遵循宗教和伦理等简单规制的基础上，传统阿拉伯伊斯兰城市是如何设计和组织的。② 波恩主编的《中东城市人口、贫困与政治》一书，以土耳其、约旦、阿曼、也门和伊朗等国的城市为案例，分析了中东日益突出的城市问题。③

总之，国外学者的与西亚城市史相关的著述不胜枚举，但研究背景和对象往往落在希腊化城市、伊斯兰城市、阿拉伯城市和中东城市等时空范畴，极少将"西亚城市"作为研究背景和对象，且普遍存在着厚今薄古的现象，而西亚城市又恰恰是在漫长的世界上古和中古时期独领风骚数千年的。

（二）国内相关研究方兴未艾

与国外学界相比，国内学界有关世界城市通史研究的著述屈指可数，但筚路蓝缕之功仍是值得肯定的。譬如，俞金尧等所著的《世界历史：城市发展和经济变革》一书以农业文明、工业文明和后工业时代为世界城市通史的时间维度，较为系统地探讨了城市与社会经济发展方面比较重要的内容。④ 作为世界城市史研究的有机组成部分，国内学界在西亚城市史研究方面的成果要更弱一些，尽管起步并不算晚，也出现了一批较有分量的著述。

在学术译著和专著出版方面，20世纪50年代以来出版了《克拉维约东使记》《史集》《丝绸之路：中国—波斯文化交流史》《伊斯坦布尔：一座城市的记忆》《丝绸之路新史》《丝绸之路：一部全新的

---

① A. Madanipour, *Tehran: The Making of a Metropolis*, Chichester and New York: John Wiley and Sons, 1998.
② B. S. Hakim, *Arabic-Islamic Cities: Building and Planning Principles*, London: Kegan Paul, 1986.
③ M. E. Bonine, ed., *Population, Poverty and Politics in Middle East Cities*, Gainesville: University Press of Florida, 1997.
④ 俞金尧等：《世界历史：城市发展与变革》，江西人民出版社2012年版。

在神圣和世俗之间：西亚城市带的交融与冲突（公元前7000—公元1922年）

世界史》等一批或具文献性或有时代感的译著，也出版了《中国与西亚非洲文化交流志》《伊儿汗国史研究》① 等涉及西亚城市发展的专著。其中，徐良利的《伊儿汗国史研究》较为全面地梳理了伊儿汗国的兴衰史，并将大不里士置于当时东西贯通的丝绸之路和欧亚文明交往的背景下进行考察，着重分析以该城市为中心的区域性贸易网络的形成和发展情况。目前与西亚城市史研究相关的专著仅有3部：《中东中世纪城市的产生、发展与嬗变》将中东城市划分为军事要塞、新建首都和原有城市三种类型，并分别以开罗、伊斯坦布尔和德黑兰为典型进行了阐释；② 《全球化与中东城市发展研究》从全球化的视野梳理了中东主要城市的历史发展轨迹；③ 《中东城市民族社团与宗教社团研究》概要介绍了中东城市民族社团和宗教社团的来龙去脉。④

在学术论文发表方面，有关西亚城市的宏观研究和个案研究都已开展起来。从宏观研究来看，仍以城市规划和转型等传统视角为主。陈隆波的《城市、城邦和古代西亚、北非的早期国家》一文认为，西亚北非早期国家不仅开始没有达到城邦阶段，而且以后也没有发展为希腊式的城邦，而是向着广阔领域的王国和帝国发展了。⑤ 王一鸣的《西亚城市的历史和发展现状》一文认为，作为世界上最早的城

---

① ［西班牙］罗·哥泽来滋·克拉维约：《克拉维约东使记》，杨兆钧译，商务印书馆1957年版；［波斯］拉施特主编：《史集》第3卷，余大钧、周建奇译，商务印书馆2009年版；［法］阿里·玛扎海里：《丝绸之路：中国—波斯文化交流史》，耿昇译，中华书局1993年版；［土耳其］奥尔罕·帕慕克：《伊斯坦布尔：一座城市的记忆》，何佩桦译，上海人民出版社2007年；［美］芮乐伟·韩森：《丝绸之路新史》，张湛译，北京联合出版公司2015年版；［英］彼得·弗兰科潘：《丝绸之路：一部全新的世界史》，邵旭东、孙芳译，徐文堪审校，浙江大学出版社2016年版；沈福伟：《中国与西亚、非洲文化交流志》，上海人民出版社2010年版；徐良利：《伊儿汗国史研究》，人民出版社2009年版。

② 车效梅：《中东中世纪城市的产生、发展与嬗变》，中国社会科学出版社2004年版。

③ 车效梅：《全球化与中东城市发展研究》，人民出版社2013年版。

④ 车效梅、续亚彤：《中东城市民族社团与宗教社团研究》，中国社会科学出版社2015年版。

⑤ 陈隆波：《城市、城邦和古代西亚、北非的早期国家》，《世界历史》1984年第4期，第39—48页。

市起源地之一，西亚城市经历了兴衰交替的长期历史过程。① 李荣建的《中古时期阿拉伯城市的兴起与发展》一文认为，中古时期的阿拉伯城市规模较大，设施齐全，具有浓郁的伊斯兰色彩和独特的阿拉伯风情。② 车效梅等的文章《中东中世纪伊斯兰城市形态解读》《中东中世纪城市社会结构分析》《中东中世纪伊斯兰城市行政体系》《中东伊斯兰城市起源初探》《中东伊斯兰城市社区作用初探》《城市化、城市边缘群体与伊朗伊斯兰革命》，不仅涵盖了中东城市的历史变迁、社会结构和现代转型等诸多领域，而且在内容和观点上多有拓荒之功。譬如，《城市化、城市边缘群体与伊朗伊斯兰革命》一文，认为城市化迅猛推进导致伊朗两大传统精英阶层乌里玛和巴扎商人的中心地位丧失而渐趋边缘化，两大新生阶层即城市新移民和现代知识分子由于政治排斥而被边缘化，随着伊朗政治生态的恶化，四大阶层走向联合，最终推翻了巴列维王朝。③ 齐前进的《宗教引导的伊斯兰城市》一文认为，伊斯兰教决定了伊斯兰城市的起源和形态。④ 吕耀军的《城市社会与伊斯兰文明关系探析》一文认为，伊斯兰城市形塑了穆斯林的社会结构和生活方式，建构了伊斯兰文化的基本要素。⑤ 陶金等的《传统阿拉伯伊斯兰城市宗教习俗与建成环境的关系探析》一文认为，伊斯兰教义的"真主法律"通过社会公平、社区团结和私密空间三个原则，对传统阿拉伯伊斯兰城市形态产生决定性影响。⑥ 纳比尔的《伊斯兰城市的环境因素及其共性》一文，从历史背景、

---

① 王一鸣：《西亚城市的历史和发展现状》，《西亚非洲》1987年第6期，第27—35、80—81页。

② 李荣建：《中古时期阿拉伯城市的兴起与发展》，《武汉大学学报》（人文科学版）2005年第6期，第745—749页。

③ 车效梅、王泽壮：《城市化、城市边缘群体与伊朗伊斯兰革命》，《历史研究》2011年第5期，第126—141、192页。

④ 齐前进：《宗教引导的伊斯兰城市》，《世界知识》2004年第9期，第58—59页。

⑤ 吕耀军：《城市社会与伊斯兰文明关系探析》，《西北第二民族学院学报》2008年第2期，第97—102页。

⑥ 陶金、张杰、刘业成、阿布力克木·托合提：《传统阿拉伯伊斯兰城市宗教习俗与建成环境的关系探析》，《规划师》2012年第10期，第92—95页。

社会环境和自然环境的视角，分析了伊斯兰城市具有共性的格局和风貌。① 黄达远和文丰的《冲击与调适：都市化对伊斯兰教世俗化的影响考察》一文，探讨了都市化进程中的伊斯兰教世俗化现象，认为都市的共生与竞争结构有助于提高伊斯兰教的包容度。② 邱国潮和段进的《阿拉伯地区城市形态学研究综述》一文，对国外学界有关阿拉伯地区城市形态研究的3个层次、15个议题和8个建议进行了整理。③ 阿米扎德和胡林的《作为遗产的城市开放空间：伊斯兰城市的实例》一文，通过对传统伊斯兰城市开放空间的用途和性质的调研，揭示了传统文化与现代规划之间的矛盾，并提出了应对之策。④

从个案研究来看，有关伊斯坦布尔的研究数量相对较多，不过主要集中在对土耳其作家奥尔罕·帕慕克的《伊斯坦布尔——一座城市的记忆》《我脑袋里的怪东西》等小说的探讨上，相关文章有张虎的《〈伊斯坦布尔——一座城市的记忆〉的空间权力分析》⑤《论〈伊斯坦布尔——记忆与城市〉中的"呼愁"》⑥，赵炎秋的《伊斯坦布尔的"呼愁"试探——读帕慕克的〈伊斯坦布尔——一座城市的记忆〉》⑦，弋杨的《"呼愁"之城：伊斯坦布尔》⑧，杜莉莉的《都市的魅像与

---

① ［也门］纳比尔：《伊斯兰城市的环境因素及其共性》，《同济大学学报》（社会科学版）2001年第1期，第11—15、49页。
② 黄达远、文丰：《冲击与调适：都市化对伊斯兰教世俗化的影响考察》，《新疆社会科学》2009年第5期，第60—64页。
③ 邱国潮、段进：《阿拉伯地区城市形态学研究综述》，《国际城市规划》2009年第4期，第51—59页。
④ ［伊朗］B. Aminzadeh、胡林：《作为遗产的城市开放空间：伊斯兰城市的实例》，《国际城市规划》2002年第4期，第13—16页。
⑤ 张虎：《〈伊斯坦布尔——一座城市的记忆〉的空间权力分析》，《当代外国文学》2008年第4期，第138—144页。
⑥ 张虎：《论〈伊斯坦布尔——记忆与城市〉中的"呼愁"》，《解放军外国语学院学报》2011年第5期，第122—126页。"呼愁"，在突厥语中意为忧伤，指人内心深处的一种失落感及由此引起的心痛和悲伤。
⑦ 赵炎秋：《伊斯坦布尔的"呼愁"试探——读帕慕克的〈伊斯坦布尔——一座城市的记忆〉》，《外国文学研究》2012年第5期，第158—165页。
⑧ 弋杨：《"呼愁"之城：伊斯坦布尔》，《中国宗教》2012年第9期，第78—80页。

"呼愁"——解读帕慕克〈我脑袋里的怪东西〉的伊斯坦布尔街道》①。作为曾是两个横跨欧亚非三大洲庞大帝国首都的有着约2700年悠久历史的伊斯坦布尔，西倚欧洲和地中海，东向亚洲和丝绸之路，东方与西方在这里汇合，基督教与伊斯兰教在这里碰撞，传统与现代在这里交融，中国学者对帕慕克的相关作品产生共鸣是很自然的。其他方面的文章还有刘少才的《伊斯坦布尔：历史与今天的对接》②、魏雪娥的《伊斯坦布尔的宗教艺术——基督教与伊斯兰教的相遇》③和车效梅的《挑战与应战 冲突与融合——伊斯坦布尔城市现代化历程》④，其中前两篇的内容以见闻和介绍为主；第三篇的学术性较强，认为西方现代文明的冲击，一方面推动了伊斯坦布尔的现代化进程并改善了城市面貌，另一方面固化伊斯坦布尔的殖民化特征并扭曲了城市布局。

除了伊斯坦布尔外，中国学者还对乌加里特、巴比罗斯、塞琉西亚、耶路撒冷、巴格达和大不里士等西亚城市给予了关注。孙宝国的《阿玛纳时代叙巴城市国家的兴衰》一文认为，无论从地缘政治来看，还是从文化传统来看，地处东地中海世界核心区域的乌加里特、巴比罗斯等叙利亚和巴勒斯坦地区的城市都是文明碰撞与汇融的中心。⑤ 王康的《从尘世之城到天国之城的升华——〈圣经〉里耶路撒冷城地位变迁与西方天堂文化探源》一文认为，《圣经》所载的耶路撒冷由尘世之城升华为天国之城的演进过程，从一个侧面揭示了西方

---

① 杜莉莉：《都市的魅像与"呼愁"——解读帕慕克〈我脑袋里的怪东西〉的伊斯坦布尔街道》，《外国文学》2017年第4期，第126—135页。
② 刘少才：《伊斯坦布尔：历史与今天的对接》，《西亚非洲》2009年第3期，第77—78页。
③ 魏雪娥：《伊斯坦布尔的宗教艺术——基督教与伊斯兰教的相遇》，《美术观察》2014年第12期，第135—142页。
④ 车效梅：《挑战与应战 冲突与融合——伊斯坦布尔城市现代化历程》，《世界历史》2008年第3期，第59—70页。
⑤ 孙宝国：《阿玛纳时代叙巴城市国家的兴衰》，《新史学》第19辑，大象出版社2017年版，第243—253页。

天堂文化的东方起源。① 邵大路的《塞琉西亚建城考：早期希腊化城市与帝国统治》一文认为，建立塞琉西亚等希腊化城市是塞琉古王国的重要殖民统治手段。② 孙培良的《中世纪的巴格达》一文，简要介绍了中世纪巴格达的建置、沿革、经济、文化和居民。③ 杨巨平的《阿伊·哈努姆遗址与希腊化时期东西方诸文明的互动》一文认为，阿伊·哈努姆遗址是迄今为止在阿富汗地区原巴克特里亚王国统治区域内发现的唯一完整的希腊式城市，它不仅是希腊人在阿富汗地区长期留居的见证，而且是东西方文明在这一地区相互交流共生的产物。④ 徐良利的《伊儿汗国后期商业和城市发展的原因及特点》一文认为，伊儿汗国城市发展的一个特点是以大不里士为中心的小亚和伊朗地区的城市更加繁荣，而以巴格达为中心的两河流域城市相对衰落。⑤ 车效梅和郑敏的《"丝绸之路"与13—14世纪大不里士的兴起》一文认为，伊儿汗国定都大不里士后，稳定的国内环境与通畅的丝绸之路交相辉映，不仅扩大了城市规模，拓展了城市功能，而且形成了以该城市为中心的区域性贸易网络。⑥

总之，国内学者对与西亚城市相关的研究虽然有所进展，但无论是从宏观研究和微观研究方面，还是从研究视野和研究角度方面，其系统性、深入性和前瞻性，都与西亚城市重要的历史地位和迫切的时代需求相去甚远。譬如，对尼尼微、巴比伦、波斯波利斯、大马士革、萨那、伊斯法罕、马什哈德和安卡拉等大量城市的高水平研究成

---

① 王康：《从尘世之城到天国之城的升华——〈圣经〉里耶路撒冷城地位变迁与西方天堂文化探源》，《外国语文》2011年第2期，第103—107页。
② 邵大路：《塞琉西亚建城考：早期希腊化城市与帝国统治》，《历史研究》2017年第4期，第113—127页。
③ 孙培良：《中世纪的巴格达》，《世界历史》1980年第1期，第42—54页。
④ 杨巨平：《阿伊·哈努姆遗址与"希腊化"时期东西方诸文明的互动》，《西域研究》2007年第1期，第96—105、126页。
⑤ 徐良利：《伊儿汗国后期商业和城市发展的原因及特点》，《湖南城市学院学报》2009年第5期，第43—48页。
⑥ 车效梅、郑敏：《"丝绸之路"与13—14世纪大不里士的兴起》，《世界历史》2017年第5期，第30—44、157—158页。

果难得一见，有关外高加索地区城市的研究成果尚付阙如。

自人类进入文明时代直至近现代开始之前的数千年间，西亚城市不仅首先开启了人类城市历史的巨幕，而且一直引领着世界城市的发展潮流。然而，由于受到诸多因素的制约，与有关欧美城市研究的大量成果相比，有关西亚城市的研究，无论是在国外学界，还是在国内学界，无论是宏观研究，还是个案研究，无论在数量上，还是在质量上，都与西亚城市悠久的历史、厚重的文化和重要的地位极不相称。在中国提出"一带一路"倡议和"人类命运共同体"理念的语境下，充分了解和运用国内外西亚城市研究已经取得的成果，有针对性地深入开展有关西亚城市的基础研究，对于中国学者来说，不仅大有可为，而且很有意义。①

三　总体架构

城市史是现代史学发展和全球化进程的产物。传统史学只关注政治及大人物的历史，而现代史学尤其是新史学将人类活动的其他方面也纳入研究范畴，其中就包括城市的发展演变。而全球化并不是现代才出现的独特现象，正如彼得·弗兰科潘指出的那样："早在2000年前，全球化就是生活的事实，它提供了机会，制造了问题，并推动了技术进步。"② 自古以来的全球化历程，使城市及其周边区域一直处于发展变化之中，以城市的演变规律为对象的城市史研究也蓬勃发展起来。

世界范围内的城市史研究传统可追溯至18世纪。但将城市史设为一门综合学科或独立研究领域则是在20世纪60年代西方社会动荡和各种激进运动造成的城市危机的直接推动下产生的，主要关注的是城市从整体到局部的经济、文化和社会的发展。

---

① 参见孙宝国《国内外西亚城市文化发展研究现状评析》，《北华大学学报》（社会科学版）2019年第2期，第100页。

② G. Clark, *Global Cities: A Short History*, Washington: Brookings Institution Press, 2016, p. 35.

城市史的研究内容在空间上随着城市的发展而变化。20世纪初至40年代研究起步时期的城市史仍是传统的方志式城市史，类似于方志或传记，多为对城市个案的经验性记载，是典型的事件史，学理性不强。第二次世界大战结束后，城市发展出现很多新现象，如城市郊区化或逆城市化、城市连绵带和巨型城市地区等，"城市"这个概念本身在迭代，城市史的研究范畴亦随之发生变动——研究的空间领域扩大，与其他相关学科的关联更为密切、综述与概论性质的成果逐渐精微，各类专题研究日盛，呈现出系统化和深入化的态势，如从时段上就细分为古代、中世纪和现代三个时期。

城市史的基础研究方法是历史学方法，但借用其他学科研究方法的现象越来越普遍。受历史学影响，城市史最基本的两种研究方法，是编年式的描述研究与纪事式的分析研究。描述型城市史属于传统史学方法，是个案研究或城市传记，利用解剖学的方式研究城市的各种内部组织与结构；而分析型城市史是新史学方法，注重城市变化的过程及变化的社会空间作用因素和结果，不是对文化、物质、环境和结构等组成部分进行简单相加，而是精确分析它们在特有的空间组织下的相互作用，揭示基本机制。但上述两种研究方法仍如血肉般不可分离，共同构成城市史的微观结构与总体框架研究。在新史学兴起后，其他社会学科研究方法也越来越多地被城市史借用，其中以社会学与人类学方法最为常用，此外还有考古学、人口学、统计学、民族学、心理学和生态学等学科的方法。

历史学者从事城市形态研究，是将城市作为历史发展的载体，透过城市看历史。这样，城市便成为一个有兴衰演变规律的"生物"，而不是仅供学者观察剖析的"死物"。

城市是人类文明的载体和缩影，城市化是人类文明发展的一条主线。[①] 同理，西亚文明的发展史，亦可视为西亚文明基于经济、文化

---

① A. S. Gilbert, ed., *Cities and Urbanization: Canadian Historical Perspectives*, Toronto: Copp Clark Pitman, 1990, preface.

和政治等目的，建立或再造中心城市和次中心城市等各级各类城市，并建构和完善城市网络共同体的历史。基于这种认知，本书在纵向上将西亚城市发展分为城邦主导时期、原生帝国时期、希腊化时期、罗马帝国时期、阿拉伯帝国时期、伊儿汗国时期和奥斯曼帝国时期七个阶段，上起约公元前7000年以杰里科为代表的西亚乃至世界最早城市的兴起，下迄公元1922年奥斯曼帝国的终结；在横向上从"政治生态""发展概览""典型城市"三个层面展开论述，以期立体呈现不同阶段西亚城市政治、经济、社会、宗教和管理等方面的大致样貌。

第一章

城邦主导时期的西亚城市

第一节 政治生态

脱离当时的政治生态来研究城市历史,很可能会使人有不知所云之感。所以在工笔刻画不同发展时期的西亚城市这一主体形象之前,有必要以写意之法简要勾勒其所处历史时空的风云变幻和物是人非。

城邦主导时期大致涵盖了西亚城市发展的苏美尔城邦、阿卡德王朝、乌尔第三王朝、古巴比伦王国、中巴比伦王国、赫梯古王国、赫梯中王国和赫梯新王国等阶段。

早在公元前35世纪,苏美尔人[①]迁徙到两河流域沿海冲积平原,"以势如破竹之势达到城市化"[②]。这些城市的分布区域很快扩展到两河流域冲积平原北部以及伊朗高原东南部,先后经过了以埃利都遗址为代表的欧贝德文化时期和以乌鲁克遗址为代表的乌鲁克文化时期,

---

① 苏美尔人,是阿卡德人等塞姆人对一支操非塞姆语的外来族群的称谓。苏美尔人的来源问题尚无定论,有学者认为苏美尔人来自南部波斯湾地区,有学者认为苏美尔人来自北部山区。而两河流域最早居民的族属尚不清楚。塞姆人,亦译为"闪米特人""闪族人",是古代西亚北非地区操塞姆语的居民。塞姆语系主要包括阿卡德语、阿摩利语、迦南语(腓尼基语)、阿拉米语、希伯来语和阿拉伯语等,使用上述语言的民族分别被称为阿卡德人、亚述人、巴比伦人、阿摩利人、迦南人、腓尼基人、阿拉米人、希伯来人和阿拉伯人等。当今生活在西亚北非的居民大都是阿拉伯化的古代塞姆人的后裔。参见 S. N. Kramer, *The Sumerians: Their History, Culture and Character*, Chicago and London: The University of Chicago Press, 1963.

② [美]埃尔曼·塞维斯:《国家与文明的起源:文化演进的过程》,龚辛、郭璐莎、陈力子译,陈淳审校,上海古籍出版社2019年版,第207页。

主要成就是发明文字、修筑神庙和创建军队。①

公元前30世纪，苏美尔人建立了埃利都、乌鲁克、基什、拉伽什、乌尔、乌玛、拉尔萨、尼普尔、马瑞和美吉多等15—20个由同名城市及周边村落构成的大大小小的独立城邦。② 为了争夺水源、土地、人口和财富，西亚各城邦之间"战争成为常态，王权应运而生"③。譬如，地处苏美尔地区北部边陲的基什城邦从早王朝后期开始崛起，经常干涉其他苏美尔城邦内政，稍后兴起的阿卡德王朝的前三位君主都曾自称"基什之王"，其影响可见一斑。再譬如，拉伽什城邦在国王安纳吐姆在位期间（公元前2454—前2425）击败北方的基什城邦，征服乌尔、乌鲁克和拉尔萨等城邦，成为苏美尔诸邦的新盟主。"争当盟主成为各城邦统治者的共同抱负。"④

公元前2291年，基什国王的近臣——担任"持杯者"一职的萨尔贡（公元前2296—前2240年在位）建立了一支号称有5400人的常备军，击败众多苏美尔城邦，统一了巴比伦尼亚，创建了以阿卡德城为首都的阿卡德王朝，自封"苏美尔和阿卡德之王"⑤。之后，萨尔贡继续对外扩张，版图东至波斯湾，西迄地中海，正如他所夸耀的："我在上海和下海洗剑。"⑥ 此外，萨尔贡还统一了度量衡，确立

---

① ［英］塞顿·劳埃德：《美索不达米亚考古——从旧石器时代至波斯征服》，杨建华译，文物出版社1990年版，第28—30页。
② 在历史上，波斯湾的海岸线多有变化，今距海岸线150千米左右的城邦当时或地处海边，或临近大海。而幼发拉底河亦曾多次改道，现在地处沙漠之中的苏美尔城邦遗址，当时大多地处幼发拉底河两岸。参见［美］约翰·R. 麦克尼尔、威廉·H. 麦克尼尔《麦克尼尔全球史：从史前到21世纪的人类网络》，王晋新等译，北京大学出版社2017年版，第58页。
③ W. H. McNeill, *The Rise of the West*, Chicago: University of Chicago Press, 1963, p. 63.
④ V. G. Childe, *Man Makes Himself*, London: Watts, 1936, p. 125.
⑤ 在两河流域，自阿卡德王朝以降，新征服者尊重旧秩序的传统贯穿了乌尔第三王朝、古巴比伦王国、中巴比伦王国、亚述帝国、新巴比伦王国、阿契美尼德王朝、亚历山大帝国、塞琉古王朝、帕提亚帝国、萨珊王朝和罗马帝国等各个朝代。参见 A. B. Knapp, *The History and Culture of Ancient Western Asia and Egypt*, Chicago: Dorsey Press, 1988, p. 156.
⑥ 这里的"上海"指地中海，"下海"指波斯湾。最早见于卢噶尔扎格西石钵铭文，参见 D. R. Frayne, *Presargonic Period: Early Periods (2700–2350 BC)*, Toronto: University of Toronto Press, 2008, pp. 433–437.

阿卡德语取代苏美尔语为官方语言。萨尔贡之孙纳拉姆辛（公元前2213—前2176年在位）自封"天下四方之王"，阿卡德王朝进入鼎盛时期。然而，"长治久安的成功征服不仅取决于军事力量，还取决于能够承担新任务的政府官僚机构的预先发展"[1]，阿卡德王朝尽管采取了上述诸项开创性措施，但尚未真正形成这样的政府官僚机构。纳拉姆辛去世后，阿卡德王朝分崩离析，城邦重新成为两河流域乃至整个西亚的主要国家形态。来自山区的古提人控制原阿卡德王朝的一部分领土，在原苏美尔城邦的核心区域，苏美尔人仍控制着部分城邦及周边地区，其中以乌鲁克和拉伽什为代表。

公元前2113年，乌鲁克城邦驻防乌尔的军官乌尔纳姆先后打败乌鲁克和拉伽什两邦，再次统一巴比伦尼亚，自称"苏美尔和阿卡德之王、天下四方之王"（公元前2113—前2096年在位），在乌尔建立新王朝，这是在乌尔出现的第三个王朝，史称乌尔第三王朝（公元前2113—前2004）。根据《苏美尔王表》记载，乌尔第三王朝共历五王，累计统治108年。[2] 王朝后期，南部城市离心倾向加剧，边境游牧族群不断袭扰。公元前2004年，乌尔被埃兰人[3]攻陷，末代国王伊比辛（公元前2027—前2004年在位）兵败被俘，下落不明，乌尔第三王朝寿终正寝。

埃兰人灭乌尔第三王朝后，操塞姆语的阿摩利人由西北乘虚而入，在苏美尔建立伊新第一王朝（公元前2017—前1794）和拉尔萨王朝（公元前2025—前1763），其创立者分别为阿摩利人部落首领伊什比埃拉（公元前2017—前1985年在位）和纳普拉努姆（公元前2025—前2005年在位），两个王朝对峙了约两个世纪。公元前19世

---

[1] ［美］埃尔曼·塞维斯：《国家与文明的起源：文化演进的过程》，龚辛、郭璐莎、陈力子译，陈淳审校，上海古籍出版社2019年版，第225页。

[2] T. Jacobsen, *Sumerian King List*, Chicago: University of Chicago Press, 1939, p.125.

[3] 埃兰，亚洲西南部的古老国家，在今伊朗的西南部，波斯湾北部，底格里斯河东部，现称胡齐斯坦。埃兰历史可以分为三个时期：古埃兰时期（公元前27世纪—前16世纪）、中埃兰时期（公元前14—前11世纪）和新埃兰时期（公元前8—前6世纪）。埃兰丰富的森林和矿藏是两河流域各城邦掠夺的对象。富饶的两河流域平原也是埃兰各邦掠夺的对象。因此，埃兰在历史上很早就受到两河流域国家的入侵和征服，但也多次入侵和征服过这些国家。

纪初，阿摩利人阿姆纳努姆部落在首领苏姆阿布姆（公元前1894—前1881年在位）的领导下，摆脱伊新第一王朝的控制，在建立巴比伦王朝，史称巴比伦第一王朝或古巴比伦王国（公元前1894—前1595）。① 公元前1794年，拉尔萨王朝国王瑞姆辛（公元前1822—前1763年在位）灭亡伊新第一王朝。公元前1763年，古巴比伦王国第六代国王汉穆拉比（公元前1792—前1750）又灭亡拉尔萨王朝，最后建立起一个疆域从波斯湾延伸至地中海的强大国家，自称"世界四方之王"。不过，汉穆拉比的统治并不稳固，其继承者萨姆苏伊鲁纳（公元前1749—前1712年在位）不得不面对埃兰人和加喜特人的不断袭扰。公元前1595年，赫梯人在国王穆尔西里一世（公元前1620—前1590年在位）率领下攻陷巴比伦，然后劫掠并携带大批俘虏和财物返回幼发拉底河上游地区，古巴比伦王国灭亡。

穆尔西里一世撤走后，作为赫梯盟友的操印欧语的加喜特人在首领阿古姆二世率领下，趁机填补了巴比伦尼亚的权力真空，在巴比伦城建立新王朝，史称加喜特王朝、巴比伦第三王朝②或中巴比伦王国（公元前1570—前1153），阿古姆二世自称"苏美尔和阿卡德之王"③。随后，通过西征幼发拉底河上游地区，阿古姆二世从哈那迎回了被赫梯人掠走的马尔杜克神像。阿古姆二世的继任者伯纳布瑞阿什一世先是通过与亚述国王普祖尔阿淑尔三世（公元前1521—前1498年在位）签订条约从而明确了两国的边界，再通过南征，攻陷伊新城，灭亡海国王朝，从而控制了巴比伦尼亚。据《巴比伦王表》A记载，加喜特人所建立的中巴比伦王朝共有36王，国祚"576年9月"④。

---

① A. B. Knapp, *The History and Culture of Ancient Western Asia and Egypt*, Chicago: Dorsey Press, 1988, pp. 97–100.

② 在巴比伦第一王朝末期，在苏美尔南部地区建立了地方割据政权——海国王朝（公元前16世纪中叶—前15世纪30年代），史称巴比伦第二王朝。

③ A. T. Olmstead, "Kashshites, Assyrians, and the Balance of Power", *The American Journal of Semitic Languages and Literatures* 36 (1920), p. 121.

④ J. B. Pritchard, ed., *Ancient Near Eastern Texts Relating to the Old Testament*, 2nd edition, Princeton: Princeton University Press, 1955, p. 272.

公元前12世纪，在海上民族的入侵浪潮中，赫梯新王国和中巴比伦王国均遭灭顶之灾，两国的领土主要被同操塞姆语的腓尼基人、阿拉米人、希伯来人和亚述人所占据。

第二节 发展概览

一 城邦时期的建城活动

约公元前96世纪，随着上一次冰河时代或新仙女木事件[①]引起的寒冷和干旱气候的结束后，世界各地开始出现城市的雏形，或称原生城市[②]或似城聚落[③]。及至约公元前70世纪，杰里科的面积已达约4公顷，有居民1000人—2000人以及有简单的城墙、护城河和瞭望塔。[④] 在迦南语中，杰里科意为"月亮"，这表明杰里科人对月神的崇拜。考古学家还在杰里科发现了固定的祭祀场所，通常是一所较大的房子。但总体来说，这时的杰里科不是真正的城市，因为遗址中的

[①] 第四季冰期结束后，地球气候于约1.7万年前开始变暖，气温逐渐回升。但就在这时，在12640年前，气温又骤然下降了，世界各地转入严寒，许多本来迁移到高纬度地区的动植物大批死亡。这一次降温是很突然的，在短短十年内，地球平均气温下降了大约7℃—8℃。这次降温持续了上千年，直到约11500年前，气温才又突然回升。这就是地球历史上著名的新仙女木事件（仙女木，学名Dryas octopetala L.，是蔷薇科仙女木属植物，它的得名是由于在欧洲这一时期的沉积层中，发现了生长于极寒条件下的一种草本植物——仙女木的化石。更早的地层里也有同样的两次发现，分别称为老仙女木事件和中仙女木事件）。

[②] 原生城市是指新石器时代兼具乡村和城市双重特征的史前聚落，其与后来真正意义上的城市的区别在于或未形成社会等级制度，或缺乏统一的城市规则。譬如，杰里科虽然出现了社会等级的分化，但尚未形成自己的道路系统。

[③] "似城聚落"原系聚落地理学中的一个概念，是指介于乡村聚落与城市聚落之间的过渡形态。似城聚落是以各种类型一直延续至今的普遍现象，而非某一特定历史时期的独有现象。参见毛曦《"似城聚落"及其在历史研究中的理论意义》，《史林》2016年第5期，第192页。

[④] 《世界上古史纲》编写组：《近三十年来前陶新石器公社的发现》，《世界古代史论丛》第1集，生活·读书·新知三联书店1982年版，第46页；日知主编：《古代城邦史研究》，人民出版社1989年版，第14页；彭树智主编：《中东史》，人民出版社2010年版，第14页；R. T. Dumper, B. E. Stanley, eds., *Cities of the Middle East and North Africa: A Historical Encyclopedia*, Santa Barbara: ABC-CLIO, 2007, p. 203.

住宅多为单间，房屋和墓葬看不出等级差别，亦不见手工业与农业分工的迹象。

稍晚的原生城市有约公元前 65 世纪位于小亚中南部萨塔尔休于和约旦地区的艾因加扎勒：前者面积约为 13 公顷，居民约为 6000 人；后者面积超过 12 公顷，居民为 2500—3000 人。[①] 在这两个原生城市中手工业已与农业初步分离，如萨塔尔休于已出现石器、皮革、木材和紫铜加工以及陶器和服饰制作等行业。此外反映居民社会生活的雕像和壁画等艺术作品也已出现。

世界上真正意义上的城市要追溯至包括叙利亚[②]、两河流域、小亚和伊朗高原西南部等在内的西亚城邦时期的城市。目前已知的这类城市不仅在规模上要比早前的似城聚落大得多，而且在数量上"不胜枚举，宛若繁星布满天空"[③]。

埃利都是公元前 54 世纪由苏美尔人建立的第一座城市，城中建有该城守护神——水神恩基——的规模庞大的神庙，反映了史前时代有关大洪水的传说。[④] 此后苏美尔文明的重心北移，乌鲁克、基什、拉伽什、乌尔和尼普尔等城邦的地位都超过了埃利都。

乌鲁克城是苏美尔文明最早的城市和宗教中心之一，在公元前 27—前 25 世纪的早王朝二期[⑤]人口已达两三万人，面积约 1100 英

---

① ［美］斯皮罗·科斯托夫：《城市的形成——历史进程中的城市模式和城市意义》，单晧译，中国建筑工业出版社 2005 年版，第 29 页。

② "叙利亚"一词始见于希腊化的塞琉古王朝时期，是希腊人和罗马人对陶鲁斯山脉以南地中海东岸地区的称谓。叙利亚在阿拉伯世界旧称沙姆，"沙姆"一词在阿拉伯语中意为北方之地或左侧，泛指阿拉伯半岛以北、陶鲁斯山脉以南的地区，包括今叙利亚、黎巴嫩、约旦、巴勒斯坦和以色列一带。参见 D. Hopwood, *Syria 1945 – 1986: People and Politics*, London: Unwin Hyman, 1988, p. 1。

③ I. J. Gelb, T. Jacobsen, B. Landsberger, A. L. Oppenheimet, eds., *The Assyrian Dictionary, of the Oriental Institute of the University of Chicago*, vol. I, part 1, Chicago: Oriental Institute, 1956, p. 379.

④ 由于幼发拉底河改道和土壤盐碱化等原因，埃利都在公元前 6 世纪被废弃。

⑤ 根据《苏美尔王表》和考古发现，学界将早王期时期（也即苏美尔城邦时期）的历史分为早王朝一期、二期和三期。

庙。① 乌鲁克城墙长约 10 千米,《吉尔伽美什史诗》曾盛赞道:"乌鲁克的城墙闪耀如铜币,没有其他任何城市的城墙堪与其媲美!登上去并漫步一周吧。"② 城内建筑 1/3 是神庙、1/3 是居住区、1/3 的园林及其他功能区。其中供奉天神安努的白庙③占地 57 英尺×73 英尺,基座用砖砌成,共分三级,上面建有神殿和耳房。④

尽管城邦之间争战不休,但可追溯到公元前 52 世纪建城的尼普尔极少被殃及,因为这里是主掌大地、天气、风暴和战争的众神之王恩利尔的驻陛之地,许多街道都以神祇之名命名,是名副其实的圣城,其地位如同后来的耶路撒冷和麦加。⑤

位于巴勒斯坦北部的美吉多建城于公元前 35 世纪,占地 3.5 英亩,既是军事重镇,也是贸易枢纽,军队和商旅从这里出发,往北可至黎巴嫩,往东可抵幼发拉底河畔。位于幼发拉底河上游西岸的卡尔凯美什建于公元前 30 世纪,占地 240 英亩,城墙高耸坚固,城内庙宇、宫殿和市场鳞次栉比。⑥ 地处幼发拉底河中游南岸的马瑞城建于公元前 30 世纪,王宫规模浩大,壁画精美绝伦。

以苏美尔城市为代表的西亚城邦以一个或多个筑有大规模土坯围墙的城市为中心,面积不大,"城市居民"⑦ 在 1000—10000 人,普

---

① R. M. Adams, "Developmental Stages in Ancient Mesopotamia", in J. H. Gunnerson, et al., *Irrigation Civilizations: A Comparative Study*, Washington: Pan American Union, 1955, p. 14.

② M. R. T. Dumper, B. E. Stanley, eds., *Cities of the Middle East and North Africa: A Historical Encyclopedia*, Santa Barbara: ABC-CLIO, 2007, pp. 384 – 385.

③ 因该神庙的地面和墙壁都涂有石膏,故称白庙。

④ J. Curtis, et al., "An Assessment of Archaeological Sites in June 2008: An Iraq British Project", *Iraq* 70 (2008), pp. 222 – 223.

⑤ M. R. T. Dumper, B. E. Stanley, eds., *Cities of the Middle East and North Africa: A Historical Encyclopedia*, Santa Barbara: ABC-CLIO, 2007, pp. 283 – 284. 1889 年,尼普尔遗址出土 1 万余块泥板文献,为研究苏美尔历史提供了重要证据和资料。

⑥ [美] 刘易斯·芒福德:《城市发展史:起源、演变和前景》,宋俊岭、倪文彦译,中国建筑工业出版社 2005 年版,第 67 页;G. H. Blake, R. I. Lawless, eds., *The Changing Middle Eastern City*, New York and London: Harnes and Noble Books, 1980, p. 12。

⑦ "城市居民"的阿卡德语意为"居住在城市中的人"。参见 I. J. Gelb, T. Jacobsen, B. Landsberger, A. L. Oppenheimet, eds., *The Assyrian Dictionary, of the Oriental Institute of the University of Chicago*, vol. I, part 1, Chicago: Oriental Institute, 1956, p. 390。

通城市的居民不过数千人，少数大城市则可逾万人。这些城市"总是围绕城市生活和一套恒久的宗教体制运作"①，神庙成为当然的城市中心，通常建于城市制高点上。②

二 王国时期的建城活动

继苏美尔等城邦之后兴起的阿卡德王朝、乌尔第三王朝、古巴比伦王国和中巴比伦王国，新建或重建了阿卡德、乌尔和巴比伦等城市，与城邦时期的西亚城市同样"经历了一个长期的神权统治发展阶段"③，只是规模更加庞大、功能更加齐全、布局更加合理，有文献因此把精美的首饰比喻为"形状像城市一样"④。

阿卡德王朝开国君主萨尔贡没有选择任何一座苏美尔城市作为首都，而是在后来的巴比伦城附近另建新城——两河流域"最早的都城"⑤——阿卡德。"与受到大自然束缚的早期城邦不同，萨尔贡的新都能够吸纳来自全国各地的原材料、制成品和奴隶"⑥，"停泊船只的码头一派繁忙景象……满载各种货物的大小船只畅通无阻"⑦，而此前长途贸易的控制权是分散于各城邦的。此外，阿卡德城虽然"祭司—庙宇结构依然存在，但

---

① ［美］乔尔·科特金：《全球城市史》，王旭等译，社会科学文献出版社2014年版，第9页。

② ［比利时］埃里克·范豪特：《世界史导论》，沈贤元译，新华出版社2015年版，第202页。

③ ［美］埃尔曼·塞维斯：《国家与文明的起源：文化演进的过程》，龚辛、郭璐莎、陈力子译，陈淳审校，上海古籍出版社2019年版，第224页。

④ I. J. Gelb, T. Jacobsen, B. Landsberger, A. L. Oppenheimet, eds., *The Assyrian Dictionary*, *of the Oriental Institute of the University of Chicago*, vol. I, part 1, Chicago: Oriental Institute, 1956, p. 380.

⑤ ［美］乔尔·科特金：《全球城市史》，王旭等译，社会科学文献出版社2014年版，第14页。

⑥ H. W. F. Saggs, *The Greatness That Was Babylon: A Sketch of the Ancient Civilization of the Tigris-Euphrates Valley*, New York: Hawthorn Publishers, 1962, pp. 50–53. 阿卡德城址至今尚未发现。参见［美］刘易斯·芒福德《城市发展史：起源、演变和前景》，宋俊岭、倪文彦译，中国建筑工业出版社2005年版，第75页。

⑦ N. Bailkey, "Early Mesopotamian Constitutional Development", *The American Historical Review* 72/4 (1967), p. 1225.

在神圣和世俗之间：西亚城市带的交融与冲突（公元前7000—公元1922年）

由于该城为军队所建，所以世俗—军事设施占据了支配地位"①。

公元前21世纪，乌尔第三王朝的创立者乌尔那姆统一了两河流域南部部分城邦，这使得在首都乌尔大兴土木成为可能。② 乌尔始建于公元前30世纪上半叶，位于乌鲁克东南，接近幼发拉底河和底格里斯河注入波斯湾的河口地带。作为最早出现的苏美尔城市之一，乌尔据传是《圣经》里先知亚伯拉罕的故乡。③ 历史学家也以此城命名苏美尔人所建的三个王朝——乌尔第一王朝、乌尔第二王朝和乌尔第三王朝。乌尔第三王朝时期的乌尔城占地150英亩，居民达到2.4万人。④ 城周绕以厚实的土坯围墙。城外是市郊农业带。城中有南北向纵横交错的棋盘式街路，以及塔庙、神庙、王宫、贵族府第和市民住宅等建筑，大多数建筑为两层，室内有浴室、输水管和排污系统。乌尔塔庙是夯土的，塔基长63米、宽43米，塔身呈梯形，分四级，塔顶有神龛。

公元前1894年，阿摩利人建立古巴比伦王国，定都巴比伦。⑤ 古巴比伦王国的兴盛带来了治下的乌尔、拉尔萨、乌鲁克、基什、迪尔巴特、埃什努那、西帕尔和巴比伦等城市的繁荣。

西帕尔是太阳神沙马什的祭拜中心。古巴比伦王国第二任国王苏穆拉伊鲁（公元前1880—前1845年在位）统治的第29年的年名即为"国王苏穆拉伊鲁兴建西帕尔城墙之年"，这位国王又将女儿送进西帕尔的神庙出任沙马什的那迪图女祭司一职。⑥

---

① ［美］埃尔曼·塞维斯:《国家与文明的起源：文化演进的过程》，龚辛、郭璐莎、陈力子译，陈淳审校，上海古籍出版社2019年版，第219页。

② M. R. T. Dumper, B. E. Stanley, eds., *Cities of the Middle East and North Africa: A Historical Encyclopedia*, Santa Barbara: ABC-CLIO, 2007, p. 386.

③ ［美］斯塔夫里阿诺斯:《全球通史：从史前史至21世纪》，吴象婴、梁赤民、董书慧、王昶译，吴象婴审校，北京大学出版社2006年版，第59页。

④ G. Chide, *What Happened in History*, New York: Penguin, 1957, pp. 92–96.

⑤ A. B. Knapp, *The History and Culture of the Ancient Western Asia and Egypt*, Belmont: Wadworth Press, 1990, pp. 97–100.

⑥ R. Harris, *Ancient Sippar: A Demographic Study of an Old-Babylonian City (1894–1595 BC)*, Istanbul and Leiden: Nederlands Historisch-Archaeologisch Institute te Istanbul, 1975, p. 5. 那迪图女祭司是古巴比伦王国时期出现的一类特殊妇女，她们作为王室或名门望族献给神的仆人，终身居住在西帕尔城内的修道院里，不允许结婚和生育。

古巴比伦王国第六代国王汉穆拉比在位期间，巴比伦成为王国政治、经济、军事、宗教和文化的中心，盛极一时，被誉为"众神之门"，意为"诸神由此降临大地"①。除了西帕尔和巴比伦，汉穆拉比还"修复了在拉尔萨、埃利都和拉伽什等城的神庙，并同样重视基什和波尔西帕等城的建设"②。在历代君主的治理下，古巴比伦王国大小城市的社会经济活动活跃，适用于不同族群、涵盖广泛的民事和刑事领域的《汉穆拉比法典》应运而生。法典前言写道，"伸张正义于世，消灭邪恶不法之徒，使强不凌弱，使我犹如太阳神，昭临黔首，光耀大地"③。

公元前1595年，赫梯人从小亚南下，攻陷巴比伦，灭亡古巴比伦王国，不过其主要目的是劫掠财物，因此很快返回幼发拉底河上游赫梯腹地，赫梯人的盟友加喜特人乘机进占巴比伦，并以其为首都建立了中巴比伦王国。古巴比伦王国时期的多数城市仍延续了数个世纪甚至千年之久，如巴比伦直到公元前704年才被亚述帝国国王辛那赫里布平毁。

总之，在城邦主导时代，西亚城市的防御体系开始形成，高耸的城墙将城市与城市、定居者与游牧者明确地区分开来。④

西亚城市中的神庙建筑一脉相承，通常由塔庙、神庙、居住区、厨房、仓库、作坊和外墙等构成。塔庙是建筑群中最宏伟的建筑，一般有七层，寓意七重天，代表人间与天界的距离，最顶层为神龛。神殿位于建筑群的最深处，正面为神殿、两侧为耳房、中间为庭院。外墙通常饰以规则的凹凸交错壁面，从中巴比伦王国时期开始在凹凸处放置男女神祇雕像并用波纹串接，象征生命和福祉连

---

① M. Eliade, *The Myth of the Eternal Return*, Princeton：Princeton University Press, 1971, p. 14；M. Hammond, *The City in the Ancient World*, Cambridge：Harvard University Press, 1972, p. 52.

② M. Jastrow, Jr., *The Civilization of Babylonia and Assyria：Its Remains, Language, History, Religion, Commerce, Law, Art and Literature*, New York：Arno Press, 1980, p. 147.

③ H. W. F. Saggs, *The Greatness That Was Babylon：A Sketch of the Ancient Civilization of the Tigris-Euphrates Valley*, New York：Hawthorn Publishers, 1962, p. 72.

④ ［美］埃尔曼·塞维斯：《国家与文明的起源：文化演进的过程》，龚辛、郭璐莎、陈力子译，陈淳审校，上海古籍出版社2019年版，第224页。

绵不断。

在王宫建筑出现之前，城邦统治者在神庙里居住办公并发号施令；神庙的仓库里存储着城邦通过贸易活动和军事征服等方式获得的财富；神庙前的广场同时承担着城邦居民交易生活必需品的场所的角色。随着王权的强化，王宫开始出现并成为政治中心，但神庙作为宗教中心的功能仍保持了千年之久。[①] 目前所知古代西亚王宫建筑最早出现在早王朝末期两河流域南部的基什城邦。叙利亚北部的马瑞王宫遗址的时代也比较早，属于古巴比伦王国时期。

"在任何一种文明中，城市生活的发展都必须依靠工商业。"[②] 在城邦主导时期的西亚城市中，城市与乡村虽然还没有完全分离，如一些文献中经常出现诸如"在这座城市的灌溉区"，"在该城丰收的大麦收割之后"[③] 之类的记载，但随着社会分工的日益明确，出现了脱离农业生产的手工业者、商人和管理者：作为管理者的统治者和祭司构成了城市居民的上层，手工业者、商人和农民则构成城市居民的下层。复杂社会的管理体系开始形成，有了专门的管理者，即后来的官僚；有了产品再分配体系；有了计量记录体系，文字开始出现，印章广泛使用。这些变化使得城市在社会经济、文化、宗教和政治体系中迅速崛起，成为整个体系的中心。

第三节 典型城市

一 埃布拉

埃布拉遗址位于今叙利亚阿勒颇以南的泰尔—马蒂克村，始建于

[①] M. Hammond, *The City in the Ancient World*, Cambridge: Harvard University Press, 1972, p. 44.

[②] ［比利时］亨利·皮雷纳：《中世纪的城市》，陈国樑译，商务印书馆2006年版，第84页。

[③] I. J. Gelb, T. Jacobsen, B. Landsberger, A. L. Oppenheimet, eds., *The Assyrian Dictionary*, *of the Oriental Institute of the University of Chicago*, vol. I, part 1, Chicago: Oriental Institute, 1956, p. 381.

公元前30世纪，拥有一个卫城和一个下城。公元前24世纪，埃伯拉的人口达到26万，进入发展极盛期，文化发达，商业繁荣，拥有比较完备的贸易系统，迦南的港口城市巴比罗斯成为埃布拉与埃及贸易的中转站。①

埃布拉以商贸见长，在其周边分布着往来马瑞等重要城市的若干条商路以及由王室代表卢伽尔负责管理的商栈。② 为了控制商路和商栈，埃布拉与邻邦的摩擦与斗争不断。在世界上最早的国际条约《埃

图1—1　埃布拉城址③

---

① 埃布拉城址出土了1.4万件苏美尔语（官方语言）和埃伯拉语（民间语言）楔形文字泥板文献，形成时间为公元前25世纪—前22世纪中叶，说明这座城市至少有一座专门训练书吏的语言学校。参见 M. R. T. Dumper, B. E. Stanley, eds., *Cities of the Middle East and North Africa: A Historical Encyclopedia*, Santa Barbara: ABC-CLIO, 2007, pp. 141 – 142。

② M. C. Astour, "An Outline of the History of Ebla (Part 1)", in C. H. Gordon, ed., *Eblaitica: Essays on the Tbla Archives and Eblaite Language*, vol. III, Winona Lake: Eisenbrauns, 1992, pp. 3 – 82; M. C. Astour, "An Outline of the History of Ebla (Part 2)", in C. H. Gordon, ed., *Eblaitica: Essays on the Ebla Archives and Eblaite Language*, vol. IV, Winona Lake: Eisenbrauns, 2002, pp. 57 – 196。

③ 参见 https://en.wikipedia.org/wiki/Ebla。本书图片大部分由笔者指导的硕士研究生余俊钦同学搜集和整理，特此致谢。

布拉—阿巴尔萨条约》中，就对阿巴尔萨商人使用埃布拉商栈的权利和义务进行了规范。[1]

埃布拉贸易的主要商品是纺织品和金属制品。在埃布拉文献中，只有埃布拉出口商品的记录，鲜有进口商品的记载，再考虑到埃布拉同两河流域一样，自然资源比较匮乏，所以可以推论，这些出口的商品应该先从其他地区购进原材料到埃布拉，加工为成品后再出售到其他地区。通过这种转口贸易，埃布拉赚取了高额利润。

埃布拉在商路上的重要性引起了周边城邦的嫉妒和不满，首当其冲的是地处幼发拉底河岸的马瑞，由于马瑞控制了两河流域到埃布拉的商路，所以一定程度上抑制了埃布拉的中转贸易，由此两国围绕着商路控制权展开了一系列战争。[2] 埃布拉的另一个对手是位于两河流域北部的基什，它地处埃布拉到两河流域南部的过渡地段，也与埃布拉有过冲突，继基什而起的阿卡德王朝最终打败了埃布拉，从而打通了两河流域与东地中海沿岸的直接贸易路线。

二 乌加里特

东地中海沿岸气候宜人，正如一位阿拉伯诗人所描述的："冬天在它的头上，春天在它的肩上，夏天睡在它的脚间。"[3] 乌加里特就位东地中海沿岸奥伦河河口南侧。[4] 公元前60—前50世纪这里已有

---

[1] H. Neumann, "Der Vertragzwischen Ebla und Abarsal", in B. Janowski, G. Wilhelm, eds., *Texte aus Umwelt des Alten Testaments*, Neue Folge Band 2, Gutersloh: Gutersloher Verlagshaus, 2005, pp. 2 – 9.

[2] P. Michalowski, "Third Millennium Contacts: Observations on the Relationships between Mari and Ebla", *Journal of the American Oriental Society* 105/2 (1985), pp. 293 – 302; A. Archi, M. G. Biga, "A Victory over Mari and the Fall of Ebla", *Journal of Cuneiform Studies* 55 (2003), pp. 1 – 44.

[3] M. Grant, *The Ancient Mediterranean*, New York: Scribner's, 1969, pp. 62 – 63.

[4] 在1928年之前，人们只知道乌加里特这个城名，却不知道它的所在。1928年春天，一个叙利亚农民在梅纳特·贝达的田间耕作时，无意发现一些古物，引起考古学家的注意。不久，法国学者沙斐尔（Claude F. A. Schaeffer）前来发掘，一个月后又转移到附近的拉斯·沙姆拉。仅在几天后，他就挖掘出土了第一批乌加里特泥板，随后大批文献陆续出土，其中一些现存于叙利亚大马士革博物馆和黎巴嫩贝鲁特博物馆。

人居住。公元前40—前30世纪，随着阿摩利人和迦南人的迁入，乌加里特步入文明时代。公元前18世纪，迦南人在此建立城。公元前14世纪中叶—前12世纪，乌加里特进入鼎盛时期，不仅拥有神庙、宫殿和市政建筑、民用住宅和私人图书馆等基础设施一应俱全的城池，国土面积更是达到2000平方千米。①

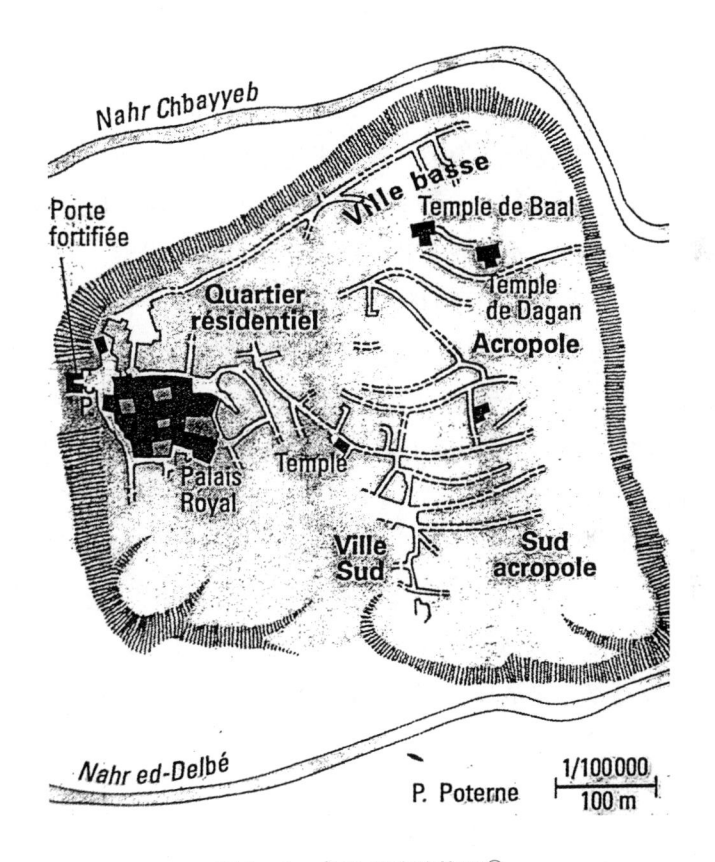

图1—2 乌加里特结构图②

---

① 最早提及乌加里特的文献出土于其邻邦埃伯拉，时间为公元前18世纪；而以色列文化与以乌加里特为代表的迦南文化有着很深的渊源。

② https：//www.pinterest.com/pin/403353710347940885/.

乌加里特地处东地中海世界交通要冲，西与塞浦路斯和爱琴诸岛通过海路相连，南与埃及通过海路和陆路相连，北与小亚南部和东南部、东与两河流域南部和北部通过陆路相连。利用从塞浦路斯进口的铜矿石和本地出产的优质木材，乌加里特的冶铜业、木材加工业和工艺品制造业十分兴旺。为了实现城邦经济利益的最大化，特别是维护国际中转贸易的正常运行，阿米什塔姆如一世、尼克马都二世、亚尔哈布、尼克梅帕、阿米什塔姆如二世、伊比拉努、尼克马都三世和阿姆拉庇8位国王凭借雄厚的财力，打造了一支拥有150艘战舰的强大海军。①

乌加里特逐渐发展成为公元前一千纪中叶东地中海世界的海上贸易中心，②埃及、赫梯等大国与阿拉西亚、巴比罗斯等周边众多城邦都在这里设有商栈，外国商人和使节更是司空见惯。③

然而，在五大强国主导的阿玛纳时代，乌加里特自然不可能独善其身，而是成为埃及和赫梯反复争夺的对象。埃及新王国第十八王朝国王图特摩斯四世（公元前1400—前1390年在位）首次将乌加里特纳入埃及版图。④乌加里特国王阿米什塔姆如一世（公元前1360—前1349年在位）自称为埃及新王国第十八王朝阿蒙霍特普三世（公元前1390—前1352年在位）的仆人。乌加里特继任国王——阿米什塔姆如一世之子尼克马都二世（公元前1349—前1315），仍自称为阿蒙霍特普三世的继承人埃赫那吞的仆人（公元前1352—前1336年在位）。⑤尼克马都二世的印玺的纹饰融合了典型的埃及元素，如用象

---

① M. C. Astour, "New Evidence on Last Days of Ugarit", *American Journal of Archaeology* 69 (1965), p. 256.

② M. Grant, *The Ancient Mediterranean*, New York: Scribner's, 1969, pp. 74 – 76.

③ M. R. T. Dumper, B. E. Stanley, eds., *Cities of the Middle East and North Africa: A Historical Encyclopedia*, Santa Barbara: ABC-CLIO, 2007, p. 381.

④ M. C. Astour, "Ugarit and the Great Powers", in G. D. Young, ed., *Ugarit in Retrospect*, Winona Lake: Eisenbrauns, 1981, pp. 10 – 15.

⑤ W. L. Moran, *The Amarna Letters*, revised edition, Baltimore and London: Johns Hopkins University Press, 1992, No. 49.

形文字书写自己的王名。①

随着赫梯的崛起和赫梯与埃及争霸局面的形成，乌加里特转而成为赫梯属邦。为了打击埃及在叙巴地区的其他属邦，赫梯国王苏皮路里乌马一世（公元前1370—前1330年在位）曾致信乌加里特国王尼克马都二世，允许他攻打周边反叛赫梯的城邦，并授权他收编反叛城邦的军队并占领有反叛城邦的领土。② 而乌加里特国王尼克梅帕（公元前1313—前1260年在位）与赫梯国王穆尔西里二世（公元前1330—前1295年在位）签订的宗藩条约，规定了双方的权利和义务，其中包括保护双方边境安全，乌加里特向赫梯纳贡，赫梯在乌加里特遭到入侵时出兵援助等内容。

除了周旋于埃及与赫梯南北两大强国之间，乌加里特还与其南部邻邦阿姆如关系密切。譬如，乌加里特国王尼克马都二世与阿姆如国王阿兹如（公元前1340—前1315年在位）曾达成两国互助同盟协议，阿兹如还派兵支援尼克马都二世抵御外敌入侵。③ 再譬如，为了化解乌曼曼达部族对乌加里特国王阿米什塔姆如二世（公元前1260—前1235年在位）发出的战争威胁，阿姆如国王本特什纳（公元前1280—前1275年在位）曾居中调停，使双方化干戈为玉帛。④ 乌加里特与阿姆如的关系还通过王室联姻得到巩固，先是尼克梅帕迎娶阿姆如国王图庇泰述布（公元前1313—前1280年在位）之女阿哈特米尔基，后是本特什纳将女儿嫁给乌加里特王阿米什塔姆如二世。⑤

但好景不长。公元前12世纪出现的海上民族的入侵浪潮，令整

---

① M. C. Astour, "Ugarit and the Great Powers", in G. D. Young, ed., *Ugarit in Retrospect*, Winona Lake: Eisenbrauns, 1981, pp. 16 – 17.

② T. Bryce, *The Kingdom of the Hittites*, new edition, Oxford and New York: Oxford University Press, 2005, p. 165.

③ I. Singer, "A Concise History of Amurru", in S. Izre'el, I. Singer, eds., *Amurru Akkadian: A Linguistic Study*, Atlanta: Scholars Press, 1991, pp. 156 – 157.

④ H. Klengel, *Syria, 3000 to 300 BC: A Handbook of Political History*, Berlin: Akademie Verlag, 1992, pp. 142, 172.

⑤ E. Laroche, *Catalogue des Texts Hittites*, 2nd edition, Paris: Klincksieck, 1971, p. 107.

个东地中海世界风声鹤唳，草木皆兵。埃及国王美楞普塔用尽浑身解数才勉强守住了国门；赫梯国王苏皮路里乌马二世更是连本土都无法保全了，尽管他收到了属邦乌加里特末代国王阿姆拉庇（公元前1215—前1185年在位）十万火急的求救信，但已无兵可派。① 就在乌加里特陷落的当天，阿姆拉庇还在给塞浦路斯岛上的阿拉西亚国王写求救信：“我的父亲，看啊，敌人的战舰驶过来了，我的城市火光冲天，他们无恶不作。难道我的父亲不知道我的军队和战车都在哈梯吗？我的战舰都在卢卡吗？……因此，我的国家只能坐以待毙。但愿我的父亲知道：敌人的7艘战舰令我们损失惨重。”② 显然，这封信并没有来得及发出，因为海上民族已经蜂拥入城，并正在将乌加里特付之一炬。③

尽管作为经济和政治实体的乌加里特灰飞烟灭了，但它在人类文明史上留下了自己深深的印迹，因为如果说叙巴地区是阿玛纳时代东地中海世界跨文化交流的中心，那么作为当时东地中海世界商品集散地和国际贸易枢纽的乌加里特，就是当之无愧的中心的中心。这种特殊地位不仅体现在经济、政治、军事和外交领域，也体现在艺术和语言领域。以语言为例，乌加里特文字原由30个楔形符号组成，为了满足作为国际化商业中心对于国际化语言文字的现实需要，在公元前20世纪，乌加里特文向字母文字演进并向周边地区传播。④

公元前1650年，随着来自叙巴地区的希克索斯人入主埃及北部

---

① M. Yon, *The City of Ugarit at Tell Ras Shamra*, Winona Lake: Eisenbrauns, 2006, p. 21.

② J. Nougayrol, et al., *Ugaritica*, vol. V, Paris: Presses Universitaires de France, 1968, pp. 87 – 90, No. 24.

③ 一般认为乌加里特失陷于埃及新王国第二十王朝国王拉美西斯三世（公元前1184—前1153年在位）统治的第8年，也即公元前1176年。参见 M. Yon, *The City of Ugarit at Tell Ras Shamra*, Winona Lake: Eisenbrauns, 2006, p. 22。碳-14测定的数据显示，该城被焚毁的时间应在公元前1192—前1190年。参见 D. Kaniewski, E. Van Campo, K. Van Lerberghe, T. Boiy, K. Vansteenhuyse, et al., "The Sea Peoples, from Cuneiform Tablets to Carbon Dating", *PLoS ONE* 6/6 (2011), p. 6。

④ M. R. T. Dumper, B. E. Stanley, eds., *Cities of the Middle East and North Africa: A Historical Encyclopedia*, Santa Barbara: ABC-CLIO, 2007, p. 381.

并建立埃及第二中间期第十五王朝,也即希克索斯王朝,埃及与叙巴地区在艺术上的互相借鉴和融合的情况骤然增多。考古学家在乌加里特遗址发现了大量刻有希克索斯王朝最后两位国王吉安和阿波斐斯名字的印玺、圣甲虫护身符和雕像等①,如阿波斐斯雕像完美融合了埃及与乌加里特艺术风格;②再如,刻有国王名衔、王室纹饰以及"拉神让他出现""每块土地上的太阳""美好的太阳"等字样的圣甲虫护身符,则提示了埃及使节很有可能是乌加里特宫廷的常客。

乌加里特的艺术作品既借鉴了埃及等外来文化元素,又融入了本土文化元素,形成兼容并蓄的艺术风格。③本土文化风格主要体现在象牙和金属材质的雕像、浮雕、饰物和印玺等作品中。从主题上来看,以塑造神明和国王为主,具体来说有坐在椅子上接受朝拜的人物、站立挥动武器的男性、站姿的裸体女性等,大多小巧玲珑,高度通常不超过8厘米。④

外来文化元素主要体现在两组象牙家具饰板浮雕和三只雪花石膏雕塑等艺术作品中。两组家具饰板浮雕的第一组饰板有6幅浮雕,主题为哈托尔女神⑤哺育王室后代,从左至右依次为一名擒着一支活羊的男性、一名手提一只动物并肩扛一只鹿的男性、一名身着长裙并手握不明物体的女性、一名怀抱婴儿正在哺乳的长有角和翅膀的女性、

---

① 圣甲虫雕饰是古代埃及最流行的护身符,从公元前20世纪一直延续至托勒密王朝时期。圣甲虫护身符上显示其功能和主人身份的文字和纹饰是历史断代的重要依据。

② D. B. Redford, *Egypt, Canaan and Israel in Ancient Time*, Princeton: Princeton University Press, 1992, p. 118.

③ H. J. Kantor, *The Aegean and the Orient in the Second Millennium BC*, Bloomington: Principia Press, 1947, pp. 86 – 89.

④ P. Rehak, J. younger, "International Styles in Ivory Carving in the Bronze Age", in E. H. Cline, D. Harris-Cline, eds., *The Aegean and the Orient in the Second Millennium: Proceedings of the 50th Anniversary Symposium*, Liege: Universite de Liege, Histoire de l'Art et Archeologie de la Grece Antique, 1998, pp. 229 – 256.

⑤ 哈托尔,作为一位女神,掌管了有关女性的快乐、爱情、浪漫、丰饶、舞蹈、音乐、美酒和香水等几乎所有一切。哈托尔女神的化身通常有女人、母牛、鹅、狮子和无花果树等,其中最为常见的当属母牛,就算化身为女人,往往也有一对牛头或一对牛耳。在民间和宗教传说中,哈托尔被描述成一棵流着白色牛乳状液体的无花果树,或是一头正在给国王哺乳的母牛。

一对拥抱着的夫妇和一名双手握持兵器的武士,其中哺乳女性居于正中,表明她是整组浮雕的主角;第二组饰板有四幅浮雕,主题为哈托尔女神养育乌加里特人,从左至右依次为一名手持无花果树枝的裸体女性、一名正在猎杀狮子的身着褶裙和头戴王冠的男性、一名持斧握弓的男性、一名面前有一名鞠躬侍者的手握权杖并制服一头狮子的男性。① 勇士击打敌人和猎杀狮子以炫耀胜利的主题在埃及王室和私人浮雕中经常出现,第一组作品中的猎鹿男性雕像和第二组作品中猎狮男性雕像都借鉴了这一主题,甚至人物所穿戴的褶裙和王冠都是埃及风格的,但也有所创新,如作品中的人物是将兵器握于腰际,而在埃及同类作品中,人物多是将兵器举过头顶。三只雪花石膏花瓶亦具有多种埃及文化元素,如花瓶的铭文"尼克马都——乌加里特的伟大统治者"是用埃及象形文字书写的,而铭文下方刻有并排端坐的尼克马都二世和他的埃及妻子。② 无独有偶,考古学家在米格都也出土了以阿什克龙国王迎娶埃及女子为主题的浮雕。然而,新王国时期的埃及人严格地奉行只娶不嫁的跨国联姻政策,对巴比伦、米坦尼和赫梯等大国尚未破例,很难想象将公主嫁到乌加里特和阿什克龙这类蕞尔小邦了。③ 所以这有可能是乌加里特和阿什克龙君主的一厢情愿的艺术化映射而已。④

除了艺术作品,乌加里特的国际风格还体现在语言文字方面。在乌加里特,来自东地中海世界各国各地区的操埃及语、苏美尔语、胡里安语、阿卡德语、阿拉西亚·米诺斯语、卢维语和乌加里特语的商

---

① C. F. A. Schaeffer, ed., *Ugaritica*, vol. IV, Paris: Imprimerie Nationale, 1962, pp. 17 – 23.

② M. Yon, ed., *Ras Shamra-Ougarit Ⅵ: Arts et Industries de la Pierre*, Paris: Editions Recherche sur les Civilisations, 1991, cat. No. 10.

③ A. R. Shulman, "Diplomatic Marriage in the Egyptian New Kingdom", *Journal of Near Eastern Studies* 38 (1979), pp. 177 – 193.

④ 20世纪60年代,埃及学家史密斯首次用"国际风格"这一术语来描述乌加里特艺术作品的特征。参见 W. S. Smith, *Interconnections in the Ancient Near East: A Study of the Relationships between the Arts of Egypt, the Aegean and Western Asia*, New Haven and London: Yale University Press, 1965, pp. 35, 97。

人们建立各种自治组织和团体，协调各自的经贸活动。而乌加里特书吏不但通晓阿卡德语、苏美尔语和胡里安语等楔形文字，而且对埃及象形文字也运用自如。公元前15世纪，乌加里特又创造了自己的语言——乌加里特语——一种以楔形为文字为外在形式的拼音文字，这是人类历史上的第一种拼音文字。① 现今的以色列文化很可能就源于乌加里特主导的迦南文化。②

三　巴比罗斯

巴比罗斯，坐落在地中海东岸，位于今黎巴嫩首都贝鲁特以北约40千米。巴比罗斯的历史可追溯至公元前88世纪—前70世纪，并从公元前50世纪开始持续有人类居住。公元前32世纪，当地居民大规模垒石筑屋。公元前28世纪，迦南人在此建城。③

早在埃及古王国时期（公元前2686—前2181），巴比罗斯就可能已经成为埃及的殖民地。④ 而在此后的数个世纪里，巴比罗斯一直是埃及海上贸易航线的最北端和在亚洲的最大贸易伙伴。⑤ 巴比罗斯所在的黎巴嫩地区盛产雪松、油脂和树脂，是埃及的重要进口商品，其

---

① 1930年，由于乌加里特楔形文字拼音字母的成功破译，人们开始对其文学和宗教有了一些认识。史诗、颂诗和祷文揭示了迦南宗教的内涵，有助于加深人们对《旧约全书》的理解，而《旧约全书》是迦南人在文学上的最高成就。或是在迈锡尼文明时期，或是晚于迈锡尼文明约5个世纪，当希腊商人再次来到叙巴地区时，希腊人学习并借鉴了这一地区的文化。一个明显的例子就是乌加里特众神通常被认为居住在山上，这座供众神居住的山的名字是卡西奥斯·艾山，而乌加里特的主神和众神之父是宙斯·卡西奥斯。此外，兴起于公元前10世纪的腓尼基城邦在语言和文化上都与乌加里特联系密切。参见孙宝国《十八世纪以前的欧洲文字传媒研究》，黑龙江人民出版社2005年版，第24—30页。

② M. R. T. Dumper, B. E. Stanley, eds., *Cities of the Middle East and North Africa: A Historical Encyclopedia*, Santa Barbara: ABC-CLIO, 2007, pp. 379-381.

③ W. Helck, *Die Beziehungen Agyptens zu Vorderasien im 3. und 2. Jahrtausend v. Chr.*, Wiesbaden: Harrassowitz, 1971, pp. 21-24; T. Wilkinson, *The Rise and Fall of Ancient Egypt*, New York: Random House Trade Paperbacks Books, 2011, p. 66.

④ W. E. Mills, R. A. Bullard, *Mercer Dictionary of the Bible*, Macon: Mercer University Press, 1990, p. 124.

⑤ T. Wilkinson, *Early Dynastic Egypt*, London and New York: Routledge, 1999, p. 78.

中木材用于建筑和家具，油脂和树脂则被用来制作药物和木乃伊。①
通过巴比罗斯，埃及还与埃伯拉、马瑞和阿拉西亚等城邦以及爱琴诸岛建立了间接贸易往来关系。② 如考古学家曾在埃伯拉遗址发掘出一盏刻有埃及第四王朝国王胡夫名字的灯台以及刻有第六王朝国王佩琵一世（公元前 2321—前 2287）名字的瓶盖，"这些物品很可能是通过某一沿海城市间接传播到埃伯拉的，而这个作为中转站的城市应该就是巴比罗斯"③。

除了贸易活动外，巴比罗斯与埃及一直存在着文化、宗教、军事和政治等方面的交往。在巴比罗斯保护神阿斯塔特女神④庙的墙壁上，刻有许多埃及国王的名字，如第二王朝（公元前 2890—前 2686）的哈卡塞凯姆威，第四王朝（公元前 2613—前 2494）的胡夫和哈夫拉，第五王朝（公元前 2494—前 2345）的萨胡拉、奈斐瑞尔卡拉、纽塞拉、门卡霍尔、杰德卡拉和乌纳斯，第六王朝（公元前 2345—前 2181）的泰提、佩琵一世、美壬拉和佩琵二世，第十二王朝（公元前 1985—前 1795）阿蒙尼姆赫特二世。刻有"巴比罗斯总督"字样的印玺等考古文物显示，在埃及第十二王朝时期，巴比罗斯承认埃及的宗主国的地位。埃及第十三王朝（公元前 1795—前 1650）时期，巴比罗斯国王亚吞阿姆仍奉埃及为宗主国，自称是埃及国王奈菲尔霍特普一世的仆人。公元前 21 世纪中叶，操塞姆语的阿摩利人焚毁巴比罗斯。公元前 19 世纪中叶，在埃及的支持下，巴比罗斯重建神庙和城市，经贸活动更是扩展到位于里海和黑海之间的高加索地区和爱

---

① D. B. Redford, "A Gate Inscription from Karnak and Egyptian Involvement in Western Asia during the Early 18th Dynasty", *Journal of the American Oriental Society* 99 (1979), p. 274.

② W. A. Ward, "Egyptian Relations with Canaan", in D. N. Freedom, et al., eds., *The Anchor Bible Dictionary*, vol. II, New York: Doubleday, 1992, p. 401.

③ G. S. Matthiae, "The Relations between Ebla and Egypt", in E. D. Oren, ed., *The Hyksos: New Historical and Archaeological Perspectives*, Philadelphia: Pennsylvania University Museum, 1997, pp. 415 – 429.

④ 阿斯塔特女神，又称巴阿拉特·盖特尔女神，是巴比罗斯的保护神，其地位相当于埃及的哈特尔女神。

琴海之南的克里特岛等地。①

从公元前1350年开始，巴比罗斯国王瑞布阿达及其继承人伊里庇赫先后几十次致信埃及第十八王朝国王埃赫那吞，报告其南部邻邦阿姆如对宗主国埃及明目张胆的背叛活动，以及纠集阿皮如人对巴比罗斯等埃及属邦的肆无忌惮的侵略行径②，其中一封以充满藐视的口吻写道：“他们就这样占据了陛下的土地，他们以为自己是谁！难道他们是米坦尼国王、巴比伦国王或赫梯国王？”③但没有出土文献表明埃赫那吞对巴比罗斯国王的报告和请求表明态度或采取行动，瑞布阿达本人也于公元前1315年在阿姆如国王阿瑞泰述布（公元前1315—前1313年在位）发动的突袭中死于非命。

图1—3 绘于公元1873年的巴比罗斯遗址木刻画④

---

① D. B. Redford, *Egypt, Canaan and Israel in Ancient Times*, Princeton：Princeton University Press, 1992, p. 208.

② W. L. Moran, *The Amarna Letters*, revised edition, Baltimore and London：Johns Hopkins University Press, 1992, No. 74；J. L. McLaughlin, *The Ancient Near East*, New York and Cincinnati：Abingdon Press, 2012, p. 36.

③ W. L. Moran, *The Amarna Letters*, revised edition, Baltimore and London：Johns Hopkins University Press, 1992, No. 116.

④ https://www.periodpaper.com/products/1873-wood-engraving-gebal-landscape-ancient-phoenician-city-lebanon-seaport-144935-xgba2-030/.

在神圣和世俗之间：西亚城市带的交融与冲突（公元前7000—公元1922年）

巴比罗斯与埃及的交往在埃及新王国第十九王朝（公元前1295—前1186）时期达到最高水平，在埃及新王国第二十王朝（公元前1186—前1069）和埃及第三中间期（公元前1069—前664）第二十一王朝（公元前1069—前945）时期有所下降，在埃及第三中间期第二十二王朝（公元前945—前715）和第二十三王朝（公元前818—前715）时期有所回升。随着埃及新王国时期的落幕，巴比罗斯也结束了作为埃及属邦的历史，并成为当时举足轻重的腓尼基城邦之一。埃及第三中间期结束之后，巴比罗斯作为埃及国际贸易伙伴的地位逐渐被其新兴的邻居西顿和推罗所取代。[1]

四 哈图沙

哈图沙位于今土耳其首都安卡拉东偏北164千米处的乔鲁姆省松古尔卢地区的勃尕卡尔村。早在公元前60世纪这里已经有人类居住的痕迹，公元前20世纪赫梯人已经在这里定居。公元前19世纪—前18世纪，古亚述商人在这里建立了贸易点和居民区。赫梯国家形成于公元前17世纪的古王国时期，先后经历了哈图沙王朝、库萨尔王朝和涅萨王朝。哈图沙曾于公元前17世纪被库萨尔王朝国王安尼塔斯所毁。然而只过了一两代人的时间，库萨尔王朝的另一位国王哈图西里一世（公元前1650—前1620年在位）不仅重建哈图沙，而且定都在此。由于赫梯中王国没有任何资料保存下来，所以有关哈图沙的记载已无从查考。赫梯新王国几次迁都，最后穆尔西里三世将首都迁回哈图沙。

赫梯新王国国王苏皮路里乌马一世在位期间，哈图沙盛极一时。该城面积达1.8平方千米，地势由南向北倾斜，城墙长约8千米，有

---

[1] I. Shaw, ed., *The Oxford History of Ancient Egypt*, Oxford and New York: Oxford University Press, 2000, p. 321; W. Helck, *Die Beziehungen Agyptens zu Vorderasien im 3. und 2. Jahrt ausend v. Chr.*, Wiesbaden: Harrassowitz, 1971, pp. 93 – 94; D. B. Redford, *Egypt, Canaan and Israel in Ancient Times*, Princeton: Princeton University Press, 1992, pp. 101 – 165; J. Van Seters, *The Hyksos: A New Investigation*, New Haven: Yale University Press, 1966, pp. 121 – 126; A. H. Gardier, *Egypt of the Pharaohs: An Introduction*, London and New York: Oxford University Press, 1978, pp. 156 – 157.

图1—4　赫梯帝国首都哈图沙想象图①

内外两重，用石块垒砌，外部凹凸不平。在南侧的弧形城墙左侧、正中、右侧分别辟有狮子门、斯芬克斯门和王之门。卫城位于城北偏东一带，平面呈梯形，较长一边约200米，公用建筑林立，其中最大建筑为觐见厅，系由纵横各5列的赫梯特有的四棱柱支撑。此外卫城中还有一座两层图书馆，书架和书签等一应俱全。城内建有太阳神庙和风暴神庙等至少4座神庙，其中太阳神庙面积最大，由神殿、库房和藏书阁组成，位于卫城西北侧600米处，神庙外墙开有多扇大窗，这是赫梯建筑区别于邻近的两河流域建筑的又一特征。城内居民房屋由木料和土坯搭建，全城估计有四五万居民，其中约1/3住在卫城。

公元前12世纪，席卷东地中海世界的海上民族入侵浪潮中，赫梯新王国覆灭，哈图沙遭到破坏，逐渐荒芜，被人遗忘，直到1906年经以德国考古学家H.温克勒带领的德国考古队的挖掘，才大致知道了这座城市的布局。

---

① 参见https：//www.amusingplanet.com/2017/06/hattusa-ancient-capital-of-hittites.html。

五 卡尼什

亚述位于两河流域北部地区，是沟通两河流域南部地区的桥梁。古亚述时期，亚述商人在小亚建立了若干聚居区，也即商栈①，从事长途跨境贸易，其中以位于小亚卡尼什的亚述商栈最为有名。

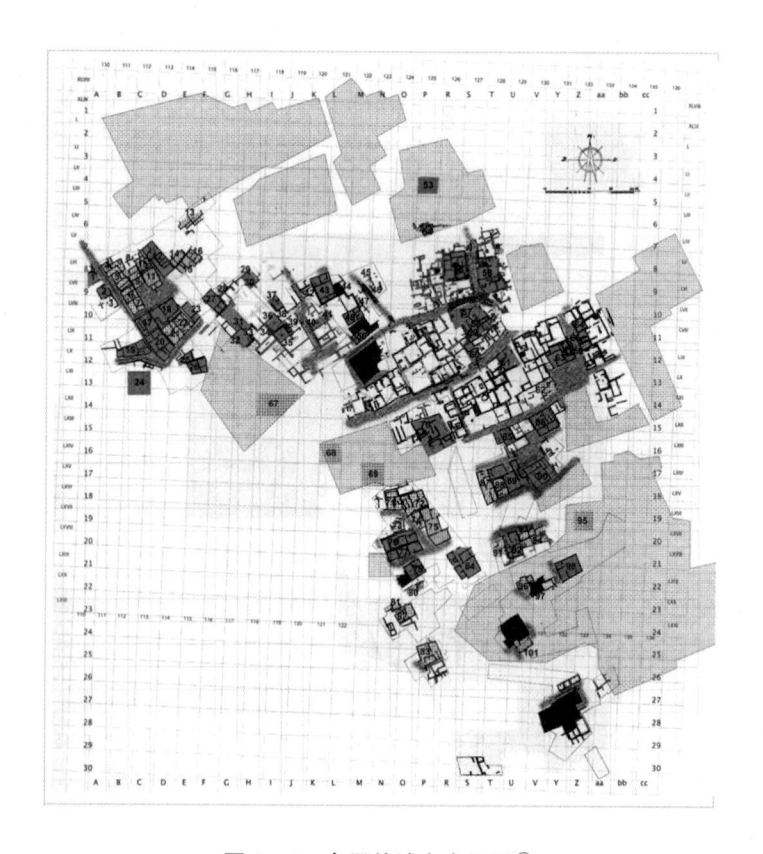

图1—5 卡尼什城市布局图②

---

① 在阿卡德语中，将较大的商栈称为 Karum（意为"港口"），较小的称为 wabartum（意为"贸易站"）。参见 H. Oguchi, "Trade Routes in the Old Assyrian Period", *Al-Rafidan* 20 (1999), pp. 85 – 106.

② A. G. Anderson, *The Old Assyrian Social Network: An Analysis of the Text from Kultepe-Kanesh (1950 - 1750 BCE)*, PhD dissertation, Cambridge: Harvard University, 2017.

卡尼什城由上城和下城两部分组成，上城即卡尼什本城，下城为面积达9公顷的亚述商栈所在地。[①] 卡尼什商栈的建筑物通常有上下两层，上下层之间有台阶或木梯相通。上层一般是客厅、卧室和厨房等生活功能区，下层则是作坊、商店和库房等经济功能区，此外还有庭院和地窖等配套设施。通过对考古数据及泥板文献等资料的综合研究，该商栈共有112家商户，每户建筑的面积从23—224平方米不等，其中属于亚述商人的房屋有49户，属于小亚本地人的房屋有14户；无法确定房主身份的有49户。据估计，当时在这约9公顷的范围内居住的人口达到三四千人。亚述人口与本地人口的比例是4∶1，由此推断卡尼什商栈的亚述一应有两三千人。[②]

亚述商人的故乡阿淑尔当时处于由长老会进行统治城邦阶段，城邦本身并不直接组织和参与长途贸易。亚述商人往往以家族企业为单位开展直接和中转贸易活动。主要经营的商品有金、银、铜、锡、羊毛和毛织品等。[③] 其中，金和银主要产自小亚地区；日常青铜器皿制作所需锡和铅主要分别产自阿富汗地区和伊朗地区；羊毛和毛织品主要产自阿淑尔所在的亚述尼亚。亚述商人家族的一部分成员在阿淑尔收购来自产地的铜、锡和羊毛，并加工制作毛织品，然后由其他成员将这些商品运到卡尼什商栈，以换取小亚地区的金和银，利润的来源是同一产品在不同地区之间的差价。在具体交易方式上，既可以使用

[①] G. Barjamovic, "The Size of Kanesh and Demography of Early Middle Bronze Age Anatolia", in L. Atici, F. Kulakoglu, G. Barjamovic, A. Fairbairn, eds., *Current Research at Kultepe/Kanesh: An Interdisciplinary and Integrative Approach to Trade Networks, Internationalism and Identity*, Atlanta: Lockwood Press, 2014, p. 56.

[②] T. Hertel, "The Lower Town at Kultepe/Kanesh: The Urban Layout and the Population", in L. Atici, F. Kulakoglu, G. Barjamovic, A. Fairbairn, eds., *Current Research at Kultepe/Kanesh: An Interdisciplinary and Integrative Approach to Trade Networks, Internationalism and Identity*, Atlanta: Lockwood Press, 2014, pp. 29, 35, 44 – 45, 137.

[③] J. G. Dercksen, *The Old Assyrian Copper Trade in Anatolia*, Leiden: Nederlands Instituut voor het Nabije Oosten, 1996; A. W. Lassen, "The Trade in Wool in Old Assyrian Anatolia", *Jaarbericht ex Oriente Lux* 42 (2010), pp. 159 – 179.

现金，也可以采用贷款，回报率往往高达100%。①

卡尼什商栈建有自治机构，负责监督管理各项内外部事务，其中主要包括向过往商队征收商业税，以及向卡尼什城市当局按时缴纳管理税等。卡尼什商栈在管理模式上还有一个独特之处，那就是自治机构的管理者并不是真正的投资者，这些投资者并不住在卡尼什，而是生活在家乡阿淑尔，其中许多人在阿淑尔城邦中担任要职。

公元前1820年，卡尼什被赫梯哈图沙的国王摧毁，跨境贸易随之终结。虽然后来亚述国王沙马什阿达德一世（公元前1808—前1776年在位）、马瑞国王金瑞林（公元前1775—前1761年在位）统治时期有过短暂恢复，但是随着古巴比伦国王汉穆拉比统一两河流域，卡尼什商栈也淡出了历史舞台。

---

① M. T. Larsen, *Old Assyrian Caravan Procedures*, Leiden: Nederlands Instituut voor het Nabije Oosten, 1967, p. 4.

第二章

原生帝国时代的西亚城市

第一节 政治生态

公元前10世纪晚期至公元前8世纪中期，乘西亚北非地区诸强衰落之机，亚述逐渐恢复强国本色，不但再次把版图从底格里斯河东岸的一隅扩展到两河流域北部的大部分地区，而且对南部的中巴比伦王国虎视眈眈。

然而，随着国家元气的恢复，世袭贵族势力重新抬头，终于酿成沙尔马纳塞尔三世（公元前858—前824年在位）统治末年波及亚述腹地27个主要城市的叛乱。虽然沙马什阿达德五世平定了骚乱，但亚述王位更迭频繁，权臣势力快速膨胀，对外扩张难以为继。公元前8世纪后期，提格拉特帕拉沙尔三世（公元前745—前727年在位）通过创立行省制度和组建常备军等措施，王权不断加强，政局大致稳定，先后统一两河流域，灭亡埃兰，征服埃及，帝国声威达到顶峰。譬如，阿淑尔巴尼拔（公元前668—前627年在位）数次进攻埃兰，因为埃兰人支持他的弟弟沙马什顺乌金在巴比伦发动的叛乱。公元前646年的第三次进攻中，亚述军队全面摧毁了埃兰地区的12个行省、14座王城和无数村镇，掠走了19座埃兰神像。幸存者被带到亚述分给王亲贵族为奴，埃及首都苏萨所遭到的破坏尤为严重，埃兰从此一蹶不振。阿淑尔巴尼拔炫耀道："从此埃兰大地再听不到人类之声，因为这片土地复归蛮荒之境。"① 可以说，在亚述帝国时期，"铁制武器、训练有素的军队、有效的官僚机构和架置在车轮上的铁制的破城槌，使亚述人能稳步地扩展他们的统治"②。

公元前630年，迦勒底部落酋长那波帕拉沙尔趁亚述内乱之机，逐渐取得对巴比伦尼亚的控制。公元前626年，那波帕拉沙尔自立为巴比伦国王（公元前626—前605年在位）。公元前616年，迦勒底人与米底人结成联盟，先是洗劫了尼尼微城南30千米处的亚述旧都和战略要地户卡尔浒城，随后于公元前612年攻陷尼尼微，亚述国王辛沙尔伊什昆（公元前623—前612年在位）战死，国土被迦勒底人和米底人瓜分，其中迦勒底帝国分取了亚述帝国的西半壁河山，即两河流域南部和叙巴地区，重建巴比伦王国，史称新巴比伦王国或迦勒底帝国。

公元前601年，新巴比伦王国尼布甲尼撒二世（公元前605—前562年在位）率军向埃及边界推进，同埃及发生战斗，双方损失均很惨重。公元前598年，尼布甲尼撒二世又远征阿拉伯半岛，目的是要控制途经此地的商路。公元前587年，尼布甲尼撒二世再度进军叙巴地区并围困耶路撒冷。埃及抛弃倒向自己一边的犹大王国国王西底家（公元前598—前587年在位）。在被围一年后，耶路撒冷城破，遭到大肆抢劫和严重破坏，大部分居民被掳往巴比伦尼亚，史称"巴比伦之囚"。

新巴比伦王国第六任国王那波尼德（公元前556—前539年在位）统治时期，内忧外患接踵而至。在内部，那波尼德与祭司集团的矛盾激化，原因是他废弃对巴比伦主神马尔杜克的崇拜，改而信奉月神辛，而这个月亮也不是巴比伦人的月神，而是阿拉美亚人的月神，为了专注于月神崇拜，他甚至离开首都巴比伦，而在阿拉伯的沙漠绿

---

① J. Boardman, et al., eds., *The Cambridge Ancient History*, vol. Ⅲ, part. 2: *The Assyrian and Babylonian Empires and Other States of the Near East, from the Eighth to the Sixth Centuries BC*, Cambridge: Cambridge University Press, 1991, p. 153.

② ［美］斯塔夫里阿诺斯：《全球通史——1500年以前的世界》，吴象婴、梁赤民译，上海社会科学院出版社1999年版，第156页。

洲泰马一住就是10年，国内政务都交给其子伯沙撒[①]代理，直到公元前540年，为了抵御波斯人迫在眉睫的入侵，才返回巴比伦。

在外部，出身波斯阿契美尼德家族的居鲁士二世（史称居鲁士大帝，公元前598—前530）于公元前558年自封"王中之王"，定都波斯波利斯。公元前553年，居鲁士大帝挥师北上，攻陷米底王国都城埃克巴坦那，灭亡米底王国，建立阿契美尼德王朝（公元前550—前330），埃克巴坦那成为帝国第二座都城。公元前546—前540年，居鲁士大帝亲率主力部队横扫亚洲腹地，征服呼罗珊、锡斯坦、巴克特里亚和索格狄亚那，兵锋直指印度河流域。

公元前547年，居鲁士大帝征服小亚中西部以萨尔狄斯为首都的吕底亚王国（公元前13世纪—前547），火刑处死国王克罗索斯（公元前560—前547年在位），萨尔狄斯成为阿契美尼德王朝第三座都城。为了防范吕底亚人反叛，居鲁士大帝没收了当时居民的武器，并禁止他们习武，只能世代从事吹笛、里拉琴演奏和商业等职业。

公元前539年，居鲁士大帝兵临巴比伦城下。巴比伦有两道城墙和一条护城河，易守难攻，不料祭司们竟然作为内应打开城门，波斯军队和平入城，摄政王伯沙撒被杀，国王那波尼德被俘，新巴比伦王国灭亡，巴比伦成为阿契美尼德王朝的第四座都城。

居鲁士大帝"赢得巴比伦人心的做法是将胜利归于马尔杜克神，换言之，他使巴比伦人对他有认同感"[②]。他与巴比伦城的祭司们达成共识，将那波尼德怠慢多年的巴比伦主神马尔杜克再次归位。作为回报，祭司们宣布居鲁士大帝为马尔杜克的使者和巴比伦之王。接着恢复城市运转的工作得以展开，被波斯人攻击损坏的城墙和城门开始整修。所用资金来自那波尼德的国库，所雇工匠亦是当地人，一切又仿佛回到了辉煌的往昔。

[①] 伯沙撒，《圣经》中提到的人物，原名但以理，被掳到巴比伦后改名为伯沙撒，公元前549—前539年担任新巴比伦王国摄政王。
[②] [美] 托马斯·克劳威尔：《图说古今帝王》，卢欣渝译，生活·读书·新知三联书店2018年版，第32页。

居鲁士大帝的胜利，对于被囚禁在巴比伦的犹大人①来说，更堪称从天而降的福音。公元前 538 年，居鲁士大帝允许犹太人返回故国，重建耶路撒冷。这个新犹太王国给予居鲁士大帝极高的评价，同时也成为阿契美尼德王朝的忠实盟友，如后来在波斯人统治埃及期间提供了大量驻军。

吕底亚王国灭亡后，小亚西部沿海的 12 个爱奥尼亚希腊城邦被迫臣服于波斯人，但保留了一些有利于经济利益和文化发展的自治权。为了赢得政治独立，在雅典和埃雷特里亚的支援下，爱奥尼亚希腊城邦于公元前 500—前 494 年发动了反波斯起义，但最终失败。为了惩罚希腊本土的雅典和埃雷特里亚等希腊城邦，阿契美尼德王朝大流士一世（公元前 522—前 486 年在位）派出一支远征军于公元前 490 在雅典西北面的马拉松登陆，但惨遭败绩，波斯损失 6000 余人，而雅典仅损失了 192 人。但这对于庞大的阿契美尼德王朝来说并非重大打击，所以在此战后仍时刻寻找机会进攻希腊本土。希腊城邦方面，雅典建造 100 余艘三列桨战舰，扩建各项防御工事，并加强海军训练，30 余个城邦结成军事同盟，推举拥有强大陆军的斯巴达为盟主，随时准备抗击波斯入侵。

公元前 480 年，大流士一世之子薛西斯一世（公元前 486—前 465 年在位）亲自率军，取道穿越色雷斯和色萨利的陆路再对希腊城邦用兵，经过温泉关战役和萨拉米斯湾海战，再次遭受重大损失，被迫无功而返。公元前 449 年，希腊海军在塞浦路斯岛东岸的萨拉米斯城附近重创波斯军队，至此双方同意媾和，同年，雅典派全权代表卡里阿斯赴波斯首都苏萨谈判并签订了《卡里阿斯和约》，和约规定波斯放弃对爱琴海及赫勒斯滂和博斯普鲁斯海峡的控制，并承认小亚西岸希腊诸城邦的独立地位，希波战争也宣告结束。

---

① "犹大"一词源于希伯来文（英文写作 Judah），既是以色列十二支派中"犹大支派"之名，也是由犹大支派和便雅悯支派建立的犹大王国的之名以及犹大王国的人民"犹大人"之名。"犹太"一词（英文写作 Jews）由希伯来文"犹大"一词希腊文与拉丁文译名演变而来，公元 2 世纪，"犹太人"一词多指希腊人和罗马人对犹大人的蔑称。此后渐无贬义且世界通用。故在新约圣经中皆写作"犹太人"，而从未再写作"犹大人"。

第二节 发展概览

一 亚述帝国的建城活动

亚述帝国的崛起使两河流域进入原生帝国时期。在帝国的广阔领土内，交通安全得到了有效的保障，这有力地刺激了城市生活和贸易的发展。[①] 阿淑尔、卡拉赫、萨尔贡堡和尼尼微4座都城，以及伊穆尔恩利尔、杜尔卡特里木、古扎纳、提尔巴尔斯普、布尔马里纳和胡兹里纳等主要行省首府陆续规划建设并快速繁荣起来。[②]

自公元前20世纪初立国，阿淑尔一直是亚述人的都城，城中有阿淑尔神庙、行政机关等建筑。公元前883年，亚述国王阿淑尔纳西尔帕二世（公元前883—前859年在位）迁都卡拉赫，阿淑尔变成亚述帝国的宗教中心。

公元前716年，为了加强亚述帝国北部边境的防御，萨尔贡二世（公元前721—前705年在位）尼尼微以北15千米处营建新都营萨尔贡堡。[③] 该城近于方形，占地289公顷。4个城角朝着东西南北的正方位。王宫建在西北城墙的中段，前半部在城市，后半部凸出到城墙之外。整个王殿连同塔庙均建在一个高18米、边长300米的方形土台上。王宫由210间厅堂和30个庭院组成，以砖砌为主。厅堂和庭院墙壁上装饰以着色的巨大石板浮雕、壁画以及彩色琉璃画像砖等，题材多为国王出征、狩猎和宫廷日常生活等场景。王宫大门雄伟壮丽，在两座白色高大方塔之间是一个包铜拱形大门。拱门顶部饰有琉璃砖和壁画，

[①] L. Mumford, *The City in History: Its Origins, Its Transformations and Its Prospects*, New York: Harcourt, Brace and World, 1961, p. 111; M. Hammond, *The City in the Ancient World*, Cambridge: Harvard University Press, 1972, pp. 51 – 55; A. B. Knapp, *The History and Culture of the Ancient Western Asia and Egypt*, Belmont: Wadworth Press, 1990, pp. 224 – 225.

[②] ［美］斯皮罗·科斯托夫：《城市的形成——历史进程中的城市模式和城市意义》，单晧译，中国建筑工业出版社2005年版，第104页。

[③] 萨尔贡堡，阿卡德语音译名为"杜尔沙鲁金"。19世纪发掘时该遗址所在地名为克尔萨巴德，所以一般将萨尔贡堡称为克尔萨巴德宫。

在神圣和世俗之间：西亚城市带的交融与冲突（公元前7000—公元1922年）

门口两边有成对排列整齐的人面狮身、鹫翼和牛脚怪兽等石雕。它们是王宫的守护神，高约3.4米，神态庄严肃穆，两眼炯炯有神。王宫西部有庙宇和山岳台，反映了王权和神权的合流。山岳台基底大约43米见方，共有4层：第一层刷黑色，代表阴间；第二层红色，代表人世；第三层蓝色，代表天堂；第四层白色，代表太阳。台顶设有神龛。王宫以外为王城，分布着贵族官僚宅邸。这个城市既注意防御外敌，又注意防备城内的起义。萨尔贡堡建设历时10年，直到公元前706年才竣工。但萨尔贡二世之子辛纳赫里布（公元前705—前681年在位）等亚述国王，仍然住在尼尼微，萨尔贡堡事实上并没有成为帝国新都。

  古代西亚存在一个重要传统，即从古巴比伦王国开始，在王权继续强化的同时，城市自治成为帝国统治的一个重要方面。城市具有它自己的公民权，长老会、公民大会和商会等机构享有管理城市司法与政治的某些重要权威。类似情形在亚述帝国得以延续。[①] 冬天雨季结束，亚述军队通常就要踏上征程，开赴四方去镇压起义或开疆拓土。"一座城市被占领之后，入侵者马上摧毁它的城垣以消弭进一步的抵抗。"[②] 萨尔贡二世在位第一年远征巴勒斯坦的撒马利亚时，就俘虏了27290人，及后他初次出征镇压两河流域南部的一次起义时，把200800人及大批财宝掠回亚述，在镇压巴勒斯坦地区的起义时，又把200150人及大批财宝带回了亚述。公元前714年，萨尔贡二世北伐乌拉尔图王国（公元前840—前645），攻克该国全部7个行省的430余座城市，洗劫圣城穆萨西尔，掠走神像，迁移大量人员和牲畜，时任国王鲁萨斯一世（公元前735—前713年在位）绝望自杀。[③] 辛那赫里布在位期间，占领并焚毁了75座城市，居民和财物皆被掳走。

  在血腥镇压的同时，亚述帝国君主对于治下的大小城市采取了怀

---

① 于殿利：《巴比伦与亚述文明》，北京师范大学出版社2013年版，第203—222、234页。

② J. N. Postgate, *Early Mesopotamia: Society and Economy at the Dawn of History*, London: Routledge, 1992, p. 252.

③ D. D. Luckenbill, *Ancient Records of Assyria and Babylonia*, vol. II: *Historical Records of Assyria from Sargon to the End*, New York: Greenwood Press, 1968, pp. 73–99.

柔政策，其中最重要的方式是重新确认其中一些城市继续保有肯迪努特权，从而为城市规模的扩大和商业的拓展创造了有利条件。① 肯迪努是阿卡德语"kidinnu"一词的音译，意为"神祇的佑护"②，最早出现在古巴比伦时期，原指对私人商业交易以及诉讼合法性的保护，自加喜特人建立中巴比伦王国起，该词特指在巴比伦和波尔西帕等城市中，因神祇佑护而享有豁免赋役待遇的居民。③

在亚述帝国的历史上最早享有肯迪努特权的是巴比伦尼亚城市，这与亚述人早前经常介入中巴比伦王国内部事务有关。公元前850年，巴比伦第九王朝（公元前943—前732）发生内乱，国王马尔杜克扎克尔舒米一世（公元前855—前819年在位）请求亚述帝国国王沙尔马纳塞尔三世帮助平叛。沙尔马纳塞尔三世亲率大军进入巴比伦并很快平定了叛乱，随后他宣称："我在宴会上确认居民原有特权，给予他们应有之尊严。"④ 这一政策在整个亚述帝国时期一直得到贯彻执行。譬如，阿淑尔巴尼拔在记载其修复巴比伦城的一篇铭文中写道："在我统治期间，伟大的主人马尔杜克兴致勃勃地进入巴比伦城，定居在永恒的埃萨吉拉神庙。我再次批准了埃萨吉拉神庙和巴比伦诸神的祭祀用品，重新确认了巴比伦的肯迪努特权。"⑤ 巴比伦居民在致阿淑尔巴尼拔的信中称："国王——我们的主人——登极伊始，您就刻意保护我们的肯迪努特权与福祉。"⑥ 此

---

① M. Hammond, *The City in the Ancient World*, Cambridge: Harvard University Press, 1972, pp. 51-55.

② 参见陈飞《〈同步王表〉译注》，《古代文明》2017年第3期，第18页。

③ H. Reviv, "Kidinnu Observations on Previleges of Mesopotamian Cities", *Journal of the Economic and Social Hsitroy of the Orient* 31/3 (1988), p. 289.

④ A. K. Grayson, *The Royal Inscriptions of Mesopotamia, Assyrian Periods*, vol. III: *Assyrian Rulers of the Early First Millennium BC II (858-745 BC)*, Toronto, Buffalo and London: University of Toronto Press, 1996. A. 0. 102. 16: 62.

⑤ G. Frame, *The Royal Inscriptions of Mesopotamia: Babylonian Periods*, vol. II: *Rulers of Babylonia from the Second Dynasty of Isin to the End of Assyrian Domination (1157-612 BC)*, Toronto, Buffalo and London: University of Toronto Press, 1955, B. 6. 32. 1: 11-12.

⑥ F. Reynolds, *The Babylonian Correspondence of Esarhaddon and Letters to Assurbanipal and Sin-sharru-ishkun from Northern and Central Balylonia*, Helsinki: Helsinki University Press, 2003, p. 158.

外还有一篇破损名铭文在提及西帕尔写道:"他提升它为永恒之城,这座享有特权之城市在天堂被称为巨蟹。"① 通过确认巴比伦等被征服地区主要城市的肯迪努特权,亚述借此平息了这些城市的反亚述情绪,从而确保了统治秩序的稳定。

除了巴比伦尼亚的主要城市外,从萨尔贡二世开始,辛纳赫里布和阿淑尔巴尼拔等亚述帝国历代君主还陆续授予亚述腹地的阿淑尔等城市以肯迪努特权,维护了传统祭司和贵族集团的既得利益,从而得到他们对王权的支持,扩大了帝国统治的阶级基础。② 但从另一个角度来看,一些重要城市的肯迪努特权直接导致了帝国中央财政的捉襟见肘。例如,由于萨尔贡二世免除阿淑尔城居民的赋役,阿淑尔总督不得不靠征调宫廷仆从和奴隶等人员填补由此造成的埃卡拉图宫短缺的人手。③ 再如,亚述国王喜欢用规模巨大的建筑来彰显国家的强盛和震慑征服地区的臣民,如在一些重要建筑物门口,一般安放一对由整块大石头雕刻成的带翼人首兽身的拉马苏;④ 然而,尼尼微城中的阿淑尔巴尼拔宝库守门怪兽却一反其道,是用小块石头雕成的。搬运小块石头可以节约大量人力,宝库守门怪兽形制变小,可能反映了亚述当时人手不足的现实。⑤

二 新巴比伦王国的建城活动

公元前 20 世纪末,当阿拉米人向两河流域推进时,迦勒底人亦随之侵入两河流域。公元前 11 世纪中叶,他们在巴比伦尼亚南部靠

---

① G. Frame, A. K. Grayson, "An Inscription of Ashurbanipal Mentioning the Kidinnu of Sippar", *State Archives of Assyria Bulletin* 8/1 (1994), pp. 5, 3.

② H. W. F. Saggs, "Hitorical Texts and Fragments of Sargon II of Assyria, 1: The 'Assur Charter", *Iraq* 37/1 (1975), pp. 14 – 17, 29 – 31, 36 – 43; M. Weinfeld, *Social Justice in Ancient Israel and in the Ancient Near East*, Jerusalem: The Hebrew Univeristy Magnes Press, 1995, p. 109.

③ S. Parpola, *The Correspondence of Sargon II, part 1: Letters from Assyria and the West*, Helsinki: Helsinki University Press, 1987, 99: r. 2 – r. 9.

④ J. N. Postgate, *Neo-Assyrian Royal Grants and Decrees*, Rome: Pontifical Biblical Institute, 1969, pp. 14 – 16.

⑤ S. Brown, "The Collapse of the Neo-Assyrian Empire", *Bulletin of the Canadian Sociey for Mesopotamian Studies* 34 (1999), pp. 69 – 75.

近波斯湾的一带地方定居了下来。最初，他们对城市的重要性认识不足，因而许多城市，诸如乌鲁克、尼普尔、西帕尔和库尔加勒祖等均被其摧毁。公元前9世纪，迦勒底人形成了若干小王国式的部落联盟。巴比伦尼亚原住民无力阻止迦勒底人的渗透，迦勒底人也自视为这片古老土地的主人和文化传统的当然继承者。

公元前605年，新巴比伦王国尼布甲尼撒二世率军西进，攻取叙利亚。卡尔凯美什是西进叙利亚的必经之地，而埃及在这里驻有一支包括希腊雇佣军在内的部队，并与阿淑尔乌巴里特二世（公元前612—前609年在位）为首的亚述帝国流亡政府结盟。尼布甲尼撒二世的军队从南北两个方向夹击此城，战斗十分激烈。结果埃及驻防军被彻底歼灭，城市亦化为废墟，亚述人通向叙巴地区的门户洞开。

尼布甲尼撒二世特别重视巴比伦的城市建设，其中既包括雄伟壮丽的王宫建筑群，也包括巧夺天工的空中花园和巴别塔。在他统治期间，巴比伦城还新建了两道围墙和一条护城河。

三 阿契美尼德王朝的建城活动

阿契美尼德王朝一方面承续了古代西亚国家的王权专制传统和官僚体系，建立了以国王为中心、以实物分配为基本特征的庞大体系，体现了古代帝国专制与集权的一面；另一方面，它继承了古代西亚帝国的另一重要特征：在专制统治之下，让地方共同体保持基本自治，城市当局享有一定的司法权，城市居民拥有相应的公民权，甚至默许某些城市扩张领土。有学者因此认为阿契美尼德王朝"可能是第一个在统一政令下治理一个世界性多民族帝国的政权"[①]。

公元前550年，居鲁士大帝征服索格狄亚那，将战线推进至锡尔河，建立居鲁士城，索格狄亚那由此成为阿契美尼德王朝的东方行省之一。

公元前539年，居鲁士大帝征服新巴比伦王国之后，允许犹太人回

---

① ［伊朗］扎比胡拉·萨法：《伊朗文化及其对世界的影响》，张鸿年译，商务印书馆2011年版，第12页。

在神圣和世俗之间：西亚城市带的交融与冲突（公元前7000—公元1922年）

归耶路撒冷和重建圣殿。公元前516年，在领袖所罗巴伯①和祭司约书亚的带领下，犹太人在第一圣殿的遗址上建成第二圣殿。第二圣殿虽不及第一圣殿雄伟壮观，但它毕竟再次确立和巩固了耶路撒冷的圣城地位。在阿契美尼德王朝统治期间，耶路撒冷犹太社团大体上保持了自治地位，圣殿也得到了尊重，"在犹太人眼中，波斯人简直就是大救星"②。

阿契美尼德王朝建立后，两河流域的重要性有所下降，但灌溉系统仍有所改进，人口和定居点都在增长，乌鲁克和尼普尔等城市继续保持繁荣，巴比伦作为全国税收和粮食主要来源地仍是阿契美尼德王朝中心城市之一。换言之，在巴比伦尼亚，大多数古老城市仍是活跃的法律和商业活动中心，它们之间的交往不受阻碍，有些城市由相当发达的腹地环绕，腹地点缀着大量村庄和中小城镇，并且为密如织网的灌溉系统所支撑。

除了确保原有城市的正常运转，以大流士一世为代表的阿契美尼德王朝历代君主集全国之力新建、重建或扩建了帕萨尔加德、波斯波利斯和苏萨等城市。据大流士一世的苏萨铭文的记录，苏萨王宫所用的针叶松是从黎巴嫩山区运来的，其中从巴比伦到苏萨的运输工作由卡里亚人和爱奥尼亚人完成；在苏萨加工石料的人中，也有爱奥尼亚人。③ 在帕萨尔加德和波斯波利斯，也有希腊石匠参与修建工作。④ 其中的帕萨尔加德是居鲁士大帝于公元前558年确定的第一座都城，亦是他的陵寝所在地。居鲁士大帝陵寝全部用巨大花岗岩砌成，共有6层阶梯式的基石，墓长3.17米，宽和高均为2.11米，并有一个狭小的入口，建筑风格结合了居鲁士大帝征服的所有主要地区的元素。

阿契美尼德王朝从其创立者居鲁士大帝开始，不再试图消灭或奴役

---

① 所罗巴伯，意即"在巴比伦所生"，是当时犹太支派的首领。
② A. J. Toynbee, *Mankind and Mother Earth: A Narrative History of the World*, Oxford: Oxford University Press, 1976, p. 230.
③ 李铁匠选译：《古代伊朗史料选辑（上古史部分）》，商务印书馆1992年版，第58页。
④ [意]阿纳尔多·莫米利亚诺：《外族的智慧》，晏绍祥译，生活·读书·新知三联书店2013年版，第162页。

所征服地区的人民，而是致力于建设一个由多族群组成的经济、文化和政治共同体。在这个共同体之中，尽管波斯人占统治地位，但其他族群众的文化传统得到不同程度的尊重和保护，这使得许多被征服地区欣然接受了融入一个更为辽阔的帝国所带来的安全保障和更大市场。[①] 譬如，米利都等小亚沿海爱奥尼亚各希腊城邦仍保持了自治权；而犹太人则在波斯人的许下，完成了从神权自治到政治自治的历程，不仅重建了耶路撒冷圣殿和城墙，而且享有自主处理税收和债务等事务的权力。[②]

第三节 典型城市

一 尼尼微

尼尼微位于今伊拉克北部的尼尼微省的底格里斯河的东岸，与摩苏尔城隔河相望，是早期亚述、中期亚述的重镇和亚述帝国都城，最早由古代胡里特人建立，城址位于底格里斯河东岸，隔河与今伊拉克摩苏尔城相望。[③]

早在旧石器时代的公元前60世纪，这里就有人居住。公元前30世纪，尼尼微逐渐发展成为两个流域伊什塔尔女神的崇拜中心和一座真正的城市。公元前22世纪60年代，阿卡德王朝国王马尼什图苏重建伊什塔尔神庙。有文献记载的尼尼微的历史可追溯至公元前18世纪的古亚述王国沙马什阿达德一世在位时期。古巴比伦王国国王汉穆拉比在位期间，尼尼微落入巴比伦人之手。公元前14世纪，该城被米坦尼人占领，米坦尼国王曾下令将具有治愈功能的伊什塔尔女神像借给埃及国王阿蒙霍特普三世为其疗疾。公元前1365年，中亚述王

---

① R. Ghirshman, *Iran: From the Earliest Times to the Islamic Conquest*, New York: Penguin Books, 1954, pp. 86, 130 – 133, 203 – 205.

② D. F. Graf, "Greek Tyrants and Achaemenid Politics", in J. W. Eadie, J. Ober, eds., *The Craft of the Ancient Historian: Essays in Honor of Chester G. Star*, Lanham: University Press of America, 1985, pp. 87 – 91.

③ 关于尼尼微名称的由来，并无定论，可能来自两河流域各族群崇拜的战争女神伊什塔尔的塞姆语别名"尼娜"。

国国王阿淑尔乌巴里特灭亡米坦尼王国,收复尼尼微。公元前8世纪末,亚述逐步强大,先后征服了小亚东部、叙巴地区、巴比伦尼亚和埃及等地,定都尼尼微。

尼尼微形状不规则,占地1800英亩,城墙高大坚固,长约12千米,有15座城门。城内主要建筑包括三组宫殿和两组神庙。城南是埃萨尔哈东宫,城北是阿淑尔巴尼拔宫,两宫之间有阿淑尔纳西尔帕二世宫、纳布神庙和伊什塔尔神庙,此外还有动物园、植物园和军械库等。城内有居民10万—15万人,约为同期巴比伦城的2倍。尼尼微可能是当时世界上最大的城市。[1]

城中的图书馆是目前已知的世界上最早的图书馆,也是现今已发掘的古代文明遗址中保存最完整、规模最宏大、文献最丰富的图书馆,在时间上要比埃及著名的亚历山大图书馆早约400年,而且

图2—1 奥斯汀·亨利·莱亚德1853年所绘尼尼微亚述王宫想象图[2]

---

[1] T. Chandler, G. Fox, *Three Thousand Years of Urban Growth*, New York: Academic Press, 1974, p.300.

[2] 参见 https://commons.wikimedia.org/wiki/File: Artist%E2%80%99s_ impression_ of_ a_ hall_ in_ an_ Assyrian_ palace_ from_ The_ Monuments_ of_ Nineveh_ by_ Sir_ Austen_ Henry_ Layard,_ 1853.jpg。

由于泥板文献的特殊材质，没有像亚历山大图书馆中的书籍那样毁于战火，超过 3 万块泥板幸存下来。① 图书馆的藏书大部分是从全国各地传抄的摹本，另一部分从私人处获得。在尼尼微图书馆遗址，曾发现了阿淑尔巴尼拨给一些文官的训令，指示他们到各省去收集泥板图书。其中一封这样写道："接到此信之日，即带舒玛、其弟贝尔·埃梯尔、亚普拉及你认识的波西巴的一些艺术家去，尽可能收集人们家中及埃齐达神庙里的泥板。"此外，阿淑尔巴尼拨还雇佣好多学者和抄写员，专门抄写各地的泥板和有价值的铭文。图书馆中的藏书门类齐全，包括哲学、数学、语言学、医学、文学和占星学等各类著作，几乎囊括了当时的全部知识。其中的王朝世袭表、史事札记、宫廷敕令以及神话故事、歌谣、颂诗，为后人了解亚述帝国乃至两河流域文明提供了钥匙。尤其珍贵的是，这里藏有世界史上第一部英雄史诗《吉尔伽美什》。亚述人已懂得对各类图书进行分类和编目。对各类书籍，通常放在不同的位置加以区分。如图书馆中设有一个专门存放情报机关报告等官方重要文件的"闭架书库"，"不允许普通读者进入"②。亚述书吏还在每块泥板上附上题签，标明该泥板所记载的内容。这座图书馆很可能是阿淑尔巴尼拨的私人图书馆，因为所藏泥板上大多刻有国王的名字，有的还注明是国王本人亲自修订的，或者由他亲自收集的。泥板上往往还刻有"宇宙之王、亚述之王阿淑尔巴尼拨"字样。

公元前 612 年，迦勒底人和米底人联合攻陷尼尼微。

二　巴比伦

公元前 627 年，新巴比伦王国国王尼布甲尼撒二世重建巴比伦。新巴比伦王国时期的巴比伦横跨幼发拉底河两岸，总平面大体呈矩形。由于防御需要，筑有两重间隔 12 米的城墙，每重厚达 6 米。城

---

① ［美］刘易斯·芒福德：《城市发展史：起源、演变和前景》，宋俊岭、倪文彦译，中国建筑工业出版社 2005 年版，第 67—71 页。
② ［美］托马斯·克劳威尔：《图说古今帝王》，卢欣渝译，生活·读书·新知三联书店 2018 年版，第 28 页。

东还加筑了一道较内城城墙更为坚厚的外城城墙。内城面积达350公顷，有9座城门。城市主轴为北偏西走向。主要大道叫普洛采西，宽7.5米，沿大道及河岸布置宫殿、神庙等建筑群，其他街巷曲折而狭窄，宽仅1.5—2米。

巴比伦王宫的正门为伊什塔尔门，以蓝色为主色调，高耸的城门墙壁上镶嵌着马、狮、牛以及传说中的独角兽等图案。走进王宫，首先映入眼帘的是长长的步道，步道两侧为高大的宫墙，墙壁上镶嵌着120块雕有各种动物图案的巨石。王宫共有五座院落，呈梯形平面分布，占地约4.5公顷。

巴别塔，又称通天塔，是新巴比伦王国国王尼布甲尼撒二世主持修建或增建的一座塔庙。公元前460年，也即建成约一个半世纪后，该塔仍令来此游历的古希腊历史学家希罗多德印象深刻。根据他的描述，塔基长宽高各约90米，主塔为实心，高约201米，共有8层，外面有条螺旋形通道，绕塔而上，直达塔顶，并在半途设有座位，可供小歇。塔顶建有用黄金和深蓝色琉璃装饰的马尔杜克神龛，龛里有一张铺陈华丽的睡椅，椅旁有一条黄金几案。[1]

公元前539年，阿契美尼德王朝开国君主居鲁士大帝占领后吩咐不得毁坏巴别塔，但帝国第四代君主薛西斯一世（公元前485—前465年在位）下令拆毁了巴别塔。公元前331年，当亚历山大大帝占领巴比伦后，对巴别塔的损毁十分惋惜，曾凭吊其遗址，并派遣1万名部下耗时2个月清理现场，但鉴于工程浩大，该塔的复原工作最终不了了之。

为使王后米底公主赛米拉斯不再有思乡之苦，尼布甲尼撒二世还专门在巴比伦为她建造了一个植满奇花异草的花园，并用设计精巧的

---

[1] 在楔形文字泥板文献破译之前，人们多引用希罗多德的记载，认为巴比伦庙塔为8层，但楔形文字泥板文献中却出现了塔庙为7层的记载，如一件发现于乌鲁克的公元前229年誊抄的名为"E-sangil泥板"上即有如此记载。参见 A. R. George, "The Tower of Babel: Archaeology, History and Cuneiform Texts", *Archiv Fur Orientforschung* 51 (2005), pp. 75 - 95。

图2—2　卢卡斯·范瓦尔肯博奇1594年所绘巴别塔①

给水装置将幼发拉底河水源源不断引入园中。② 这个花园远远看起来就像位于天空中般，因此被称为空中花园。园内建有富丽堂皇的行宫，尼布甲尼撒二世和王后可在此饱览全城景色。

公元前562年尼布甲尼撒二世去世后，新巴比伦王国的政局骤然恶化，在5年里换了3位国王。公元前539年，阿契美尼德王朝居鲁士大帝率军和平进入巴比伦城，该城从此失去了作为国家权力中心的地位，但仍扮演着宗教圣地和文化中心的角色，"拥有约25万人口，是世界上最大的城市"③。

公元前324年，巴比伦成为亚历山大帝国首都。亚历山大帝国解体后，巴比伦逐渐衰落并于公元前2世纪沦为废墟。

---

① 参见https：//zh.wikipedia.org/wiki/%E5%B7%B4%E5%88%A5%E5%A1%94。
② 参见汤天成《空中花园给水技术解谜》，《知识就是力量》1995年第3期，第20页。
③ ［美］乔尔·科特金：《全球城市史》，王旭等译，社会科学文献出版社2014年版，第17页。

巴比伦具有悠久的自治传统，极擅长在各种外来势力之间周旋。巴比伦是神庙之城，马尔杜克神庙大祭司和神庙会议是其最高权威，集宗教与世俗权力于一身，主导着巴比伦社会经济生活的方方面面。从新亚述时期开始，亚述君主就承认巴比伦祭司长为城市统治者。巴比伦城内的物资调配、周边地区的农业生产在神职人员组织下进行，多数工匠以及食品供应者都为马尔杜克神庙服务。祭司长和神庙会议扮演地方法庭的角色，不仅裁决宗教事务，也调解其他争端。马尔杜克神庙的政治和司法影响不以巴比伦为限，波尔西帕等周边城市的居民亦受其控制。[①]

三　埃克巴坦那

埃克巴坦那位于扎格罗斯山区一个肥沃谷地的边缘，阿尔万德山北麓，海拔1877米。

公元前706年，米底王国定都埃克巴坦那。该城建有一座山地堡塞，据古希腊历史学家希罗多德记载，该堡寨围有7套城墙，涂有金、银、鲜红、蓝、琥珀、黑和白七种颜色，分别代表太阳、月亮、火星、水星、木星、金星和土星。米底人崇拜星辰，相信城市的微观世界与宇宙的宏观世界是有联系的。

公元前550年，居鲁士大帝灭亡米底王国，建立阿契美尼德王朝，确定埃克巴坦那为波斯波利斯之后的第二都城。埃克巴坦那为东西交通的重要枢纽，西接安纳托利亚半岛，南邻两河流域，东连伊朗北道。

公元前545年，居鲁士大帝从埃克巴坦那出发向东方进军，先后征服了伊朗高原东部及帕提亚和巴克特里亚等地，又渡过阿姆河进入索格狄亚那，在锡尔河附近修建了撒马尔罕，防范游牧部落的入侵并控制东西商贸路线。他还打通了波西斯—帕萨尔加德—埃克巴坦那沿扎格罗斯山东侧的南北纵向大道，据《巴比伦编年史》记载，居鲁士

[①] T. Boiy, *Late Achaomenid and Hellenistic Babylon*, Leuven: Peeters, 2004, pp. 197–198, 242–258.

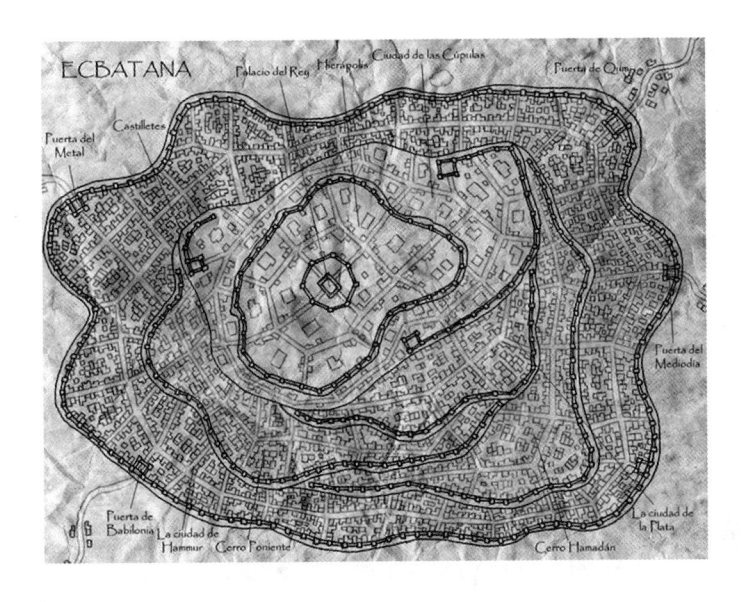

图 2—3　埃克巴坦那城墙布局复原图①

大帝就是通过这条大道，把由埃克巴坦那掠夺的黄金白银等战利品运回波斯波利斯的。②

1222 年，埃克巴坦那被蒙古帝国的哲别和速不台两位将军彻底毁灭。

四　苏萨

苏萨③位于底格里斯河以东 150 英里的伊朗西南部扎格罗斯山南侧。早在公元前 70 世纪就有人类居住，公元前 40 世纪建城。苏萨曾是埃兰王国④的都城，建于人工土丘之上，背靠卡尔黑河岸，高出河

---

① 参见 https：//www.tekportal.net/ecbatana/。
② 李铁匠选译：《古代伊朗史料选辑（上古史部分）》，商务印书馆 1992 年版，第 25 页。
③ 苏萨一名可能源自当地语言。在希伯来圣经的《圣文集》里称苏萨为"书珊"。汉穆拉比法典石碑于 1901 年在苏萨遗址出土，该碑应该是公元前 12 世纪埃兰人入侵巴比伦尼亚时从巴比伦运回苏萨的。
④ 埃兰人居住在伊朗高原西南部卡伦河流域，公元前 27 世纪建立王国，分古埃兰、中埃兰和新埃兰三个时期。公元前 639 年，新埃兰王国为亚述帝国所灭。

岸33米，高出城内其他地方6米。

公元前538年，阿契美尼德王朝居鲁士大帝夺取苏萨。居鲁士大帝去世后，其子冈比西斯二世（公元前530—前522年在位）将王朝首都迁到苏萨。苏萨的王宫建筑是在冈比西斯二世的继承者大流士一世在位期间全面展开的。来自15个地区的5个族群的能工巧匠参与了建设，使用的珍贵建筑材料至少有12种，如来自埃及的乌木和白银、来自黎巴嫩的雪松、来自巴克特里亚的黄金、来自索格狄亚那的青金石和朱砂、来自花剌子模的绿宝石以及来自印度的象牙等，只有碎石和砖坯就地取材。[①]

王宫主体建筑由巴比伦工匠负责，他们经验丰富，技艺精湛，尤其擅长台基式雄伟工程的建设。大流士宫就建在巨大的人工台基上，亭台楼阁错落有致，共有110个房间，总面积达37500平方米。其中大流士一世觐见厅占地约1万平方米，厅顶由6列20米高的石柱撑起，柱廊顶部饰以牛头纹。宫墙上镶嵌着精美琉璃砖浅浮雕，题材多为武士、动物和怪兽。

图2—4　大流士一世统治时期苏萨宫殿和行政建筑群复原图[②]

大流士一世还修建了以苏萨为起点，向西通过底格里斯河，再经叙利亚和小亚，抵达爱琴海沿岸的以弗所的全长1677英里的御道，沿途

[①] R. Kent, *Old Persian Grammar*, *Texts*, *Lexicon*, New Haven: American Oriental Society, 1953, pp. 142-144.

[②] 参见http://www.heritageinstitute.com/zoroastrianism/susa/index.htm.

设有111个驿站,每上驿站都备有接力驰骋的马匹,保证信使按时到达目的地。① 随着王朝版图的扩大,从御道上又开辟出几条支线,向西南通往埃及,向东南通往印度河流域,从而形成了一个比较完整的全国交通网络。② 大规模扩建之后,苏萨一直是阿契美尼德王朝的首都,国王和臣僚在此生活和办公,来自全国各地的贡赋亦汇聚到城内的国库。

阿契美尼德王朝灭亡后,苏萨成为塞琉古王朝的重要城市之一,更名为"埃兰的塞琉西亚"。公元前147年,苏萨被帕提亚人占据,成为帕提亚帝国的冬宫,与帝国的夏都泰西封齐名。公元116年,罗马皇帝图拉真(98—117年在位)曾攻占苏萨,但旋因后方的反叛而被迫撤兵。直到3世纪的萨珊王朝时期,苏萨仍是一座繁华的大城市。

苏萨在历史上至少遭受过5次浩劫:公元前647年,亚述帝国国王阿淑尔巴尼拔入侵并破坏了这座城市;224年,萨珊王朝的创建者阿尔达希尔一世征服并破坏了这座城市;339年,萨珊王朝国王沙普尔二世对苏萨进行了大规模破坏;638年,阿拉伯帝国占领苏萨并加以破坏;1259年,旭烈兀所率蒙古军队在苏萨实施屠城,王宫等建筑在以后漫长的岁月中逐渐化为一片废墟。

五 波斯波利斯

波斯波利斯,是阿契美尼德王朝第三任国王大流士一世即位后下令建造的新都。希腊人称其为"波斯波利斯",意为"波斯之都",波斯人则称之为"塔赫特贾姆希德",即"贾姆希德御座",贾姆希德系波斯神话中王的名字。

波斯波利斯建在一座长460米、宽300米、高10米的平台之上。东依群山,西望平原,南、北、西3面有围墙。平台西壁的北端是王城入口,有一条坡度平缓、装饰精美的宽近7米的石磴道,即使策

---

① 张国刚:《"丝绸之路"与中国式"全球化"》,《读书》2018年第12期,第120页。
② [美]斯皮罗·科斯托夫:《城市的形成——历史进程中的城市模式和城市意义》,单皓译,中国建筑工业出版社2005年版,第33页。

马，亦可循阶入城。① 登上平台，首先映入眼帘的是薛西斯一世在位时期建造的高达18米的四方之门，即万国门。城内分为3区，北部是外朝区，主要用于国王接见大臣和属国的王侯。西南部是内廷区，是国王的生活区。东南部是库区，存放和陈列着大量的珍宝。外朝区东侧是禁军营区。城东北角和东南角有瞭望塔楼。城中所有房屋都有高大的石墙和石柱，石墙用波斯本地出产的硬质灰色或其他颜色石灰石，墙面和石柱用大理石，石面有雕刻。

图2—5 杰拉德·让—巴蒂斯特1713年所绘波斯波利斯想象图②

全部建筑约可分为五期：第一期（公元前515—前490）为觐见厅和宝库；第二期（公元前490—前480）为万国门和大流士寝宫；第三期（公元前480—前470）为薛西斯寝宫与后宫；第四期（公元前470—前450）为百柱厅、阿塔薛西斯王宫；第五期（公元前360—前338）为32柱厅等。大流士一世在位期间完成觐见厅、宝库、万国门和大流士寝宫工程，其余工程是由大流士一世之子薛西斯

---

① [英]乔安·弗莱彻：《埃及四千年：主宰世界历史进程的伟大文明》，杨凌峰译，浙江文艺出版社2019年版，第381页。
② 参见https://zh.wikipedia.org/wiki/%E6%B3%A2%E6%96%AF%E6%B3%A2%E5%88%A9%E6%96%AF。

一世和其孙阿尔塔薛西斯一世两位君主接力完成的。

觐见厅位于城市中部西侧，为石柱木梁枋结构，呈正方形，边长80余米，大厅和门厅用72根21米高的石柱支撑，柱础为覆钟形，柱身有40—48条凹槽，柱头雕有公牛形象。觐见厅北面和西面的石壁上有左右对称的两座狮子斗牛浮雕。百柱厅位于觐见厅东侧，宽阔的石阶饰有色彩鲜明的高浮雕和浅浮雕，厅内面积为68.6平方米，高11.3米的立柱承托着雪松平顶。大流士寝宫正门两侧和和廊壁装饰有对称的巨型翼兽身人面浮雕石像。

波斯波利斯并非阿契美尼德王朝君主们的日常驻地，而是举行盛大仪式的场所，每逢国王登基大典、接见各国使臣的朝贡仪式、新年庆典和宗教庆典，君主们才移驾于此。在近两个世纪的时间里，波斯波利斯见证了帝国的无上荣光。

公元前330年，波斯波利斯放弃抵抗，希腊—马其顿骑兵部队开进波斯波利斯。他们在城里发现了惊人的宝藏：4000塔兰特白银和同样价值的珍宝，按照希腊历史学家普鲁塔克的统计，至少需要1万头骡子和5000匹骆驼才能将它们运走。亚历山大大帝接收了这笔巨额财富，拜谒了位于帕萨尔加德的居鲁士大帝陵墓，并宣布自己为波斯帝国的继承人。在庆功典礼结束不久，波斯波利斯燃起熊熊大火，"那些用黎巴嫩雪松制作的精美圆柱、柱头和横梁熊熊燃烧起来，屋顶坠落，烟灰和燃屑像雷阵雨般纷纷落在地上，只有石质的柱子、门框和雕塑大致完好"①。

---

① 关于波斯波利斯大火的起因，学界并无定论，主要有两种假说：一种认为亚历山大大帝是为了报复波斯人对雅典卫城的劫掠，才下令烧掉波斯波利斯的；一种认为亚历山大大帝在一次庆功宴上喝得酩酊大醉，坐在他身边的雅典名妓泰绮思开玩笑说，要放一把火把波斯王宫烧掉，他一时冲动，真的就放起火来。参见 P. Green, *Alexander of Macedon 356 - 323 BCE: A Historical Biography*, Berkeley, Los Angeles and London: University of Californian Press, 1991, pp. 318 - 321; R. L. Fox, *The Search of Alexander*, Boston and Toronto: Little Brown, 1980, pp. 244 - 254. 对于焚毁波斯波利斯，"有迹象表明，这是一种令亚历山大终生遗憾的荒唐破坏行为"。参见［英］D. E. 刘易斯等编《剑桥古代史》第六卷，晏绍祥等译，中国社会科学出版社2020年版，第899页。波斯波利斯遗址于1622年首次被发现，18—19世纪，根据发掘出的古代波斯楔形文字，研究者确认这里是阿契美尼德王朝的都城之一。19世纪末，考古学家开始对遗址进行发掘。

第三章

希腊化时期的西亚城市

西亚的希腊化时期，上自阿契美尼德王朝公元前330年被亚历山大帝国灭亡，下迄萨珊王朝651年被阿拉伯帝国灭亡，按照时间顺序大致包括亚历山大帝国、塞琉古王朝和帕提亚帝国三个朝代。作为上述诸帝国的统治中心，希腊化时期的西亚城市形成一种以希腊化城市为中心，以水陆交通要道为纽带，以点带面的全新的网络结构。

第一节 政治生态

马其顿帝国国王腓力二世（公元前359—前336年在位）在不断把希腊城邦纳入治下的同时，就有了征服阿契美尼德王的雄心。公元前336年，他派阿塔修斯统率5万人大军渡过赫勒斯滂海峡进攻当时属于阿契美尼德王朝在小亚的属地。"盛大的出征欢送活动以腓力二世的婚礼为契机，那是他的第八次婚姻，也正是在这一场合，他被自己的保镖刺杀了。"[1]

腓力二世被害后，早前被其所征服的采纳各种形式的民主制度的希腊城邦认为，这是摆脱奉行埃及式的君主专制政体的马其顿人[2]控制的天赐良机，纷纷起义，但年仅20岁的亚历山大三世，也即亚历

---

[1] ［英］乔安·弗莱彻：《埃及四千年：主宰世界历史进程的伟大文明》，杨凌峰译，浙江文艺出版社2019年版，第393页。

[2] 广义的希腊族群，包括马其顿人、埃托利亚人、阿卡尔那尼亚人、阿凯亚人、彼奥提亚人、佛基斯人、雅典人和斯巴达人等。

山大大帝，在短短两年内就平息了底比斯等希腊城邦的骚乱。①

公元前334年初春，亚历山大大帝沿袭父亲腓力二世的对阿契美尼德王朝的武力入侵征服政策，率领3万步兵、5000骑兵和160艘战舰渡过赫勒斯滂海峡，拉开了东征的序幕。在公元前334—前330年间，经过格拉尼库斯河战役、米利都围城战、哈利卡纳苏斯围城战、伊苏斯之战、推罗围攻战、加沙围城战、高加米拉战役和波斯波利斯战役，夺取王朝国库所在地苏萨，焚毁宫廷所在之地波斯波利斯，一举灭亡阿契美尼德王朝，大流士三世在逃亡途中被其属下巴克特里亚总督拜苏斯等人所弑。亚历山大大帝并未就此止步，而是继续东进，于公元前329年春穿越兴都库什山，侵入巴克特里亚，追击拜苏斯至索格狄亚那，将其擒获并处死。

公元前327年，亚历山大大帝率领军队离开中亚，经过连接喀布尔与白沙瓦的兴都库什山脉开伯尔山口，南下进入印度旁遮普。他在印度河谷建立了两座亚历山大城，迅速占领了西北印度的广大地区。为了征服印度全境，他挥军向恒河流域进发。② 但由于士兵们厌倦了长期的紧张战争，再加上印度的炎热、暴雨和流行病，拒绝继续前进，大军不得不于公元前325年兵分两路从印度返回巴比伦：一路在海军将领涅阿霍斯率领下从海路进入波斯湾；一路由亚历山大大帝亲自率领从陆路经卡曼尼亚沙漠西归。公元前324年年初，两路大军会师于巴比伦尼亚的奥皮斯城，历时10年的东征落下帷幕，亚历山大帝国（公元前336—前323）的版图此时已横跨欧亚非三洲，西起色雷斯和希腊，东到葱岭和印度河流域，南临波斯湾和尼罗河第一瀑布，北抵黑海和阿姆河。随后亚历山大大帝宣布定都巴比伦，"因为

---

① R. Ghirshman, *Iran: From the Earliest Times to the Islamic Conquest*, New York: Penguin Books, 1954, pp. 208 – 209.

② 亚历山大大帝当时认为印度是大地的东方尽头，他很可能并不知道印度的大小，也不知道中国的存在。亚历山大大帝的老师——被马克思称为古希腊哲学家中最博学者——亚里士多德（公元前384—前322）就认为："站在兴都库什山巅，即可望见大海。"参见 R. J. L. Fox, ed., *Brill's Companion to Ancient Macedon: Studies in the Archaeology and History of Macedon, 650 BC – 300 AD*, Leiden and Boston: E. J. Brill, 2011, p. 53。

巴比伦不仅在规模上，而且在其他任何方面都远超其他城市"①。亚历山大大帝东征结束了希腊的古典时期，开启了影响遍及亚非欧三大洲的希腊化时代，继阿契美尼德王朝之后，进一步打破了古代世界的彼此相对隔绝状态，从此再没有任何群体能置身于世界政治和文化潮流之外。

在巴比伦，亚历山大大帝"接见了来自世界各地的使节，策动了对阿拉伯王国的一场战役，也深思熟虑地盘算过跨越北非迦太基、向西直到直布罗陀海峡的军事远征"②。然而，亚历山大大帝的个人抱负再也没有实现的机会了，因为他于公元前323年6月10日罹患疟疾病逝，年仅32岁。此后，经过公元前322—前301年的继业者战争，最后形成了以巴尔干半岛为统治中心的安提柯王朝（公元前306—前168）、以叙利亚和两河流域为统治中心的塞琉古王朝（公元前305—前64）、以埃及为统治中心的托勒密王朝（公元前305—前30）和以小亚为统治中心的帕加马王朝（公元前281—前133）等希腊化王朝。③其中塞琉古王朝和帕加马王朝继承了亚历山大东征的主要亚洲遗产：塞琉古王朝占据叙利亚、两河流域、索格狄亚那和巴克特里亚；帕加马王朝据有小亚西部。

在众多的希腊化国家中，帕加马王朝是罗马共和国的主要盟友。在阿塔罗斯一世在位期间（公元前241—前197），帕加马王朝在第一次马其顿战争和第二次马其顿战争中都与罗马结盟，共同反对安提柯王朝国王腓力五世（公元前220—前179年在位）。在欧迈尼斯二世统治时期（公元前197—前159），帕加马王朝又在第三次马其顿战争

---

① Strabo, *Geography*, Cambridge: Harvard University Press, 1988, 15.3.9-10.
② ［英］乔安·弗莱彻：《埃及四千年：主宰世界历史进程的伟大文明》，杨凌峰译，浙江文艺出版社2019年版，第399页。
③ 由于自亚历山大帝国瓦解到最后一个希腊化王朝——托勒密王朝被罗马帝国吞并为止这段时间是希腊文化在北非和西亚广泛传播的时期，也是希腊文化与东方文化广泛交流的时期，因此在历史上也将这段时间称为希腊化时代（公元前323—前30）。希腊化时代亦指广义的亚历山大时代（公元前323—前30），汤因比持此种观点，而狭义的亚历山大时代是指亚历山大大帝统治时期（公元前336—前323）。本书所指的"希腊化时期"，则涵盖了亚历山大帝国时代、希腊化时代和帕提亚帝国时代。

中站在罗马一边，反对安提柯王朝国王帕尔修斯（公元前179—前168）。在罗马—叙利亚战争中，帕加马王朝也是罗马共和国的盟友。末代君主阿塔罗斯三世（公元前138—前133年在位）于公元前133年逝世，在遗嘱中将国家"赠予罗马"，帕加马王朝遂成为罗马共和国的亚细亚行省。

为了争夺南叙利亚，塞琉古王朝与托勒密王朝在公元前3世纪以后的一百余年间爆发了6次大战。为了争夺希腊和小亚，塞琉古王朝与罗马共和国爆发了罗马—叙利亚战争（公元前192—前188），结果战败，被迫割让陶鲁斯山脉以西的欧洲和小亚领土给罗德岛城邦联盟和帕加马王朝。公元前63年，罗马共和国将军庞培（公元前106—前48）攻占安条克，灭亡塞琉古王朝，并在其残存领土上建立了叙利亚行省。

与罗马共和国和托勒密王朝的无休止的战争耗尽了塞琉古王朝的国力。公元前247年，居于里海东南奥库斯河流域的斯基泰达依部落联盟中的帕尔尼人，在首领阿尔萨息（公元前247—前217年在位）的率领下杀死塞琉古王国帕提亚行省总督，定都尼萨，建立帕提亚帝国（公元前247—公元224）。[①] 公元前255年，塞琉古王朝的巴克特里亚总督狄奥多图斯一世（公元前256—前248年在位）趁帕尔尼人反叛之机，也宣告独立，建立巴克特里亚王国（公元前256—前145）。当时的塞琉古王朝左支右绌，被迫接受了帕提亚帝国和巴克特里亚王国建国的既成事实，随后将统治重心西撤至以叙利亚为中心的地中海沿岸地区。帕提亚

[①] F. W. Walbank, A. E. Astin, M. W. Frederiksen, R. M. Ogilvie, eds., *The Cambridge Ancient History*, vol. Ⅷ, part 1: *The Hellenistics World*, Cambridge: Cambridge University Press, 1984, pp. 219 - 220, Choronological Table. "帕提亚"对应的英文是"Parthia"，源于古波斯语，后经拉丁语进入英语。它原是波斯人的自称，可能是"Persia"（波斯的）的一个变音，代表着帕提亚帝国的创建者对波斯第一帝国，也即阿契美尼德王朝的认同，以及对自身政治合法性的一种表达，因此帕提亚帝国又被称为波斯第二帝国。还有一种观点认为"帕提亚"一词最早出现于阿契美尼德王朝大流士一世统治时期的贝希斯敦铭文中：铭文第二栏记载帕提亚是阿契美尼德王朝的23个行省之一；第三栏则记载了公元前521年帕提亚行省联合米底王国残余势力的一次叛乱。参见 E. Leichty, *The Royal Inscriptions of Esarhadon, King of Assyia*, Winona Lake: Eisenbrauns, 2011, p. 20.《史记》《汉书》《后汉书》等中国史书都称帕提亚为"安息"，"安息"称谓可能源于开国君主阿尔萨息之名。

帝国创建后,"帕提亚人"成为罗马人对帕尔尼人的称谓,而帕提亚帝国也成为继塞琉古王国之后,罗马帝国在西亚的又一个强敌。①

作为帕提亚帝国龙兴之地的帕提亚,位于伊朗高原东北部,先后成为阿契美尼德王朝、亚历山大帝国和塞琉古王朝的东部行省之一,长期受到波斯文化、希腊文化和希腊化文化的熏陶。② 因此可以说,"帕提亚帝国是希腊化时代后期崛起于希腊化世界的国家"③。同时也应看到,帕提亚帝国与托勒密王朝、塞琉古王朝、帕加马王朝和巴克特里亚王国等其他希腊化王朝又有所不同,主要表现在它不是希腊—马其顿人内部重新划分势力范围的结果,而是崛起于希腊化世界内部并具有自身特色的一个政权。但总体而言,作为希腊化文明的传承者和传播者,帕提亚帝国仍然可以被视为一个新型的多族群希腊化国家。

帕提亚建国后,历代君主都自称"爱希腊者",特别是米特里达梯一世不但认同文化,而且大力倡导爱希腊主义和实施爱希腊政策,俨然成为"希腊文化的好心赞助者"④和"希腊文化的捍卫者"⑤。到公元前2世纪中期,帕提亚帝国囊括了东至巴克特里亚、西抵幼发拉底河、北到里海、南濒波斯湾的塞琉古王朝全部领土,同时也不同程度地采纳了塞琉古王朝的语言文字、文化宗教和货币体系。⑥

---

① 公元前115年,西汉王朝武帝派张骞第二次出使西域,张骞派副使到达安息,"安息王令将二万骑迎于东界",汉使还,帕提亚帝国亦"发使随汉使来观汉"。西汉王朝与帕提亚帝国官方外交关系确立,丝绸之路通过帕提亚帝国延伸至罗马帝国,帕提亚帝国遂成为丝绸之路上联通中华帝国与罗马帝国的桥梁和纽带。参见王三三《"被遗忘的王朝"——帕提亚帝国及其历史研究》,《光明日报》2018年12月10日第14版。

② H. C. Tolman, *Ancient Persian Lexicon and Texts*, New York, Cincinnati and Chicago: America Book Company, 1908, pp. 2, 5, 10 – 11, 16 – 17.

③ G. J. Shipley, "Recent Trends and New Directions", in G. R. Bugh, ed., *The Cambridge Companion to the Hellenistic World*, Cambridge: Cambridge University Press, 2006, pp. 315 – 326;王三三:《帕提亚与希腊化文化的东渐》,《世界历史》2018年第5期,第100页。

④ 参见 A. J. Toynbee, *Hellenism: The History of a Civilization*, London: Oxford University Press, 1959, pp. 179, 182 – 183。

⑤ R. N. Frye, *The History of Ancient Iran*, Munchen: C. H. Beck, 1984, pp. 244 – 246.

⑥ N. C. Debevoise, *A Political Histroy of Parthia*, Chicago: The Unversity of Chicago Press, 1938, p. 27.

帕提亚人将希腊语定为官方语言，宫廷亦以讲希腊语为荣。① 与塞琉古王朝一样，帕提亚国王给城市的指示或命令也使用希腊语，由信使或国王的代表来传达，如公元前141年和公元前125年，巴比伦城市当局在剧场向公众宣读的国王来信很可能是用希腊语写的。② 公元前53年，卡莱战役捷报传来之际，帕提亚帝国国王奥罗德斯二世（公元前57—前37年在位）与亚美尼亚王国国王阿尔塔瓦斯德斯一世（公元前56—前34年在位）正在共同欣赏希腊艺人演出的希腊悲剧《酒神的伴侣》。这两位君主都酷爱希腊语言文学，阿尔塔瓦斯德斯一世甚至能用希腊语写作剧本、演说稿和史书。③ 一封写于公元21年的书信也提示直到1世纪，帕提亚帝国国王的书信仍在使用标准的希腊语。④ 帕提亚帝国国王瓦尔达内斯一世（公元前40—47年在位）自诩可以像使用母语一样驾驭希腊语，他曾用流畅的希腊语与来访的希腊哲学家阿波罗尼乌斯谈笑风生。⑤ 在杜拉欧罗普等希腊人城市，希腊语的使用至少延续到帕提亚帝国统治末年。⑥

塞琉古王朝国王德米特里二世（公元前145—前138年在位）和其弟安条克七世（公元前138—前129年在位）都曾试图收复两河流域，起初因得到希腊化城市的支持而连连获胜，但塞琉古王朝强加于这些城市的苛捐杂税，导致很多希腊化城市转而支持帕提亚人，战场形势很快发生逆转，先是德米特里二世兵败被俘，后是安条克七世丧

---

① D. S. Potter, "The Inscriptions on the Bronze Herakles from Mesene: Vologeses IV's War with Rome and the Date of Tacitus Annales", *Zeitschrift fur Papyrologie und Epigraphik* 88 (1991), pp. 277 – 279.

② A. J. Sachs, H. Hunger, *Astronomical Diaries and Related Texts from Babylonia*, vol. III: *Diaries from 164 BC to 61 BC*, Wien: Verlag der Osterreichischen Akademie der Wissenschaften, 1996, No. 140A, Rev. 5 – 6; No. 124 A, Obv. 6 – 7; No. 124 B, Rev. 17.

③ Plutarch, *Lives*, Cambridge: Harvard University Press, 1948, "Crassus", 33.

④ R. Tada, *Apollodorus of Artemita and the Rise of the Parthian Empire*, Seattle: University of Washington Press, 2008, pp. 43 – 45.

⑤ Philostratus, *The Life of Apollonius of Tyana*, Cambridge: Harvard University Press, 1989, I. 31 – 32.

⑥ R. Tada, *Apollodorus of Artemita and the Rise of the Parthian Empire*, Seattle: University of Washington Press, 2008, pp. 48 – 56.

师身死。赢得最终胜利的帕提亚人并没有惩罚曾倒向塞琉古王朝一边的希腊化城市，允许它们继续保有原来的自治地位。

为了警示希腊化城市，帕提亚国王米特里达梯一世（公元前171—前138）曾将被俘的德米特里二世游街示众。然而，在对德米特里二世进行一番羞辱之后，米特里达梯一世仍将他视为座上宾，待之以君王之礼，还将女儿嫁给他，只是为防止他图谋复国，将他安置到里海南岸的赫卡尼亚。① 更具有标志性意义的是自米特里达梯一世继位开始，帕提亚人就将塞琉古王朝的纪年，也即塞琉古一世重返巴比伦的公元前312年，用缩写的形式铭刻在钱币之上。②

上述所有这些行为和政策，显然不是米特里达梯一世安抚希腊人和希腊化城市的心血来潮的权宜之计，而是深思熟虑的结果，旨在表明帕提亚帝国是塞琉古王朝的合法继承者。阿契美尼德王朝和亚历山大帝国继承者的心态在帕提亚帝国阿尔塔巴努斯二世（公元10—38年在位）登基后更是表露无遗，如他在与罗马人争夺亚美尼亚时，坚决维护原来阿契美尼德王朝和亚历山大帝国的边界，誓言夺回属于居鲁士大帝和亚历山大大帝的疆土。③

帕提亚帝国尽管国土广大，但其中央集权的程度却不及阿契美尼德王朝和塞琉古王朝，因为它实际上是由18个高地附属国、7个低地附属国、诸多自治城邦和贵族领地拼凑而成的政治共同体，这些附属国、自治城邦和贵族领地除了拥有程度不同的自治权，甚至还拥有军队。这种地方分权的一个表征，就是帕提亚帝国一直没有固定的首都，尼萨、达拉、米特里达梯堡、阿萨卡、赫卡通皮洛斯、苏萨、埃克巴坦那和泰西封等城市都曾作为王室驻跸之地，发挥着政治、经济或军事中心的功能。④

---

① E. Dabrowa, *Studia Graeco-Parthica: Political and Cultural Relations between Greeks and Parthians*, Wiesbaden: Harrassowitz Verlag, 2011, p. 154.
② http://parthia.com/parthia-corns.htm.
③ Tacitus, *Annals*, Cambridge: Harvard University Press, 1998, Ⅵ.42; N. C. Debevoise, *A Political History of Parthia*, Chicago: The University of Chicago Press, 1938, p. 27.
④ ［伊朗］阿卜杜·侯赛因·扎林库伯：《波斯帝国史》，张鸿年译，复旦大学出版社2011年版，第267页。

第二节 发展概览

"希腊化"（Hellenism）一词，又译"希腊主义"，为19世纪德国历史学家德罗伊森首创，用以概括包括西亚在内的古代东地中海世界由亚历山大大帝东征所开创的希腊化文明的基本特征。而"所谓希腊化文明（公元前323—前30）是在新的环境里发展出来，并被扩展到亚洲人那里的一种希腊文明"①。希腊化文明的历史意义在于打破了东西方独立发展的范式，将两者合二为一，使"人们首次想到把整个文明世界当作一个单位"②。希腊化文明在本质上是城市的产物，希腊化城市是传播希腊化文明的中心，"没有城市的希腊化文明是不可思议的"③。就西亚城市而言，数以百计的希腊化城市如雨后春笋般涌现，就连叙利亚和巴勒斯坦地区也建起了30座新城。④

一 亚历山大帝国的建城活动

从公元前4世纪末至公元前3世纪，伴随着亚历山大大帝的东征和亚历山大帝国的建立，西起地中海沿岸、东至锡尔河流域和印度河流域的辽阔地域，首先进入了希腊化时代。

对于亚历山大大帝而言，面对广阔的版图、众多的族群和多元的文化，他一方面通过因俗而治的怀柔策略，包容波斯等被征服地区原

---

① 参见 W. W. Tarn, *Hellenistic Civilisation*, 2nd edition, London: E. Arnold, 1930, pp. 1 - 2; W. W. Tarn, "Greece and Rome", in E. Barker, G. Clark, P. Vaucher, eds., *The European Inheritance*, vol. I, Oxford: Clarendon Press, 1954, p. 185;［法］让-吕克·马丁内兹:《古代地中海——历史真实与神话故事之间的地中海》,《中国国家博物馆刊》2013年第12期, 第97页; 黄民兴《文明对话：希腊化时期西亚北非历史的个案》,《山西师范大学学报》（社会科学版）2007年第6期, 第70页。

② ［美］斯塔夫里阿诺斯:《全球通史：从史前史至21世纪》上册, 吴象婴、梁赤民译, 北京大学出版社2020年版, 第165页。

③ W. G. Sinnigen, C. A. Robinson, *Ancient History*, 3rd edition, New York: Macmillan Publishing, 1981, p. 304.

④ ［以色列］阿巴·埃班:《犹太史》, 阎瑞松译, 中国社会科学出版社1986年版, 第72页。

有经济政治格局和宗教文化传统,如承诺所有的波斯城市可以不必改变早前的税收制度和宗教信仰;另一方面,西亚等被征服地区此起彼伏的反抗,使他清醒地意识到只有同胞才是最值得信赖和依靠的力量,于是他在东征期间建立起了包括高加索亚历山大城、阿里亚亚历山大城、阿拉霍西亚亚历山大城等在内的70余座希腊化城市,[①] 其中"在巴克特里亚和索格狄亚那至少建立了8座亚历山大城"[②],并规定"任何一名希腊雇佣兵、附近部族中所有曾志愿参加该城建设者、一切已不适于服军役的马其顿人,皆可定居于此"[③]。亚历山大大帝的建城策略有可能承袭自其父腓力二世。腓力二世就在色雷斯等被征服地区建立了一系列以自己的名字命名的城市。[④]

希腊化时期的西亚城市主要按照希波丹姆所提出的城市规划模式进行建设。希波丹姆为公元前5世纪的希腊建筑师,被誉为西方古典城市规划之父,他遵循古希腊哲理,探究形与数的和谐,强调以棋盘式的路网为城市骨架,以公共设施为城市中心,以体现城市的整体布

[①] 近代学者关于亚历山大建城数量存在很大争议,其中主要观点有:切利科夫等认为有 17 座(V. Tscherikower, *Die Hellenistischen Stadtegrundungen von Alexander dem Großen bis auf die Romerzeit*, Leipzig: Dieterich'sche Verlagsbuchhandlung, 1927, pp. 145 - 146);塔恩等人认为有 13 座(W. W. Tarn, *Alexander the Great*, vol. II: *Sources and Studies*, Cambridge: Cambridge University Press, 1948, pp. 232 - 259);弗雷泽等认为可能只有 6 座(M. Fraser, *Cities of Alexander the Great*, Oxford and New York: Oxford University Press, 1996, p. 201);科恩认为有 17 座城市(G. M. Cohen, *The Hellenistic Settlements in Europe, The Islands and Asia Minor*, Berkley: California University Press, 1995, p. 413; G. M. Cohen, *The Hellenistic Settlements in Syria, the Red Sea Basin and North Africa*, Berkley: California University Press, 2006, p. 399; G. M. Cohen, *The Hellenistic Settlements in the East from Armenia and Mesopotamia to Bactria and India*, Berkley: California University Press, 2013, pp. 335 - 338)。

[②] Strabo, *Geography*, Cambridge: Harvard University Press, 1924, p. 283. 与斯特拉波的统计略有不同,查士丁认为"亚历山大大帝在巴克特里亚和索格狄亚那建立了 12 座城市"(Justinus, *Epitome of the Philippic History of Pompeius Trogus*, Atlanta: Scholars Press, 1994, pp. 112 - 113)。巴克特里亚在塞琉古王朝时期被称为"千城之地",中心城市为阿伊哈努姆(W. W. Tarn, *The Greeks in Bactria and India*, Cambridge: Cambridge University Press, 1951, p. 72)。

[③] Arrian, *Anabasis of Alexander*, vol. I, trans. by P. A. Brunt, Cambridge: Harvard University Press, 1976, p. 347.

[④] J. R. Ellis, "Population-Transppants by Philip II", *Makedonike* 9 (1969), pp. 9 - 17.

局和秩序之美。他根据古希腊社会体制、宗教和城市公共生活的需求，提出把城市分为圣地、公共区和住宅区等三个主要部分，其中住宅区又细分为工匠区、农民区、军人和官吏区等。

希波丹姆模式在重建希波战争中被毁的希腊城市中被付诸实践，其中就包括希腊城市米利都城和普南城。普南城位于梅恩德河原入海口附近，建在有4个不同高程的岩石台地上，面积为庞贝城的1/3，城墙厚2.1米，上有塔楼，围护着岩顶及其下面的城区。从岩顶至南麓竞技场、体育馆高差97.5米。中间两个台地上建有剧院、雅典娜神庙、会堂、第二体育馆和中心广场。城内有7条7.5米宽的东西向街道，与之垂直相交的有15条宽3—4米的南北向台阶式步行街。中心广场是商业和政治活动的中心。广场东西南三面都有敞廊，廊后为店铺和庙宇。广场北面是125米长的主敞廊。广场上点缀着形态各异的雕塑作品。位于西面与广场隔开的是肉、鱼市场。全城约有80个街区，街区面积很小，每个街区约有4—5座住房。全城估计可供约4000人居住。住房以两层楼房为多，一般没有庭院。

西亚的希腊化城市发扬光大了希腊古典城市的规划元素。希腊化城市的卫城和庙宇已不再是城市的中心，而代之以繁华喧嚣的广场，广场通常位于两条干道的交汇处，其中海滨城市的广场一般靠近船埠。沿广场一边或多边设有敞廊，开间大小相同，外观整齐划一，主要用于商业活动，有时用一排立柱将敞廊隔为两进，后面一进为单间店铺，前面一进为人行步道，有的敞廊墙面饰有铭文，记录战争胜利、君主奖授、法律条文和名人格言等；城市广场周边敞廊有时与街旁柱廊相接，从而形成长距离的错落有致的廊柱序列，这是希腊古典城市未曾有过的设计；希腊古典城市街道一般宽4米，而希腊化城市的干道宽达30余米，房屋也有2—3层；希腊古典城市主体建筑大多建于城市中的山巅等制高点以展示其特殊地位；希腊化城市主体可以建在平地之上，主要通过建筑本身的雄伟壮丽来体现其不同凡响；希腊化城市在供水、绿化和卫生等方面，也较希腊古典城市有所改进；为了预防火灾，城市重要公共设施大多采用大理石等耐火的建筑材料。①

当然，西亚的希腊化城市吸收了西亚传统城市的规划元素。譬如，整个建筑群呈现轴对称性，而且总有一座或多座居高临下、威严雄伟的建筑物处于城市的中心位置，而这种布局在希腊古典城市中是不存在的，因为希腊古典城市规划体现了城邦民主原则，宅邸基址面积大致相同，使公共建筑物也与街道网络和谐统一，没有任何建筑物显得特别突兀。

西亚的希腊化城市不仅是马其顿—希腊人在被征服地区设置的统治中心，而且也是以希腊为代表的欧洲文明与以小亚、叙利亚和巴勒斯坦地区、两河流域和波斯等为代表的西亚文明交往的大熔炉和辐射源。换言之，作为西亚辽阔地域上的希腊化文明的"绿洲"和"岛屿"，西亚的希腊化城市堪称希腊文明与西亚文明和谐共生的结晶。譬如，诸希腊化王朝君主既热衷建设希腊神庙，也尊重西亚宗教传统，亚历山大大帝就曾下令修复巴比伦的马尔杜克神庙。

这种统治模式，特别是在战略要地和商路津渡建立享有一定自治权的希腊化城市的举措，不仅在亚历山大大帝东征过程中有效地维持了被占领地区的基本稳定，在其身后不仅为继业者们所建设的希腊化王朝遵循并光大。②

二 塞琉古王朝的建城活动

塞琉古王朝继承了亚历山大帝国的大部疆土和基本国策，始终致力于巩固和拓展境内原有希腊—马其顿人、犹太人主导的希腊化殖民地和殖民城市。③"塞琉古王朝的军事殖民地通常设有自治机构，并

---

① L. Mumford, *The City in History: Its Origins, Its Transformations and Its Prospects*, New York: Harcourt, Brace and World, 1961, pp. 190 – 197.

② J. Ma, *Antiochos III and the Cities of Western Asia Minor*, Oxford: Oxford University Press, 1999, p. 10.

③ ［以色列］阿巴·埃班：《犹太史》，阎瑞松译，中国社会科学出版社1986年版，第71页。

在发展过程中日益接近城邦形态,其中很多最终发展成为成熟的城市。"① 塞琉古王朝版图内的这类殖民城市可能超过280座,以国王、国王父亲和母亲等王室成员名字给城市命名是一大特色。② 据阿庇安记载,塞琉古一世建立了16座安条克、9座塞琉西亚、5座劳狄凯亚、3座阿帕梅亚和1座斯特拉托尼凯亚。③

塞琉古王朝之所以热心城市建立,不外乎两个方面的原因:一是该王朝统治区域族群构成复杂,又远离马其顿—希腊本土,作为统治阶层的希腊—马其顿人是名副其实的异乡人和少数派,这与以希腊本土为主体的安提柯王朝和以埃及为主体的托勒密王朝都有所不同;二是作为塞琉古王朝版图组成部分的两河流域和伊朗高原的原生政权大多采取多都城制,如阿契美尼德王朝的都城就包括波斯波利斯、帕萨尔加德、苏萨、埃克巴坦那和巴比伦等,这一历史传统和现实环境在客观上也促使塞琉古王朝重视城市建设。

塞琉古王朝早期建城最多的区域有两片:一片是安条克所在的叙利亚,"许多希腊人和马其顿人前往定居,使那里成了第二个希腊"④;另一片为塞琉西亚所在的底格里斯河中游地区。自塞琉西亚建立后,从塞琉古一世至安条克二世,在底格里斯河中游地区又兴建了塞拉河畔的阿帕梅亚、塞琉古城、阿波罗尼亚和阿特密塔等。⑤ 希腊化时期,迪亚拉河下游地区迅速得到开发,城市数量大增,城市面积扩展近12.86倍。⑥ 这说明塞琉西亚带动了整个底格里斯河中游地区的开发,促进了两河流域区域重心从幼发拉底河流域向底格里斯河流域转移。换言之,塞琉西亚的建立削弱了巴比伦传统城市的影响,

---

① W. W. Tarn, *Hellenistic Civilisation*, 2nd edition, London: E. Arnold, 1930, p. 148.
② [英]阿诺德·汤因比:《人类与大地母亲》,徐波、徐钧尧、龚晓庄等译,马小军校,上海人民出版社1992年版,第262页。
③ Appian, *Roman History*, trans. by H. White, New York: Macmillan, 1899, XI. 57.
④ G. W. Botsford, *Hellenic History*, New York: MacMillan, 1939, p. 326.
⑤ G. M. Cohen, *The Hellenistic Settlements in Europe, the Islands and Asia Minor*, Berkley: California University Press, 1995, pp. 94–96, 98–100.
⑥ R. M. Adams, *Heartland of Cities: Surveys of Ancient Settlement and Land Use on the Central Floodplain of the Euphrates*, Chicago: University of Chicago Press, 1981, p. 194.

这对巩固塞琉古王朝和壮大希腊—马其顿势力起到了积极作用。这一点从普林尼和斯特拉波等古典作家的记载可见一斑。普林尼说道："由于巴比伦毗邻塞琉西亚，仅90里之遥，其人口因而被吸纳殆尽，沦为废墟，这正是'胜利者'塞琉古的初衷。"[1] 斯特拉波也写道："这座比巴比伦还大的城市蒸蒸日上，而巴比伦正在步入黄昏。"[2] 尽管考古发掘显示，塞琉西亚的建立并未对巴比伦造成毁灭性打击，城内建筑的风格亦未大规模希腊化，[3] 但巴比伦的影响仅限于宗教和文化，已经无法重现昔日荣耀。这些城市的居民以马其顿—希腊老兵及其眷属为主，有的是王朝都城，有的是行省首府，有的是边塞重镇，宛若繁星般散布整个疆域，其中又以两河流域、北叙利亚和西里西亚等腹地最为密集，构成了完整的城市网络。

三 帕提亚帝国的建城活动

《史记》称安息"其属大小数百城，地方数千里"[4]。《后汉书》载安息"地方数千里，小城数百"[5]。在帕提亚的数百座城市中，有约70座为希腊化城市，如底格里斯河畔的塞琉西亚、苏萨的塞琉西亚、苏西亚那的塞琉西亚、波西斯的安条克、马尔基亚那的安条克、阿尔萨息亚和百门城等。[6]

对于希腊化城市，帕提亚帝国一方面采取攻心为上的特殊策略，在希腊—马其顿人表示臣服的前提下，允许其保持原来的自治地位，甚至允许个别城市拥有铸币权。[7] 如原塞琉古王朝的东都塞琉西亚不仅仍可以自行铸造货币，而且继续保持自治传统，继续保留依据个人

---

[1] Pliny the Elder, *Natural History*, Cambridge: Harvard University Press, 1999, pp. 6, 122.
[2] Strabo, *Geography*, Cambridge: Harvard University Press, 1988, pp. 16, 1, 5.
[3] T. Boiy, *Late Achaemenid and Hellenistic Babylon*, Leuven: Peeters, 2004, pp. 290 – 291.
[4] 司马迁撰：《史记》，中华书局1982年版，第3162页。
[5] 范晔：《后汉书》，中华书局1965年版，第2918页。
[6] G. Rawlinson, *Parthia*, New York and London: G. P. Putnam's Sons, 1903, p. 82; M. A. R. Colledge, *The Parthians*, London: Thames and Hudson, 1967, p. 96.
[7] N. C. Debevoise, *A Political History of Parthia*, Chicago: The University of Chicago Press, 1938, pp. xl – xli.

才能或财产选举产生的 300 人元老院和享受特权的"人民",两者合作管理城市,只有当元老院与"人民"发生冲突时,帕提亚帝国君主才会以仲裁者的身份介入协调。① 公元 1 世纪时,帕提亚帝国境内的许多希腊化城市都发展成为重要的贸易中心或文化中心,其中底格里斯河畔的塞琉西亚的人口超过 50 万。② 2 世纪,"塞琉西亚的人口达到 60 万,是一个自由和独立的城市,仍然保持着马其顿人的生活方式"③。

另一方面,帕提亚帝国历代君主对于希腊化城市仍心存戒备,这体现在帕提亚人自建国之日起就宁愿自己建立都城,并融入了波斯等东方元素。如阿尔萨息亚、达拉、百门城、泰西封、尼萨、木鹿和沃罗噶西亚斯等帝国中心城市或都城,都是帕提亚人自己新建或重建的。

根据老普林尼的记载,帕提亚帝国君主建立泰西封作为君主冬宫和驻军营地,其初衷就是为了吸引塞琉西亚人迁居新城,就像塞琉西亚曾吸引了巴比伦城居民大批迁来一样,以抵销塞琉西亚的影响,但这种政治上的逆希腊化倾向的实际效果差强人意,相反在客观上使得塞琉西亚等希腊化城市避免了驻军的骚扰。④ 在希腊人自治城市长期存在,而且其向背有可能决定国运的情势下,以及达官显贵等社会上层人士以会讲希腊语为荣并对希腊诗歌戏剧文学倾心爱慕的氛围中,⑤帕提亚帝国君主逆希腊化而动的实际效果是可以想象的。

---

① Plutarch, *Lives*, Cambridge: Harvard University Press, 1948, "Crassus", 33; Tacitus, *Annals*, Cambridge: Harvard University Press, 1998, VI. 42.

② C. J. H. Hayes, J. H. Hanscom, *Ancient Civilization: Prehistory to the Fall of Rome*, New York and London: Macmillan, 1968, p. 335.

③ Pliny, *Natural History*, London: George Bell and Sons, 1856, VI, xxx.

④ Pliny, *Natural History*, London: George Bell and Sons, 1856, VI. xxx; G. Rawlinson, *Parthia*, New York and London: G. P. Putnam's Sons, 1903, pp. 57 - 58; Strabo, *Geography*, Cambridge: Harvard University Press, 1988, XVI. 1. 16.

⑤ 考古学家在帕提亚帝国首都尼萨发现了一座希腊剧院,提示当时曾有希腊戏剧在这里上演;而在贵族的宴会上,通常会有歌者演唱希腊《荷马史诗》和波斯史诗《列王纪》。参见 M. A. R. Colledge, *The Parthians*, London: Thames and Hudson, 1967, p. 94.

在城市建筑样式和风格方面，仿科林斯式或爱奥尼亚式的柱头、刻有希腊大力神赫拉克勒斯的武器和塞琉古王朝的图腾的饰板等希腊化元素，在帕提亚城市建筑中随处可见。[1] 但显而易见的是，帕提亚人又在希腊样式和风格的基础上，根据当地建筑材料等现实条件融入了本土因素，如仿科林斯式柱头不再像原科林斯式柱头那样具有实用功能，而是演变成仅具装饰功能的由灰浆粘连的复合构件。[2]

除了帕提亚帝国建立以后新建或改建的城市之外，"那些先前由希腊人建立或改造的城市也开始对帕提亚人的艺术创新做出回应"[3]，如在哈特拉、廓尔赫、尼尼微和杜拉欧罗普的城市建筑，既能看到爱奥尼亚式和科林斯式柱头以及赫拉克勒斯、赫尔墨斯和堤喀等希腊神祇的雕像，亦能见到帕提亚式的面朝正前方的人物雕像、嵌置于墙体上的灰泥塑像、拱形建筑和穹顶厅堂。[4] 有学者因此指出，"是帕提亚帝国，而不是萨珊王朝，将伊朗元素引入后希腊化时期的伊朗"[5]。

第三节 典型城市

一 米利都

米利都是位于小亚西海岸线上的爱奥尼亚[6] 12 个古代希腊移民城

---

[1] E. Yarshater, ed., *The Cambridge History of Iran*, vol. 2: *The Seleucid, Parthian and Sasanian Periods*, Cambridge: Cambridge University Press, 2000, pp. 1037 – 1041.

[2] R. Tada, *Apollodorus of Artemita and the Rise of the Parthian Empire*, Seattle: University of Washington Press, 2008, p. 36.

[3] 杨巨平：《帕提亚王朝的"爱希腊"情结》，《中国社会科学》2013 年第 11 期，第 194 页。

[4] M. A. R. Colledge, *The Parthians*, London: Thames & Hudson, 1967, pp. 20, 28 – 31, 39, 54, 57, 59 – 60, 62, 64, 66 – 68, 72.

[5] V. S. Curtis, "Parthians Culture and Costum", in J. Curtis, ed., *Mesopotamia and Iran in the Parthian and Sasanian Period: Rejection and Revival, c. 238 BC-AD 642*, London: British Museum Press, 2000, pp. 23 – 32.

[6] 在古希腊，"爱奥尼亚"这个词有多重意涵。狭义上是指小亚半岛西南海岸的希腊爱奥里亚人殖民地，其北端约位于今天的伊兹密尔，南部到哈利卡纳苏斯以北，此外还包括希奥岛和萨摩斯岛。广义上是指所有使用爱奥尼亚方言的地方，包括雅典、优卑亚岛和基克拉泽斯群岛上所有由爱奥尼亚人建立的城邦，他们都是神话人物伊翁的共同后代。

市之一，靠近米安得尔河口。最早一批移民可能来自孕育了爱琴文明（公元前20世纪—前12世纪）的克里特岛，时间约为公元前16世纪。米利都先后被赫梯新王国、吕底亚王国、阿契美尼德王朝、亚历山大帝国、罗马帝国和奥斯曼帝国所统治。公元前15世纪前后的赫梯文献最早提到了"米利都"这一地名，称作米拉万达（Millawanda）或米拉瓦塔（Milawata）。

包括米诺斯文明和迈锡尼文明的爱琴文明于公元前12世纪前后衰落后，古代希腊历史进入所谓"黑暗时代"，即荷马时代（公元前12世纪—前8世纪）。而就在荷马史诗的《伊利亚特》中，也提到了米利都这一地名。

随着荷马时代的结束和古风时代（公元前8世纪—前6世纪）的开始，古代希腊人逐渐形成日益趋同的族群意识、宗教信仰和风俗习惯，并开始建立形态相近的城邦。因为占据着欧、亚、非三大洲交通要道的绝佳位置，米利都已经成为一座工商业发达的港口城市，还凭借着出色的远航技能在地中海和黑海开辟了近百个殖民点，财富甚至超过了希腊本土的城邦。兴旺发达的经济催生的枝繁叶茂的文化。公元前7世纪，被尊为哲学和科学之父的泰勒斯（公元前624—前547）创立了著名的米利都学派。[1] 以米利都为代表的爱奥尼亚被视为"希腊前的希腊"和"希腊的导师"；米利都本身则以其原创性的文化成就被誉为"哲学之都"和"爱奥尼亚的花朵"[2]。

形而上的哲学和科学并不能让米利都永葆安宁与和平。尽管几世纪里都压制着士麦那、哈利卡纳苏斯，甚至不惜为以弗所和萨摩斯抢夺资源，但最大困扰始终是小亚异族强邻吕底亚王国（公元前13世纪—前546）。

公元前546年，阿契美尼德王朝与吕底亚王国展开了一决雌雄的

---

[1] 张庆熊：《世界历史视野中的中华文明》，《复旦学报》（社会科学版）2018年第5期，第5页。

[2] [英]休特利、达比、克劳利、伍德豪斯：《希腊简史》，中国科学院世界历史研究所翻译小组译，商务印书馆1974年版，第25—26页。

殊死较量。米利都见风使舵，在诸多小亚沿海希腊城邦尚在犹疑观望之际，主动与居鲁士大帝结盟，成为小亚沿海地区希腊城邦中唯一一个基本保住原有自治地位的城邦。然而，也正是米利都，在公元前499年领导爱奥尼亚诸邦发动了反抗波斯统治的起义。起义爆发后，斯巴达拒绝出兵相助，但雅典和埃雷特里亚还是派出一支由25艘战船组成的舰队跨海来援。6年后的公元前494年11月，米利都终于在波斯人的围攻中陷落。

作为起义的发起者，米利都遭到阿契美尼德王朝国王大流士一世的严厉惩罚："他们的大部分男子都被留着长发的波斯人杀死了，他们的妇女和小孩子被变成了奴隶，而狄杜玛的神殿和它的圣堂与神托所也被劫掠和焚毁了……波斯人自己只占有了城市的地区和平原，却把山地交给了佩达撒的卡里亚人。"① 经此一劫，米利都元气大伤，不复成为爱奥尼亚的花朵。不过，在遭到报复性的焚毁后，波斯人于公元前475年对米利都进行了重建，并迁入大批希腊人，城邦制度亦一如从前，而且仍给予其某种程度的自治权。譬如，公元前4世纪初，米利都摇摆于大流士二世之子、吕底亚、大弗里吉亚和卡帕多西亚总督小居鲁士（公元前423年以后—前401）和达斯库利翁总督提萨弗奈斯之间，并坚决抵制了小居鲁士占领该城的企图；② 再譬如，在亚历山大大帝东征之初，米利都城内尽管有波斯驻军，但米利都人仍能派出代表与亚历山大大帝谈判，并提议同时向波斯人和希腊人开放港口。③

公元前475年米利都城的重建工程，是由希腊著名建筑大师希波丹姆亲自主持的。米利都城三面临海，四周筑城墙，城市路网采用棋盘式布局。两条主要垂直大街从市中心通过。中心开敞式空间呈"L"

---

① [古希腊] 希罗多德：《历史》下册，王以铸译，商务印书馆1959年版，第409—410页。
② [古希腊] 色诺芬：《长征记》，崔金戎译，商务印书馆1985年版，第2页；V. B. Gorman, *Miletos: The Ornament of Ionia: A History of the City to 400 BCE*, Ann Arbor: The University of Michigan Press, 2001, pp. 145–147.
③ [古希腊] 阿里安：《亚历山大远征记》，李活译，商务印书馆1979年版，第35—36页。

形，有多个广场（如图3—1所示）。市场及市中心位于三个港湾附近，将城市分为南北两个部分。北部街区面积较小，南部街区面积较大。最大街区面积亦仅30×52平方米。城市中心划分为三个功能区：东北部和西南部为宗教区；北部与南部为商业区；东南部公共建筑区。城市用地的选择适合于港口运输与商业贸易要求。城市南北两个广场平面呈规整的长方形，广场周围有敞廊，至少在三个周边设置商店用房。

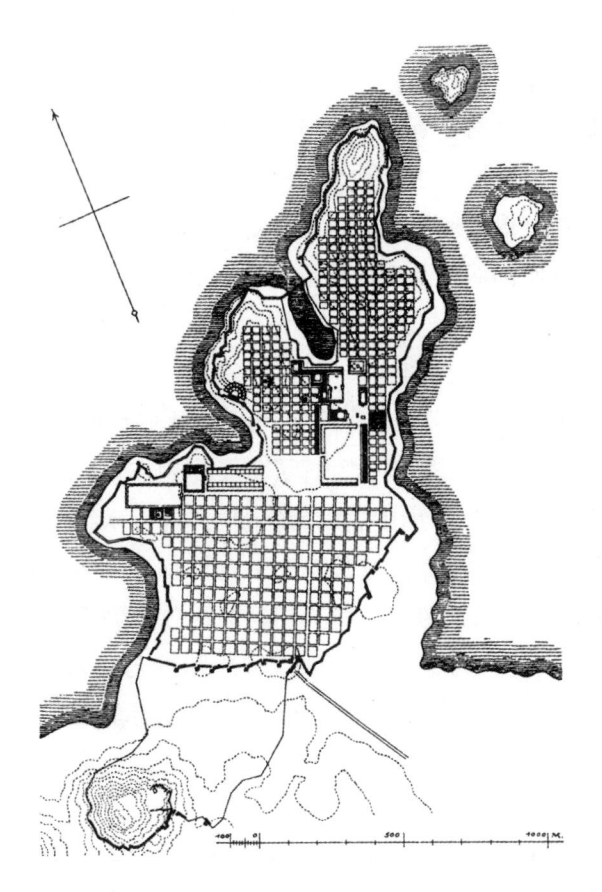

图3—1　受希波丹姆建筑理论影响的米利都城布局①

---

① 参见http://www.artnet.com/artists/jean-baptiste-hilaire/the-ruins-of-miletus-and-the-maeander-valley-gZBV1F3VVrdMEQLbFTZTow2。

在希腊化国家、罗马帝国、东罗马帝国和奥斯曼帝国统治期间，米利都仍被当为一个与威尼斯进行贸易的商港，后因港口淤塞日益严重而最终被废弃。现在的米利都城址距离海岸线已达数十千米，遗址中已经看不出公元前475年米利都重建时的痕迹，映入眼帘的只有罗马帝国时期的剧场、神庙和商铺以及奥斯曼帝国留下的清真寺。

二 塞琉西亚

塞琉西亚又称底格里斯河畔的塞琉西亚，坐落于两河流域的底格里斯河畔，建立于塞琉古王朝初期。[①] 该城以水陆要道交汇之地利和天然的防御优势，取代亚历山大帝国首都——千年古都巴比伦，成为塞琉古王朝的首座都城以及后来安条克和塞琉西亚东西双都时代的王城和国王驻跸地。[②]

塞琉西亚不仅为王权的施展开辟了空间，密切了疆土内部的联系，有效整合了境内的不同地理单元，而且对于威慑两河流域各族群，维护王朝腹地的和平稳定也发挥了重要作用。可以说，塞琉西亚的建立是塞琉古一世对亚历山大大帝统治模式的传承和改进。

作为塞琉古王朝的东都，塞琉西亚一直具有很强的向心力，吸引希腊裔人口与非希腊族群在此比邻而居，最终壮大为希腊化世界规模最大的城市之一，其人口达数十万之众。[③] 除参与建城的军人之外，塞琉西亚也吸引了巴比伦等地原有的希腊裔殖民者前来定居。自建城伊始至公元1世纪中叶，希腊文化始终是这座城市的主流文化：城市

[①] 塞琉西亚的具体建城年代一直存疑，根源在于文献不足。主要的推测有公元前287年、公元前286年、公元前311年、公元前308—前305年、公元前304—前302年、公元前301年或公元前300年等。参见邵大路《塞琉西亚建城考：早期希腊化城市与帝国统治》，《历史研究》2017年第4期，第113页。

[②] AD. No. 149, rev. 13; AD. No. 273 B, rev. 31; P. J. Kosmin, *The Land of the Elephant Kings: Space, Territory and Ideology in the Seleucid Empire*, Cambridge: Harvard University Press, 2014, pp. 145 – 146, maps. 5 – 6.

[③] Pliny the Elder, *Natural History*, Cambridge: Harvard University Press, 1999, 6. 122.

在布局上具有希波丹姆式特征，西北—东南方向有两条平行的轴线，很可能分别是运河与商路；① 城市拥有希腊式的市场、剧场、体育馆和城墙，城墙由石头砌成，墙上遍布塔楼和射孔，墙后设有投石机等攻防装置。② 该城址还出土了大量希腊式钱币和印章，③ 提示希腊语应该是城市的官方语言。④

图 3—2　绘于公元 1890 年的塞琉西亚城址木刻画⑤

---

① C. Hopkins, *Topography and Architecture of Seleucia on the Tigris*, Ann Arbor: University of Michigan, 1972, pp. 1, 4, fig. 3.

② C. Hopkins, *Topography and Architecture of Seleucia on the Tigris*, Ann Arbor: University of Michigan, 1972, p. 2; A. Invernizzi, "Hellenism in Mepopotamia: A View from Seleucia on the Tigrsi", in P. Bilde, et al., eds., *Centre and Periphery in the Hellenistic World*, Oakville: Aarhus University Press, 1993, pp. 9 – 14.

③ C. Hopkins, *Topography and Architecture of Seleucia on the Tigris*, Ann Arbor: University of Michigan, 1972, p. 6.

④ G. Pettinato, "Cuneiform Inscriptions Discovered from Seleucia on the Tigris 1964 – 1970", *Mesopotamia* 5 – 6 (1970 – 1971), pp. 49 – 66.

⑤ 参见 https：//www.centroscavitorino.it/index.php/en/projects/iraq-eng/iraq-seleucia-on-the-tigris。

公元前155年,帕提亚国王米特里达梯一世占领米底地区,打开了通往两河流域的道路,随后于公元前141年攻占塞琉西亚并将其确定为帝国的西都。公元前55年,国王米特里达梯三世的兄弟奥罗德二世举兵叛乱,在塞琉西亚附近击败了由罗马共和国叙利亚总督奥卢斯·加比尼乌斯支持的米特里达梯三世,登上王位。117年,塞琉西亚在罗马—帕提亚战争中被罗马皇帝图拉真焚毁,但继任的罗马帝国皇帝哈德良放弃了新领土,塞琉西亚重新回到帕提亚人手中并得以重建。165年,塞琉西亚又被罗马帝国将军阿维狄乌斯·卡西乌斯完全摧毁。225年,萨珊王朝的创建者阿尔达希尔一世在原塞琉西亚附近的一处高地上重建塞琉西亚,并取名为韦赫阿尔达希尔,意为"阿尔达希尔之坚城",该城仍继续作为萨珊王朝境内基督教主教的驻节地。

在建成之后的三四百年间,塞琉西亚都是两河流域举足轻重的大都会,凝聚着厚重的希腊政治和文化遗产。譬如,老普林尼称他所见到的塞琉西亚"仍是座自由的城市,而且还保存其马其顿的法度与风俗"[1];在塔西佗的描述中,尽管在帕提亚人的统治之下,但塞琉西亚的城墙和城市仍富有希腊化特色,其居民"谨守建城者塞琉古的遗教",没有堕落为"野蛮之邦"[2];卡西乌斯·迪奥则称塞琉西亚直至2—3世纪"仍有很多希腊人"[3]。随着时间的推移,塞琉西亚最终被废弃,其原因可能是底格里斯河改道。

三 安条克

公元前323年亚历山大大帝去世后,其部将塞琉古一世(公元前358—前281)通过继业者战争,占据了亚历山大帝国大部分亚洲领地并建立了塞琉古王朝。早期的塞琉古王朝局限于两河流域和伊朗高原西部,"底格里斯河畔的塞琉西亚"无疑正处于这一区域的核心地区。塞琉古王朝版图的大幅扩展是在公元前301年伊浦苏斯之战击败

---

[1] Pliny the Elder, *Natural History*, Cambridge: Harvard University Press, 1999, 6.122.
[2] Tacitus, *The Annals*, Cambridge: Harvard University Press, 1998, 6.42.
[3] D. Cassius, *Roman History*, Cambridge: Harvard University Press, 1984, 40.16.3.

安提柯一世（公元前382—前301）之后，此时塞琉古王朝几乎拥有了亚历山大帝国在亚洲的全部领土，叙利亚成为王朝新的统治重心以及与托勒密王朝和安提柯王朝抗衡的前沿。面对新的地缘政治格局，塞琉古一世在叙利亚营造新都，并以其父——上马其顿奥勒提斯的贵族安条克①的名字命名为安条克。②

安条克位于小亚南部，坐东朝西，背靠西尔庇俄斯山，面朝奥龙特斯河，周边土地肥沃，森林茂密，盛产谷物、蔬菜、油料、葡萄酒和木材，近海还有丰富的鱼类和贝类资源。此外，来自希腊的工匠还奉塞琉古一世之命建造了以其名字命名的安条克的外港皮埃里亚的塞琉西亚。通过皮埃里亚的塞琉西亚，坐镇安条克的塞琉古王朝君主源源不断地从爱琴海西岸招募希腊裔士兵并分配到首都安条克和行省首府。原本走西顿和大马士革的贸易路线因此北移，即由安条克出发，经过两河流域直通米底行省首府埃克巴坦纳，进而延伸至遥远的东方。尽管塞琉古王朝从公元前2世纪开始衰落，但安条克的经济地位和政治意义仍在不断提升，直至王朝末期，该城人口仍有50余万人。

公元前64年，安条克被罗马共和国将军庞培征服后成为罗马共和国叙利亚行省首府，并一度维持自治地位。对于罗马人来说，安条克不仅是传承希腊—罗马传统的政治符号，亦是不可或缺的商业中心。由安条克市场转运的中国丝绸甚至会出现在遥远的不列颠军营。不列颠驻军的辅助弓箭手部队亦是从安条克招募的叙利亚土著，他们在漫长的服役期内都能获得并使用来自东方的香料烹饪。从公元2世纪起，安条克取代亚历山大成为罗马帝国东部最大城市，直至330年

---

① 塞琉古一世的父亲安条克可能为上马其顿奥勒提斯贵族和马其顿王国国王腓力二世手下的军官。塞琉古一世的母亲名叫劳狄丝，但除此之外对她一无所知。塞琉古一世建造了许多城市并以父亲和母亲的名字命名。

② 早在史前时代，安条克附近就存在原始定居点，但直到阿契美尼德王朝君临叙利亚时，这里还只是一座小镇，居民主要是自爱琴海地区的希腊人。

君士坦丁堡的建立。[①]

241年,萨珊王朝沙赫沙普尔一世（239—272年在位）进攻两河流域和叙利亚,一度占领安条克,但其攻势为东罗马帝国所挫。256年,趁东罗马帝国内乱之机,沙普尔一世攻陷安条克,然后将全城居民迁至胡泽斯坦,并在那里建造了一座新城,名为"韦赫·安条克·沙普尔",意为"沙普尔所建胜过安条克之坚城"。258年,沙普尔一世与罗马皇帝瓦列里安（253—260年在位）又会猎于埃德萨和安条克,连同7万名罗马军团战士被擒,押往苏萨所在的胡泽斯坦地区,在那里兴建水坝和桥梁。

安条克为罗马帝国在亚洲的主要城市与古代基督教的最重要中心之一。在君士坦丁堡建立之前,安条克是丝绸之路的终点,在君士坦丁堡建立以后,安条克是丝绸之路的重要中继站。安条克也是著名的基督教圣地,《圣经》记载这里是圣保罗在犹太人集会上第一次进行基督教布道的所在。在君士坦丁大帝主持召开尼西亚会议后,安条克成为与君士坦丁堡、罗马、亚历山大和耶路撒冷并立的五大主教驻地之一。东西罗马分裂后,安条克又成为与君士坦丁堡、亚历山大和耶路撒冷并立的东罗马帝国四大主教驻地之一。

526年,安条克遭遇大地震,遇难者多达25万人。540年,萨珊王朝国王库思老一世（531—579年在位）一度攻占安条克,但很快被东罗马帝国夺回。636年,安条克落入阿拉伯人之手,其在叙利亚的地位随后被成为伍麦叶王朝都城的大马士革取代。在沦陷300余年后,安条克于969年被东罗马帝国马其顿王朝皇帝尼基弗鲁斯二世成功收复并重建,成为仅次于君士坦丁堡和塞萨洛尼基的帝国第三大城市。

1085年,安条克又落入信奉伊斯兰教的塞尔柱突厥人之手。1098年,欧洲十字军夺取安条克并以其为首都建立安条克公国,领土包括今土耳其和叙利亚各一部分。1268年,马穆路克王朝苏丹拜

[①] M. R. T. Dumper, B. E. Stanley, eds., *Cities of the Middle East and North Africa: A Historical Encyclopedia*, Santa Barbara: ABC-CLIO, 2007, p. 40.

图 3—3　1097—1098 年安条克之围①

巴尔一世攻占安条克后，违反献城协议，处死已经放下武器的基督徒，并将安条克夷为平地，安条克公国遂亡。1516 年，奥斯曼帝国军队从安条克通过，没有遭到任何抵抗。按照土耳其人的发音习惯，安条克这座城市现在称为"安塔基亚"。

四　帕加马

传说，帕加马古城，是特洛伊战争之后，阿喀琉斯的儿子与赫克托尔的妻子成婚，生了三个儿子，第三个儿子叫帕加马，此城是他所建，并以他的名字命名。

---

① 参见 https：//en. wikipedia. org/wiki/Siege_ of_ Antioch。

在希腊化时期，帕加马是位于小亚西部的帕加马王朝的首都，坐落在巴克尔河北岸的一个海角上，距爱琴海约 26 千米。帕加马城的主体是一座高 350 米的山体，占地 88 公顷，分为上下两城：上城，也即卫城，建在山顶，集中了市集、广场、剧场、图书馆、祭坛、神殿和王宫，是全城精华所在；下城主要是居住区和商业区，也有市场、体育场、运动场和神殿等公共建筑。

图3—4　弗里德里希·蒂尔希1882年所绘帕加马卫城想象图①

帕加马王朝历代君主推崇希腊文化，奖掖学术研究，帕加马城成为希腊散文修辞学的中心和希腊文明百花园中最璀璨的花朵。帕加马城的文化地标包括图书馆、羊皮纸、宙斯祭坛、巨人壁雕和露天剧场等。

在希腊化时期，各王朝或城邦之间以图书馆藏书而互相炫耀。托勒密王朝治下的亚历山大里亚图书馆以藏书之富雄踞于世。而帕加马王朝国王欧迈尼斯二世（公元前 197—前 159 年在位）不甘示弱，建造起拥有三个藏书库和一个报告厅、同时也是城里最高建筑的帕加马图书馆来与之竞争，这位国王大力征集图书文献，广泛延请知名学

---

① 参见 https：//zh.wikipedia.org/wiki/%E5%B8%95%E5%8A%A0%E9%A9%AC。

者，帕加马图书馆藏书逾20万册，学术论坛更是有声有色，一时与亚历山大里亚图书馆成比肩之势。

据说托勒密王朝国王托勒密五世担心帕加马图书馆后来居上超越亚历山大图书馆，于是下令将纸草制造方法列为国家机密，并严禁向帕加马出口纸草。[①] 当时的书籍主要是以埃及纸草书写的，托勒密王朝以为这一招釜底抽薪，帕加马图书馆的藏书就无法再增加了。然而，欧迈尼斯二世另辟蹊径，改进和推广羊皮纸，"羊皮纸"（parchment）一词便是由"帕加马"（Pergamon）衍生出来的。[②] 这场帕加马图书馆与亚历山大里亚图书馆之争，在生动瑰丽的传说中迎来了浪漫而戏剧的一幕：据说帕加马王朝被罗马共和国将军安东尼（公元前83—前30）征服后，为取悦他的情人——托勒密王朝女王克里奥帕特拉七世，遂将帕加马图书馆的藏书都运到了埃及，两大图书馆的宝藏最终合二为一。

帕加马宙斯祭坛由国王欧迈尼斯二世于公元前180—前160年兴建，用以纪念对高卢人的胜利，因其规模之宏大和艺术水平之高而被称为古代世界七大奇迹之一。祭坛为一座U字形建筑，东西长34.2米，南北长36.44米，周围上层是爱奥尼亚式柱廊，柱廊下为6米左右高的台座。台座上部壁面嵌着一条由115块大理石板组成的长120米、高2.3米、宽1米的浮雕带，内容是以宙斯为首的奥林匹斯众神战胜巨人的故事，目的是纪念帕加马两次击败高卢入侵者。壁雕中的人物尺寸巨大，躯体、衣褶、盔甲、羽翼、须发以及马匹走兽的雕刻精美绝伦，雄伟壮观；与此前的希腊雕塑作品相比，情感更丰富，动作更夸张，姿态更激越，气氛更紧张。譬如，其中一幅表现了雅典娜制服巨人的场景：雅典娜右手抓住巨人的头发，并派出一条蛇咬住巨人的胸膛，巨人那深陷的眼睛露出痛苦绝望的表情；巨人之母地神该

[①] 参见孙宝国、郭丹彤《论纸莎草纸的兴衰及其历史影响》，《史学集刊》2005年第3期，第109页。

[②] 目前有实物可考的羊皮纸小册子最早可追溯到公元前3世纪前后，这种新的书写材料比莎草纸更能持久保存，并在此后一千余年内成为欧洲书籍材料的主流。参见［加］阿尔维托·曼古埃尔《阅读史》，吴昌杰译，商务印书馆2002年版，第156页。

亚举起双手祈求众神饶恕她的儿子；与此同时，飘然而至的胜利女神为雅典娜戴上桂冠。

欧迈尼斯二世在位期间兴建的露天剧场位于一座约75°的山体斜坡上，利用地形把剧场设计成对称的扇形，共设78排座位，2条横向的通道把剧场分为3个观众区，可容纳1万名观众。舞台为可能装卸的木质结构：有演出时搭起，古希腊悲剧和喜剧在这里轮番上演；没有演出时拆掉，以不阻挡人们一览众山小的视线。

五　尼萨

尼萨位于今日土库曼斯坦首都阿什哈巴德西北方18千米处，是3世纪由帕提亚帝国开国君主阿尔萨息一世建立的城市和最初的首都，分为老城、内城和外城。

老城为帕提亚帝国国王住地，面积约14公顷，是一个台形土墩，形状为不规则的五边形，四周是建有43个矩形塔台的厚约10米的土坯城墙和与各个墙角侧面相接的望楼。城内建筑可分南北两部分。南部有方殿和圆殿各一座，可能都是神庙和王宫。方殿高两层，占地约400平方米，一层有4根高达12米的四棱砖柱，沿墙排列着与多里安式、科林斯式或伊朗式立柱相似的半圆柱，二层亦有半圆柱。圆殿的装饰和立柱与方殿相似。北部有一座由方形回廊改建而成的面积达3600平方米的御库以及王陵、禁卫军营房和臣属府衙等。

新城位于旧城南面，占地25公顷，土坯城墙高约9米，墙上亦建有望楼，城门开于东墙，门附近辟有帕提亚贵族的墓地。外城由一道超过6千米的草泥城墙环绕，内有居民房舍。

尼萨城址出土物多具希腊文化与东方文化交融而成的希腊化风格，如大理石雕像、红陶塑像、镀金银像和象牙雕像等艺术作品和日用器物。

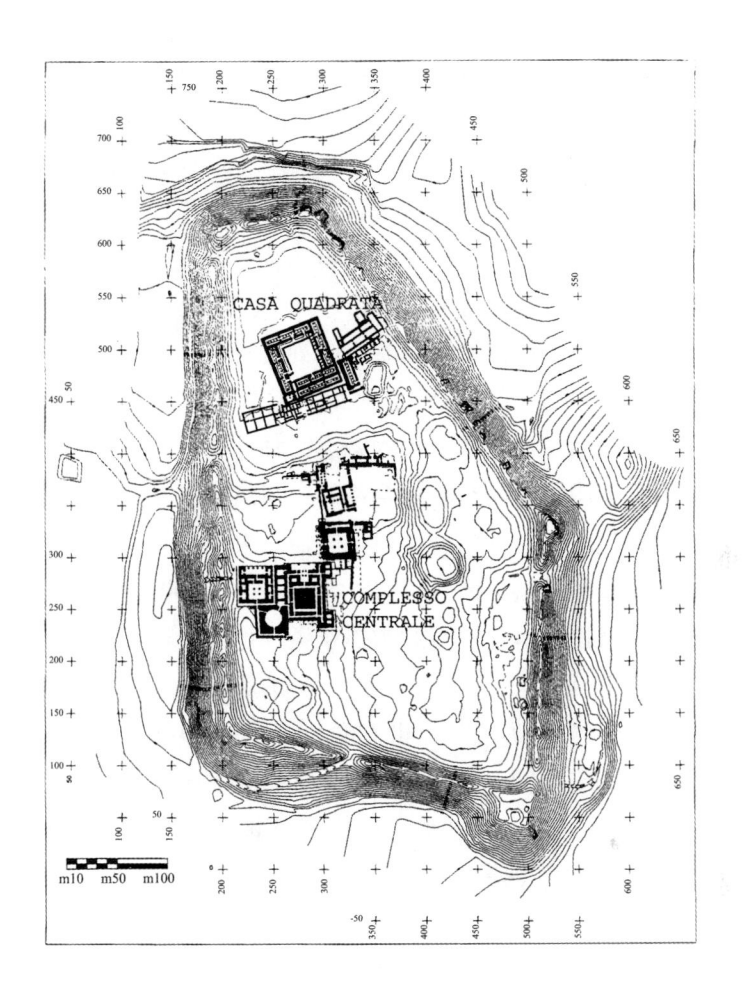

图3—5 尼萨老城结构复原图①

一尊大理石雕像表现的是一位半裸体女神，在风格上属于希腊化时期的亚历山大学派。女神上身的衣服褪至臀部，腹部以上裸露，两臂抬起，一伸一屈，头微微前倾左转下视，几乎是"断臂的维纳斯"的再现。然而，她双手向上高举似握头的姿势，却使人联想到帕提亚帝国历史上的一位著名公主——帕提亚国王米特里达梯一世之女罗多

---

① https：//www.cais-soas.com/CAIS/Archaeology/Ashkanian/excavation_ staraia_ nisa. htm.

古娜。据传她正在沐浴化妆时，忽闻敌人犯边，遂弃妆披甲，领军上阵。雕像可能表现她浴后整理头发的瞬间。[①] 还有一尊创作于公元前3世纪—前2世纪的被称为尼萨女神的大理石雕像，表现了一位身着希腊式衣衫的少女，神情端庄而微带笑容，堪称借用希腊形式表现本土神祇和人物的佳作，在风格上属于希腊化时期的阿提卡学派。值得注意的是，这些希腊化雕像一般都不大，高仅50—60厘米，可见它们不用于公共场所，而仅作宫廷室内陈列赏玩。

在尼萨出土的约40件盛酒器皿中，最为著名的是一件被称为尼萨象牙角杯的作品。该角杯由象骨雕成，杯体垂直，杯口飞檐形，杯体雕有希腊神祇图案，其题材是希腊的，但风格又是东方的，是东西方文明融合的代表作。日用器物包括陶器、玻璃器、铁制兵器、盾牌青铜护手、印章和希腊文饰钱币等。刻写于约2800块酒坛碎片上铭文，可能是用阿拉米字母拼写的帕提亚语，也是目前所见的最早的疑似帕提亚语文献，反映了酿酒、贮酒、出纳和税收等方面的情况。

帕提亚帝国米特里达梯一世在位时尼萨改名米特里达梯基特。226年帕提亚帝国灭亡后，尼萨遭到洗劫，但于5世纪下半叶再度复兴，并于11—12世纪成为萨珊王朝呼罗珊地区的文化、军事和政治中心，16世纪后逐渐衰落。

[①] J. Tucker, *The Silk Road: Art and History*, London: Philip Wilson Publishers, 2003, fig. 296, p. 234. ［英］苏珊·伍德福德：《剑桥艺术史：古希腊罗马艺术》，钱乘旦译，译林出版社2009年版，第60—63、66—69页，图74、图79。

第四章

罗马帝国时期的西亚城市

第一节 政治生态

罗马帝国时期的西亚城市史的时间上限为公元前65年罗马共和国将军庞培征服本都王国,下限为651年萨珊王朝被阿拉伯帝国灭亡。其间罗马帝国(公元前27—1453)及其前身罗马共和国(公元前509—前27)在西亚地区互争雄长的国家有帕提亚帝国(公元前247—公元226)和萨珊王朝(226—651)。

公元前65年,罗马共和国将军庞培征服了以小亚为中心的希腊化国家本都王国,但给予了它以罗马属国的待遇。[①] 公元前64年,庞培灭亡塞琉古王朝,建立叙利亚行省,大致包括今日的以色列、巴勒斯坦、叙利亚、约旦和黎巴嫩四国,从此罗马人与帕提亚人长期对峙于两河流域一线。

公元前53年,罗马共和国将军——时任叙利亚行省总督克拉苏(公元前115—前53)率军跨过幼发拉底河进攻帕提亚帝国,但在卡莱战役中战败身亡。据说,帕提亚帝国国王奥罗德斯二世(公元前57—前38)正在观看希腊戏剧时,克拉苏的头颅被抛到舞台上。[②] 受卡莱大

[①] 本都王国(公元前281—前65),又称本都帝国,首都为位于安纳托利亚高原与黑海之间的阿马西亚,君主是希腊化的波斯人,自称是阿契美尼德王朝国王大流士一世的后裔。"本都"为希腊语音译,意为"海"。62年,罗马帝国皇帝尼禄(54—68年在位)剥夺本都王国属国地位,将其正式纳入帝国版图。

[②] [美]西蒙·蒙蒂菲奥里:《耶路撒冷三千年》,张倩红、马丹静译,民主与建设出版社2014年版,第86页。

在神圣和世俗之间：西亚城市带的交融与冲突（公元前7000—公元1922年）

捷的鼓舞，奥罗德斯二世派遣王储帕克鲁斯一世和大将奥萨凯斯乘胜跨过幼发拉底河，攻入罗马叙利亚行省，但于前51年被罗马将军卡西乌斯（公元前85—前42）击退。此后奥罗德斯二世不再直接与罗马人作战，而是改为支持罗马共和派，在公元前46、前45、前42年三次派兵支援共和派军队。然而共和派却不是恺撒派的对手，前42年腓力比会战后，共和派彻底失败，奥罗德斯二世不得不再次走上前台。

公元前40年，奥罗德斯二世派遣王储帕克鲁斯一世率军攻入罗马叙利亚行省，很快击败罗马共和国叙利亚行省总督萨克萨，占领几乎整个叙利亚行省。随后进军小亚西部的罗马共和国亚细亚行省，一时间罗马共和国在西亚的统治岌岌可危。为了反击帕提亚人，统治东部行省的后三头之一安东尼（公元前83—前30）任命文提迪乌斯率军于公元前39年与法拉尼帕特指挥的帕提亚军队会战于阿马努斯山口并大获全胜，法拉尼帕特战死，尚在罗马共和国叙利亚行省的其他帕提亚军队纷纷退回幼发拉底河东岸。听到战报时的帕克鲁斯一世已经返回泰西封，他很快动员了约1万名重装骑兵和2万名轻装骑兵，其中的重装骑兵都是从贵族阶层中挑选出的精英，手持长矛，全身披甲，并配有头盔、护颈、胸甲、臂甲和腿甲等全套护具，连胯下的战马都覆盖着青铜或铁制马铠。公元前38年初春，帕克鲁斯一世率军再次渡过幼发拉底河，与文提迪乌斯指挥的罗马军团在金达拉山口展开会战，结果兵败身死。罗马共和国亚细亚行省的反叛城市重新归顺罗马人，帕提亚人前功尽弃，双方相持于幼发拉底河一线。

公元前27年，元老院授予33岁的屋大维"奥古斯都""大元帅"称号，象征罗马国家已由共和国转变为帝国。[1] 从奥古斯都时代开始，

---

[1] [美]托马斯·克劳威尔：《图说古今帝王》，卢欣渝译，生活·读书·新知三联书店2018年版，第74页。奥古斯都（Augustus），意为"来自神的任命"。"大元帅"（Imperator）一词后来被引申为"皇帝"之意。罗马帝国的正式名称为"元老院与罗马人民"（Senatus Populusque Romanus，缩写为SPQR）。罗马帝国在安东尼王朝皇帝图拉真（98—117年在位）统治时期达到极盛，社会稳定，经济繁荣，疆域西起西班牙、高卢与不列颠，东到幼发拉底河上游，南至非洲北部，北达莱茵河与多瑙河一带，地中海成为内海，领土面积达500万平方公里。

幼发拉底河成为罗马帝国和帕提亚帝国双方认可的天然界河，但只具有象征意义，并非不可逾越的天堑。两国关系错综复杂，时好时坏，总的形势是罗马人处于攻势，帕提亚人处于守势。双方在两河流域的拉锯战一直延续到帕提亚帝国的灭亡，罗马帝国皇帝图拉真（98—117年在位）一度占领了直到波斯湾的整个两河地区。[1] 帕提亚人也曾在沃洛格塞斯四世（147—191年在位）统治时期攻进罗马帝国叙利亚行省，占领了除安条克之外的东地中海沿岸地区。[2] 但对于交战双方而言，这些都属短暂的胜利，难以改变双方以幼发拉底河为界的相持格局。

沃洛加西斯一世（51—78年在位）即位后，与罗马帝国一样深受希腊文化熏陶的帕提亚帝国开始采取反希腊化策略，极力复兴传统波斯文化。随着帕克鲁斯二世（78—105年在位）篡位掌权，帕提亚帝国王权威信丧失，内部斗争和外部入侵相互交织，且愈演愈烈。经历长期的内忧外患，逐渐陷入危机。224年，阿尔塔巴努斯五世（216—224年在位）率兵讨伐反叛的波西斯行省[3]总督阿尔达希尔一世（180—240），结果兵败被杀。226年，阿尔达希尔夺取帕提亚帝国都城泰西封，并在这里举行了盛大的加冕仪式，自封"众王之王"，建立萨珊王朝[4]，帕提亚帝国遂亡。

---

[1] 《三国志·魏书·四夷传》记载：大秦"常欲通使于中国，而安息图其利，不得过"。《后汉书·西域传·安息传》记载："和帝永元九年，都护班超遣甘英使大秦，抵条支。临大海欲度，而安息西界船人谓英曰：'海水广大，往来者逢善风三月乃得度，若遇迟风，亦有二岁者，故入海人皆赍三岁粮。海中善使人思土恋慕，数有死亡者。'英闻之乃止。"和帝永元九年，即97年，正是帕提亚帝国与罗马帝国在两河流域对峙时期，帕提亚人以海路遥远险恶吓阻汉使西行亦在情理之中。显然，"甘英在波斯湾止步，是他上当了"（朱鸿：《甘英使大秦》，《光明日报》2016年2月26日第15版）。尽管如此，"甘英是史书所载第一个到达波斯湾的中国人，此行意味着欧亚大陆东西两大帝国的第一次外交互动尝试，具有重大的历史意义"（彭树智主编：《中东史》，人民出版社2010年版，第72页）。

[2] G. Rawlinson, *Parthia*, New York and London: G. P. Putnam's Sons, 1903, pp. 321–324.

[3] 波西斯，位于伊朗高原西南部，靠近波斯湾一东岸一带，古希腊人称此地为"波西斯"，"波斯"一词即源于此。此后该地名所指代区域随着波斯人的扩张而不断拓展。

[4] 萨珊王朝因阿尔达希尔一世的祖父而命名。阿尔达希尔一世的祖父萨珊是阿纳希特神庙的祭司，父亲帕帕克是伊斯塔赫尔城统治者。2世纪末至3世纪初，波斯人为帕提亚帝国所统治。208年，阿尔达希尔一世成为帕提亚帝国波西斯行省总督。中国南北朝时期的史学家魏收（507—572）撰的《魏书·西域传》记载："波斯国，都宿利城，在钮密西，古条支国也。"书中的"波斯国"即指萨珊王朝。

与此同时，萨珊王朝取代帕提亚帝国成为罗马帝国的敌人。① 229年和231年，阿尔达希尔一世两次与罗马帝国皇帝塞维鲁（222—235年在位）作战。

395年，罗马帝国皇帝狄奥多西一世（346—395）驾崩。临终前他将帝国东西部分予两个儿子继承，其中以君士坦丁堡为首都的东部希腊语地区给了阿卡狄乌斯，以拉文纳为首都的西部拉丁语地区给了霍诺里乌斯，象征分裂的"双头鹰"从此成为罗马帝国徽章，东罗马帝国和西罗马帝国的正式名称相同，均延用罗马共和国时代的"元老院与罗马人民"。476年，西罗马帝国皇帝罗慕路斯·奥古斯都（475—476年在位）被日耳曼蛮族首领、奥多亚克王国国王奥多亚克（435—493）废黜，西罗马帝国灭亡，帝国徽章被转交到东罗马帝国。②

作为尚存的唯一的罗马帝国，东罗马帝国凭借灵活的外交、雄厚的财力、强大的海军、坚固的城垣成功挡住了日耳曼人、匈奴人、阿瓦尔人、斯拉夫人、波斯人和阿拉伯人的进攻，又存在了千年之久，直到1453年被奥斯曼帝国灭亡。③ 在学术界，西罗马灭亡后的东罗马帝国又被称为"拜占庭帝国"④，因为它"发展起一种独特的文明，一种由希腊、罗马、基督教及东方诸成分混合而成的文明"⑤。

---

① P. Matyszak, *The Enemies of Rome: From Hannibal to Attila the Hun*, London: Thames & Hudson, 2009, p. 227.

② 英国历史学家爱德华·吉本将西罗马帝国的灭亡定在476年9月4日，西罗马帝国皇帝罗慕路斯·奥古斯都在这一天被奥多亚克胁迫退位。

③ 1204年4月13日，欧洲十字军在第四次东征中攻占君士坦丁堡，并在东罗马帝国的领土上建立了拉丁帝国。1261年7月25日，拉丁帝国被推翻，东罗马帝国复国，但领土已大为缩小，只包括小亚西北角、色雷斯、马其顿、爱琴海北部的一些岛屿和伯罗奔尼撒半岛上的一些据点。

④ 1557年，德国历史学家赫罗尼姆斯·沃尔夫在其整理编纂的《历代拜占庭历史学家手稿》中，为了区分古代罗马帝国以前的古典希腊文献与中世纪东罗马帝国的希腊文献，引入了"拜占庭帝国"这个称谓。这一称谓源于其首都君士坦丁堡的前身——古希腊殖民城市拜占庭。17世纪之后，经过孟德斯鸠等人的使用，这个称谓逐渐被西欧历史学家广泛采用，用以区分古代罗马帝国东半部与中世纪希腊化的东罗马帝国。

⑤ ［美］斯塔夫里阿诺斯：《全球通史：从史前史至21世纪》上册，吴象婴、梁赤民译，北京大学出版社2020年版，第228页。

为了争夺两河流域、叙利亚、小亚和亚美尼亚，继阿尔达希尔一世之后的萨珊王朝君主长期与东罗马人或通过战争或通过媾和维持了一种均势，譬如，在第22代君主库思老二世（591—628年在位）统治时期，萨珊王朝一度占领了东罗马帝国的叙利亚、小亚和埃及领土，但旋即被东罗马帝国希拉克略王朝首任皇帝希拉克略一世（610—641年在位）收复。"波斯与拜占庭的战争重创了双方"[1]，为阿拉伯帝国的兴起创造了条件。

萨珊王朝以阿契美尼德王朝的继承者自居。阿尔达希尔一世模仿阿契美尼德王朝发行金币和银币，弃用塞琉古王朝和帕提亚帝国的年代纪元法，改用阿契美尼德王朝的帝王纪年法，并按照阿契美尼德王朝传统在君主就职仪式上点燃圣火。

阿尔达希尔一世认为，"宗教与王权是两兄弟，彼此不能分离。宗教是王权的基础，王权保护宗教。王权无宗教为基础必将崩溃；宗教无王权保护，必将消灭"[2]。所以尽管阿尔达希尔一世没有把琐罗亚斯德教定为国教，但却巩固和发展了琐罗亚斯德教。

阿尔达希尔一世还建立了一套行政官僚系统，抑制了地方诸侯势力，有效加强了中央集权。被誉为阿拉伯希罗多德的史学家、世界名著《黄金草原》的作者马苏第称赞"萨珊王朝君主统治有术，施行良法善政，关注民生福祉，治下繁荣昌盛"[3]。

第二节　发展概览

与希腊化这一术语的内涵与外延相似，无论所谓的罗马化，还是波斯化，都是指"被征服一方逐渐与征服一方的行为、风俗和生活方

---

[1] ［美］简·伯班克、弗雷德里克·库珀：《世界帝国史：权力与差异政治》，柴彬译，商务印书馆2017年版，第63页。
[2] 王新中、冀开运：《中东国家通史·伊朗卷》，商务印书馆2002年版，第113页。
[3] W. Durant, A. Durant, *The Story of Civilization: The Age of Faith*, vol. IV, New York: Simon and Schuster, 1950, p. 141.

式从共生到融合的进程，这一进程既非完全是征服者有意设计的周全政策的落实，亦非完全是被征服者对较先进的文化的自愿的效仿。实际上，这一进程是征服者和被征服者共同参与的结果"①。罗马化和波斯化，使不同族群和不同地区统合成一个既保有传统特色又顺应时代潮流的经济和文化共同体。从这个意义上说，罗马帝国时期西亚的建城活动既是西亚城市罗马化的进程，亦是西亚城市波斯化的进程；既是由罗马帝国推动和完成的，亦是由萨珊王朝推动和完成的。

一 罗马帝国的建城活动

早在伊达拉里亚人统治时期，罗马人就通过伊达拉里亚人接触到希腊文化。因此可以说，罗马人的世界与希腊人的世界从未远离；希腊人的成就早就为罗马人所知晓。② 2世纪左右，希腊人与罗马人的界限已不明显，既有希腊化的罗马人，也有罗马化的希腊人。譬如，罗马帝国时期的希腊语讽刺作家琉善（125—180）就是个将罗马帝国及其居民称为"我们"的希腊人。他赞誉希腊史学家阿里安为"第一流的罗马人"；稍后的埃利优斯·阿里斯提戴斯认为，罗马帝国已经不再分为希腊人和蛮族人，而是分为罗马人和非罗马人。③ 在罗马共和国和罗马帝国的疆域内，巴勒斯坦、叙利亚和小亚的城市建设水平在原有基础上得到了进一步的提升，④ 因此可以说，"罗马城市不愧于希腊化城市的继承者"⑤。

---

① L. A. Curchin, *Roman Spain: Conquest and Assimilation*, London and New York: Routledge, 1991, p. 55.
② [英]格雷格·沃尔夫主编：《剑桥插图罗马史》，郭小凌等译，山东画报出版社2008年版，第76页。
③ A. N. Sherwin-White, *The Roman Citizenship*, Oxford: Clarendon Press, 1980. pp. 426 - 428.
④ E. L. Owens, *The City in the Greek and Roman World*, London: Routledge, 1991, pp. 121 - 140, 150 - 152, 159; H. Muller, *The Uses of the Past: Profiles of Former Societies*, London: Oxford University Press, 1952, pp. 219 - 220；[美]简·伯班克、弗雷德里克·库珀：《世界帝国史：权力与差异政治》，柴彬译，商务印书馆2017年版，第36—37页。
⑤ [美]M. 罗斯托夫采夫：《罗马帝国社会经济史》，马雍、厉以宁译，商务印书馆2005年版，第208页。

第四章　罗马帝国时期的西亚城市

　　为了扩大统治基础,自共和国时期起,罗马人就"一直致力于行省城市的发展"①,其中一个重要措施就是将意大利的自治城市体制推向各行省,规定凡获得罗马公民权的行省城市,均可成为拥有自己法律、没有罗马驻军和不用缴纳税收的自治城市。②到2世纪末,西亚行省城市几乎都获得了自治权,而罗马国家本身则成为包括西亚城市在内的"城市单元的联邦"③。

　　城市当然不是罗马人发明的,"但罗马人改变了城市并将其以一种更具普适性的范式推广到帝国全境"④。典型的罗马化城市包括网格状的街道,广场、会堂、浴室、神庙、露天剧场、剧院和凯旋门等公共建筑,引水和排水等基础设施等。罗马化建筑在吸收希腊多里亚式、爱奥尼亚式和科林斯式建筑形态元素的同时,根据自身特点进行了再创造。譬如,在空间形态方面,罗马式建筑更加重视点线面等元素的组合,从而产生宏伟壮观的视觉效果;在柱拱结构方面,罗马式建筑借鉴了希腊和西亚的梁柱、拱券等设计元素,将圆拱和拱顶等元素恰如其分地结合起来,如希腊式圆柱通常置于建筑物的外部,而罗马式圆柱则既可置于室外,亦可置于室内;在建筑材料方面,虽然希腊人已经掌握水、石灰石与沙子混合后可生成混凝土的知识,但混凝土真正得到广泛应用是在罗马人发现粉末状的天然火山灰与黏土的混合物之后,所以尽管罗马人也同希腊人采用大理石,但更常用的是混凝土,有时在混凝土上面覆以石板或饰以灰膏。⑤

---

①　E. J. Owens, *The City in the Greek and Roman World*, London and New York: Routledge, 1991, p. 121.

②　[美] M. 罗斯托夫采夫:《罗马帝国社会经济史》,马雍、厉以宁译,商务印书馆2005年版,第80页。

③　R. S. Lopez, *The Birth of Europe*, New York: M. Evans & Company, 1967, p. 15.

④　[美] 简·伯班克、弗雷德里克·库珀:《世界帝国史：权力与差异政治》,柴彬译,商务印书馆2017年版,第36页。

⑤　M. Bargan, *Great Empire of the Past: Empire of Ancient Rome*, New York: Facts in File, 2005, p. 95;[法]罗伯特·杜歇:《风格的特征》,司徒双、完永祥译,生活·读书·新知三联书店2003年版,第14页。

在神圣和世俗之间：西亚城市带的交融与冲突（公元前 7000—公元 1922 年）

奥古斯都时代的御用建筑师维特鲁威于公元前 1 世纪末叶撰写了一部建筑学论文集《建筑十书》，这是传留至今的世界上首部完整的建筑学著作，在整合多里亚、爱奥尼亚和科林斯这三种希腊建筑形式的基础上，最早提出"实用""坚固""美观"建筑三原则，并对城址选择、城市形态和城市布局发表了独到见解。他还绘制了理想城市的蓝图：平面为八角形，城墙塔楼间距不大于一矢之地，以方便守城者从各个方面阻击攻城者；城市路网为放射环形系统；为避强风，放射形道路不宜直接朝向城门；城市中心为广场，广场中心为神庙。

与意大利本土一样，罗马人在西亚的城市建设项目主要有两类：一类是军事和贸易所需的城墙、道路、桥梁和港口等；另一类是文化娱乐和日常生活所需的巴西利卡、广场、剧场、神庙、府邸、浴室和渡槽。其中的巴西利卡是一种本来是作为法庭或大商场的豪华建筑，平面呈长方形，外侧有一圈柱廊，主入口在长边，短边有耳室，采用条形拱券作屋顶。基督教合法化后，基督徒可以公开在这里举行活动，所以巴西利卡就成为基督教堂的最初形制，欧洲文艺复兴时出现的巴洛克式教堂亦是在此基础上设计的，只是主入口改在了短边。[①]

在罗马人与帕提亚人旷日持久的西亚领土争夺战中，西亚希腊人城市的向背成为双方决胜的关键因素之一。尽管帕提亚帝国在占领两河流域之初对当地希腊人城市采取了高度自治的政策，但由于它们与罗马共和国和罗马帝国统治下的希腊人和接受了希腊文化的罗马人之间存在天然的亲缘关系，因此一旦有机会就想摆脱帕提亚帝国的控制。譬如，在罗马共和国将军克拉苏渡过幼发拉底河进入两河流域时，希腊—马其顿人城市纷纷归顺。克拉苏在公元前 53 年的卡莱之役中兵败被杀后，帕提亚帝国将军苏雷那专门在塞琉西

---

① 巴西利卡这个词来源于希腊语，原义是"王者之厅"的意思，拉丁语的全名是 basilica domus。随着历史的变迁，巴西利卡的词义亦有所变化，今天在罗马天主教的用语中，巴西利卡特指有特殊地位的大教堂，不论其建筑风格和结构。

亚这座两河流域最大的希腊化城市举行盛大的庆祝游行，嘲弄克拉苏和罗马人，意在通过炫耀帕提亚帝国的强大，警示希腊—马其顿人再勿轻举妄动。① 可见，这些城市的归属对于帕提亚帝国在两河流域的统治何等重要。虽然塞琉西亚在帕提亚帝国一直拥有自治权，但亦不甘心俯首称臣。公元 40 年，帕提亚帝国内战乱频仍，显露分裂瓦解迹象。塞琉西亚趁机宣布独立，并在孤立无援的情况下仍坚持抗争达 7 年之久。② 可见，是否能有效安抚和拉拢境内的希腊化城市，事关帕提亚帝国的长治久安。③

罗马帝国皇帝戴克里先（284—305 年在位）将亚细亚行省安卡拉城的行政长官提升至执政官级别，由地方元老院代管安卡拉具体事务，并对市政设施进行了修整，新建了一批公共建筑和主要街道，同时继续赋予安卡拉作为海关中心征收进出口货物税收的权利。④ 除了加强对原有城市的管理和经营，罗马帝国还鼓励臣民在许多村庄、部落和神庙土地上建立新城，这一政策"极大地促进了城市数量增加，使罗马帝国变成了一个自治城市的联合体"⑤。

罗马帝国皇帝提图斯（39—81 年在位）于 70 年为安置罗马军团退伍老兵而重建那布卢斯，为纪念父皇韦帕芗（69—79 年在位），将该城命名为弗拉维新城。⑥ 324 年，罗马帝国皇帝君士坦丁大帝为加强对罗马帝国东部地区的控制和对北方日耳曼蛮族的防卫，另建新都君士坦丁堡。为了保卫君士坦丁堡，防御萨珊人的进攻，505—507 年，东罗马帝国皇帝阿纳斯塔修斯一世（491—518

---

① Plutarch, *Lives*, Cambridge：Harvard University Press, 1948, "Crassus", 17, 32.
② Tacitus, *Annals*, Cambridge：Harvard University Press, 1998, XI. 8 – 9.
③ G. Rawlinson, *Parthia*, New York and London：G. P. Putnam's Sons, 1903, pp. 258 – 259.
④ M. R. T. Dumper, B. E. Stanley, eds., *Cities of the Middle East and North Africa：A Historical Encyclopedia*, Santa Barbara：ABC-CLIO, 2007, p. 36.
⑤ ［美］M. 罗斯托夫采夫：《罗马帝国社会经济史》，马雍、厉以宁译，商务印书馆 2005 年版，第 79 页。
⑥ M. R. T. Dumper, B. E. Stanley, eds., *Cities of the Middle East and North Africa：A Historical Encyclopedia*, Santa Barbara：ABC-CLIO, 2007, p. 265.

年在位）在靠近萨珊王朝边界的达拉村建设了要塞的主体建筑，直到皇帝查士丁尼大帝（527—565年在位）登基后的第3年，要塞工程仍未完工，而这时4万萨珊王朝骑兵部队已经向达拉扑来，但被帝国名将、达拉总督贝利萨留（505—565）采用骑兵伏击战术，成功击退。①

罗马帝国时期在西亚所建的城市通常是以一个城为中心，并包括了周边部分地区组建起来的。譬如，在小亚中部的奥色斯图斯镇，人们发现一块石碑，碑文是一份有关公民向君士坦丁一世请求从农村上升为城市的请求书，铭文中精确计算了与邻镇间的距离，可能就是为了说明其统治区域的范围。②铭文虽然属于君士坦丁一世时代，但可以认为这是一种普遍情况，这说明城市不仅仅局限在城墙内，而是包括了更广阔的农村地区，城市加农村组成了一个地方行政区域。

罗马帝国在西亚的建城活动客观上起到了两方面的作用：

一是维护了罗马西亚领土的和平与发展。奥古斯都推行城市化作为古代西方世界最大的一次跨文化交流活动，其主要成就是把城市文化连同它所带来的一切扩展到整个罗马世界，"正是这些城市构成了帝国文化和帝国本身的基本细胞"③。从某种意义上说，按照统一的罗马市政规划、公共设施、文化风格建设起来的城市形态和生活方式的推广和普及，使得罗马帝国的亚细亚行省和叙利亚行省的城市与意大利本土和西部行省的城市同样拥有完善的公共建筑和基础设施，如会堂、神庙、广场、剧院、浴池、公路、竞技场、水道和凯旋门，人们在这些城市中可以极为方便地使用同样的法令、钱币、文字和书籍，欣赏同样的雕像和绘画。其中小亚的以弗所和

---

① G. Geoffrey, *The Roman Eastern Frontier and the Persian Wars*, part II, AD 363 – 630, London: Routledge, 2007, p. 88.

② P. Garnsey, R. Saller, *The Roman Empire: Economy, Society and Culture*, Berkeley and Los Angeles: University of California Press, 1987, p. 29.

③ [美] 斯塔夫里阿诺斯：《全球通史：从史前史至21世纪》，吴象婴、梁赤民、董书慧、王昶译，吴象婴审校，北京大学出版社2006年版，第237页。

叙利亚的安条克、大马士革都曾发展成为几乎可与罗马媲美的10万人以上的大城市。①

二是加速了罗马文化与希腊化文化的融合。罗马帝国时期,希腊化文化仍在发展,而罗马人也仍在接受希腊化文化的洗礼。美国学者杜兰指出,以理性主义著称的希腊哲学在罗马帝国时代逐渐转向信仰,而东方宗教的平民性和慰藉性吸引了越来越多的罗马民众。② 在经济方面,通过移民等手段,西亚的农业、手工业、银行业和城市风尚等传入了意大利甚至罗马帝国其他行省。③ 在宗教方面,来自波斯的属于琐罗亚斯德教的一个分支的密特拉教于公元前67年传入罗马,该教崇拜太阳神,已有一神教倾向。对罗马帝国影响最大的是完成了从多神教向一神教过渡的西亚宗教中最希腊化的基督教。313年,基督教因君士坦丁一世颁布米兰敕令而得到宽恕,并于392年被狄奥多西一世宣布为国教。④ 在文化方面,罗马共和国和罗马帝国许多学者来自西亚的士麦那等城市,如物理学家希克西奥斯、数学家塞翁、修辞学家艾瑞斯提、医学家赫摩根基和盖伦、历史学家斯特拉波和阿里安等。

二 萨珊王朝的建城活动

萨珊王朝也很重视城市建设,如开国君主阿尔达希尔一世就重建

---

① [美] M. 罗斯托夫采夫:《罗马帝国社会经济史》,马雍、厉以宁译,商务印书馆2005年版,第203—204页。

② [美] 威尔·杜兰:《恺撒与基督》,幼狮文化公司译,东方出版社2003年版,第651、691页。

③ [美] M. 罗斯托夫采夫:《罗马帝国社会经济史》,马雍、厉以宁译,商务印书馆2005年版,第37、42、114、261页。

④ [英] 阿诺德·汤因比:《历史研究》,刘北成、郭小凌译,上海人民出版社2005年版,第369页。基督教原初在整个罗马帝国范围内流传,不分族群和语言,不分等级贵贱,面向所有的人,所以被称为公教(Catholic),中文译为"天主教"。后来,罗马帝国首都从操拉丁语的罗马迁往操希腊语的君士坦丁堡,再加上西罗马帝国被蛮族入侵,东罗马帝国与西罗马帝国的区别越来越大,导致教会分裂,东部教会称为"正教"(Orthodox),中文译为"东正教",而西部教会沿用"公教"的名称。再后来,马丁·路德发动宗教改革运动,天主教中又分裂出"抗罗宗"或"抗议宗"(Protestantism),中文译为"新教"。

或新建了菲鲁扎巴德、泰西封、韦赫阿尔达希尔等9座城市。阿尔达希尔之子沙普尔一世也建了很多城市。

菲鲁扎巴德，位于今伊朗西南部，原名古尔，波斯语意为"坟墓"。10世纪，鉴于"古尔"之名不吉利，遂更名为菲鲁扎巴德。菲鲁扎巴德城址平面呈圆形，象征琐罗亚斯德教所崇拜的太阳圆盘。该城有三道环形城墙，外面两道各有4座城门。城市中央是王宫、官邸、神庙和塔楼。建筑物皆呈方形，带圆屋顶。阿尔达希尔宫有三个穹顶，泰西封的塔克基斯拉大殿穹顶造型的设计灵感即源于此。

从某种意义上说，萨珊王朝的建筑艺术是希腊化文明土壤中生长出来的一种新的波斯建筑艺术，融会了埃及、两河流域、希腊和波斯元素。譬如米底王国—阿契美尼德王朝以来的正方形小厅和新巴比伦式的拱门，还有西亚—东地中海—帕提亚相混合的穹隆结构和希腊化的装饰。这些样式和技术不仅为萨珊王国建筑所继承和发展，也在中亚各地广为运用。

尽管萨珊王朝的城市由国王按统一的设计兴建，并且像希腊化国家一样用国王的名字来命名，但与原希腊化城市不同的是，这些新建城市没有城市自治机构，原有城市亦取消城市自治机构，而改由王室官吏直接管理，并得到城市工商业阶层的支持，以期借助中央政府之力来保障商业贸易的安全，而地方大封建主则反对这一政策，进而仇视城市乃至君主。

萨珊王朝的城市经济以农业、手工业、商业为主，表明城市尚未完全实现农业与非农业的分离。其中，手工业的部门有纺织、服装、印染、皮革、编织、陶瓷、榨油、酿酒和罐头等。城市内的各个地区相互分离，每个行业均建有行会，工匠职业一般是世袭的，而外地人不得在城内从事工商业。另外，法官、律师和僧侣等特权阶层可以经营工商业，并成立自己的行会。

第三节 典型城市

一 推罗

推罗由腓尼基人[①]于公元前27世纪所建，最初只是地中海东岸的一个岛屿。公元前332年亚历山大大帝在推罗围攻战中修筑堤道将该岛与近岛陆地联结起来。随着时间的推移，海浪将沙石等沉积物冲上岸，堤道因此不断扩大，推罗也由一个岛屿演变伸进地中海的一个半岛。

到了公元前9世纪—前8世纪，推罗建立了选举产生执政官、元老院和民众大会构成的行政机构，祭司、士兵、水手、仆役、奴隶各司其职，商业贵族则是无可争议的统治阶层。[②]

与北邻西顿[③]和南邻阿卡[④]等腓尼基城市相仿，推罗的人口从来

[①] 腓尼基人是一个古老的族群，他们主要居住在地中海和黎巴嫩山脉中间的一条狭长的平原地带，是西塞姆人的一支，自称迦南人，希腊人称他们为"腓尼基人"。关于"腓尼基"一词的来源，说法不一。有学者认为，因为腓尼基人的服饰尚红尚紫，所以希腊人称其为腓尼基人（字面意思是"来自紫色国度的人"）。参见 M. C. Astour, "The Origin of the Terms 'Canaan,' 'Phoenician,' and 'Purple'", *JNES* 24/4 (1965), pp. 346-350；[美]约翰·布莱特：《旧约历史》，周南翼、张悦等译，罗宇芳审校，四川人民出版社2014年版，第134—136、231—232页。有学者认为腓尼基海滩上有一种海生蜗牛，从其体腺中可提取紫色颜料，"Phonikes"（希腊语"紫色""红色"）一词即来源于这一颜料。参见 G. Herm, *The Phoenicians: The Purple Empire of the Ancient World*, New York: William Morrow, 1975, pp. 79-81, 88-89。有学者认为，希腊人对腓尼基人的这一称谓，可能来自埃及人对迦南人的称谓"Fenkhu"，参见 Ju. B. Tsirkin, "Canaan, Phoenicia, Sidon", *AuOr* 9/2 (2001), pp. 271-279。有学者认为"腓尼基"一词的原义为"商人"。参见周有光《世界文字发展史》，上海教育出版社2003年版，第213页。

[②] S. Moscati, *The World of the Phoenicians*, trans. from the Italian by A. Hamilton, New York: Praeger, 1968, pp. 131-135; M. Grant, *The Ancient Mediterranean*, New York: Scribner's, 1969, pp. 125, 129-130.

[③] 西顿建立在海角上，可避风暴，与推罗同为腓尼基重要商港。公元前11—前4世纪，推罗控制腓尼基，西顿甘拜下风。西顿公元前6世纪由波斯统治，公元前333年臣服于亚历山大大帝，公元前64年并入罗马共和国。

[④] 阿卡是一座有城墙的腓尼基港口城市。城中十字军的遗址可追溯至1104—1291年，保存完好，集中展现了中世纪耶路撒冷王国的城市规划和城市结构。

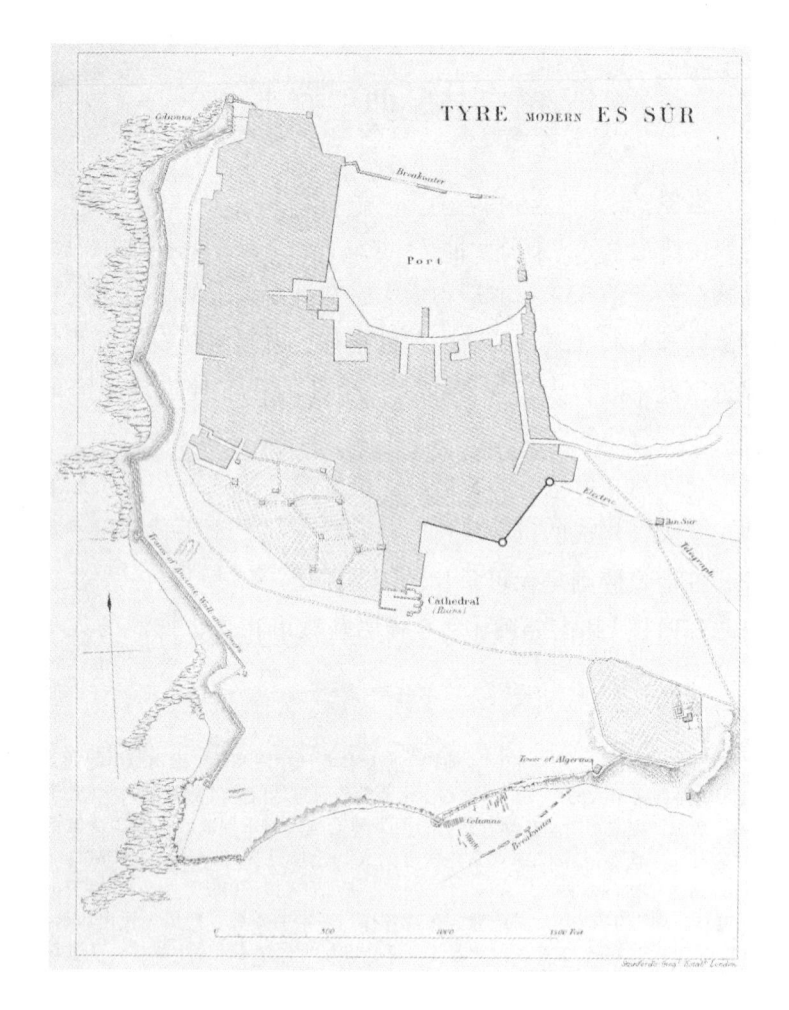

图4—1　1877年绘制的推罗城址平面图①

没有超过4万人②，但它的影响不可小觑。与两河流域和小亚的强大帝国不同，推罗人无意向内陆地区拓展土地，而是同腓尼基其他沿海城市一样，通过与邻邦的铜、锡、铁、雪松、玻璃、陶器和紫色面料

---

① https://en.wikipedia.org/wiki/Tyre, Lebanon.
② T. Chandler, G. Fox, *Three Thousand Years of Urban Growth*, New York: Academic Press, 1974, p.300.

等贸易，而使得自己不可或缺，同时获得丰厚利润。①

公元前814年，推罗殖民者在北非建立了他们称为"新城"的迦太基，作为向西地中海边远地区乃至西欧和西非大西洋沿岸扩展贸易的基地。② 公元前5世纪，迦太基的人口规模超过了西顿和推罗的总和，高峰时达到15万—20万人，同时拥有规模庞大的舰队，并与意大利半岛中部的伊特鲁里亚人城邦结盟，当之无愧地跻身地中海地区强国之列。西地中海的其他腓尼基人殖民城邦大都团结在迦太基的周围，共同与已经进入意大利南部和西西里岛等地的希腊人争夺地中海贸易的垄断权。③ 需要说明的，建立统一的帝国，并非由商业贵族主导并采用城邦体制的迦太基的优先选项，其首要目标仍是追求商业利润。④

公元前574年，推罗城市当局与新巴比伦王国尼布甲尼撒二世议和，承认后者为尊者，从而保持了推罗的自治地位。

公元前333年10月，亚历山大大帝率领的希腊—马其顿远征军在伊苏斯之战中击败大流士三世（公元前336—前331年在位）所率波斯陆军主力，然后继续南下腓尼基，拔除波斯海军据点。公元前332年年初，远征军抵达推罗，遭坚决抵抗，经7个月陆海夹攻，始破该城。是役，推罗有8000余人战死，3万余人被俘。

公元前332年亚历山大大帝去世后，推罗很快被他的将军托勒密一世（公元前367—前282）占据。公元前315年，亚历山大大帝的另一将军安提柯一世（公元前382—前301）围攻推罗。公元前314年，安提柯一世之子德米特里一世（公元前337—前283）开始统治

---

① G. Childe, *What Happened in History*, New York: Penguin, 1957, p. 140.

② S. Moscati, *The World of the Phoenicians*, trans. from the Italian by A. Hamilton, New York: Praeger, 1968, pp. 123–126.

③ G. Herm, *The Phonenicians: The Purple Empire of the Ancient World*, New York: William Morrow, 1975, p. 214, 129.

④ S. Moscati, *The World of the Phoenicians*, trans. from the Italian by A. Hamilton, New York: Praeger, 1968, p. 135.

推罗。① 公元前287年，推罗再度被托勒密一世夺回。公元前198年，安条克三世（公元前241—前187）将推罗纳入塞琉古王朝治下。公元前126年，推罗脱离衰落的塞琉古王朝，获得独立。

公元前64年，罗马共和国将军庞培征服推罗，并给予其罗马共和国自治城市的地位，允许它继续铸造自己的银币。在罗马共和国和帝国时代，推罗城中建造了沟渠、凯旋门和竞技场等许多重要公共设施和纪念物，其中的竞技场可容纳约2万名观众，长480米，主要用于双轮战车比赛。

据传托勒密王朝女王克里奥帕特拉七世曾向当时控制推罗的罗马共和国将军安东尼索要该城，但被后者以该城享有自治权为由回绝。推罗的人口尽管从未超过4万人，但其经商本领"无人能及，王子本人就是商人，他的主顾都是有身份、有地位的人"②。事实上，推罗人其他的贡献远超作为商业领域的贡献，因为他们"也具备工匠或者手工业者的技能"③。作为罗马共和国和罗马帝国在叙利亚和巴勒斯坦地区的主要商业城市之一，推罗长期拥有自治地位并获得"大都会"名号。④

二 耶路撒冷

耶路撒冷在地理上位于地中海与死海之间的巴勒斯坦——《旧约全书》中的"迦南地"。早在公元前50世纪，耶路撒冷所在的地方就已经有人类居住了。不过直到"公元前20世纪头十年，当米诺斯文明在克里特岛上日渐兴盛、汉穆拉比即将在巴比伦编纂法典、不列

---

① ［苏］乌特琴科主编：《世界通史》第2卷上册，北京编译社译，生活·读书·新知三联书店1960年版，第689页。

② M. Hammond, *The City in the Ancient World*, Cambridge: Harvard University Press, 1972, pp. 89–91.

③ ［美］乔尔·科特金：《全球城市史》，王旭等译，社会科学文献出版社2014年版，第23页。

④ M. R. T. Dumper, B. E. Stanley, eds., *Cities of the Middle East and North Africa: A Historical Encyclopedia*, Santa Barbara: ABC-CLIO, 2007, p. 376.

颠人在巨石阵中祈祷时",在埃及卢克索尔附近发现的陶片中才最早提到耶路撒冷的名字——耶路萨利姆(Jeru-Salem),其中"Jeru"意为城市,"Salem"意为星辰之神,耶路萨利姆的本义即"星辰之神的城市"①。公元前14世纪—前13世纪,迦南地成为埃及—赫梯人争霸的战场。公元前13世纪末,作为海上民族②一支的、可能来自克里特岛的腓力斯丁人进入迦南,并逐渐与迦南人融合,迦南也开始被称为巴勒斯坦,"巴勒斯坦"一词即源于"腓力斯丁"的音译。

然而,作为"上帝应许之地"的迦南,并非"遍地流着牛奶与蜂蜜"③。公元前17世纪中叶的连年饥荒,或无法证实的其他什么原因,有可能迫使以色列人像曾在埃及建立了希克索斯王朝(公元前1650—前1550)的希克索斯人那样,从叙利亚和巴勒斯坦地区迁徙到埃及。约400年后的公元前13世纪,可能是在埃及新王朝第十九王朝国王拉美西斯二世(公元前1279—前1213)的继任者美楞普塔统治时期(公元前1213—前1203年在位),④ 同样由于无法证实的缘由,以色列人有可能像《旧约全书》所描述的那样,在先知摩西的带领下,抬着约柜——可移动的圣殿——出走埃及,进入西奈沙漠,前往早前的定居地之一的迦南。约柜里放有两块刻着摩西十诫的石板,成为以色列人一神教信仰的象征,标志着犹太教的初步形成。摩西于途中病逝,他的继任者约书亚最终带领以色列人于公元前13世纪前后抵达已在腓力斯丁统治下的迦南,即巴勒斯坦地区。

---

① H. Cattan, *Jerusalem*, London: Croom Helm, 1981. pp. 19-20;[美]西蒙·蒙蒂菲奥里:《耶路撒冷三千年》,张倩红、马丹静译,民主与建设出版社2014年版,第16页。

② 公元前13世纪末,因农作物歉收,东地中海世界的利比亚东部地区、小亚沿海、爱琴诸岛经历了一次涵盖范围广、持续时间长的饥馑和疫病,这迫使当地居民挈妇将雏,背井离乡,铤而走险,而相对富庶的小亚内陆、叙利亚和巴勒斯坦地区、埃及尼罗河三角洲就成为他们迁徙的主要方向和目的地。1881年,法国学者马斯佩罗(G. C. C. Maspero)通过参考古代埃及文献,将这个迁徙人群称为"海上民族"(the Sea Peoples)。学术界至今仍沿用这一称谓。

③ 《旧约全书·出埃及记》,3:7。

④ M. Noth, *The History of Israel*, 2nd edition, London: Adam and Charles Black, 1996, p. 3;[英]J. R. 哈里斯编:《埃及的遗产》,田明等译,刘文鹏、田明校,上海人民出版社2006年版,第209页。

在神圣和世俗之间：西亚城市带的交融与冲突（公元前7000—公元1922年）

在约两个世纪的时间里，以色列12支派一直是腓力斯丁人的臣属，直到公元前11世纪前后，才在扫罗（公元前1030—前1010年在位）的领导下建立以色列联合王国（公元前1030—前931），与腓力斯丁人分庭抗礼。扫罗一生英勇善战，可是却不擅长治理国家，甚至没有建立自己的首都和王宫。以宗教角度来看，他又多次得罪神，使得以南方的犹太支派为代表的以色列人并不衷心拥护他。在扫罗战死于同腓力斯丁人的战争以后，扫罗第四子伊施波设在基列的玛哈念继位（公元前1010—前1003），约7年零5个月后，在一次政变中遇刺而亡。当时控制希伯伦的犹太支派的大卫随后成为以色列联合王国的第三位国王（公元前1003—前970年在位）。

大卫首次从腓力斯丁人手中夺取耶路撒冷，并最终赢得了对腓力斯丁人的战争。大卫之子所罗门（公元前970—前931年在位）统治时期，以色列联合王国臻于极盛。所罗门大兴土木，扩建城池，建造圣殿，是为第一圣殿。圣殿坐落在锡安山上，长约30米，宽约10米，高约15米，殿前还有一条长约10米的走廊，气势恢宏。整座圣殿被装饰得富丽堂皇，"殿里预备了内殿，好安放耶和华的约柜"。第一圣殿奠定了耶路撒冷的神圣地位，"使耶路撒冷逐渐成为犹太人宗教生活和民族文化的中心"[①]。

所罗门去世后，以色列联合王国由盛转衰，分裂为北部的以色列王国（公元前931—前722）和南部的犹太王国（公元前931—前587）。耶路撒冷为南部犹太王国的首都。公元前722年，北部的以色列王国被亚述帝国所灭。公元前597—前538年，新巴比伦王国国王尼布甲尼撒二世两度征服犹太王国，拆除耶路撒冷城墙，洗劫耶路撒冷圣殿，将国王及大批臣民掳往巴比伦，史称"巴比伦之囚"，只有极贫穷的人被留了下来为征服者耕种田地和管理葡萄园。流亡期间，犹太人渴望重返耶路撒冷，并萌生了复国思想。他们潜

---

① 徐向群、余崇建主编：《第三圣殿——以色列的崛起》，上海远东出版社1994年版，第5页。

心研究宗教学说，著书立说，试图从传统的一神教信仰中寻求出路。他们基本完成了《希伯来圣经》的编纂工作，从而使犹太教最终得以形成。在《希伯来圣经》中，耶路撒冷被尊称为圣城，是犹太民族凝聚力的象征。公元前538年，阿契美尼德王朝灭亡新巴比伦王国，犹太人分三批回归故里，并获准在耶路撒冷重建圣殿，即第二圣殿。

公元前332年，亚历山大大帝征服阿契美尼德王朝，耶路撒冷进入希腊化时期。公元前323年亚历山大大帝去世后，塞琉古王朝从托勒密王朝手中夺取耶路撒冷。公元前168年，塞琉古王朝国王安条克四世（公元前175—前164年在位）宣布犹太教非法，从而引发了由祭司玛他提亚领导的起义。公元前166年玛他提亚去世后，其三子犹太马加比率领犹太人取得了一系列重大胜利，并于公元前164年12月14日解放耶路撒冷，随后重建第二圣殿。公元前160年，犹太马加比在厄拉撒战役中战死，其五弟约拿单和其次兄西门继续领导犹太人的反抗斗争，成功建立了马加比王朝（公元前143—前63）。

公元前63年，马加比王朝被罗马人征服，王朝所属领土成为罗马共和国的犹太行省。公元66年，犹太人发动反抗罗马统治的起义，结果于70年失败，第二圣殿被洗劫一空，七宝烛台等圣物被运往罗马。132年，犹太人再次揭竿而起，一直奋战到135年耶路撒冷陷落，罗马人将该城夷为平地，并在其废墟上建造了一座罗马化的新城——埃利亚—卡皮托利纳，犹太行省亦改名为叙利亚—巴勒斯坦行省。[①]

1世纪，基督教起源于巴勒斯坦，起初它是作为犹太教的一个支派或异端出现的，二者最根本的区别在于是否承认耶稣为弥赛亚，也即"救世主"。基督教继承了犹太教的一神论和救世主等教义，全盘接受犹太教经典《希伯来圣经》作为《旧约全书》。313年，罗马帝国

[①] S. Sandmel, *Judaism and Christian Beginnings*, New York: Oxford University Press, 1978, pp. 30 – 31.

图4—2　罗马军团围攻耶路撒冷①

皇帝君士坦丁一世颁布米兰敕令，虽然没有把基督教确立为帝国的官方宗教，但对基督教采取了同情和宽容的态度，事实上承认了基督教的合法地位。325年，君士坦丁一世召集尼西亚大公会议，确立了一些为现今大部分天主教会接纳的教义。

326年，君士坦丁一世委托母亲——希腊人圣海伦娜前往耶路撒冷。据传圣海伦娜找到了耶稣受难的三个真十字架和一些钉子，并勘定了耶稣的受难地、安葬地和复活地等圣址。②"当君士坦丁一世于330年举行新都落成仪式时，他用一些出自希腊神话与基督教故事的塑像装饰了一根圆柱，从而将古典传统和新的国家宗教联系在了一起。"③ 在君士坦丁一世的亲自决策和指导下，336年，包括在传说中的耶稣受难地、安葬地和复活地建造的圣墓教堂在内的首批基督教堂竣工，继而又在犹太教耶和华圣殿的遗址上建起了圣母教堂。337年

---

① 参见 https://commons.wikimedia.org/wiki/。
② ［英］理查·威廉·丘奇：《中世纪欧洲：查理曼大帝时代、神圣罗马帝国兴衰、百年战争与文艺复兴》，李艳译，中国画报出版社2018年版，第41页。
③ ［美］简·伯班克、弗雷德里克·库珀：《世界帝国史：权力与差异政治》，柴彬译，商务印书馆2017年版，第57页。

5月22日，君士坦丁一世逝世，临终前受洗为基督徒。393年，罗马帝国皇帝狄奥多西一世宣布基督教为国教。"如果说罗马和君士坦丁堡是帝国的行政中心，那么耶路撒冷就是帝国的精神中心。"① 在此后的3个世纪里，耶路撒冷的基督教堂一直保持在30座左右。而在数千年间，耶路撒冷"20余次围城、25次易手、被毁17次、数次被屠"②，可谓饱经沧桑，多灾多难。

三 以弗所

以弗所位于小亚爱琴海岸巴因德尔河河口处，早在公元前60世纪的新石器时代，这里已有人类居住的痕迹。公元前10世纪，希腊爱奥尼亚部落在首领安德洛克勒斯率领下，从希腊中部迁居小亚西南沿爱琴海地区，并建立一批爱奥尼亚式希腊城市，以弗所就是其中之一，城市主神为月亮女神阿尔忒弥斯。

以弗所的爱奥尼亚式建筑采用柱式架构，配以大量雕塑和壁画，其中最具代表性的当属始建于公元前564—前540年的被誉为古代世界七大奇迹之一的阿尔忒弥斯神庙。该神庙地处城市东北角，全部由大理石建成，长425尺，宽230尺，有127根高60尺的石柱，比雅典卫城供奉雅典娜的帕特农神庙还大4倍。神庙三面临海，往来船只可以直接停泊在神庙的台阶上。

公元前334年，亚历山大大帝把以弗所纳入帝国版图，以弗所当时的人口达到22万人，是整个小亚的经济、宗教、文化和政治中心。③ 从公元前129年开始，以弗所成为罗马共和国和罗马帝国亚细亚行省首府和总督驻地。

罗马时代的以弗所仍以海上贸易见长，城内石柱甬道、女神雕

---

① ［英］彼得·弗兰科潘：《丝绸之路：一部全新的世界史》，邵旭东、孙芳译，徐文堪审校，浙江大学出版社2016年版，第36页。

② H. Cattan, *Jerusalem*, London: Croom Helm, 1981. p. 12.

③ M. R. T. Dumper, B. E. Stanley, eds., *Cities of the Middle East and North Africa: A Historical Encyclopedia*, Santa Barbara: ABC-CLIO, 2007, p. 144.

像、祭坛、神庙、教堂、图书馆、剧场、浴室和宅邸等大理石建筑鳞次栉比,绵延约 2 千米。5 世纪初,信奉基督教的罗马皇帝奥德修斯三世将阿尔忒弥斯神庙视为异教徒的聚集场所而下令彻底拆毁,此前该神庙经历了 4 次大地震、3 次大火和多次重建。

基督教教义的主要创建者和传播者圣保罗(3—67)曾往来于以弗所、安条克、大马士革、科林斯、雅典和罗马等城市之间。① 圣保罗生于小亚的塔苏斯城,是一位希腊化的犹太人和罗马公民,他认为耶稣是上帝的儿子,不仅是犹太人的救世主,而且是全人类的救世主,上帝差遣他降临人间替全人类赎罪。保罗的做法原本只是犹太教一个教派的基督教,不仅能吸引少数犹太人,而且能吸引罗马帝国千百万非犹太人。以弗所以南 4 千米夜莺山上的一间小石屋是基督教圣地,传说耶稣升天后,圣母玛利亚为避难来到以弗所,并在石屋中度

图 4—3 以弗所想象图 ②

---

① W. A. Meeks, "Saint Paul of the Cities", in P. S. Hawkins, *Civitas: Religious Interpretations of the City*, Atlanta: Scholars Press, 1986, pp. 17 – 23.

② 参见 https://fineartamerica.com/featured/the-city-of-ephesus-from-mount-coressus-edward-falkener.html。

过余生。露天剧场能容纳2.5万名观众。塞尔丘克图书馆是一个罗马人为纪念其父而建，阅览室朝向东方，以充分利用早晨的光线，馆内还有一条地下走廊，通向馆旁的一个可能是酒吧或妓院的建筑。

6世纪，以弗所通往爱琴海的巴因德尔河河道严重淤塞，导致与埃及、小亚和叙利亚之间的谷物、木材和家畜等大宗产品贸易难以为继，居民被迁至城外的阿亚索鲁克山一带，通过陆路与周边地带继续从事贸易活动，城内变为宗教活动场所，兴建了著名的圣约翰教堂，东罗马帝国皇帝查士丁尼一世曾专门视察过该教堂。

四　君士坦丁堡

据传公元前660年古希腊迈加拉城邦的一位国王要建一座新城，他问神的使者，城应建在哪里，神使指给国王方向。于是国王就命令自己的儿子拜扎斯率领一批迈加拉人，遵照神使的指点乘船来到今土耳其的金角湾与马尔马拉海之间的博斯普鲁斯海峡，他们一到，便被这里的美景迷住了，于是依山筑城，并以王子之名取名为拜占蒂翁，拜占庭是其拉丁语音译。[1]

拜占庭占据了极为优越的地理位置，扼守着黑海与爱琴海的海上通道，但整个古风时代、古典时代和希腊化时代，拜占庭并不显眼，人口在3万左右徘徊。到了1—2世纪，拜占庭继续在罗马的和平氛围下默默无闻地发展着，这个时期拜占庭的人口规模可能上升到4万—5万。

324年，罗马帝国皇帝君士坦丁一世发布命令，在拜占庭城址上兴建新都，并任命重臣着手进行工程的筹备工作。君士坦丁一世亲手设计城墙并跑马勘测以圈定城市的界标。为了在最短的时间里完成新都建设，他还下令创办专门学校以培养所需各类人才。经过5年的精心施工，一座规模宏大、豪华壮丽的新都，出现在博斯普鲁斯海峡

---

[1] ［美］斯塔夫里阿诺斯：《全球通史：从史前史至21世纪》上册，吴象婴、梁赤民译，北京大学出版社2020年版，第200页。

岸上。

330年5月11日，君士坦丁一世宣告新都竣工，仍命名为"罗马"，并将罗马的元老院、贵族都由意大利迁居于此。从5世纪起，这座城市的正式名称改为"新罗马"，以区别于意大利的"旧罗马"。狄奥多西二世（408—450年在位）登基后，为了纪念君士坦丁一世，开始称新罗马为君士坦丁堡。但在更多的情况下，东罗马帝国的臣民只是简单地将其称为"城"。从10世纪时起，突厥人和阿拉伯人开始称君士坦丁堡为伊斯坦布尔，这个名称来自小亚的希腊语方言，意为"大城"或"城里"。

根据《罗马帝国衰亡史》作者爱德华·吉本的统计，君士坦丁堡城里有2座剧场、4座公众集会大厅、8个豪华的公众浴池、153个私人浴池、52道沿街柱廊、5座粮仓、8条高架水渠、14座教堂、14座宫殿和4388座贵族宅邸。新罗马的设计完全仿照旧罗马，分为14个区。在城里也可以找到同旧罗马一样的七座山丘，不过明显可见的山丘只有6座，第7座坐落于城市南部的缓坡上，需要极高的想象力才能分辨出来。城中有一条流向马尔马拉海的小河，名为利科斯河，被附会为新的台伯河。几条高架引水渠从30千米外的色雷斯平原引来活水，供应城中日常生活所需。

君士坦丁堡的面积是拜占庭老城的几十倍。在拜占庭老城原址的小山丘上是东罗马帝国的大理石皇宫，拜占庭古城墙被改建为皇宫外墙。皇宫又被称为圣宫，坐落于全城的制高点上，南临马尔马拉海，占地60多万平方米，是整个君士坦丁堡最豪华的建筑群。皇宫里面除了居住着皇族外，还有成群的宫娥、太监、禁军、教士和官吏，总人数多达2万，几乎相当于一座城市。它由几座比邻的宫院组成，包括专门用作官方正式大典的拉马尼奥尔宫，供皇室居住的达夫纳宫，兼作陈列馆的沙尔克宫等。各处宫殿由大理石柱廊相连，宫殿之间的庭院被开辟为御花园。在此基础上，历代皇帝又不断扩大其范围，增盖宫殿、添加塔楼、修筑高台，最后又在宫殿的周边辅以各种附属建筑，例如教堂、浴室、游乐场、珍宝馆、图书馆、作坊、仓库、营房和马厩等,这样,圣宫既是皇帝生活起居地,又是政府机关办公地和教会首脑驻节地。

在皇宫的西侧,是规模宏大的赛车竞技场,完全仿照罗马科洛西姆竞技场的式样,但比罗马竞技场还长40米。从皇宫中可以望见竞技场里面的场景。竞技场内分布着许多立柱,以及大理石和青铜雕像,中央耸立着从埃及运来的方尖碑。赛车道铺着沙子,上面能容8辆马车并驾齐驱,周围的看台可容纳上万人观赛。

竞技场北门外,是黑色大理石铺地的奥古斯都广场,广场中心耸立着一座数十米高的巨型花岗石圆柱,圆柱顶端是从雅典运来的高大的阿波罗铜像。柱廊拱卫的梅塞大道从奥古斯都广场通向金门。金门本来是凯旋门,为388年狄奥多西一世庆祝战胜于383年在不列颠尼亚行省发动叛乱的马格努斯·马克西穆斯而建。金门落成时并不属于君士坦丁堡城墙的一部分,而是跨越厄纳齐雅大道。金门设计精巧,通体不用水泥,而是由方形大理石砌成,拥有三个拱形结构和大量雕刻,门顶仿效罗马的凯旋城门,嵌刻着由5头大象牵引的青铜双轮战车雕刻。城门与浮雕都镀上了黄金,这也是金门名字的由来。每当严冬来临,皇帝便下令在梅塞大道的柱廊间钉上木板,以保护行人免受凛冽的东北风的侵袭。

奥古斯都广场的北边是高大庄严的圣索菲亚大教堂。该教堂由特拉勒斯的安特米乌斯和米耶的伊西多尔在532—537年主持修建,被认为是最完美、最庄严的有穹顶的长方形大教堂。早在4世纪,君士坦丁大帝的母亲圣海伦娜就将一些圣物带回到君士坦丁堡并收藏在圣索菲亚大教堂等处,到了11世纪,城中收藏的圣物数量已多到令人震惊的程度,其中包括耶稣受难时所戴的荆棘头冠、耶稣受难时所穿的朱红色袍子、耶稣受难时所用的十字架和钉子、圣母玛丽亚的头发和施洗者约翰的头颅等。[1]

---

[1] J. Wortley, "Studies on the Cult of Relics in Byzantium up to 1204", *Speculum* 85/4 (2010), pp. 1061–1062.

奥古斯都广场向西不远，是圆形的君士坦丁广场。这里是君士坦丁堡商业和政治活动的第一大中心，广场北侧是上有穹顶、前有柱廊的帝国元老院，其门前几十级宽大的大理石台阶是政要显贵向公众发表演说的讲坛。

君士坦丁广场西边是长方形的狄奥多西广场，它是多条罗马帝国军事大道的汇合点，也是全城最大的集市。这里作坊店铺林立，商号钱庄比邻。这一带的最东端是嘈杂的铁匠区沙尔科普拉特，梅塞大道旁边是金银匠区。在狄奥多西广场周围，可以买到肉类、酒类、水产、蔬菜、水果、糕点、奶酪和蜂蜜等日用品，而丝绸、珠宝、金器、皮革、玻璃器皿和香水等奢侈品也是琳琅满目。

离开狄奥多西广场之后，梅塞大道折向西南，经过公牛广场和阿卡狄乌斯广场，一直通往金门。阿卡狄乌斯广场上耸立着阿卡狄乌斯皇帝圆柱，人们可以通过柱里的233级台阶，盘旋而上至柱顶，俯瞰整个君士坦丁堡、博斯普鲁斯海峡和亚洲大陆。其他东西走向的街道也以同样方式出现。贵族和富人在主要干道旁建有自己的豪华宅邸，并以主人的姓氏命名。这些建筑与外街隔绝，主要空间面向围以柱廊的内部庭园。楼层延伸到街道柱廊之上，设有凸肚窗，内部分隔成大厅、卧房和浴室等空间。

5世纪，由于人口迅速增长，狄奥多西二世在城西修筑了狄奥多西城墙，将城市面积扩大了2倍。扩建后的君士坦丁堡城墙全长21.5千米，其中临马尔马拉海的城墙长8千米，金角湾一侧的长7千米，靠陆地一侧的长6.5千米。在君士坦丁堡建城之初，城中空地甚多，居民区主要集中在沿海、梅塞大道两旁和东部地区。居民区附近有很多果园，甚至农田。像富人住宅一样，教堂和修道院通常也带有花园。不过，随着城市的不断发展，新建筑不断出现，城中空地很快消失了，于是在金角湾的对面开辟了名为"加拉塔"的卫星城。

由于帝国政府采取了一系列特殊政策，君士坦丁堡很快就取代了意大利的罗马的地位。君士坦丁曾亲自批准罗马贵族免费迁入新都的贵族住宅，君士坦丁堡元老院也获得了与罗马元老院同等的法律地位。这一系列政策极大地推动了君士坦丁堡的发展。在建成后的数十年间，君士坦丁堡的人口就从5万人迅速增至逾30万人，轻易地超过了罗马、安条克和亚历山大等罗马大城市，及至6世纪，该城人口已近50万人。①

图4—4　纽伦堡编年史中的君士坦丁堡插图②

6世纪之后，政治上的内忧外患以及接连不断的大地震和大瘟疫等自然灾害接踵而至，君士坦丁堡失去了1/3至2/3的人口，同时期的罗马城的人口更是由公元1世纪的100万人锐减至3万人，"到处是孤独、荒芜和悲哀"③。而且从总体上看，经历了希腊化乃至东方化过程的君士坦丁堡，无论从规模上，还是从气质上，都难以与奥古斯都时代的罗马城相提并论。在奥古斯都时代，"罗马约有100万居民，是世界上人口最多的城市"④，而在生活于11世纪的一位欧洲编

---

① C. Mango, *Byzantium: The Empire of New Rome*, New York: Scribner's, 1980, p.75; [意]卡洛·M.齐波拉主编：《欧洲经济史》第1卷，徐璇译，商务印书馆1988年版，第10页。

② https://en.wikipedia.org/wiki/Constantinople.

③ J. Carcopino, *Daily Life in Ancient Rome*, trans. by E. O. Lorimer, ed. by H. T. Rowell, New Haven: Yale University Press, 1940, pp.16 – 20; T. Chandler, G. Fox, *Three Thousand Years of Urban Growth*, New York: Academic Press, 1974, pp.302 – 303; C. Mango, *Byzantium: The Empire of New Rome*, New York: Scribner's, 1980, p.68, 92, 21; D. Von Kalckreuth, *Three Thousand Years of Rome*, New York: Knopf, 1930, pp.141 – 143.

④ [美]简·伯班克、弗雷德里克·库珀：《世界帝国史：权力与差异政治》，柴彬译，商务印书馆2017年版，第35页。

年史家眼中，君士坦丁堡就如同"黄金溪流中"沉淀下来的一堆"破铜烂铁"[①]。

五 泰西封

泰西封位于今伊拉克巴格达东南32千米处，濒临底格里斯河左岸，地处迪亚拉河河口，最早是作为帕提亚人在塞琉西亚城东的驻军之地而出现的。

公元前2世纪，塞琉古王朝的核心区域已收缩回叙利亚。包括两河流域在内的东方行省被帕提亚人占据。其中富庶的塞琉西亚又对帕提亚征服者格外重要，因为该城几乎可以为帕提亚贵族提供大部分日常生活用品。因此，帕提亚帝国君主既要控制塞琉西亚，又不能对其造成严重破坏。公元前120年，帕提亚帝国国王米特拉达梯一世率军在塞琉西亚附近停留时，为了防止官兵入城劫掠，就将他们驻扎在城东的泰西封村。该地此后逐渐成为帕提亚贵族或官员下榻的临时营地。由于帝国承诺塞琉西亚的希腊人拥有自治权，所以将主要的军政机构都设在泰西封，泰西封遂逐渐成为塞琉西亚的卫星城。国王和大贵族经常会在冬季从米底南下，等到春季来临再离开泰西封。依靠周边希腊化城市的经济辐射和物质供应，原先的村庄日益繁荣起来，只是在西面的城里人看来，这里依然是破落乡村。

半个多世纪后，泰西封已经成长为一座具有相当规模的帝国城市。同时，帕提亚帝国的内争使塞琉西亚屡遭围攻。国内有城市公民支持亲希腊派与掌握更多骑兵力量的亲波斯派抗衡多年。公元前54年，已经困顿不堪的塞琉西亚被后来扬名卡莱战役的帕提亚帝国大将苏雷纳率部攻破，其自治权随即被剥夺，泰西封则荣升为帝国夏都。后来居上的泰西封大有兼并塞琉西亚之势，只是出于经济因素的考虑，两座城市并未合二为一，而是基本保留了原有格局和各自的名称。通常而

---

① M. Psellus, *The Chronographia*, trans. by E. R. A. Sewter, New Haven: Yale University Press, 1953, p.130.

言，泰西封既是帝国都城之一和国王驻跸之地，亦是帝国东部人口向西迁徙的终点；而塞琉西亚既是希腊人、犹太人、叙利亚人、阿拉伯人和迦勒底人的居所，亦是帝国西部人口向东迁徙的终点。

116年，罗马皇帝图拉真（98—117年在位）沿底格里斯河南下波斯湾，途中占领帕提亚帝国首都泰西封。尽管图拉真不久就被迫撤军，但帕提亚帝国再也没有完全恢复过来。164年和197年，罗马皇帝奥勒留（161—180年在位）和塞普提米乌斯（193—211年在位）先后攻破和劫掠泰西封。

226年，萨珊王朝的创立者阿尔达希尔一世占领塞琉西亚和泰西封，随后将两城合并为新的泰西封，并定为帝国都城之一。在此后数百年中，泰西封一直是萨珊王朝最繁华的城市。

637年5月31日，萨珊王朝军队在纳贾夫以西的卡迪西亚战役中完败于阿拉伯军队，一直没有建立完整城墙的首都泰西封岌岌可危。沙赫耶兹底格德三世惊慌失措，遂在军队护卫下带领王公贵族弃城东走。637年6月，泰西封落入阿拉伯之手，王宫建筑悉数被焚。随着库法、巴士拉和巴格达等城市的兴起，泰西封迅速衰败，最终化为废墟。①

图4—5　1864年所绘泰西封拱门②

---

① 第一次世界大战的硝烟让泰西封重回人们的视线。1915年11月22—26日，奥斯曼帝国军队在底格里斯河畔的泰西封旧址附近，对英联邦军队展开反突击并迫使后者退却。

② 参见 https：//upload. wikimedia. org/wikipedia/commons/6/63/Ctesiphon-ruin_1864.jpg。

现存泰西封城址犹见泥砖墙、拜火寺和王宫的断壁残垣。其中以萨珊王朝沙赫库思老一世（531—579年在位）所建的宏伟砖制拱顶王宫最为有名。拱顶大厅位于王宫中央，拱穹高37米，拱跨宽25米，四周连着带拱顶的走廊和暗楼。在残存的正面墙壁上，巨大的浮雕圆柱将墙面分割为数段，墙上设有拱顶壁龛。王宫为砖石建筑，但墙面饰有刻有图案的灰泥或镶嵌物。泰西封王宫在建筑艺术上吸取了埃及、希腊和两河流域的艺术元素，并在此基础上有所创新。尤其是它成功地解决了在方形建筑物上，以内角拱和突角拱支撑拱形结构的屋顶这一难题，同时还在建筑壁面装饰上突破了单调的传统风格。

第五章

阿拉伯帝国时期的西亚城市

第一节 政治生态

阿拉伯人的族群来源可以上溯到远古的生活在阿拉伯半岛沙漠和半沙漠地带的塞姆人氏族、部落或部落联盟。其语言分类与亚述人、阿拉米人、腓尼基人和以色列人等同属闪含语系。[①] 犹太教经典《希伯来圣经》和伊斯兰教经典《古兰经》都认为阿拉伯人与犹太人有血缘关系。

7世纪初,由穆罕默德(570—632)创立的伊斯兰教[②]兴起后,各阿拉伯部落在伊斯兰教旗帜下完成统一后,迅速向外扩张。[③] 先是相继征服东罗马帝国统治下的叙利亚、巴勒斯坦、埃及和萨珊王朝控制的两河流域,并以摧枯拉朽之势,消灭了萨珊王朝。此后出击中亚,进军北非,占领西班牙,于8世纪中叶建立起东起印度河流域和

[①] 亚述帝国国王辛那赫里布在位时期,阿拉伯人已经开始卷入巴比伦尼亚的纷争,并定居在比迦勒底部落更北的地区;而在阿淑尔巴尼拔当政时期,由于阿拉伯人作为联军支持过巴比伦尼亚的叛乱,而且不断骚扰亚述西部地区,亚述人同阿拉伯人随后发起旷日持久的战争,最终迫使他们称臣纳贡。参见 H. W. F. Saggs, *Babylonians*, London: The British Museum Press, 1995, p. 159。

[②] "伊斯兰"系阿拉伯语音译,原义为"顺从""和平",指顺从和信仰创造宇宙的独一无二的主宰安拉及其意志,以求得两世的和平与安宁。信奉伊斯兰教的人统称为"穆斯林",意为"顺从者",与"伊斯兰"是同一词根。

[③] 阿拉伯半岛居民用"阿拉伯人"称呼自己的最早记录出现在也门南部地区的古代碑刻中,而其中的"阿拉伯人"指的就是经常从事劫掠的贝都因人,并泛指游牧者,以区别于定居者。参见[英]伯纳·路易《历史上的阿拉伯人》,马肇椿、马贤译,中国社会科学出版社1979年版,第6页。

帕米尔高原，西至大西洋的比斯开湾，南抵尼罗河下游，北达里海、咸海南缘，横跨欧亚非三大洲的阿拉伯帝国（632—1258）。①

527—628 年，为争夺小亚、南高加索、叙利亚和两河流域，东罗马帝国和萨珊王朝之间断断续续地进行了一个世纪的两败俱伤的拉锯战，使得原先的波斯湾—红海—尼罗河的商路无法通行，商人们改走通过阿拉伯半岛的更为安全的陆路。作为地处商路中段，东到波斯湾、西至红海，北往叙利亚，南通也门的交通枢纽，麦加逐渐繁荣起来，但当时的麦加仍处于部落、氏族和家族血亲复仇的原始状态。作为麦加城中颇有势力的古莱西部落的成员，穆罕默德体会到借助宗教整合社会、建立秩序和维护公正的必要性。②

610 年，穆罕默德开始在麦加传播伊斯兰教，一些大商巨贾也加入进来，这引起了作为麦加现有秩序既得利益者的以伍麦叶家族为核心的统治集团的警觉，于是他们开始想方设法迫害穆罕默德和穆斯林。622 年 9 月 24 日深夜，穆罕默德带领追随者迁徙至麦加以北 200 英里的敌对城市雅特里布。③ 雅特里布因穆罕默德的到来而改名为麦地那·纳比，意为"先知之城"，简称麦地那。

与麦加相比，麦地那气候宜人，有大片大片的花园、椰枣树和农舍。穆罕默德到来时，一群群居民欢呼道："啊，先知，就在这里歇脚吧，和我们同住。"穆罕默德答道："让骆驼来作决定，让它自在地前进。"最后，在骆驼歇脚之处，穆罕默德建立了清真寺④和住宅。

---

① Ira M. Lapidus, *A History of Islamic Societies*, Cambridge: Cambridge University Press, 1988, p. 9.

② P. K. Hitti, *Capital Cities of Arab Islam*, Minneapolis: University of Minnesota Press, 1973, p. 14; A. Hourani, *A History of the Arab Peoples*, Cambridge: Harvard University Press, 2002, p. 120.

③ 639 年，为纪念穆罕默德于 622 年率穆斯林由麦加迁徙到麦地那这一历史事件，阿拉伯帝国第二任哈里发奥马尔决定将 622 年定为伊斯兰历元年，将 622 年 7 月 16 日定为伊斯兰教历元年元旦。伊斯兰历在中国也称回历。

④ 清真寺，阿拉伯语音译"买斯吉德"，意为叩拜安拉之处，也称"白屯拉"，即"安拉宅第"或"真主之家"。在中国历史上，曾用过"清净寺""清修寺""净觉寺""法明寺""真教寺""回教礼拜堂"等多种称谓。自明朝中叶以后，"清真寺"这一叫法才逐渐确定了下来。

以清真寺为中心，麦地那另有三条主要街道，其中两条始于清真寺。麦地那于是成为世界上第一座伊斯兰城市和此后伊斯兰城市的样板。犹太人几乎没有住在麦加的，但住在麦地那的犹太人很多，他们信仰犹太教，更容易接受伊斯兰教的一神教观念。①

到麦地那后，穆罕默德成功地调解了部落和族群争端，树立了个人威望。随后他开始将自己的主张付诸社会实践，以麦加穆斯林迁士和麦地那辅士为基本力量，建立起世界上第一个穆斯林政权——乌玛②，并以盟约形式制定《麦地那宪章》，作为处理内部和外部事物的政治纲领。

为了巩固新生政权，穆罕默德领导乌玛通过战争方式筹集财富和武器。624年，他发起白德尔战役，袭击麦加伍麦叶家族的一支武装商队，以少胜多。这不仅给伍麦叶家族以沉重打击，而且也被穆斯林们视为安拉保佑的结果，进一步提高了穆罕默德的威望，扩大了伊斯兰教的影响。

白德尔战役后，穆罕默德与麦地那犹太人的关系紧张起来，其中既有政治矛盾，也有宗教矛盾。穆罕默德宣称与古代犹太先知同属一个序列，但犹太人不以为然。穆罕默德指责犹太人支持麦加人。麦地那的一个犹太部落被迫出走麦地那，他们的财产被穆斯林接管。不久，又一个犹太部落也被驱逐出境。627年，穆罕默德指控剩下的犹太人与麦地那的敌人勾结。

625年，麦加人在伍侯德战役中打败麦地那的穆斯林，穆罕默德本人也负了伤。在此后的三年里，麦加人与麦地那之间发生多次冲突，穆罕默德本人领导了其中约20场战斗。628年，穆罕默德与麦加人达成休战协议，并将穆斯林朝拜的方向由耶路撒冷修正为麦加。③

---

① W. Montgomery, *Muhammad at Macca*, Oxford: Clarendon, 1953, p.44; P. K. Hitti, *Capital Cities of Arab Islam*, Minneapolis: University of Minnesota Press, 1973, pp.18-19.
② 乌玛，阿拉伯语意为"信仰共同体"。
③ 穆罕默德解释说："我以你原来所对的方向为朝向，只为辨别谁是顺从使者的，谁是背叛的。"参见 A. Al-Azmeh, *Emergence of Islam in Late Antiquity: Allah and His People*, Cambridge: Cambridge University Press, 2014, p.419。

630年，穆罕默德率万人大军兵临麦加城下，双方缔结《侯德比耶和约》，麦加居民皈依伊斯兰教，但麦加贵族保留在宗教上的优越地位。随后，分散于阿拉伯半岛的各个部落纷纷派遣使者前往麦地那表示归顺，少数选择对抗的部落则遭到镇压。曾经是一群乌合之众的阿拉伯人现在成为目标一致的阿拉伯民族，正如《古兰经》所说："将全世界的财富分给他们，也无法把他们联合起来，唯有真主才能联合他们。"① 阿拉伯帝国的历史也印证了穆罕默德的远见：正是由于阿拉伯人拥有自己的宗教信仰，这一信仰为其属国人民所喜闻乐见，从而"成为帝国统一的强有力的纽带"②。

632年6月8日，穆罕默德在麦地那逝世。他生前没有指定继承人，一些部落酋长认为本部落对穆罕默德的服从已经随着穆罕默德的去世而告终结，于是纷纷停止进贡，各行其是。这一在伊斯兰教历史上被视作叛教的变故引发了日后一系列的平叛战争。为了团结穆斯林力量，经各派协商，最后同意由穆罕默德的好友阿布·伯克尔出任哈里发（632—634年在位）③。在伯克尔的领导下，叛教的部落重回穆斯林行列，阿拉伯半岛再度统一。阿拉伯人随即发起了对萨珊王朝和东罗马帝国的战争。

634年，奥马尔·伊本·哈塔卜当选第二任哈里发（634—644年在位），称"真主使者的继承人的继承人"。636年8月20日，被先知穆罕默德赐予"安拉之剑"称号的阿拉伯名将哈立德（592—642）率领2.5万名穆斯林远征军，在约旦河支流耶尔穆克河畔大败东罗马帝国皇帝希拉克略之弟狄奥多勒斯统帅的5万人大军，结束了东罗马帝国在叙利亚的统治。④ 638年，奥马尔进入耶路撒冷。穆斯林军队接着分兵

---

① I. Khaldun, *The Muquddimah: An Introduction to History*, trans. by F. Rosenthal, Princeton: Princeton University Press, 1969, p. 74.
② [美]斯塔夫里阿诺斯：《全球通史：从史前史至21世纪》上册，吴象婴、梁赤民译，北京大学出版社2020年版，第281页。
③ "哈里发"，为阿拉伯语音译，意为"真主使者的继承人"。
④ J. Howard-Johnson, *Witnesses to a World Crisis: Historians and Histories of the Middle East in the Seventh Century*, Oxford: Oxford University Press, 2010, pp. 373–375.

东西两路，向萨珊王朝和东罗马帝国展开全面进攻：东线接连攻破萨珊王朝军队防线，占领两河流域和伊朗高原大部；西线亦连战连捷，占领巴勒斯坦和埃及。644年11月3日，奥马尔被一名信仰基督教的波斯奴隶刺杀，实际上可能是受人指使的政治暗杀。伍麦叶家族的奥斯曼·本·阿凡被推举为第三任哈里发（644—656年在位）。

奥斯曼在位期间，阿拉伯帝国的扩张战争更是势不可当。东线阿拉伯军队于651年占领萨珊王朝都城泰西封，夺取呼罗珊、亚美尼亚和阿塞拜疆等地。萨珊的末代皇帝叶兹德格德三世（？—651年在位）逃到木鹿后被一磨坊主杀害。① 国祚427年的萨珊王朝的灭亡，标志着伊朗古代史的终结。②

正当对外扩张战争势如破竹时，阿拉伯帝国内部发生分裂。以阿里为首，哈希姆家族中部分亲阿里派的人对出身于伍麦叶家族的奥斯曼出任哈里发的合法性提出怀疑，并创建什叶派，与普遍接受奥斯曼继位的逊尼派相对立。穆斯林首次内部分裂由此发端。656年6月17日，来自伊拉克和埃及的反对者在麦地那刺杀了驻跸的奥斯曼，阿里继任哈里发（656—661年在位）。但以奥斯曼堂侄、叙利亚总督穆阿维叶一世（606—680）为首的伍麦叶家族拒不承认阿里政权，内战爆发。不久，什叶派内部又出现分裂，部分对阿里的做法不满的激进

---

① 叶兹德格德三世（Yazdgard Ⅲ），《旧唐书》中写作"伊嗣候"，《新唐书》中写作"伊嗣埃"。参见张星烺编注《中西交通史料汇编》第3册，中华书局1978年版，第108—109页；[美]希提：《阿拉伯通史》，马坚译，商务印书馆1995年版，第184页。

② 杨珊珊、杨兴、礼陈俊、华刘苏：《当代伊朗人文地理研究》，时事出版社2018年版，第62—63页。据《新唐书·列传第一百四十六下·波斯国》载，伊嗣俟死难后，其子卑路斯向中国大唐高宗李治（649—683年在位）"遣使者告难，高宗以远不可师，谢遣"。另据《旧唐书·列传第一百四十八·波斯国》载，661年，也即龙朔元年，卑路斯"奏言频被大食侵扰，请兵救援。诏遣陇州南由县令王名远充使西域，分置州县，因列其地疾陵城为波斯都督府，授卑路斯为都督。是后数遣使贡献"，"咸亨中"，即670—674年，"卑路斯自来入朝，高宗甚加恩赐，拜右武卫将军"，并于长安置波斯寺，作为波斯皇室的居所。678年，即仪凤三年，唐高宗"令吏部侍郎裴行俭将兵册送卑路斯为波斯王，行俭以其路远，至安西碎叶而还，卑路斯独返，不得入其国，渐为大食所侵，客于吐火罗国二十余年，有部落数千人，后渐离散。至景龙二年，又来入朝，拜为左威卫将军，无何病卒，其国遂灭，而部众犹存"。波斯都督府隶属于大唐安西大都护府。卑路斯与其子泥涅斯先后定居长安，最后均客死中国。

穆斯林成立哈瓦立及派①。661年，哈瓦立及派成员在库法附近刺杀阿里，阿拉伯帝国神权共和时代结束。

阿里被刺杀后，穆阿维叶在耶路撒冷被曾是罗马帝国东方行省的叙利亚的阿拉伯人拥立为哈里发（661—680年在位），继而定都大马士革，建立伍麦叶王朝（661—750）。穆阿维叶一世违背哈里发选举传统，指定其子亚齐德为继承人，从而开创了哈里发家族世袭的政治制度。伍麦叶王朝第五代哈里发阿卜杜拉·马立克（685—705年在位）将叙利亚籍阿拉伯战士打造成常备军，镇压分裂势力，加强中央集权。阿卜杜拉·马立克还于696年下令两河流域和伊朗高原的所有官方文书一律使用阿拉伯语书写，波斯语不再作为正式的官方语言，仅限于民间使用，阿拉伯语很快在叙利亚、埃及和马格里布取代希腊语和科普特语，成为唯一正式的官方语言。

伍麦叶王朝时期是阿拉伯人军事扩张的第二个高峰。在东线，于664年占领喀布尔，然后兵分两路：北路军侵入中亚，所向披靡，先后征服布哈拉、撒马尔罕和花剌子模，抵达帕米尔高原中国唐朝的西北边境；南路军侵入南亚次大陆，于712年占领信德地区，713年征服旁遮普。②在北线，穆斯林军队于652年、669年和673—677年三次围攻东罗马帝国首都君士坦丁堡，但皆无功而返。678年，东罗马帝国与阿拉伯帝国订立30年和约，前者承诺向后者进贡。717—718年，阿拉伯人再次围攻君士坦丁堡，仍以失利告终。③在西线，阿拉伯帝国不仅占领了从突尼斯、阿尔及利亚直到摩洛哥的马格里布，还以新皈信伊斯兰教的北非土著柏柏尔人为主力，于711年跨过直布罗陀海峡攻入伊比利亚半岛，接着714年灭亡西哥特王国（418—714），随后翻越比利牛斯山脉攻入法兰克王国（481—843）境内。732年，

---

① 哈瓦立及，为阿拉伯语音译，意为"出走者"。
② N. di Cosmo, ed., *Warfare in the Inner Asian History*, 500 – 1800, Leiden: E. J. Brill, 2002, pp. 33 – 72.
③ 在阿拉伯帝国的历史上，君士坦丁堡一直未被攻克。除城防坚固和战术得宜等原因外，东罗马帝国守军发明的秘密武器——希腊火——在关键时刻起了关键作用。希腊火是由石油、硫黄和沥青混合而成的一种易燃物质，即使落在水面上也能继续燃烧。

阿拉伯人在普瓦提埃战役中被法兰克王国宫相查理·马特（688—741）击败，这才停止了向西欧内陆进攻的脚步。不过，他们在意大利和法国的地中海沿岸仍频频得手。在近一个世纪的时间里，伍麦叶王朝把阿拉伯帝国的疆域扩展至最大，西滨大西洋，东达锡尔河流域和印度河谷，横跨亚非欧三大洲。

伍麦叶王朝沿袭神权共和时代的阿拉伯人与伊斯兰教合二为一的原则，在被征服地区采取宗教宽容政策，无意扩大穆斯林数量，甚至故意阻止非穆斯林改宗伊斯兰教。尽管如此，"公元700年，先知穆罕默德的宗教已不再是他的族群的专利，以柏柏尔人和波斯人为主的被征服族群中的穆斯林在数量上一举超过了阿拉伯人中的穆斯林"[①]。随着伊斯兰教在被征服地区的广泛传播，阿拉伯人垄断伊斯兰教的时代趋于结束。这些被称为麦瓦利的非阿拉伯血统的穆斯林阶层的兴起对伍麦叶王朝的统治产生深刻影响。由于受到阿拉伯血统的穆斯林的排斥和歧视——如伍麦叶王朝虽允许阿拉伯男子与非阿拉伯血统的女子结婚，但禁止非阿拉伯血统的男子与阿拉伯女子结婚——人口数量稳定增长的波斯人和柏柏尔人等非阿拉伯血统的穆斯林的不满情绪不断积聚，并以逊尼派、什叶派和哈瓦立及派等教派斗争的形式反映出来。亚齐德二世（720—724年在位）继任哈里发后，不顾前任哈里发奥马尔二世（717—720年在位）"安拉派遣穆罕默德作为使者，而不是作为征税人"[②]的告诫，废止奥马尔二世颁行的安抚什叶派和哈瓦立及派的新税制，依旧向非阿拉伯血统的穆斯林征收重税，从而引发反抗力量的汇合。

747年，波斯籍释奴阿布·穆斯林（718—755）在呼罗珊发动起义，相继攻克呼罗珊和两河流域。749年，阿拔斯派和起义者在库法宣誓拥戴先知穆罕默德叔父阿拔斯·伊本·阿卜杜拉·穆塔里卜的后裔阿布·阿拔斯（750—754年在位）为哈里发，建立阿拔斯王朝（750—1258）。750年1月，阿布·阿拔斯借助阿布·穆斯林在呼罗

[①] J. J. Saunders, *A History of Medieval Islam*, London: Routledge, 1978, p. 95.

[②] B. Yeor, *The Dhimmis, Jews and Christians under Islam*, London and Toronto: Associated University Press, 1985, p. 183.

在神圣和世俗之间：西亚城市带的交融与冲突（公元前 7000—公元 1922 年）

珊的力量并联合什叶派穆斯林，在底格里斯河支流大杰河战役中全歼伍麦叶王朝军队主力。伍麦叶王朝第 14 任哈里发马尔万二世（744—750 年在位）先是西逃至叙利亚，接着进入巴勒斯坦，随后流亡埃及，试图组织力量进行反攻。然而，埃及并不安全，马尔万二世于 750 年 8 月 6 日在法尤姆的一座教堂熟睡时被人发现，追随者们弃他而去，他只身面对众多阿拔斯王朝追缉者，结果被杀死在教堂门前。

阿布·阿拔斯登基后，对伍麦叶家族采取斩尽杀绝的政策，他本人也获得了"萨法赫"，也即"屠夫"的绰号。750 年 6 月 25 日，阿布·阿拔斯的叔父、叙利亚总督阿卜杜拉·伊本·阿里邀请 80 余位伍麦叶王室成员到巴勒斯坦的阿布·弗特鲁斯城参加所谓的和平宴会，但就在宴会期间，"侍者们"突然取出棍棒和刀剑，击杀来宾。阿卜杜拉·伊本·阿里命人用皮革盖上遗体或垂死者，然后继续宴饮。[①]

与此同时，阿布·阿拔斯派遣了许多骑士寻找并杀掉其余的伍麦叶王朝后裔。第 10 任哈里发希沙姆（724—743 年在位）的嫡孙、20 岁的王子阿卜杜拉·拉赫曼（731—788）当时正与家人居住在大马士革，听到大杰河之役失利的消息后，他和 13 岁的弟弟带着一个希腊仆人化装成平民向东逃跑，显然是想要躲藏在原波斯领土的某个不为人知的小村庄。阿布·阿拔斯派出的骑士在幼发拉底河河岸边追上了他们；阿卜杜拉·拉赫曼带着弟弟纵身跃入河中，朝对岸游去；弟弟显然不擅游泳，游到河中间，听信追捕者答应特赦的假话，游回登岸，结果被就地斩首。阿卜杜拉·拉赫曼和仆人成功地游到对岸，继续逃亡。显然他们改变了路线，因为不久就到达埃及，然后历尽千辛万苦到达马格里布西端由柏柏尔人控制的休达。由于母亲是柏柏尔人，阿卜杜拉·拉赫曼有柏柏尔人血统，因而得到柏柏尔人的庇护。[②]

756 年，阿卜杜拉·拉赫曼来到伊比利亚，受到叙利亚籍阿拉伯

[①] ［美］罗宾·多克：《伊斯兰世界帝国》，王宇洁、李晓瞳译，商务印书馆 2016 年版，第 47 页。

[②] ［美］托马斯·克劳威尔：《图说古今帝王》，卢欣渝译，生活·读书·新知三联书店 2018 年版，第 126 页。

人的拥戴,建立了独立于阿拔斯王朝的伊斯兰政权,是为后伍麦叶王朝(756—1492)。阿卜杜拉·拉赫曼采用艾米尔称号,在瓜达尔基维尔河畔营建都城科尔多瓦,招募4万名柏柏尔人作为新政权的支柱,并于757年取消在星期五聚礼前宣读的呼图白中祝福巴格达哈里发的内容,与阿拔斯王朝分庭抗礼。①

761年,阿拔斯王朝第二任哈里发曼苏尔(754—775年在位)委派阿拉·伊本·穆基斯为伊比利亚总督,率军征讨阿卜杜拉·拉赫曼。763年,阿拉·伊本·穆基斯兵败身死。据说得胜的阿卜杜拉·拉赫曼将阿拉·伊本·穆基斯的头颅存放在食盐和樟脑中,用黑纸包裹,连同他的任命状,送到正在麦加朝觐的曼苏尔面前。曼苏尔收到了这侮辱性的"礼物"时,还松了口气,说:"感谢安拉在我们与这样强悍的敌人之间安置了大海!"②尽管曼苏尔十分憎恨阿卜杜拉·拉赫曼,但也由衷地敬佩他的勇气与毅力,称赞其为"古莱西的雄鹰"③。随着后伍麦叶王朝的建立和巩固,阿拉伯世界的政治统一时代宣告结束,尽管各个阿拉伯政权之间仍保持着经济、文化和宗教联系。

阿拔斯王朝建立之初,哈里发的首要任务是消除政治隐患和铲除异己势力。755年,曼苏尔以莫须有的罪名剪除了开国功臣——时任呼罗珊总督的阿布·穆斯林,巩固了阿拔斯家族的统治地位。这里有必要提及的是,正是阿布·穆斯林率领所部与中亚诸国联军,在751年7—8月在怛罗斯战役中击溃了由中国唐朝安西都护府大都护高仙芝(?—756),率领的安西四镇兵马,这次战役是阿拉伯帝国与中华帝国争夺河中④控制权的一次遭遇战,亦是古代东亚与西亚军队之

---

① 929年,后伍麦叶王朝艾米尔阿卜杜拉·拉赫曼三世(912—961年在位)晓谕全国,自立为哈里发,建立科尔多瓦哈里发国(929—1031),规定在公文中采用"保卫安拉宗教的哈里发"的头衔,并上"信士们的长官"尊号。
② 哈全安:《中东史610—2000》,天津人民出版社2010年版,第188—189页。
③ 伍麦叶家族和阿拔斯家族同属于古莱西部落。
④ 河中,又称河中地或河中地区,指中亚锡尔河和阿姆河流域之间的地区,也即泽拉夫尚河周边地区,音译为索格狄亚那,包括今乌兹别克斯坦全境和哈萨克斯坦西南部。公元前6世纪末的《贝希斯敦铭文》和波斯古经《阿吠斯陀》都提及这一地名。

间难得一见的交手记录。①

由于阿拔斯家族兴起于呼罗珊等帝国东部地区，所以阿拔斯王朝建立后，帝国政治重心从叙利亚东移至两河流域，这种转移象征着阿拉伯帝国"从一个拜占庭式的世袭王国变成了一个具有中东古代传统形式的帝国"②。古代东方文化，尤其是波斯文化，尽管"从未融入阿拉伯文化之中"③，但对阿拔斯王朝的影响却是全面的，正如有学者形象地称阿拔斯人喜欢和拥有"波斯头衔、波斯美酒、波斯妻子、波斯情妇、波斯歌曲和波斯思想"④。

阿拔斯王朝第五任哈里发哈伦·拉希德（786—809年在位）借鉴萨珊王朝的做法，健全行政体制，加强中央集权，健全司法制度，完善邮驿系统，改造税收制度，发展农业和工商业，国库充盈，文化繁荣，王朝进入全盛时期。⑤阿拉伯民间故事集《天方夜谭》曾生动地讲述了哈伦·拉希德的文治武功和逸事奇闻。但尽管哈伦·拉希德宣称自己爱巴格达胜过世界上任何地方，但实际上他在继位八九年后，就长期居住在叙利亚中北部幼发拉底盆地的拉卡行宫中。

809年，哈伦·拉希德死于征途，他早前所立的第一储君艾敏即位于巴格达，不久，艾敏废掉哈伦·拉希德早前所立的第二储君马蒙——艾敏的同父异母兄弟，改立自己的长子穆萨为继承人。同年，

---

① K. S. Latourette, *The Chinese: Their History and Culture*, New York: Macmillan, 1962, p. 80; R. R. Hanks, *Global Security Watch: Central Asia*, Santa Barbar, Denver and Oxford: Praeger, 2010, p. 4.

② [英]伯纳·路易：《历史上的阿拉伯人》，马肇椿、马贤译，中国社会科学出版社1979年版，第70—71页。在怛罗斯战役中被俘的唐军中有一名叫杜环的书记官，他奇迹般地摆脱羁縻并沿丝绸之路来到地中海东岸，并于11年后的762年，他从波斯湾搭船抵达广州，回到故土，并写成《经行记》一书，详细记载了他在中亚、西亚和北非的见闻。《经行记》原书已散佚。好在他的族叔、曾官至宰相的杜佑在编纂史学名著《通典》时，在附录中引用《经行记》7处，都集中在卷191—193，共1775字。参见朱鸿《甘英使大秦》，《光明日报》2016年2月26日第15版。

③ [美]简·伯班克、弗雷德里克·库珀：《世界帝国史：权力与差异政治》，柴彬译，商务印书馆2017年版，第70页。

④ P. K. Hitti, *History of the Arabs: From the Earliest Times to the Present*, 10th edition, London: Palgrave Macmillan, 1970, p. 294.

⑤ [美]希提：《阿拉伯通史》，马坚译，商务印书馆1979年版，第334页。

马蒙以呼罗珊为基地，向以两河流域为基地的艾敏发动攻击。813年9月26日，马蒙攻陷巴格达，艾敏被杀，内战结束。马蒙在呼罗珊的木鹿继任哈里发（813—833年在位），重用波斯贵族，缓和了同什叶派的矛盾。①

马蒙去世后，其弟穆尔台绥姆（833—842年在位）继任哈里发。由于其系突厥女奴玛莉达所生，穆尔台绥姆是"既不信任阿拉伯人，也对波斯人存有戒心，遂决定借助突厥人"②。他忌惮宫廷里如日中天的波斯贵族，遂通过母亲从中亚的奴隶市场购买突厥男童，组建马穆路克新军。③由于马穆路克新军与已阿拉伯化的呼罗珊禁卫军为核心的正规军之间的冲突时有发生，穆尔台绥姆遂于836年亲率马穆路克新军迁都至萨马拉。

直至892年巴格达再次成为阿拔斯王朝首都之前，萨马拉历经8任哈里发。在巴格达作为首都的56年间，突厥人将领掌握军权，任意废立甚至杀害哈里发，阿拔斯王朝由盛转衰，逐渐瓦解：西班牙科尔多瓦的后伍麦叶王朝与阿拔斯王朝分庭抗礼；同样以埃及开罗为首都的法蒂玛王朝（909—1171）④、阿尤布王朝（1171—1250）和马穆路克王朝（1250—1517）先后领有叙利亚；而在两河流域、叙利亚、伊朗高原和小亚等地区，也先后出现了由突厥人或波斯人建立塔希尔

---

① ［苏］米·谢·伊凡诺夫：《伊朗史纲》，李希泌、孙伟、汪德全译，生活·读书·新知三联出版社1958年版，第604页。

② J. Zaidan, *History of Islamic Civilization*, New Delhi: Kitab Bhavan, 1978, p. 217.

③ H. Kennedy, *The Prophet and the Age of Caliphate: The Islamic Near East from the Sixth to the Eleventh Century*, London and New York: Longman, 1986, p. 185. "马穆路克"在阿拉伯语中的本意为"被拥有的人"，通常是指来自伊斯兰世界的边缘地带、奴隶出身且享有特权的重装骑兵。参见哈全安《中东史610—2000》，天津人民出版社2010年版，第183页。

④ 法蒂玛王朝哈里发、阿拔斯王朝哈里发与后伍麦叶王朝哈里发三足鼎立，标志着伊斯兰世界的进一步分裂。参见 I. Khaldun, *The Muqaddimah: An Introduction to History*, trans. by F. Rosenthal, vol. II, Princeton: Princeton University Press, 1969, p. 51. 法蒂玛王朝崇尚白色，后伍麦叶王朝崇尚绿色，阿拔斯王朝崇尚黑色，中国唐代以后的史书分别称三个王朝为"白色大食""绿衣大食""黑衣大食"。"大食"，为波斯语音译，原为伊朗部族名称，《新唐书·卷二二一·西域传下·大食传》记载："大食，本波斯地。男子鼻高，黑而髯。好白晳，出辄障面。"

王朝（820—872）、萨法尔王朝（867—903）、萨曼王朝（874—999）、布韦希王朝（945—1055）、伽兹尼王朝（962—1186）、塞尔柱王朝（1055—1194）、赞吉王朝（1127—1262）、花剌子模王朝（1142—1231）和古尔王朝（1148—1215）等地方割据政权。

布韦希是居于里海西南岸山地的信奉什叶派十二伊玛目教派的德莱木人酋长，有阿里、哈桑和艾哈迈德三子。934年，阿里占领法里斯，定都设拉子。此后数年，该家族先后占领伊斯法罕、胡齐斯坦和克尔曼。945年，艾哈迈德进入巴格达，控制了阿拔斯王朝哈里发穆斯塔克菲（944—946年在位），迫使后者授予其"大元帅"和"穆仪兹·道莱"①的尊号，这一事件标志着布韦希王朝②的正式建立，艾哈迈德之兄阿里成为首任君主。949年阿里去世后，遗命哈桑之子继位，即阿杜德·道莱（949—983年在位）③。

阿杜德·道莱先是授意哈里发穆提（946—974年在位）册封他为波斯君主使用的头衔"沙赫中的沙赫"④，又娶哈里发塔伊尔（974—991年在位）之女为妻，并将自己的女儿嫁给塔伊尔。在他统治期间，布韦希王朝达于极盛，领土面积几乎与萨珊王朝相当。他在设拉子附近的库尔河上修筑有名的埃米尔拦河坝；在巴格达和设拉子设立图书馆、学校和医院，奖励诗人和学者，使设拉子成为当时的文化中心；在宗教政策上，他一方面利用代表逊尼派的哈里发的名义号令天下，另一方面又公开举行仪式纪念什叶派殉道者，并下令修建和纳贾夫的第一代伊玛目阿里陵墓以及卡兹米耶的第七代伊玛目穆萨·卡齐姆（745—799）和第九代伊玛目穆罕默德·塔基（810—835）陵墓，还规定朝觐卡尔巴拉、纳贾夫、卡兹米耶、马什哈德和库姆等

---

① 穆仪兹·道莱，阿拉伯语意为"国家的支持者"。
② 布韦希王朝又译"白益王朝"或"布耶王朝"。
③ 阿杜德·道莱，阿拉伯语意为"国之股肱"。
④ "沙赫中的沙赫"（Shahinshah），意为"国王中国王"，亦译为"万王之王"。"万王之王"这一头衔源出亚述、波斯等近东帝国君主的尊号。历史记载中最早使用该头衔的是亚述帝国国王图库尔提宁努尔塔一世（公元前1243—前1207年在位）。基督教世界后来也用这一头衔称呼耶稣基督。

地的伊玛目陵墓为定制，以示他忠于德莱木人的固有信仰。阿杜德·道莱死后，突厥人和德莱木人之间的矛盾以及布韦希家族的内讧交织在一起，布韦希王朝急剧衰落。

1055年，以恢复阿拔斯王朝哈里发在穆斯林世界的领导权为号召，信奉逊尼派的塞尔柱突厥人①酋长图格里勒·贝格（990—1063）率军进入巴格达，被阿拔斯王朝第26代哈里发嘎伊姆（1031—1075年在位）亲自迎入城内并册封为苏丹②，布韦希王朝覆灭，塞尔柱王朝建立。从此，哈里发作为宗教领袖、苏丹作为世俗君主的体制得以确立，对后世伊斯兰世界产生重大影响。当时阿拔斯王朝哈里发实际管辖的地域仅剩下巴格达城和部分城郊。

塞尔柱突厥人等"突厥游牧部落皈依伊斯兰教再一次给伊斯兰世界注入了新的活力"③，他们"这些野蛮的'异教徒'，把脚踏在先知的信众的脖颈上，同时又皈依了被征服者的宗教，从而成为伊斯兰教热忱的拥护者"，并使"穆斯林军队的耀眼光华再次绽放"④。1071年，图格里勒·贝格之侄、塞尔柱王朝第二任苏丹阿尔普·阿尔斯兰（1063—1072年在位）率军进入小亚，在幼发拉底河畔凡湖附近的曼西克特城郊包围并全歼东罗马帝国军队，俘虏皇帝罗曼努斯四世（1067—1071年在位）。⑤此役一举突破已有1400年历史的罗马共和国和罗马帝国在小亚领土的沿陶鲁斯山脉的传统边界，占领除西北一隅之外的小亚大部地区，从此突厥人开始持续不断地迁徙并定居在这

---

① 《周书·突厥传》记载，6世纪中后期，突厥人兴起于阿尔泰地区，先后击败柔然、嚈哒人等来源众说纷纭的游牧族群，"其地东自辽海以西，至于西海万里，南自沙漠以北，北至北海五六千里，皆属焉"，成为蒙古西征之前欧亚草原上控制区域最广的游牧族群。参见（唐）令狐德棻等撰《周书》，中华书局1971年版，第909页。《周书》专记西魏（535—557）、北周（557—581）史事，为二十四史之一。

② 参见［英］伯纳德·刘易斯《中东：激荡在辉煌的历史中》，郑之书译，中国友谊出版公司2000年版，第191页。苏丹，阿拉伯语意为"有权之人"。

③ 任继愈：《伊斯兰教史》，中国社会科学出版社1990年版，第348页。

④ ［美］希提：《阿拉伯通史》，马坚译，商务印书馆1979年版，第568页。

⑤ C. Hillenbrand, *Turkish Myth and Muslim Symbo：The Battle of Manzikert*, Edinburgh：Edinburgh University Press, 2007, pp. 26 ff.

块土地上，小亚突厥化和伊斯兰化的序幕由此拉开。1091年，阿尔普·阿尔斯兰之子、塞尔柱王朝第三任苏丹马立克沙（1072—1092）把首都迁到巴格达，在聚礼日祈祷中，将苏丹的名字与哈里发并列。1092年马立克沙去世后，诸子争位，群雄并起，其中伊斯玛仪派的阿萨辛支派在伊朗和叙利亚占据许多堡寨，出击王朝军队，进行暗杀活动，塞尔柱王朝很快分裂为以尼西亚、科尼亚、巴格达、大马士革、摩苏尔和迪亚巴克尔等城市为中心的罗姆苏丹国（1077—1308）[1]等众多苏丹王朝。

穆斯林世界的长期动荡给基督教世界以可乘之机。在1096—1291年间[2]，西欧的封建领主和骑士以收复被穆斯林侵占的土地之名，对地中海东岸国家发动了8次十字军东征[3]，并在所占领地区建立起了安条克公国（1098—1268）、埃德萨伯国（1098—1144）、耶路撒冷王国（1099—1291）和的黎波里伯国（1109—1289）等几十个十字军国家，其中耶路撒冷王国名义上是其他十字军国家的宗主。

在第四次十字军东征（1202—1204）中，主要由法国骑士和威尼斯共和国海军组建的十字军，中途放弃通过进攻阿尤布王朝控制的埃及作为行动基地以解放被穆斯林控制的耶路撒冷的原定计划，转而于1204年4月13日攻陷君士坦丁堡，大肆劫掠金银财宝，焚烧图书馆，亵渎东正教堂，屠戮神职人员，"在拜占庭人和阿拉伯人的眼里，这些法兰克人或者拉丁人的行径远远超出人们对冲突的想像"[4]。战后，威尼斯共和国占去包括爱琴海和亚得里亚海沿岸港口以及克里特岛在内的东罗马帝国3/8的领土；十字军则以君士坦丁堡为中心建立了拉

---

[1] 因东方人称东罗马帝国统治下的小亚为"罗姆"，意为"罗马的"，故名。罗姆苏丹国开始定都尼西亚，1116年迁至科尼亚。

[2] 1291年，基督教世界在叙利亚海岸最后一个桥头堡——阿卡被马穆路克王朝苏丹阿什拉夫·哈利勒（1290—1293年在位）攻陷，十字军东征落幕。

[3] 十字架是基督教的象征，因此每个参加出征的人胸前和臂上都佩戴"十"字标记，故称"十字军"。

[4] ［美］简·伯班克、弗雷德里克·库珀：《世界帝国史：权力与差异政治》，柴彬译，商务印书馆2017年版，第82页。

丁帝国（1204—1261）和附属于拉丁帝国的雅典公国（1205—1460）和阿凯亚侯国（1205—1432）。1261 年 7 月 25 日，东罗马帝国巴列奥略家族的迈克尔八世（1261—1282 年在位）在热那亚共和国海军的支持下光复君士坦丁堡，推翻拉丁帝国，建立东罗马帝国巴列奥略王朝（1261—1453）[①]，但帝国元气大伤，已无法重拾旧日荣光。

上述这些都为成吉思汗之孙、拖雷之子、蒙哥胞弟旭烈兀（1217—1265）领导的蒙古第三次西征创造了条件。1258 年 2 月 10 日，巴格达沦陷。1258 年 2 月 20 日，阿拔斯王朝末代哈里发穆斯台绥姆（1242—1258 年在位）被裹在毯中，马踏而死，阿拉伯帝国寿终正寝。

第二节　发展概览

一　原有城市的保护与改造

阿拉伯人"征服了一个秩序井然的世界，一个点缀着几百座城市的世界，一个拥有几百座城市消费者和纳税人的世界"[②]。在征服的过程中，少数城市遭到了程度不等的破坏。[③] 但总体来说，在伊斯兰教传播的最初三个世纪之内，伊斯兰世界城市化水平取得长足进步。[④] 穆斯林设法将大马士革和耶路撒冷等新征服城市"融入他们认为在精

[①] 十字军攻击君士坦丁堡期间，东罗马帝国科穆宁王朝（1057—1204）末代皇帝阿列克修斯五世（1204 年在位）出逃，皇帝阿列克修斯三世（1195—1203 年在位）的女婿、拉斯卡利斯家族的塞奥多利一世被守军推举为皇帝（1204—1221 年在位），并于城破之际在圣索菲亚大教堂登基，随后从海路撤出君士坦丁堡，先是在布尔萨暂避，后来得到担心拉丁人势力东扩的突厥苏丹的支持，在尼西亚立足并建立流亡政府，这一时期的东罗马帝国因此也被称为尼西亚帝国（1204—1261）。参见 T. Shawcross, "The Most Generation (c. 1204 – c. 1222): Political Allegiance and Local Interests under the Impact of the Fourth Crusade", in J. Herrin, G. Saint-Guillain, eds., *Identities and Allegiances in the Eastern Mediterranean after 1204*, Farnham: Ashgate, 2011, pp. 9 – 45; 陈志强：《拜占庭帝国史》，商务印书馆 2003 年版，第 304 页。

[②] ［英］彼得·弗兰科潘：《丝绸之路：一部全新的世界史》，邵旭东、孙芳译，徐文堪审校，浙江大学出版社 2016 年版，第 78 页。

[③] 《古兰经》，16：112。

[④] N. Alsayyad, *Cities and Caliphs: On the Genesis of Arab Muslim Urbanism*, New York: Greenwood Press, 1991, p. 4.

神上超人一等的城市文明之中"①,使它们成为"人们在一起祈祷的地方"②,再次焕发出勃勃生机。

在新征服城市中,阿拉伯人首先接管神庙、教堂、广场和宫殿作为聚礼之地和哈里发或埃米尔的临时居所;然后根据人口增长和社会需要,通过改造原有建筑或重新规划,建设清真寺、宫殿、巴扎、货栈、客店、医学院、经学院和图书馆。③

635年,穆斯林占领希伯伦。希伯伦既是亚伯拉罕、雅各和约瑟的坟墓所在地,也是穆罕默德夜行至耶路撒冷途经的城市,因此被视为伊斯兰教第4座圣城。④ 伍麦叶王朝和阿拔斯王朝都在该城修建了清真寺。穆斯林和基督徒文献也都记载哈里发奥马尔允许犹太人在希伯伦建造一座犹太会堂及附属公墓。

637年,哈里发奥马尔派大将萨阿德征服的萨珊王朝的都城泰西封,随后将王宫的一部分变成了清真寺。

耶路撒冷是先知穆罕默德的登霄之地、穆斯林最初的礼拜方向和伊斯兰教第三大圣地,与阿拉伯人和穆斯林的命运和历史紧密相连。据说先知穆罕默德由麦加禁寺乘仙马夜行至耶路撒冷远寺,将天马拴在西墙,踩岩石⑤登天,接受真主启示后返回人间。《古兰经》中对此是这样记述的:"他在一夜之间,使他的仆人从禁寺行到远寺,我

---

① [美]乔尔·科特金:《全球城市史》,王旭等译,社会科学文献出版社2014年版,第77页。

② P. Wheatley, *The Places Where Men Pray Together: Cities in Islamic Lands, Seventh through the Tenth Centuries*, Chicago: University of Chicago Press, 2001, p. 41.

③ A. Hourani, *A History of the Arab Peoples*, Cambridge: Harvard University Press, 2002, pp. 124 – 125.

④ M. R. T. Dumper, B. E. Stanley, eds., *Cities of the Middle East and North Africa: A Historical Encyclopedia*, Santa Barbara: ABC-CLIO, 2007, p. 165.

⑤ 圣殿山圆顶清真寺下的这块岩石长17.7米,宽13.5米,高约1.2米,在它的下面有比雷—阿尔瓦洞穴,传说是灵魂之井和世界中心。犹太人说,这里是圣殿祭坛之所在,就在这块岩石上,犹太人的祖先亚伯拉罕准备向耶和华奉献独生子以撒,耶和华大为感动,向亚伯拉罕预言"犹太人将在这块土地上繁衍昌盛"。后来以撒的儿子雅各在这块石头上与天使摔跤并获胜,天使赐其名曰"以色列"。因此这是犹太教的"圣石"。对穆斯林来说,穆罕默德正是踏着这块岩石升霄,聆听天启。穆斯林认为它与镶嵌在麦加天房东南角墙上的玄石同样神圣。

在远寺的四周降福，以便我昭示他我的一部分迹象。"①

637年年末，阿拉伯军队在阿穆尔·伊本·阿绥（？—664）指挥下兵临耶路撒冷城下，但围而不打。4个月后，耶路撒冷大主教索弗拉那斯以名誉和财产请降，条件是哈里发奥马尔亲自主持受降仪式。奥马尔欣然同意，只带一位随从和一匹骆驼进入耶路撒冷。入城后，他让随从骑上骆驼，自己步行。索弗拉那斯迎接奥马尔并将城市之钥交给他。奥马尔在离开耶路撒冷前，承诺保护城中的犹太教徒和基督徒等"有经人"②的生命、财产、教堂和十字架。

687年，伍麦叶王朝哈里发阿卜杜拉·马立克决定在耶路撒冷修建萨赫莱清真寺③，691年竣工。哈里发韦立德一世（705—715年在位）和苏莱曼（715—717年在位）时期又修建了阿克萨清真寺④。萨赫莱清真寺和阿克萨清真寺成为耶路撒冷伊斯兰文化的永恒印记。阿拉伯帝国对耶路撒冷的政策较为宽容，大批阿拉伯人陆续移入巴勒斯坦并与当地人逐渐融合，形成了巴勒斯坦阿拉伯人。

10世纪，东罗马帝国从穆斯林手中收复了克里特岛、塞浦路斯和安条克等失地，但未收复耶路撒冷。耶路撒冷的统治权反复在以开罗为首都的什叶派法蒂玛王朝和以巴格达为首都的逊尼派阿拔斯王朝之间转换。1010年，法蒂玛王朝⑤第六任哈里发哈基姆（996—1021年在位）放弃了自奥马尔以来在耶路撒冷实行的宗教宽容政策，残酷迫害犹太教徒和基督教徒，并拆毁了包括圣墓教堂在内的所有基督教

---

① 马坚译：《古兰经》，中国社会科学出版社2003年版，第208页。
② "有经人"，阿拉伯语音译为"迪米"，意为"受保护者"，是亚伯拉罕诸教中的一种人群概念。犹太教中仅指犹太教徒，而在伊斯兰教中是对信奉"天启"经典者的泛称。参见《古兰经》，46：12；C. Cahen, "Dhimma", in P. J. Bearman, Th. Bianquis, C. E. Bosworth, E. Van Donzel, W. P. Heinrichs, et al., eds., *Encyclopaedia of Islam*, 2nd edition, vol. II, Leiden: E. J. Brill, 1965, p. 227。
③ "萨赫莱"在阿拉伯语中意为"岩石"。萨赫莱清真寺，又称圆顶清真寺、金顶清真寺，圆顶穹高54米、直径24米。1994年，约旦国王侯赛因一世（1952—1999）出资650万美元为圆顶覆上了24公斤纯金箔。
④ "阿克萨"在阿拉伯语中意为"遥远"，所以阿克萨清真寺即前文所述的远寺。
⑤ 法蒂玛王朝为什叶派王朝，王朝名源自先知穆罕默德长女法蒂玛（605—632）。

堂和犹太会堂，为以后的十字军东征埋下伏笔。

1071年，塞尔柱王朝从法蒂玛王朝手中夺取耶路撒冷，摧毁圣城内所有基督教堂，还在路上设置关卡禁止基督徒朝圣。1095年，东罗马帝国科穆宁王朝开国皇帝阿莱克修斯·科穆宁（1081—1118年在位）向教皇乌尔班二世（1088—1099年在位）、西欧各国君主和威尼斯当局发出援救请求，他写道："从耶路撒冷到爱琴海，都被突厥人控制了。他们的战舰横行黑海和地中海，并威胁君士坦丁堡。"[①]作为对东罗马帝国皇帝请求的回应，1095年11月28日，乌尔班二世在法国南部的克勒芒召开教廷公会，并发表了题为"以父之名"的极富鼓动性的著名演说。他号召西欧君主王侯停止"私战"，到东方去同异教徒斗争，夺回被突厥人占领的圣地，并说，突厥人已在东方"上帝的国度中大肆践踏"，"一切等级的人"都必须"立刻行动起来"，"将这个邪恶的种族从我们兄弟的土地上消灭净尽"，他呼吁与会者"踏上前往圣墓的征途"，并许愿"凡动身前往者，无论是在陆上或海上的征途中，还是在反异教徒的战斗中，牺牲了性命，他们的罪愆就将在那一时刻获得赦免"。[②] 前后历时近2个世纪共达8次的十字军东征（1096—1291）的序幕由此拉开。

1097年6月，十字军攻克小亚罗姆苏丹国首都尼西亚，随后建立了以埃德萨[③]为首都的埃德萨伯国（1098—1144）。1097年10月20日，十字军开始围困安条克，但直到8个月之后，即1098年6月底才攻克安条克，随后建立了安条克公国（1098—1268）。1099年6月7日，十字军开始围攻一年前刚由法蒂玛王朝从塞尔柱王朝手里夺取的耶路撒冷，同年7月15日占领耶路撒冷，建立以该城为首都的拉丁王国（1099—1187）。拉丁王国对耶路撒冷的穆斯林和犹太教徒格

---

① ［英］理查·威廉·丘奇：《中世纪欧洲：查理曼大帝时代、神圣罗马帝国兴衰、百年战争与文艺复兴》，李艳译，中国画报出版社2018年版，第207页。

② P. Frankopan, *First Crusade: The Call from the East*, Cambridge: Belknap Press, 2012, pp. 101 - 113.

③ 埃德萨，今名乌尔法，位于土耳其东南部。

杀勿论，焚毁全部清真寺和犹太会堂，建立基督教堂，并将约旦河以东的阿拉伯基督徒迁往被腾空的犹太区。

1127年，塞尔柱王朝苏丹册封突厥奴隶出身的将领伊马德丁·赞吉为摩苏尔阿德贝格①，领有阿勒颇、哈兰和摩苏尔三城。从此他以摩苏尔为首府，独立施政，扩张势力，建立了赞吉王朝。1144年，塞尔柱王朝阿德贝格伊马德丁·赞吉（1085—1146）率军收复十字军占领的埃德萨，标志着穆斯林反击十字军的开始。1146年伊马德丁·赞吉去世后，长子赛福丁·加齐一世以摩苏尔为首府，领有两河流域，次子努尔丁·马哈茂德以阿勒颇为首府，领有叙利亚地区。

1153年，十字军经地中海进攻埃及，法蒂玛王朝无力抵御，遂向努尔丁·马哈茂德（1146—1174年在位）求援。1164年，努尔丁派库尔德将领希尔库率军来援，击退十字军。1169年，法蒂玛王朝哈里发阿迪德（1160—1171），任命希尔库为维齐尔，统领全国军政事务。但希尔库于同年病故，其侄萨拉丁（1138—1193）继任法蒂玛王朝维齐尔。1171年9月10日，乘哈里发阿迪德病危之机，萨拉丁下令全国各清真寺在星期五聚礼仪式上恢复对阿拔斯王朝哈里发的颂词，而不再提及法蒂玛王朝哈里发的名字。1171年9月11日，他在开罗举行了盛大阅兵，共有147个方阵接受检阅。1171年9月13日，阿迪德病逝，法蒂玛王朝就此终结，阿尤布王朝诞生，仅在名义上附属于赞吉王朝和阿拔斯王朝。1174年努尔丁·马哈茂德逝世后，其年仅11岁的儿子伊斯玛仪·麦利克·萨利赫（1174—1181年在位）继位，因年幼，由摩苏尔的伯父赛福丁·加齐保护，迁到大马士革。旋又在法兰克人的威胁下，退回阿勒颇。1174年10月28日，萨拉丁兵不血刃进入大马士革，然后一路北上，先后占领了霍姆斯和哈马，12月30日抵达赞吉王朝首都阿勒颇城下，迫使萨利赫承认阿尤

---

① 阿德贝格，又译为"阿塔伯克"，为"阿塔"（父亲）与伯克（长官）合起来的一个词，延伸出来的含义为太傅、总兵、节度使。塞尔柱王朝特有，因为塞尔柱王朝的王子们在继承王位之前，要被下派到地方行省实习，以积累治国经验，于是这些管理地方的总兵、节度使便成为王子们的老师。

布王朝对叙利亚的统治，并限其仅在阿勒颇行使权力。

1175年，萨拉丁接受阿拔斯王朝哈里发穆斯塔迪（1170—1180年在位）"埃及、叙利亚、马格里布、希贾兹及也门苏丹"的封号，随后迁都大马士革。1185年，经过南征北伐，萨拉丁不仅控制了埃及和苏丹，而且把版图扩展到整个叙利亚、阿拉伯半岛和两河流域的一部分，完成了从东、西、北三面包围十字军的战略部署。

1186年冬，耶路撒冷王国的实力人物之一、拥有法国公爵头衔的沙蒂永的雷纳德（1125—1187）破坏与萨拉丁的协议，抢劫了有萨拉丁姊妹在内的自开罗到大马士革的埃及商队。雷纳德这一背信弃义的行为成了萨拉丁对十字军发动"圣战"的导火索。

1187年6月下旬，萨拉丁从各地调集2万人军队，组成阿拉伯联军，发出了"真主伟大，把法兰克人赶出耶路撒冷去"的号召，揭开了"圣战"的序幕。1187年7月4日，阿拉伯联军与十字军主力在巴勒斯坦加利利湖西畔的哈丁平原展开会战，全歼雷纳德所率领的包括医院骑士团和圣殿骑士团在内的拉丁帝国十字军精锐，屠杀1.7万人，俘虏耶路撒冷国王居伊·吕西尼昂（1150—1194）等上千人。[①] 1187年9月2日星期五，萨拉丁在伊斯兰教历登霄节（583年7月27日）这一天，进入已经被十字军占领88年的耶路撒冷。萨拉丁在耶路撒冷广施仁政：一方面，招贤纳士，厚待学者，在耶路撒冷的清真寺开办学校，奖励对教义学的研究，积极促进伊斯兰教的传播；另一方面，对基督教和犹太教采取宽容政策，允许阿拉伯基督徒继续留在耶路撒冷，承诺犹太人可以返回耶路撒冷。

---

① 医院骑士团全称是"耶路撒冷、罗得岛及马耳他圣约翰主权军事医院骑士团"，又被称为圣约翰骑士团、罗德骑士团或马耳他骑士团，成立于1099年，成员多为法国骑士、北意大利骑士和西班牙骑士。医院骑士团如今天仍然存在，总部设在罗马，为联合国观察员组织，只是其军事使命早已结束，主要从事慈善事业。圣殿骑士团的正式名称是"基督和所罗门圣殿贫苦骑士团"，始创于1118年，成员主要是法国骑士。1312年，圣殿骑士团被教皇克莱门特五世下令解散。参见［美］托马斯·克劳威尔《图说古今帝王》，卢欣渝译，生活·读书·新知三联书店2018年版，第188页。

二 新建城市的功能与形态

阿拉伯帝国初期，为了限制阿拉伯人与被征服地区的居民的交流，所建立的堡垒或据点都远离原有城市。① 在第二任哈里发奥马尔时期，穆斯林开始在所征服地区修建专门给穆斯林居住的永久性要塞城市，如幼发拉底河畔的库法、巴勒斯坦的拉姆拉和约旦的艾拉等。这些要塞城市有以下三个功能：一是防止阿拉伯军队与阿拉伯帝国新臣民之间出现争端；二是防止被征服者的风俗习惯影响阿拉伯军队的战斗力；三是防止阿拉伯军队涌入被征服城市扰乱那里的正常生活秩序。②

阿拉伯人征服的首要目标，是两河流域南部肥沃的平原地带，而库法和巴士拉这两座阿拉伯人在阿拉伯半岛之外最早建立的要塞城市，宛若两颗璀璨明珠，吸引着阿拉伯人纷至沓来。

库法位于幼发拉底河支流欣迪亚赫河畔，由阿拉伯帝国第二任哈里发奥马尔指派将军萨阿德建于 638 年。萨阿德之所以选址于此，是因为此地水草肥美，军队的羊、马和骆驼可以尽情享用。库法最初由取自周围废墟的烧结砖和大理石柱建成，城池中心是萨阿德的驻跸地和清真寺。士兵们居住在城中依据氏族、部落和部落联盟划分的不同的街区。随着士兵家属来到库法与亲人团聚，城中人口不断增长，几年之内就超过 4 万。656 年，阿里继任第四任哈里发，定都库法。661 年 1 月 24 日清晨，阿里前往库法清真寺途中被人用带毒的军刀刺杀，遗体葬于库法附近的一个叫纳贾夫的地方，这里后来成为什叶派圣地。8—10 世纪，伊斯兰学者云集，在古兰经学、圣训学、教法学、语言学和文学等方面学派林立，成就斐然。阿拉伯文的手写书法艺术"库法体"即发源于该城，起初作为《古兰经》手抄字体，后来作为装饰性字体盛行于伊斯兰世界。

---

① C. F. Robinson, *First Islamic Empire*, Oxford: Wiley-Blackwell, 2013, pp. 239 ff.
② ［美］罗宾·多克：《伊斯兰世界帝国》，王宇洁、李晓曈译，商务印书馆 2016 年版，第 91 页。

在神圣和世俗之间：西亚城市带的交融与冲突（公元前 7000—公元 1922 年）

巴士拉位于底格里斯河和幼发拉底河交汇处的夏台·阿拉伯河西岸。637—638 年，穆斯林将领欧特拜·伊本·盖兹旺奉哈里发奥马尔之命在巴士拉建立了清真寺。按照奥马尔的要求，寺院建在居民聚落的中心，以适应社会生活的需要。为此，在该寺建立前，首先建造了海雷巴、扎卜奈、拜尼·萨利姆和阿兹德等 7 个村庄，而清真寺位于 7 个村庄的中心。该寺初期建造在一块空地上，四周用芦苇篱笆围起来，后来由巴士拉总督阿布·穆萨·艾什尔里（602—665）用土坯和泥浆修建了这座大寺。665 年，伍麦叶王朝首任哈里发穆阿维叶一世的同父异母兄弟、巴士拉总督乌贝德·阿拉·伊本·齐亚德改用砖石重修和扩建了该寺，其面积仅略小于麦加禁寺，同时仿照麦加禁寺增设了 7 座宣礼塔。

这些新建的要塞城市尽管所处的地理位置和自然环境差异很大，同时与各自所在地域的社会文化密切相关，但它们都遵循共同的宗教信仰，而且都是根据伊斯兰社会的需求、习惯、法律、经济和审美建立起来的，因此在形态上具有清真寺、宫殿、巴扎和居民区四大元素。[1]

"伊斯兰教是城市的宗教。"[2] 清真寺是伊斯兰城市的核心建筑和主要标识，象征着伊斯兰教的神圣地位。[3] 与希腊—罗马城市以市政厅和广场等世俗公共建筑为中心的空间布局不同，伊斯兰城市以清真寺以及后来与之毗邻的哈里发宫殿为核心向外延展，反映了伊斯兰国家宗教与政治的密切联系。[4]

---

[1] V. O. Egger, *A History of the Muslim World to 1405: The Making of a Civilization*, Upper Saddle River: Person Education, 2004, p. 2.

[2] N. Alsayyad, *Cities and Caliphs: On the Genesis of Arab Muslim Urbanism*, New York: Greenwood Press, 1991, p. 15.

[3] S. Bianca, *Urban Form in the Arab World: Past and Present*, London and New York: Thames and Hudson, 2000, pp. 25 – 36.

[4] R. J. C. Broadhurst, trans., *The Travels of Ibn Jubayr: Being the Chronicle of a Mediaeval Spanish Moor Concerning His Journey to the Egypt of Saladin, the Holy Cities of Arabia, Baghdad the City of the Caliphs, the Latin Kingdom of Jerusalem and the Norman Kingdom of Sicily*, London: Cape, 1952.

为了讲解教义和集合民众，先知穆罕默德在到达雅特里布的第4天，也即622年10月13日，就在这片绿洲南缘建起世界上第一座清真寺——库巴清真寺①，之后又在绿洲中央建造了先知清真寺②。伊斯兰教兴起和阿拉伯帝国建立后，为了传播信仰，获取土地和财富，穆斯林开始发动大规模对外扩张战争。穆斯林将士起初主要是来自阿拉伯半岛的阿拉伯人，他们非常熟悉麦地那的城市布局，所以每当攻下一地，就以麦地那和先知清真寺为样板建设新城和新清真寺。

此外，在清真寺的设计者和建设者中，有很多阿拉伯人、叙利亚人、埃及人、波斯人和突厥人，他们把家乡的地域元素融入清真寺的建筑形态之中。譬如，小亚的建筑师将清真寺设计成圆形或半圆形，而波斯的建筑师为清真寺的墙壁贴上了绘有波斯图案的彩色瓷砖。再譬如，从伍麦叶王朝开始，宣礼塔成为清真寺的标配建筑，而"宣礼塔的设计可能是受到埃及亚历山大灯塔的启发"③。

除了清真寺外，伊斯兰城市中最壮观的建筑当属哈里发和苏丹的宫殿。"王朝和王权的影响绝对需要通过城市规划体现出来。"④伍麦叶王朝首开修建宫殿之先河。该王朝的宫殿由中央花园、城墙、塔楼和门廊等建筑物组成，另有带顶的拱形长廊蜿蜒于中央花园之中。宫殿内部包括正殿和觐见厅，另有哈里发及其眷属和近臣的生活区。阿巴斯王朝的宫殿更为雄伟壮观，如建于836年的萨马拉加沙奇宫占地430多英亩，由觐见厅、生活区、女眷区、池塘、花园、庭院和喷泉等组成。10—12世纪，哈里发的政治权力转移到挟天子以令诸侯的苏丹手里，然而，"宫殿建筑甚至愈发规模宏大、富丽堂皇"，因为"丧失帝国统治权的哈里发，转而将注意力集中到挥霍国家财富来建

---

① 因该寺附近一水井名为"库巴"，故名。
② A. K. Bennison, A. L. Gascoigne, eds., *Cities in the Pre-Modern Islamic World: The Urban Impact of Religion, State and Society*, London: Routledge, 2007, p. 34.
③ ［美］罗宾·多克：《伊斯兰世界帝国》，王宇洁、李晓瞳译，商务印书馆2016年版，第132页。
④ A. K. Bennison, A. L. Gascoigne, eds., *Cities in the Pre-Modern Islamic World: The Urban Impact of Religion, State and Society*, London: Routledge, 2007, p. 1.

造奢华的宫殿等建筑上"①。

巴扎集市是伊斯兰城市结构的重要组成部分。首先，无论是哈里发，还是苏丹，无论是贵族，还是平民，都要购买奢侈品和日用消费品，没有集市就没有城市生活。其次，伊斯兰教的诞生地——阿拉伯半岛原来就商业发达。阿拉伯人生活在沙漠里，严酷的自然条件使他们不事农耕而以游牧和经商为业。

先知穆罕默德的出生地——麦加自古以来就是重要的贸易中心，商人在当地享有很高的社会地位。穆罕默德即出生在商人之家，叔叔是个大商人，穆罕默德25岁娶有名的寡妇商人赫蒂彻（555—620）为妻，此后他本人也成为商人。贸易离不开市场。每座伊斯兰城市都建有巴扎。巴扎通常都围绕清真寺或宫殿而建，巴扎里面有许多店铺，主要通道上面有穹顶。巴扎既是贸易中心又是生产中心，绝大多数所售商品的生产作坊就设在巴扎里面，并分布在不同的区域。巴扎里的商品琳琅满目，其中既有当地出产的农产品和工艺品，也有大量来自外地和外国的商品。

几乎每座伊斯兰城市都根据族群、信仰和行业等划分出不同的居住区。这一特点早在7—8世纪阿拉伯人对外征服时期就形成了。当时阿拉伯远征军的成分比较复杂，不仅包括由部落男性成员组成的军队，还包括军人的家属和仆役。这些过惯了游牧生活的阿拉伯人不喜欢拥挤的居住条件，于是他们以家庭、氏族、部落和部落联盟为单位，在空旷地方搭起帐篷驻扎下来。居住区通常由众多狭窄的街道和小巷隔成的街区组成。每个街区都相对封闭和独立，内部建有自己的清真寺、巴扎和公共浴室。居住区与市中心之间、各居住区之间通过大门、围墙或其他障碍物隔开，到了晚上或是遇到紧急状况时就关闭大门。这种布局既有利于同一族群、信仰和行业居民的内部团结，也有利于城市管理，在一定程度上保证了伊斯兰城市社会秩序的稳定。

---

① ［美］罗宾·多克：《伊斯兰世界帝国》，王宇洁、李晓瞳译，商务印书馆2016年版，第135页。

第三节　典型城市

一　麦加

麦加是位于阿拉伯半岛西部汉志地区的一个内陆城镇，群山环抱，荒凉贫瘠，雨水稀少，气候炎热。这里的居民经常被"被令人窒息的高温、讨厌的风和成群的苍蝇折磨着"①，商业几乎成为他们唯一的谋生手段。而麦加之所以发展成为远近知名的贸易中心，还有以下几个方面的原因。

首先，麦加是汉志商道上的一个商品集散地、商旅歇脚地，这是麦加地位独特性的表现。麦加贸易中含有欧洲人所喜爱的名贵产品——香料。一方面，阿拉伯半岛南部沿岸及邻近的索科特拉岛自古就是著名的香料产地，盛产乳香、没药、香草、肉桂和桂皮等，被希腊人和罗马人誉为"幸福的阿拉伯的香料海岸"和"阿拉伯之芬芳"②。在赛伯伊人时代③，哈达拉毛所产的乳香特别丰富，贩卖乳香的商队从哈达拉毛到马格里布，再经麦加，抵达加沙，麦加正是这条商路的中继站。④ 阿拉伯半岛上的商人常常将本地的香料和印度等地的香料混同起来，贩卖给欧洲人。另一方面，6—7世纪东罗马帝国与萨珊王朝互争雄长，北方陆上商路因战事频仍而中断。南方海上商路，尤其是红海线路因东罗马帝国控制力的下降而衰落，只有穿行阿拉伯半岛的商路可供利用。途经麦加的这条商路虽崎岖漫长，但相对可靠，因此成为连接东西方的香料之路的重要组成部分。

其次，麦加经营的商品既包括名贵的香料、金银和珠宝等奢侈

---

① P. Wheatley, *The Places Where Men Pray Together: Cities in Islamic Lands, Seventh through the Tenth Centuries*, Chicago: University of Chicago Press, 2001, p. 18.

② F. E. Peters, *Muhammad and the Origins of Islams*, Albany: State University New York Press, 1994, p. 71.

③ 赛伯伊人，《旧约圣经》译为"萨巴巴"，是伊斯兰教兴起之前生活在阿拉伯半岛南部的族群。

④ [美]希提：《阿拉伯通史》上卷，马坚译，商务印书馆1979年版，第55、12页。

品，也包括便宜的皮革、服装、食品、葡萄干、酒和牲畜等日常生活生产用品，后者的规模和数量更大。① 如大商人阿布·苏菲扬主要从事白银和皮货贸易，他由也门和塔伊夫收购皮货，然后转运到叙利亚和伊拉克出售。②

再次，麦加贸易以地区贸易为主，它虽进行国际贸易，但其范围和影响很有限。当时的麦加人奉行中立政策，与东罗马帝国和萨珊王朝订立具有互利性质的商贸协议。长久以来，麦加先后受到了希腊文化和罗马文化的影响，居民成分复杂，既有一神教的犹太教徒和基督教徒，也有五花八门的多神教信众。③

最后，麦加是阿拉伯半岛的宗教中心。伊斯兰教出现以前，阿拉伯半岛上的多神教徒都把麦加的天房视为圣地，各部落都把自己崇拜的偶像供奉在天房，摆放在天房内外大大小小的偶像多达300余尊。多神教徒每年都要来天房朝觐，麦加统治者则负责接待和管理朝觐者，在交往中，麦加的古莱西部落方言渐渐成为这一地区的"官方语言"，阿拉伯人不仅接受了古莱西方言，而且普遍使用这一方言。

多数麦加人是贝都因人的后裔，他们在汉志地区游牧，为畜群寻找草场和水源。贝都因人以氏族、部落为单位，通过保护或者袭击商队来补充他们贫乏的收入。他们只崇尚对本氏族、本部落的忠诚，氏族之间、部落之间纷争不断。贝都因人之间牢固的依存关系是艰苦的生活环境的自然产物，因为"只有靠群体情感维系的氏族和部落才有可能在沙漠中生存下来"④。

---

① P. Crone, *Mecca Trade and the Rise of Islam*, Princeton: Princeton University Press, 1987, p. 83.
② 纳忠：《阿拉伯通史》上卷，商务印书馆1997年版，第97页。
③ P. K. Hitti, *Capital Cities of Arab Islam*, Minneapolis: University of Minnesota Press, 1973, pp. 4 – 8.
④ I. Khaldun, *The Muquddimah: An Introduction to History*, trans. by F. Rosenthal, Princeton: Princeton University Press, 1969, p. 97.

图 5—1　麦加鸟瞰图①

在伊斯兰世界，麦加从未成为统治中心。穆罕默德迁徙到麦地那，并使之成为伊斯兰政权的第一个首都。伍麦叶王朝迁至大马士革。阿拔斯王朝再迁至巴格达。伊斯兰世界的权力中心在此后的近500年间一直都在巴格达。接下来先后成为伊斯兰世界权力中心的城市是开罗和伊斯坦布尔。千余年间，麦加一直扮演着信仰与学术中心的角色，很少卷入血雨腥风的政治纷争。历朝历代穆斯林统治者都对麦加呵护有加，如哈里发奥马尔和奥斯曼都曾延揽基督徒工匠为麦加修筑堤防，以防洪水的侵袭。966—1924年，麦加及其周围地区一直由当地的谢里夫家族管理。②

二　大马士革

大马士革位于安提黎巴山山麓，巴拉达河与阿瓦什河的汇合处，

---

① 参见 https：//zh. wikipedia. org/wiki/% E9% BA% A5% E5% 8A% A0。
② 先知穆罕默德女儿法蒂玛生有哈桑和侯赛因两子，其中哈桑的后裔世居麦加并获得"谢里夫"（阿拉伯语意为"贵族"）称号。第一次世界大战爆发后，谢里夫侯赛因·伊本·阿里（1854—1931）于1916年领导了反对奥斯曼帝国的阿拉伯民族起义，建立汉志王国（1916—1924），自任国王。1925年年底，沙特家族将谢里夫家族逐出汉志，但谢里夫侯赛因·伊本·阿里次子阿卜杜拉·伊本·侯赛因（亦称阿卜拉一世，1882—1951）于1946年建立延续至今的外约旦哈希姆王国（1950年改称约旦哈希姆王国）。

| 在神圣和世俗之间：西亚城市带的交融与冲突（公元前 7000—公元 1922 年）

早在公元前 100 世纪—前 80 世纪就已有人居住。"大马士革"一词，最早出现在公元前 15 世纪埃及新王国国王图特摩斯三世的地名册中。① 然而，在阿拉米人到来之前，大马士革还算不上一个重要城市。阿拉米人是圣经主流汉译本中的"亚兰人"，来自阿拉伯半岛的阿拉伯人游牧部落，属于塞姆人。

公元前 12 世纪，大马士革成为阿拉米人国家"阿拉米大马士革"的首都。阿拉米大马士革诸王参与了一系列针对亚述人和以色列人的战争。公元前 732 年，亚述帝国国王提格拉特帕拉沙尔三世征服大马士革。公元前 572 年，大马士革由新巴比伦王国尼布甲尼撒二世统治。公元前 538 年，阿契美尼德王朝居鲁士大帝攻占大马士革并将其作为叙利亚行省的首府。

随着公元前 334 年春亚历山大大帝踏上东征之旅，大马士革的历史进入希腊化时期。公元前 323 年亚历山大大帝去世后，塞琉古王朝与托勒密王朝为争夺叙利亚进行了 6 次战争，大马士革的控制权频繁地在两大王朝之间转移。公元前 312 年，塞琉古王朝迁都至地中海东岸的安条克，大马士革的重要性下降。

公元前 64 年，罗马共和国统帅庞培灭亡塞琉古王朝，设立叙利亚行省，大马士革成为行省首府。公元 2 世纪初，大马士革已经发展成为罗马帝国重要城市之一。罗马建筑师将希腊人和阿拉米人的地基连起来，规划建设了一座长 1500 米、宽 750 米宽的有 7 座城门的城池。② 379 年，罗马帝国皇帝狄奥多西一世将大马士革朱庇特神殿改建为圣约翰洗礼大教堂。

395 年，罗马帝国分裂为西罗马帝国和东罗马帝国，大马士革成为东罗马帝国的军事前哨，但宗教和政治的分歧使得大马士革脱

---

① J. Simons, *Handbook for the Study of Egyptian Topographical Lists Relating to Western Asia*, Leiden: E. J. Brill, 1937, List I, 13; Y. Aharoni, *The Land of the Bible: A Historical Geography*, Philadelphia: Westminster Press, 1967, p. 147, No. 13.

② M. R. T. Dumper, B. E. Stanley, eds., *Cities of the Middle East and North Africa: A Historical Encyclopedia*, Santa Barbara: ABC-CLIO, 2007, p. 120.

离了君士坦丁堡，加之东罗马帝国与萨珊王朝之间长达一个多世纪的战争主要在叙利亚进行，不堪忍受战乱之苦的大马士革于636年打开大门迎接阿拉伯人的到来。大马士革在与阿拉伯将军哈立德签订的降约中规定："奉至仁至慈的真主之名，哈立德·伊本·韦立德答应大马士革居民，倘若他进了城，他答应保护居民们的生命、财产和教堂。居民们的城墙不被拆除，任何穆斯林不驻扎在居民们的房屋里。我们给予居民们真主的契约，以及先知、哈里发和信士们的保护。只要居民们交纳人丁税，就会享受福利。"[①] 这个条约成为以后其他城市签订降约的范本。

661年，原阿拉伯帝国叙利亚行省总督穆阿维叶建立伍麦叶王朝，随后将首都从麦地那迁至大马士革。708—715年，伍麦叶王朝第6任哈里发韦立德（705—715年在位）下令在原圣约翰教堂地基上建造一座空前

图5—2 大马士革大清真寺正门[②]

---

① M. Donner, *The Early Islamic Conquests*, Princeton: Princeton University Press, 1981, p. 175.
② 参见 https://www.wiki-wiki.top/baike-File：Gate_of_the_Great_Mosque,_Damascus.jpg。

绝后的宏大清真寺。大马士革总督同当地基督教会长老们谈判，他们同意了交换条件，让出圣约翰教堂地基，补偿条件是可以在原教堂附近其他4个地方新建教堂。在建成后的一千余年间，大马士革清真寺安然无恙，直到毁于1893年的一场大火。奥斯曼帝国随后拨款重修主殿，精雕细刻，保持原来的庄严豪华风貌。

在伍麦叶王朝统治时期，作为"有经人"也即"迪米"的基督徒和犹太教徒，与穆斯林共存于大马士革。他们可以保持自己的宗教信仰，通常较在东罗马帝国统治下更为自由。《古兰经》规定迪米要向新政权缴纳贡赋，因而地位卑微。然而在其他方面他们的权利得到了保证。这种宽容政策受到犹太教徒和基督徒的欢迎，甚至在穆斯林攻取他们城市的时候还得了他们的协助。[1]

宗教包容政策为大马士革贸易、艺术和科学的繁荣创造了条件。[2]在大马士革，希腊—罗马式广场被改造成阿拉伯式露天剧场；精心规划了商业区，其中有遮挡沙漠烈日的大型建筑，供商旅使用的客店和货栈；一大批图书馆、经学院和医学院拔地而起。[3] 大马士革很快成为一座国际大都会，被誉为"东方明珠"和"万柱之城"[4]。阿拉伯旅行家、历史学家伊本·祖拜尔（1145—1217）赞道："如果天堂在人间，它一定就是大马士革；如果天堂在天上，只有大马士革堪与之媲美。"[5]

阿拔斯王朝建立后，阿拉伯帝国政治中心东移至巴格达，大马士

---

[1] H. Pirenne, *Mohammed and Charlemagne*, trans. by B. Miall, Cleveland: Meridian Books, 1957, pp. 154 - 155; C. Mango, *Byzantium: The Empire of New Rome*, New York: Scribner's, 1980, pp. 91 - 97.

[2] P. Wheatley, *The Places Where Men Pray Together: Cities in Islamic Lands, Seventh through the Tenth Centuries*, Chicago: University of Chicago Press, 2001, pp. 35 - 38.

[3] A. Hourani, *A History of the Arab Peoples*, Cambridge: Harvard University Press, 2002, pp. 124 - 125.

[4] [美]罗宾·多克：《伊斯兰世界帝国》，王宇洁、李晓瞳译，商务印书馆2016年版，第40页。

[5] P. K. Hitti, *Capital Cities of Arab Islam*, Minneapolis: University of Minnesota Press, 1973, p. 61.

革降为地方性城市。1175年，阿尤布王朝的缔造者萨拉丁迁都大马士革，并在去世后葬于该城。马穆路克王朝最著名的苏丹拜巴尔一世（1260—1277年在位）的陵墓亦在该城。

三 萨那

萨那，位于阿拉伯半岛西南端海拔2350米的高原盆地中，红海与印度洋在此处汇聚，是古代阿拉伯人生活的心脏地带。萨那城堡始建于萨巴王国（公元前750—前115）之地。[①] 萨巴王国末期，国内动乱，水利失修，土地荒芜，海上贸易转入希腊罗马人之手经济政治趋于混乱。公元前115年为希木叶尔王国（公元前115—公元525）所取代。公元3世纪，希木叶尔王国在城堡外西南面修建了新王宫，即古丹宫。萨那城随后围绕这些公共建筑不断拓展，先是向东延伸，随后向西延伸。

公元70年，罗马帝国皇帝韦帕芗命长子提图斯（公元41—81）镇压巴勒斯坦犹太人起义，摧毁耶路撒冷，屠杀居民，犹太人背井离乡，四处逃散，其中一部分人逃到希木叶尔王国统治下的阿拉伯半岛西南部。在犹太人的影响下，希木叶尔王国末代国王祖努瓦斯改奉犹太教为国教，迫害当地基督徒。525年，信奉基督教的埃塞俄比亚阿克苏姆王国（100—940）国王加列布，在东罗马帝国皇帝查士丁一世（518—527年在位）的支持下，借口保护基督教，派兵7万，越过红海，攻占萨那，灭亡希木叶尔王国。575年，波斯人赶走埃塞俄比亚人，成为萨那的主人。

628年，乘萨珊王朝国发生政变之机，阿拉伯人打败波斯人，占领萨那，并于630年修建了萨那大清真寺。该寺初建时规模不大，仅有12根柱子和4扇廊门。伍麦叶王朝第六任哈里发韦立德一世将该寺扩展为一组阿拉伯式圆顶式建筑群，占地超过1万平方米，在12

---

① 萨巴即《旧约全书》中的示巴。《古兰经》提到萨巴称："萨巴王朝人居住之地，有真主的奇迹，两座花园分立左右。"所谓花园，应该是形容萨巴遍地禾苗，农业兴旺。

在神圣和世俗之间：西亚城市带的交融与冲突（公元前7000—公元1922年）

扇大门中，有一扇还刻有希木叶尔文字。①

萨那在阿拉伯语中意为"制造""技巧""手艺"等，这不仅反映在考究的手工制品方面，也表现在精湛的建筑艺术方面。公元120年，该城建成高达百年共有20层的霍姆丹宫，宫殿的顶层有一装饰独特的房间：房顶覆以薄而透明的雪花石，透过屋顶，国王白天能看到在自由翱翔的雄鹰，入夜则能欣赏皓洁的明月和闪烁的繁星。房间四角装饰四尊铜狮，狮头伸出墙角外，狮腹中空，口含风铃，风起时会发出狮子般的吼声，响彻数里，象征着国王的威严。该宫被认为是世界上第一座摩天大楼，现已无迹可寻。在萨那以北20千米处的哈吉尔宫，是希木叶尔王国时期的著名建筑，整个宫殿共有6层，建在一块高达几十米的完整巨石之上，故又称石头宫，结构严谨精巧，风格独特古朴，装饰富丽堂皇。宫中还有一方水池，据说是当年主人洗浴之所。哈吉尔宫地势险峻，只有一条仅容一人攀援而上的石梯。

图5—3　1874年萨那古城地图②

12—13世纪，阿尤布王朝在大清真寺西侧又建了一座王宫，此外还对建于希木叶尔王国后期的萨那城墙进行了翻修，7座城门更加

---

① 1972年，在维修该寺西墙时发现多达3万页的《古兰经》手抄稿，分别写在羊皮或古纸上，堪称伊斯兰世界最珍贵的文物之一。

② 参见 http://www.hynews.net/p/48647.html。

壮观，当时全城有清真寺 100 余座、公共浴室 12 所和民居 6500 余幢。

奥斯曼帝国于 1597 年在萨那城西又建了一座清真寺，另在城北建了新的居民区。

四　巴格达

为了安置眷属和禁卫军，阿拔斯王朝创立者阿布·阿拔斯（750—754 年在位）最初把幼发拉底河东岸距库法不远的一个叫哈什米耶的小城镇作为首都，随后北迁至同在幼发拉底河东岸的安巴尔。阿布·阿拔斯驾崩后，其弟曼苏尔继任哈里发（754—775 年在位），成为王朝的真正奠基者。曼苏尔认为安巴尔不适合作首都，先是迁都至库法附近幼发拉底河东岸的哈辛米耶，之后亲自勘察并选定萨珊王朝故都泰西封废墟以北约 20 千米处的巴格达村作为新都之址。

758 年，曼苏尔启动新都设计工作。① 762 年，曼苏尔动用 10 万名工匠开始新都建设。766 年，新都竣工，曼苏尔将其命名为"麦地那·萨莱姆"，意为"和平之城"，时人亦称其为曼苏尔城，但居民习惯上仍以此前这里存在过的一个波斯村庄"巴格达"之名称之。②

之所以选择巴格达，从现实角度来说，曼苏尔认为"它是极好的营地"③；从长远角度来说，曼苏尔预见到了它的辉煌前景："这个东濒底格里斯河、西临幼发拉底河的岛屿是一个世界性的市场。溯底格里斯河而上的所有船只将在此地停泊；顺底格里斯河而下、沿幼发拉底河运来的货物也将在此地停卸。此地将是山区、伊斯法罕、霍拉桑

---

① R. Snir, *Baghdad: The City in Verse*, Cambridge and London: Harvard Uniersity Press, 2013, forward, XXI.
② ［美］罗宾·多克：《伊斯兰世界帝国》，王宇洁、李晓瞳译，商务印书馆 2016 年版，第 93 页。
③ P. K. Hitti, *History of the Arabs: From the Earliest Times to the Present*, London and New York: Palgrave Macmillan, 1956, p. 29.

在神圣和世俗之间：西亚城市带的交融与冲突（公元前7000—公元1922年）

诸地居民往来的要津。感谢安拉，为我保留了这块土地，并使在我之前到过这里的人们忽略了它。真主啊，我要在这里建设城市并终老于斯，我的子孙也将住在这里。毋庸置疑，它将是世界上最繁华的都市。"① 的确，作为首都，巴格达至少有如下优势：一是地处肥沃平原，底格里斯河两岸盛产谷物；二是位于西亚至中亚的呼罗珊大道上，为商旅辐辏之地，无物资匮乏之虞；三是当地每月定期有市集，可满足军队和居民日常所需；四是河渠纵横交错，即方便灌溉，又易守难攻；五是气候有益健康，且少蚊蚋之苦。

按照西亚构筑营垒和营建城市的传统，② 巴格达"圆城"③ 像车轮一样从城中央辐射出四条路，通向四门：东北面呼罗珊门，西南面巴士拉门，西北面叙利亚门，东南面库法门。四门两两相对，相邻两门间距为1848米，城直径为2350米。巴格达有城墙三道，城外有壕，外墙基厚9米。外墙与内墙之间无建筑物，形成一条环城大道。内墙以土坯筑成，高34.14米，基厚50.2米，顶厚14.22米。墙顶每两门之间设望楼28座。内墙以里为政府官员居住区。第三道墙为以金饰门的宫城，墙内面积占全城1/3，主要为哈里发宫廷、清真寺、官署、哈里发亲族府邸以及从东方招募的呼罗珊禁卫军营区。外城和内城的四门门前都有上覆拱顶的门道，门道两端装有铁门。因此，从城外到宫城必须经过城壕和五道城门，而外城门道的两门是屈曲开门，并非正相面对。

在751年怛罗斯之战中被俘的唐军书记官杜环在其游记《经行记》一书中，记录了巴格达空前的建筑规模和繁荣景象："郛郭之内，里阎之中，土地所生，无物不有。四方辐辏，万货丰贱，锦绣珠

---

① B. Lewis, *The Arabs in History*, London and New York: Hutchison's University Library, 1950, p. 82.

② 有文献明确记载"曼苏尔按照军营之法开四门"（EI 2 I, p. 896b）。米底王国的埃克巴坦那、阿契美尼德王朝的达拉卜吉尔德和帕提亚帝国的泰西封都呈圆形，其中达拉卜吉尔德开有四门，城中央为堡寨，巴格达的设计与其最为类似。

③ P. Wheatley, *The Places Where Men Pray Together: Cities in Islamic Lands, Seventh through the Tenth Centuries*, Chicago: University of Chicago Press, 2001, pp. 54–57.

图5—4　10世纪的巴格达想象图①

贝，满于市肆。驼马驴骡，充于街巷。"② 杜环还在巴格达的建设者中见到了几位唐朝工匠，"绫绢机杼，金银匠、画匠、汉匠起作画者，京兆人樊淑、刘批；织络者，河东人乐隈、吕礼"③。

773年，曼苏尔在呼罗珊门以下底格里斯河畔另建宫苑，称为呼尔德宫，也即永恒宫，作为常驻之所。又从军事角度考虑，在底格里斯河东岸为其子穆罕默德即以后的哈里发马赫迪修建堡寨、府邸和清真寺，河东西两岸用浮桥连接，互为犄角之势。东岸发展很快。不久，以马赫迪营垒和府邸为中心就形成三个住宅区：居中的是路撒发区，北面是沙马西耶区，南面是穆赫利姆区。

9世纪中叶，是巴格达最兴盛的时期，城区面积达4000公顷，超过君士坦丁堡的1400公顷和罗马城的1366公顷。公园、公共浴室、清真寺、市场、学校和医院等建筑物沿底格里斯河铺展开来，其中公

---

①　参见 https://en.wikipedia.org/wiki/Baghdad。
②　Xinru Liu, *The Silk Road in World History*, New York: Oxford University Press, 2010, p.101.
③　杜佑撰：《通典》，中华书局1984年版，卷193。

在神圣和世俗之间：西亚城市带的交融与冲突（公元前 7000—公元 1922 年）

用浴室达到 2.7 万座，清真寺超过 1 万座，市场上的商品琳琅满目，"人们在这里可以买到中国的瓷器、丝绸、纸张以及中亚的宝石和北欧的毛皮"①。底格里斯河面"微风习习，波光粼粼，帆影点点，插着小旗的片片轻舟将惬意的乘客从一个景点带到另一个景点"②。哈里发哈伦·拉希德去世时，他的财产包括 4000 条穆斯林头巾、1000 件珍稀瓷器、大量金银珠宝、多种昂贵香水、15 万套长矛盾牌、几千双紫貂皮或水貂皮等珍稀皮革制成的靴子。③ 巴格达的"城市人口超过 150 万，与开罗和科尔多瓦并称为伊斯兰世界三大城市，也可能是当时世界上最大的城市"④。

830 年，哈里发马蒙耗资 20 万第纳尔，在巴格达创建由翻译局、科学院和图书馆组成的综合性学术研究机构——"白易图勒·黑克麦"，即智慧宫，其中图书馆藏书近 60 万册。鼎盛时期的智慧宫拥有达 90 名重金聘请的来自不同族群和不同信仰的著名学者从事希腊、波斯和印度典籍的收集、整理、研究和翻译工作，"穆斯林已成为东方与西方古代文化遗产的继承人"⑤。9—11 世纪，巴格达伊斯兰学术仍十分活跃，苏菲学派、穆尔太齐赖学派、艾什尔里学派和阿拉伯语言学派学者在哈里发和苏丹的赞助和庇护下，著书立说，在古兰经学、圣训学、教法学、凯拉姆学和文学等方面均取得杰出成就。塞尔柱王朝维齐尔尼扎姆·穆勒克（1018—1092）主持建立的巴格达尼采米亚大学，以及阿拔斯王朝第 37 任哈里发穆斯坦绥尔·比拉

---

① ［美］罗宾·多克：《伊斯兰世界帝国》，王宇洁、李晓瞳译，商务印书馆 2016 年版，第 98 页。

② W. Davis, *Readings in Ancient History: Illustrative Extracts from the Sources*, vol. II, Boston: Allyn & Bacon, 1913, p. 367.

③ B. Lewis, *Islam: From the Prophet Muhammad to the Capture of Constantinople*, New York: Harper and Row, 1987, pp. 140–141.

④ T. Chandler, G. Fox, *Three Thousand Years of Urban Growth*, New York: Academic Press, 1974, p. 270; A. Hourani, *A History of the Arab Peoples*, Cambridge: Harvard University Press, 2002, pp. 110–111.

⑤ ［埃及］艾哈迈德·爱敏：《阿拉伯—伊斯兰文化史（第一册：黎明时期）》，纳忠译，商务印书馆 1982 年版，第 5 页。

(1226—1242年在位）主持建立的巴格达穆斯坦绥里耶大学，设施齐全，管理完善，教师待遇丰厚，其办学模式和规章制度为欧洲大学所借鉴。①

"1258年之前，巴格达一直是世界上最美丽、文化氛围最浓的城市。"② 然而，成吉思汗幼子拖雷之子旭烈兀率领蒙古军队于1258年将这座城市洗劫一空并付之一炬，巴格达从此再也没有成为"世界的十字路口"③。13世纪的阿拉伯诗人塔基·阿尔丁·伊本·阿比·阿尔尤斯悲伤地写道："哦，打探巴格达消息的人们啊，眼泪会告诉你：留在这里已无意义，因为心爱的人已经离开。哦，扎拉拉的游客们，请不要再来这里，巴格达不再是庇护所，这里已经空无一人。哈里发的王冠，伟大的纪念碑，全都化为灰烬。"④

1401年，帖木儿帝国帖木儿大帝攻占巴格达，大量宗教学校和清真寺被毁。1509年，萨法维王朝开国君主伊斯玛仪一世占领巴格达。1534年，奥斯曼帝国苏莱曼一世夺回巴格达；1623年，萨法维王朝阿巴斯一世攻取巴格达；1638年，奥斯曼帝国穆拉德四世收复巴格达，直到1917年被英国控制。

五 萨马拉

836年，阿拔斯王朝第八代哈里发穆尔台绥姆（833—842年在位）将宫廷从巴格达迁到萨马拉。萨马拉位于巴格达西北约120千米，地处底格里斯河东岸，正式名称是"苏拉·曼·拉阿"，阿拉伯语意为"见者喜悦"，由突厥将领阿什纳辛主持营建，外籍新军大都

---

① 纳忠：《阿拉伯通史》上卷，商务印书馆1997年版，第625—626页。
② [美]罗宾·多克：《伊斯兰世界帝国》，王宇洁、李晓瞳译，商务印书馆2016年版，第95页。
③ H. W. F. Saggs, *The Greatness That Was Babylon：A Sketch of the Ancient Civilization of the Tigris-Euphrates Valley*, New York：Hawthorn Publishers, 1962, p. 49.
④ R. Snir, *Baghdad：The City in Verse*, Cambridge and London：Harvard Uniersity Press, 2013, forward, XXI.

驻扎于此。① 当时的巴格达人曾对新都有过幽默的解释：外籍新军来到巴格达之后，和平之城变成了骚乱之城，他们移驻新都，巴格达恢复了往日的宁静，结果自然是皆大欢喜。②

在随后的半个世纪里，穆尔台绥姆和他的 7 位继承人都在萨马拉临朝，并在这里建造了精美的巴尔库瓦拉宫和大清真寺。

巴尔库瓦拉宫模仿波斯建筑风格，其设计与泰西封的萨珊王宫酷似。宫殿呈长方形，两侧长约 2/3 英里。在西面，斜坡一直伸到台阶前面的江中，有三条砖砌的拱顶通道从下而上通到起居室和觐见厅。这些房屋相互毗连，呈十字状，分成三个内院，其中包括浴室和膳房。主建筑群东侧是带有瀑布的花园，北侧有一个池塘。宫殿四周建有侍从住所和禁军营房。

萨马拉大清真寺于 848 年动工，852 年竣工，采用砖石结构，占地约 45500 平方米，呈长方形，长约 260 米，宽约 180 米，内部有 25 条通道，地面铺以大理石，墙壁贴以珐琅瓷砖，可容纳万人同时礼拜。③

萨马拉大清真寺的宣礼塔模仿两河流域庙塔样式，高 52 米，共分 7 级。该塔亦称马尔维亚，意为"蜗牛壳"，建于 837 年，位于清真寺北面正对大门的位置，有坡道与清真寺相连。塔基为正方形，共有两层，底层边长约 30 米。塔体为砖石结构，呈黄土色，外侧建有宽约 2.3 米的台阶，呈逆时针方向盘旋至塔顶。据传当年穆尔台绥姆每逢周五穆斯林聚礼日便骑着高大的阿拉伯纯种马，沿着台阶飞驰而上直达塔顶的小圆殿，在那里召唤人们来做礼拜，亲自为他们诵读《古兰经》经文。

---

① H. Kennedy, *The Early Abbasid Caliphate: A Political History*, London: Croom Helm, 1981, p. 217.
② 哈全安：《中东史 610—2000》，天津人民出版社 2010 年版，第 184 页。
③ 与此相较，罗马圣彼得大教堂的面积约为 15160 平方米、伊斯坦布尔圣索菲亚教堂的面积约为 6890 平方米、科隆大教堂的面积约 6126 平方米。

图 5—5　萨马拉大清真寺①

---

① 参见 https：//oi. uchicago. edu/search/node/samarra。

第六章

伊儿汗国时期的西亚城市

第一节 政治生态

蒙古人在发动了1219—1224年和1235—1242年的两次西征之后，将整个中亚、伊朗东部和南部、外高加索、小亚大部纳入帝国版图。1251年，蒙哥继承大汗之位后，遵照成吉思汗开疆拓土、设藩建汗的遗愿，发动第三次西征（1252—1260）。蒙哥因为要集中精力征服中国南宋，所以委派胞弟旭烈兀①统领导西征大军。当时位于西亚里海南岸、伊朗高原北部的伊玛目王朝②不仅不肯称臣纳贡，而且曾试图刺杀蒙哥，遂成为蒙古第三次西征的首要目标。

1252年7月末，旭烈兀命令怯的不花率领1.2万人为前锋先发，他本人仍留在哈拉和林继续筹组西征军。1253年10月1日，旭烈兀率主力部队出征。为了保证行动万无一失，旭烈兀采取稳扎稳打、步

---

① 旭烈兀是成吉思汗幼子拖雷的第五子，与拖雷长子蒙哥、四子忽必烈和七子阿里不哥是同胞兄弟。旭烈兀本人信奉佛教，母亲唆鲁禾帖尼和妻子脱古思可敦则是聂斯托利派基督徒。参见［美］简·伯班克、弗雷德里克·库珀《世界帝国史：权力与差异政治》，柴彬译，商务印书馆2017年版，第98页。

② 中国史籍称伊玛目王朝为"木剌夷"（宋濂：《元史》卷1—卷12，中华书局1976年版，第22页）。木剌夷是由伊斯兰教什叶派支派伊斯玛仪派的分支尼扎里耶派建立的宗教国家，"其所据地，皆在山隘，里海南山，南北狭，东西长，约五六百里，多此种人居堡"（洪钧：《元史译文证补》卷24，中华书局1985年版，第327页），据称"所属山城三百五十"（刘郁：《西使记》，中华书局1985年版，第2页），多集中在厄尔布尔士山区，其中比较知名的有被称为"鹫巢"的核心堡垒阿斯特拉堡（阿剌模司）以及兰巴撒耳、吉儿都怯和麦门底司等各具特色的坚固堡垒。"木剌夷"为阿拉伯语音译，意为"假道学""异端""迷途者"，是伊斯兰教正统派对尼扎里耶派的蔑称。

步为营的策略，于1256年1月1日如期渡过作为传统"伊朗之地"东部边界的阿姆河。① 1256年12月，蒙古军队处死伊玛目王朝末代谢赫②鲁克奴丁·忽儿沙，立国166年、历经7代的伊玛目王朝（1090—1256）覆灭。③ 同年，蒙哥册封旭烈兀为伊儿汗，蒙古语意为"藩王"④。

1257年12月，旭烈兀和他麾下大将郭侃⑤率部经由哈马丹兵临巴格达城下。旭烈兀向巴格达的哈里发穆斯台绥姆（1242—1258年在位）劝降，穆斯台绥姆断然拒绝，并警告旭烈兀说，如果他攻击哈里发，就将受到真主的惩罚，蒙古大军于是开始攻城。1258年2月10日，巴格达陷落，8万名军民被屠，穆斯台绥姆弃城出降，但仍被裹进毛毯马踏处死。由于母亲唆鲁禾帖尼和妻子脱古思可敦都是聂斯托利派⑥基督徒，旭烈兀对基督徒态度友善，城中基督徒得以幸免于难，甚至还被允许使用哈里发宫殿作为教堂。一些手艺高超的工匠也得以活命，他们随后被送往新任蒙古大汗忽必烈的宫廷。⑦

1259年9月12日，旭烈兀兵分三路，委任怯的不花为先锋，失克秃儿和拜住为右翼军，孙扎黑为左翼军，旭烈兀亲率主力中军，在

---

① ［日］杉山正明：《疾驰的草原征服者》，乌兰、乌日娜译，广西师范大学出版社2014年版，第279页。

② "谢赫"为阿拉伯意译，意为"部落长老""伊斯兰教教长""智慧的男子"等。

③ 中国史籍称"木剌夷兴灭起讫，凡一百七十六载，传七代"。参见洪钧《元史译文证补》卷24，中华书局1985年版，第334页。

④ 蔑剌哈，即今伊朗东阿塞拜疆省的马腊格市。

⑤ 在旭烈兀的西征大军中，有一支由从中国中原汉地征调的一千户汉人组成的火炮和弩手部队，主将即郭侃（？—1277）。郭侃为中国唐朝名将郭子仪的后裔，祖父郭宝玉和父亲郭德海都是成吉思汗麾下大将（参见宋濂《元史》，中华书局1976年版，第3523页）。郭侃后来奉命回到中国，但这一千户汉人火炮和弩手部队仍随蒙古西征大军转战各地，后来大多定居伊儿汗国。

⑥ 诞生于5世纪的君士坦丁堡的聂斯托利派基督教，唐代传入中国，被称为景教。845年唐武宗会昌灭佛，景教同时被禁。元代再度传入，在中国西北和北方的乃蛮、克烈、汪古等部族中颇为盛行，景教徒与天主教徒被统称为"也里可温"。旭烈兀的母亲唆鲁禾帖尼和妻子脱古思可敦都是克烈部公主。

⑦ ［美］斯塔夫里阿诺斯：《全球通史：从史前史至21世纪》上册，吴象婴、梁赤民译，北京大学出版社2020年版，第281页。

海屯一世①所率小亚美尼亚王国军队和海屯一世的女婿——安条克公爵波赫蒙德六世所率小亚美尼亚王国属国安条克公国十字军的配合下，进军叙利亚，一路攻城略地，整个叙利亚为之震动，一些王公在蒙古大军未到达之前就向旭烈兀表示臣服。

1260年1月18日，旭烈兀所部抵达阿勒颇城下。阿勒颇扼守叙利亚北大门，城高池深，易守难攻，城内军民顽强抵抗，拒不投降。联军筑栅栏，架石炮，于1260年1月24日开始攻城，经过7天鏖战，占领了除堡寨以外的全部阿勒颇城，俘虏10万余人，堡寨一直坚持到2月。

阿勒颇陷落后，大马士革、哈马和霍姆斯等城纷纷遣使阿勒颇觐见旭烈兀，不战而降。阿尤布王朝苏丹纳绥尔·优素福（1236—1260年在位）从大马士革城郊营地仓皇出走加沙，计划逃往埃及。但纳绥尔·优素福对马穆路克王朝苏丹忽都思（1259—1260年在位）剥夺他的统治权心有余悸，只好在叙利亚沙漠及周边地区辗转奔波，最后在克拉克为蒙古人所俘，阿尤布王朝就此灭亡。

1260年3月1日，按照旭烈兀的部署，怯的不花率领蒙古先锋军，在海屯一世、波赫蒙德六世所率盟军的协助下，占领大马士革外城，发布安民令，承诺不侵害生命财产。为感谢海屯一世和波赫蒙德六世，怯的不花将大马士革的清真寺赐给他们，作为基督教徒礼拜场所。1260年3月21日夜，联军围攻大马士革内城，激战至4月6日，迫使守军投降。之后，旭烈兀乘胜进攻小亚，击败巴尔干诸国联军，又遣大将郭侃会合诸部渡海攻取塞浦路斯岛，大破十字军，引起基督教世界的恐慌。东罗马帝国与西欧基督教国家纷纷遣使谒见旭烈兀，提议结成

---

① 海屯一世是小亚美尼亚王国（1080—1375）公爵君士坦丁·鲁本之子，1226年成为小亚美尼亚女王伊莎贝拉（1219—1252年在位）的第二任丈夫，同时成为小亚美尼亚国王（1226—1269年在位），与王后伊莎贝拉共同执政。1254—1255年，海屯一世经过中亚到哈拉和林觐见蒙古大汗蒙哥，蒙哥承诺蒙古帝国境内的亚美尼亚教堂和修道院一律免税。海屯一世此行见闻由随员乞剌可斯执笔撰成《海屯王中亚记行》，收入《亚美尼亚历史》一书中。1269年，海屯一世禅位于儿子利奥三世。小亚美尼亚王国是中世纪中期的一个独立公国，由躲避塞尔柱突厥人入侵的亚美尼亚移民建立。

反马穆路克王朝联盟。① 与此同时，怯的不花所率蒙古先锋军从大马士革南下进攻加沙，随后在巴勒斯坦和外约旦进行了为期约两个月的长距离劫掠式扫荡，相继占领那布卢斯、阿杰隆、耶路撒冷、希伯伦和阿什克隆等城，迫近马穆路克王朝大本营埃及。若马穆路克王朝也被扫灭，伊斯兰世界最后可与蒙古铁骑相抗的力量也将随风而逝。

1260 年夏，旭烈兀向马穆路克王朝苏丹忽都思发出最后通牒："伟大的上帝选择了成吉思汗及其家族，把世界上的所有土地全部赐给了我们。正如所有人都应知晓的，凡拒绝归顺者，就要连同妻子、儿女、族人、奴隶和城市一起被消灭，而关于我们的无边无际的大军的传闻，就像有关鲁思帖木和亦思芬迪牙儿的传说那样人所共知。因此，如果你归顺我们的至尊，你就纳贡和觐见，请求给你派军事长官，否则就准备开战吧。"②

正当驻留阿勒颇的旭烈兀准备统率蒙古大军从业已占领的亚洲西南端长驱直入埃及之际，获悉大汗蒙哥已于 1259 年 8 月 11 日在御驾亲征钓鱼城③期间于军营中去世，④ 并引发了两位同胞兄弟忽必烈和阿里不哥的汗位之争，遂率主力于 1260 年 6 月 26 日回师大不里士，计划继续东返哈拉和林进行调停，仅留怯的不花统率 1.2 万先锋军镇守叙利亚并经略巴勒斯坦。⑤ 然后，与叙利亚沿海地区的基督教国家站在蒙古人一边不同，巴勒斯坦沿海地区的基督教国家公开抵制蒙古人的统治，"他们宁愿要穆斯林，而不要这些野蛮人统治"⑥。于是，

---

① G. Guzman, "Christian Europe and Mongol Asia: First Medieval Intellectual Contact between East and West", *Essays in Medieval Studies* 2 (1989), pp. 240-241.

② [波斯] 拉施特主编：《史集》第 3 卷，余大钧、周建奇译，商务印书馆 2009 年版，第 77 页。

③ 钓鱼城址位于今中国重庆市合川区嘉陵江南岸 5 千米处，南宋时隶属潼川府路合州。

④ 当时蒙古军队中可能发生了霍乱，在蒙哥大汗去世当年，已有一些战将相继患病而亡。参见 [日] 杉山正明《疾驰的草原征服者》，乌兰、乌日娜译，广西师范大学出版社 2014 年版，第 282 页。

⑤ R. Amitai, *The Mongols in the Islamic Lands: Studies in the History of the Ilkhanate*, Aldershot: Ashgate Variorum, 2007, pp. 123-124.

⑥ [法] 勒内·格鲁塞：《草原帝国》，蓝琪译，商务印书馆 1998 年版，第 461 页。

巴勒斯坦沿海地区的基督教国家遣使通好马穆路克王朝，马穆路克王朝苏丹忽都思遂决定利用旭烈兀率主力东返，以及怯的不花与十字军交恶的有利局面，主动向北挺进，寻机歼灭怯的不花所部。①

1260 年 7 月 16 日，忽都思派遣禁卫军将领拜巴尔率领约 3 万马穆路克先遣军离开埃及，开赴叙利亚，迎击怯的不花所部。一个月后的 1260 年 8 月 17 日，怯的不花率领 300 名蒙古人占领并洗劫了法兰克人聚居的西顿，起因是西顿的法兰克贵族儒连伯爵在袭击蒙古人的一个巡逻队时杀死了怯的不花的侄子，从此法兰克人与蒙古人彻底反目，倒向马穆路克人一边。1260 年 9 月 3 日，蒙古先锋军与马穆路克先遣军在艾因贾鲁展开会战，怯的不花兵败被俘，拒降被杀，蒙古人所占叙利亚诸城尽失，被迫退守幼发拉底河以东地区。艾因贾鲁战役打破了蒙古人不可战胜的神话，保全了巴勒斯坦、阿拉伯半岛和埃及，拜巴尔则被誉为"胜利之父"和"埃及雄狮"。拜巴尔希望得到阿勒颇总督之职，但被忽都思回绝。传说有一天，忽都思正在打猎，拜巴尔从背后将其刺死，随后马穆路克将士拥其为苏丹。②

1260 年，拜巴尔将逃到大马士革的阿拔斯王朝末代哈里发穆斯台绥姆的叔父阿布·卡西姆迎往开罗，卡西姆随后于 1261 年 6 月 13 日在大清真寺就任伊斯兰世界第 57 任哈里发、马穆路克王朝第一位哈里发，称穆斯坦绥尔二世（1261 年在位），并昭告伊斯兰世界。作为回报，新任哈里发在同一清真寺，为拜巴尔穿上阿拔斯王朝的黑色长袍，并册封其为全世界的苏丹，同时授予他统治埃及、叙利亚、迪亚别克尔、希贾兹、也门和幼发拉底河地区的权力。③

---

① P. Jackson, "The Crisis in the Holy Land in 1260", *English Historical Review* 95 (1980), pp. 481–513.
② [美] 西蒙·蒙蒂菲奥里：《耶路撒冷三千年》，张倩红、马丹静译，民主与建设出版社 2014 年版，第 332 页。
③ P. M. Holt, "Some Observations on the Abbasid Caliphate of Cairo", *Bulletin of the School of Oriental and African Studies* 47/3 (1984), p. 502. 拜巴尔拥立哈里发的做法为马穆路克王朝历任苏丹所遵循，在 1261—1517 年，马穆路克王朝君主先后拥立了 22 位哈里发，其主要职责是为新苏丹主持就职仪式。

第六章　伊儿汗国时期的西亚城市

拜巴尔采取远交近攻的战略，与同伊儿汗国交恶的钦察汗国结盟，与宿敌东罗马帝国修好，与意大利的西西里王国、西班牙的阿拉贡王国和卡斯蒂亚王国缔约通商，达到了遏制西亚的蒙古人和孤立叙利亚的十字军的目的。拜巴尔随后发动了一系列以十字军为主要对手的战争：1263年，袭击了耶路撒冷王国首都阿克；1266年，远征并重创小亚美尼亚王国，使安条克公国失去唯一的盟友；1268年5月18日，攻陷安条克并将其夷为平地，安条克1.6万名守军被杀，10万名居民被俘，安条克公国末代公爵波赫蒙德六世侥幸逃脱。

1291年4月5日，马穆路克王朝苏丹阿什拉夫（1290—1293年在位）包围十字军在巴勒斯坦的最后据点阿克，耶路撒冷王国国王亨利二世率城内多数贵族逃往塞浦路斯，耶路撒冷国王的名号与塞浦路斯国王的头衔合而为一。1291年5月28日，阿克陷落，守军大部被杀，幸存者被变卖为奴，耶路撒冷王国退出历史舞台。阿什拉夫随后又攻占十字军占领的推罗、西顿、贝鲁特、阿卡、安塔尔图斯和阿斯里斯等城市和要塞。至此，十字军在西亚的势力被彻底清除，伊斯兰世界的中心亦由巴格达转到开罗。①

旭烈兀在返抵蔑剌哈②后，获悉忽必烈已于1260年6月4日在开平府③即大汗位，遂决定不再东返，并向作为争位双方的忽必烈和阿里不哥派出使者，宣示拥护忽必烈，指责阿里不哥。忽必烈遣使传旨："各地区有叛乱，从质浑河岸到密昔儿的大门，蒙古军队和大食人地区，应由你，旭烈兀掌管，你要好好防守，以博取我们祖先的美名。"④ 于是，原由大汗直辖的伊朗高原实际成为旭烈兀的领地，版

---

① D. Ayalon, "Studies on the Transfer of The Abbasid Caliphate from Bagdad to Cairo", *Arabica* 7/1 (1960), p.42.
② 蔑剌哈，今伊朗东阿塞拜疆省马腊格。
③ 1256年春，忽必烈命人在桓州以东、滦水以北（即今中国内蒙古自治区锡林郭勒盟正蓝旗境内的闪电河畔），兴筑新城，名为开平府，作为藩邸。1263年，忽必烈升开平府为上都，与哈拉和林分庭抗礼。中国明朝建立以后，该城逐渐废弃。
④ ［波斯］拉施特主编：《史集》第2卷，余大钧、周建奇译，商务印书馆2009年版，第299页。"密昔儿"即埃及。

· 171 ·

图最大时东起阿姆河流域和印度河流域，西含小亚细亚大部，南抵波斯湾，北至高加索山脉。① 旭烈兀以蔑剌哈为首都，设置宰相掌管全国政务，任命各行省长官，册封长子阿八哈统领汗国东部呼罗珊地区。于是，大元大蒙古国②、伊儿汗国、钦察汗国③和察合台汗国④就成为蒙古帝国的四大汗国，其中忽必烈既是中国元朝开国皇帝，也是"全蒙古唯一的大汗。他的宗主权，不仅旭烈兀·兀鲁思认同，即使是术赤·兀鲁思和海都等人也不能否认"⑤。

伊儿汗国甫一建立，就与同为蒙古四大汗国之一的钦察汗国爆发了激烈冲突。原因是多方面的：一是钦察汗国别儿哥汗（1257—1267年在位）支持阿里不哥，且已改宗奉伊斯兰教，所以他对旭烈兀支持忽必烈以及处死伊斯兰世界宗教领袖哈里发的行为极为不满；二是旭烈兀在西征过程中占领了钦察汗国觊觎已久的拥有优质牧场和富庶城市的阿塞拜疆，切断了钦察汗国的黑海—君士坦丁堡—埃及贸易路线。别儿哥在出征之前派使臣前往伊儿汗国，宣称只有旭烈兀同意将阿塞拜疆作为钦察汗国在旭烈兀西征过程中所给予支援的报酬，一场成吉思汗后裔之间的内战才可避免，但当场被旭烈兀断然拒绝。谈判破裂后，别儿哥出兵阿塞拜疆。双方军队于1262—1263年在库拉河

---

① A. A. Juvaini, *The History of the World-Coqueror*, vols. I – II, trans. J. A. Boyle, Manchester: Manchester University Press, 1958, pp. 7, 24, 610, 632, 636; D. Morgan, *Medieval Persia, 1040–1797*, London and New York: Longman, 1988, p. 62; B. B. 巴托尔德、刘先涛：《蒙古征服对波斯文化的影响》，《蒙古学资料与情报》1988年第4期，第30页。

② 元朝的正式名称为"大元大蒙古国"，即"大元兀鲁思"。"兀鲁思"为蒙古语音译，意为"人众""封地"，引申为"国家"。

③ 钦察汗国（1219—1502），又称金帐汗国，为蒙古帝国四大汗国之一，成吉思汗长子术赤的次子拔都结束第二次西征后建立，定都萨莱，在第九代君主乌兹别克汗（1312—1341年在位）统治时期完成突厥化过程，突厥文成为全国通用语言文字。钦察汗国疆界最大时东自额尔齐斯河西岸，西至第聂伯河，南抵巴尔喀什湖、里海和黑海，北近北极圈。

④ 察合台汗国（1222—1683），蒙古帝国四大汗国之一，成吉思汗次子察合台依其领地扩建而成，定都阿力麻里，后分为东西两部分：东察合台汗国及其分支延续到中国清朝初期，被准格尔汗国所灭；西察合台汗国被帖木儿帝国所灭。察合台汗国疆域最大时东至吐鲁番和罗布泊，西临阿姆河，北到塔尔巴哈台山，南越兴都库什山。

⑤ ［日］杉山正明：《疾驰的草原征服者》，乌兰、乌日娜译，广西师范大学出版社2014年版，第289页。

左岸展开激战,旭烈兀大败而归,但别儿哥也未能有效占领这一地区。1263 年 7 月,钦察汗国与马穆路克王朝结成反伊儿汗国联盟,形成南北夹击伊儿汗国的态势。旭烈兀也曾试图同基督教世界结盟,但未得到积极响应,因此不得不放弃为怯的不花复仇以及征服叙利亚和埃及的原定战略意图。①

1265 年,旭烈兀去世,诸王和大臣奉阿八哈嗣位(1265—1282 年在位)。因尚未得到忽必烈大汗册封,阿八哈以摄政身份遣使报丧,忽必烈不久即遣臣持诏册封他为伊儿汗。阿八哈即位后,始定都于大不里士,以蔑剌哈为陪都。

1265 年旭烈兀因病去世之前,曾与东罗马帝国皇帝米哈伊尔八世(1261—1282 年在位)协定,迎娶米哈伊尔八世之女玛丽亚·佩利奥洛吉娜。当玛丽亚到达波斯时,旭烈兀已经驾崩。因此,她就嫁给了旭烈兀的儿子阿八哈。阿八哈在迎娶玛丽亚的同时登基成为伊儿汗。同年晚些时候,脱古思可敦死后,精神领袖的角色就转移到了玛丽亚身上。

1282 年,阿八哈逝世,其弟贴古迭儿在汗位之争中胜出,更名为阿合马,另译"艾哈迈德",公开改宗伊斯兰教,并将伊斯兰教定为国教。他"派遣官员到全国各地没收非穆斯林的神殿、教堂和修道院,然后改造为清真寺"②,同时改革行政制度和税收制度,推行伊克塔制度③,推广突厥语和波斯语作为官方语言。④ 阿合马还以穆斯林的身份派遣使臣携其亲笔信出访埃及,欲与伊儿汗国的宿敌马穆路

---

① [美]简·伯班克、弗雷德里克·库珀:《世界帝国史:权力与差异政治》,柴彬译,商务印书馆2017年版,第 101 页。
② R. Amitai, *The Mongols in the Islamic Lands: Studies in the History of the Ilkhanate*, Aldershot: Ashgate Variorum, 2007, p. 27.
③ "伊克塔"是阿拉伯语音译,指阿拉伯帝国赐予穆斯林军政人员的作为收入来源的土地。始出现于 7 世纪末,盛行于 10 世纪。受赐者称为"穆克塔",原来规定只限终生享用,有权向农民征收土地税和向非伊斯兰教徒征收人头税,但无土地所有权,死后需归还哈里发。在中央政权衰弱时,伊克塔就成为世袭领地,转为私有。在塞尔柱王朝和伊儿汗国统治时期,伊克塔制度继续存在。
④ W. Ochsenwald, *The Middle East: A History*, Boston: McGraw-Hill, 2003, p. 139.

克王朝修好，宣称自己从青少年时代起就对伊斯兰教情有独钟，并一直致力于提高穆斯林的地位。①

1284年，阿八哈长子阿鲁浑声言其父曾受大汗忽必烈册封，所以伊儿汗位应由自己继承，于是在权臣不花支持下起兵推翻帖古迭儿，并上书忽必烈大汗指控帖古迭儿放弃蒙古传统，强迫蒙古人皈依伊斯兰教。②1286年，忽必烈的使臣兀儿都乞牙到达伊儿汗国并带去册封阿鲁浑为伊儿汗的诏书。③为了对付马穆路克王朝，阿八哈和阿鲁浑父子试图与基督教世界结成军事同盟，承诺如果他们帮助蒙古人夺取叙利亚，那么伊儿汗国将支持基督教世界收复圣地耶路撒冷，但由于"欧洲人对蒙古人根深蒂固的不信任"④，所谓同盟关系一直停留在互派使臣和书信往来的外交层面。

1291年，阿鲁浑去世，其弟海合都继位。1295年3月14日，海合都在亲穆斯林贵族集团发动的政变中被杀，海合都之堂兄弟、旭烈兀之孙拜都被扶上汗位，因为发动政变者认为拜都是一个容易驾驭的统治者。虽然拜都被要求表现出亲穆斯林的姿态，但他实际上信奉的是基督教，早在登基之前，他就允许基督徒在其宫殿内设立礼拜堂，自己也曾随身佩戴十字架。登基之后，他任命多位基督徒担任要职。在一次与阿鲁浑长子合赞的会面中，拜都的随从建议除掉这位王子，但被他拒绝。不久之后，合赞以追究拜都谋杀推翻海合都政变首领的名义起兵争位，拜都因实力悬殊而战败。他试图经阿塞拜疆逃往格鲁吉亚，但被俘获，最终于1295年10月4日被合赞处死。

为取得亲穆斯林贵族集团的支持，合赞放弃本人所奉的佛教，宣布皈依伊斯兰教，改名穆罕默德，并以"苏丹"头衔取代"伊儿汗"称号，随即下令宫廷大臣、贵族、军队和国境内的蒙古人一律改宗伊

---

① [瑞典]多桑：《多桑蒙古史》，冯承钧译，上海书店出版社2001年版，第211页。
② M. A. Cook, ed., *The New Cambridge History of Islam*, Cambridge: Cambridge University Press, 2010, p. 149.
③ [波斯]拉施特主编：《史集》第3卷，余大钧、周建奇译，商务印书馆2009年版，第193页。
④ D. Morgan, *Medieval Persia 1040 – 1797*, London and New york: Longman, 1988, p. 64.

斯兰教，并确立什叶派为国教，波斯语为官方语言，以伊斯兰教法取代蒙古习惯法，在大不里士设立伊斯兰教高等法院，延聘教法学家担任法官，并在各行省和大城市设立分支机构。他奖励发展伊斯兰学术文化，重用和庇护穆斯林学者，并由国库拨款在大不里士等地修建清真寺、经学院、大学和天文台。

1298年，合赞任命拉施特①为宰相，实行社会改革，主要措施有：改革税制，废除包税制，规定统一的征税范围和税率，禁止任意征税和放高利贷；裁减或废除部分驿站，减轻沿途百姓的沉重负担；奖励垦荒，修复灌溉工程，减轻赋税，发展农业生产；统一货币和度量衡，铸造金银新币并在全国流通；实行伊克塔军制，受赐者只有收税权。

合赞的一系列宗教、文化和社会改革，显著提升了国力，文化亦有相当发展，正如有学者所评介的：“如果说蒙古人征服早期意味着无法估量的破坏，那么伊儿汗国后期的文明在很大程度上弥补了这些损失。”② 然而，合赞的伊斯兰化和波斯化改革也是一把双刃剑。相对于被征服族群，蒙古人数量太少，“他们一旦下马，定居下来享有掠夺物，就很容易被同化”③，特别是当他们采用了被征服族群的宗教信仰和语言文字之后，很快就失去了自己的族群特征和文化身份。

在对外政策方面，合赞追随旭烈兀和阿八哈，致力于夺取马穆路克王朝统治下的叙利亚。他先是于1299年12月12日夺取除堡寨之外的阿勒颇，接着于1299年12月22日在霍姆斯城前彻底击败马穆路克军队并于1300年1月6日进入大马士革，一雪怯的不花所部蒙古军队1260年9月3日在艾因贾鲁战役中败于马穆路克军队之耻。

---

① 拉施特（1247—1318）曾奉合赞和完者都之命，主持编纂《史集》，历时10年编成。该书被誉为“世界上第一部真正的全史”。参见［美］鲁克·克文敦《游牧帝国》，《中亚史丛刊》1984年第2期，第148页。

② D. Sinor, *Inner Asia: History, Civilization, Languages*, Bloomington: Indiana University, 1969, p.78；［德］卡尔·布罗克尔曼：《伊斯兰教各民族与国家史》，孙硕人、诸长福、贾鼎治、吴厚恭译，商务印书馆1985年版，第296页。

③ ［美］斯塔夫里阿诺斯：《全球通史：从史前史至21世纪》上册，吴象婴、梁赤民译，北京大学出版社2020年版，第281页。

蒙古人的忠实属臣、小亚美尼亚国王海屯二世（1289—1293年在位）像海屯一世支持旭烈兀一样，率部支持合赞。不过，随着合赞于1300年2月率部返回伊朗，叙利亚又被马穆路克王朝重新占据。

1304年合赞去世后，完者都继位，伊儿汗国开始衰落，除了文化上受到同化这一原因外，还有来自国内国外的两个因素：一是国内统治集团内部矛盾、民族矛盾和阶级矛盾同时爆发，国力削弱；二是马穆路克王朝和钦察汗国等外敌屡屡进犯。1355年，苏丹阿布·赛义德（1316—1335年在位）死后无嗣，伊儿汗国陷入王位纷争，逐渐解体。

继伊儿汗国之后称雄伊斯兰世界的是帖木儿帝国（1370—1507）。帖木儿出生于西察合台汗国的一个突厥化的蒙古贵族家庭，操突厥语，属于蒙古巴鲁拉思部落，信奉逊尼派伊斯兰教。[①] 1370年，时为西察合台汗国大臣的帖木儿击败迷里忽辛汗，推翻西察合台汗国，建立帖木儿帝国，自称大埃米尔，定都巴里黑，后迁都至撒马尔罕，自封苏丹。[②]

从1380年开始，帖木儿长期致力于军事扩张。1375—1379年，征服东察合台汗国。1380—1396年，灭亡伊儿汗国并占据阿富汗。从1388年起（中国明朝洪武二十年），帖木儿多次向中国明朝派出使节。1389—1395年，三次进攻钦察汗国，毁其首都萨莱，控制高加索。1396年，扣押包括奥斯曼帝国和中国明朝在内的各国使节，表示对外宣战，开始第二阶段的领土扩张。1398年，南侵印度，夺取德里苏丹国图格鲁克王朝（1320—1413）首都德里，屠杀战俘10万人。1398年（中国明朝洪武三十年）再次扣押、虐待明朝使节。1400年，进入叙利亚，攻陷并焚毁大马士革。1402年，在小亚的安卡拉大败奥斯曼帝国军队，俘虏绰号"闪电"的苏丹巴耶塞特，阻遏了奥斯曼帝国崛起的势头，使本已四面楚歌的东罗马帝国得以苟延

[①] "帖木儿"，蒙古语意为"铁"。帖木儿（1370—1405年在位），史称帖木儿大帝，绰号"跛子帖木儿"，因他在征战中右腿受伤并落下残疾。

[②] 为了巩固政权，帖木儿取西察合台汗国公主为妻，所以中国史籍称其为驸马帖木儿。参见张廷玉等撰《明史》第6册，岳麓书社1996年版，第4940页。

残喘，同时也间接地保护了基督教文化与整个欧洲，而从小亚细亚带回的艺术家、工匠与学者，则留给撒马尔罕众多传世建筑。在平定中亚、西亚和南亚之后，帖木儿还试图征服于1368年推翻中国元朝的中国明朝（1368—1644）。1404年11月27日，帖木儿趁明太祖朱元璋第四子朱棣（1402—1424年在位）因篡夺侄子建文帝皇位而致政局不稳之机，统帅20万大军离开撒马尔罕，踏上东征中国之旅，但于1405年2月18日在锡尔河畔的讹答剌病故，东征计划胎死腹中。

帖木儿去世后，其子孙互争王位，帝国呈分崩离析之势。1507年，成吉思汗长子术赤的后裔——乌兹别克汗国昔班尼王朝（1500—1598）的创建者昔班尼率领乌兹别克部族军队进入河中地区，占领撒马尔罕，灭亡帖木儿帝国。然而，在1510年12月2日的木鹿战役中，向以骁勇善战著称的昔班尼因轻敌而中了萨法维王朝开国君主伊斯玛仪一世的诱敌之计，兵败身死。帖木儿的后裔巴布尔①趁机向伊斯玛仪一世赠送礼物，请求结盟，以图光复河中地区。伊斯玛仪一世答应所请，并将被昔班尼掠去的巴布尔的妹妹送还给他。借助波斯人的援助，巴布尔于1511年收复撒马尔罕和布哈拉。由于与波斯什叶派交好，所以巴布尔没能得到逊尼派的河中地区部族的拥护。1512年，巴布尔加兹德万战役中被乌兹别克人击败，再次退往喀布尔。1519年，巴布尔率军进入北印度，经过多年征战，最终建立了莫卧儿帝国（1526—1857）。②

---

① "巴布尔"意为"老虎"，母亲是帖木儿帝国藩国费尔干纳（即《史记·大宛列传》和《汉书·西域传上·大宛国》中的"大宛"）的统治者和成吉思汗的后裔，父亲是奥马尔·沙伊赫·米尔扎。帖木儿去世后，帝国分裂，费尔干纳独立。1494年，巴布尔继任费尔干纳王位；1497年，夺取撒马尔罕；1501年，巴布尔被昔班尼击败，退往喀布尔。

② "莫卧儿帝国"的称谓是英国人最早使用的，因为英国人认为巴布尔有蒙古血统，他所创建的帝国应叫蒙古帝国。实际上莫卧儿帝国皇室从未自称蒙古人。在巴布尔未征服印度之前，为了纪念自己的祖先帖木儿，他就把所创建的王朝称为帖木儿王朝。位于阿富汗喀布尔的巴布尔陵墓的墓碑上写道："印度和阿富汗突厥王朝创建者穆罕默德·巴布尔于937年（伊斯兰历年份，即1530年）驾崩于阿格拉。遵其遗嘱，遗体运回喀布尔，安葬于此。"莫卧儿帝国第三任皇帝——巴布尔之孙阿克巴大帝（1542—1605年在位）曾将帝国统称为"印度斯坦"。莫卧儿帝国全盛时期的版图几乎囊括了整个南亚次大陆和阿富汗。参见 J. F. Richards, *The Mughal Empire*, Cambridge: Cambridge University Press, 1993, pp. 6 - 8。

第二节 发展概览

一 汗国前期的城市政策与后果

13世纪20—50年代游牧部族蒙古人和与之联合的突厥人在中亚和西亚等农耕地区先后发动三次大规模的冲击，伊儿汗国是蒙古帝国第三次西征的直接产物。伊儿汗国的城市发展，分成前后两个时期。

蒙古人的三次西征造成中亚和西亚成千上万居民死亡，一时间白骨蔽野，人口锐减，庐舍为墟，耕地荒芜，商业凋零，城市衰退。[①]

1221年3月，成吉思汗幼子拖雷率7万名精兵围攻木鹿，守将出城投降，拖雷假许不杀，但在入城后，除400名工匠外，其余逾130万降卒和居民全遭屠杀，城市亦被夷为平地。[②] 1221年5月，拖雷攻打呼罗珊首府你沙不儿，城市当局委托教长和士绅出城请降，拖雷不许，下令用火炮和抛石机猛攻，入城后纵兵屠戮，城中174.7万军民无一幸免，就连猫狗都未放过。[③] 1222年6月14日，蒙古将军宴只吉带攻占也里并实施为期一周的屠城，35万—50万名军民蒙难，幸存者不足百人。屠城事件也发生在一些较小城市，如奈撒和巴里黑各有7万人死难，特温有1.2万人死难。[④]

旭烈兀领导的蒙古第三次西征在对城市的破坏程度上，与前两次西征相比有过之而无不及，"蒙古人征服了许多人口稠密的城市并大量的屠杀民众，几乎无人幸存，如巴里黑、苏布尔罕、塔里寒、木鹿、撒剌哈夕、赫拉特、突厥斯坦、剌夷、哈马丹、忽木、伊斯法罕、马腊格、阿尔达比勒、巴达阿、干札赫、巴格达和伊尔比勒等"，

---

① [美]斯塔夫里阿诺斯：《全球通史：从史前史至21世纪》上册，吴象婴、梁赤民译，北京大学出版社2020年版，第402页。
② A. Juvaini, *The History of the World-Coqueror*, vol. I, trans. by J. A. Boyle, Manchester: Manchester University Press, 1958, pp. 161-165.
③ D. Morgan, *The Mongols*, Oxford: Basil Blackwell, 1986, p. 74.
④ J. A. Boyle, ed., *The Cambridge History of Iran*, vol. V: *The Saljuq and Mongol Periods*, Cambridge: Cambridge University Press, 1968, p. 485.

"哈兰、努哈、撒路只、剌哈和大多数幼发拉底河两岸城市全都被毁坏而且荒弃"①。其中最典型的莫过于 1258 年 2 月对巴格达的血腥屠城："居民像玩偶一样被拖着穿过大街小巷"，"人人都成了被羞辱的对象"②。有研究者考证，蒙古人在中亚和西亚的一系列围城战役无异于种族灭绝，死难人数超过城市总人口的 9 成。③

　　蒙古三次西征直接导致伊儿汗国前期（1256—1295）的城市惨象环生，一派萧条。阿拉伯地名词典学家雅忽特（1179—1229）说，13 世纪初蒙古征服前的巴里黑盛产粮食，是呼罗珊和花剌子模的谷仓，丝织业同样闻名遐迩。波斯著名诗人扎剌丁·鲁米（1207—1273）记载，巴里黑在 13 世纪初有居民 20 万人，而在城陷后，蒙古人几乎屠杀了全部居民。阿拉伯旅行家伊本·白图泰（1304—1377）在 14 世纪 30 年代途经巴里黑时，所见到的景象是"一片瓦砾，荒无人烟"④。直至 1295 年，拉施特还记载："呼罗珊、中央伊朗和阿塞拜疆等地的城市至今还是一片废墟。"⑤

　　乞合都统治时期（1291—1295 年在位），伊儿汗国为应对日益严重的财政危机，违背经济规律，取消以银币为主的金属货币，仿效中国元朝强制推行纸钞，导致物价飞涨、百业凋零。拉施特记载："一星期左右，人们害怕被处死接受了纸币，但人们用纸钞换不到多少东西。大不里士的大部分居民不得不离开，他们想从市集上买些商品和食物随身带走，结果什么也买不到，人们便躲到园林里去吃水果。城

---

①　J. A. Boyle, ed., *The Cambridge History of Iran*, vol. V: *The Saljuq and Mongol Periods*, Cambridge: Cambridge University Press, 1968, p. 491.

②　B. Spuler, *History of the Mongols: Based on Eastern and Western Accounts of the Thirteenth and Fourteenth Centuries*, Berkeley and Los Angeles: University of California Press, 1972, pp. 120 – 121.

③　J. Smith, "Demographic Considerations in Mongol Siege Warfare", *Archivum Ottomanicum* 13 (1994), pp. 329 – 334; D. Morgan, "The Mongol Armies in Persia", *Der Islam* 56/1 (2009), pp. 81 – 96.

④　［摩洛哥］伊本·白图泰：《伊本·白图泰游记》，马金鹏译，宁夏人民出版社 1985 年版，第 312 页。

⑤　内蒙古大学蒙古史研究所编：《蒙古史研究参考资料新编》第 37 辑，1985 年，第 49 页。

里由于没有人住而完全荒废了。二流子和流氓们在街上见到谁就扒谁的衣服。商队不再从那里经过。"乞合都仿元行钞法打乱了伊儿汗国本已十分脆弱的经济秩序并造成持续的社会动荡,纸钞遭到人们的普遍抵制,经济活动又退回到以物易物的原始状态。史载:"有一次,乞合都汗偶尔经过市集,所见店铺空空荡荡……在偏僻小巷里,食物收取硬币出卖,人们常因为这种交易被杀死,贸易和征收关税完全停止。"①

二 汗国后期的城市建设与成就

伊儿汗国后期(1295—1355),蒙古统治者变更统治政策,历任苏丹热衷城市建设,鼓励发展商业贸易,特别是合赞实行全面社会改革,农业和手工业得以恢复,商业贸易重现生机,少数城市开始崛起,其特点是"大不里士为中心的小亚细亚和波斯地区的商业和城市更加繁荣,巴格达为中心的伊拉克地区相对萎缩"②。

作为伊儿汗国开创者的旭烈兀,积极修复旧城和兴建新城。1256年,旭烈兀在哈不珊颁发敕令,不取百姓分文,而是利用国库资金整治河渠、构筑房舍、兴建市集,创立工场。1259—1272年,旭烈兀不惜巨资建成当时世界上著名的篾剌哈天文台,这一设施使用了680年。

伊儿汗国后期历代君主更是大兴土木,热衷于创设新城和营建宫殿、寺院、经堂和陵墓。合赞重修兀章城、兴建市场巴扎,修葺大不里士和设拉子。完者都更是兴建新城3座,其中苏丹尼叶城耗时10年方告竣工,是仅次于都市大不里士的伊儿汗国第二大城市。苏丹们还在大不里士等城市广置客栈和巴扎,鼓励商贾投资兴业;在交通要道遍设驿站并分遣万名军人驻守,严厉打击盗匪路霸,确保道路畅通和旅行安全。同时期旅行家马可·波罗和伊本·白图泰都曾遍游伊儿汗国各大城市,在他们的游记中生动描述了一幅幅兴旺发达的盛世图景。

---

① [波斯]拉施特主编:《史集》第3卷,余大钧、周建奇译,商务印书馆2009年版,第227—228页。
② 徐良利:《伊儿汗国的基本特征及历史影响》,《北方论丛》2009年第5期,第88页。

与伊儿汗国历任君主相比，帖木儿帝国的创立者帖木儿"并不仅仅是个武夫，他的撒马尔罕的宫殿和花园显示出他多方面的情趣"①。帖木儿的后裔巴布尔更是一个热心而专业的城市建设者，他在征服印度之前曾在喀布尔精心营造了瑰丽多姿的巴布尔花园，园中不仅有喷泉、苜蓿草坪、橘树和石榴树，还有来自遥远原产地的其他各类植物，他曾在自传中愉快地写道：当橘子变黄之际，"景致最佳，布局最精"②。征服印度后，巴布尔仍然热衷于花园设计，经常抱怨当地的地形不够理想。

第三节 典型城市

一 阿勒颇

阿勒颇位于大马士革以北300千米处，是世界上最古老的城市之一，其建城史可追溯到前19世纪由阿摩利人建立的延哈德王国时期。公元前8世纪，阿勒颇被亚述帝国吞并。公元前64年，阿勒颇成为罗马帝国属地。636年，阿拉伯人征服阿勒颇。

945年，阿勒颇成为叙利亚北部的伊斯兰教什叶派王朝——哈木丹王朝（945—1003）的首都。王朝创立者赛义夫·道莱（意为"国家之剑"，945—967年在位），大力兴建清真寺、宫殿、图书馆和经学院，积极倡导伊斯兰文化，庇护和奖掖学者著书立说，阿勒颇一时间成为伊斯兰文化中心之一。967年，赛义夫·道莱之子赛义德·道莱（967—991年在位）为了保卫阿勒颇，曾与东罗马帝国结盟，共同抵御法蒂玛王朝的威胁，但阿勒颇还是于1003年落入法蒂玛王朝之手，哈木丹王朝也宣告灭亡。12世纪，阿勒颇在反抗十字军东侵的

---

① [美]西蒙·蒙蒂菲奥里：《耶路撒冷三千年》，张倩红、马丹静译，民主与建设出版社2014年版，第340页。

② D. F. Ruggles, *Islamic Gardens and Landscapes*, Philadelphia: University of Pennsylvania Press, 2008, p. 70.

图 6—1　1879 年所绘阿勒颇卫城①

战争中发挥了重要作用。1260 年 1 月，阿勒颇遭到蒙古军队的洗劫，损失惨重。1260 年 9 月，马穆路克王朝军队通过艾因贾鲁会战，成功止住了蒙古大军的西征脚步。在马穆路克王朝统治时期，阿勒颇经济发展，文化繁荣，社会稳定。

　　阿勒颇的建筑体现了不同历史时代、不同族群文化的风格特点，其中最具代表性的要数位于城市中心的卫城。卫城坐落于一个高约 40 米的土丘之上，这座土丘部分是自然形成，部分是人工堆砌的，曾是亚述帝国时期的一座神庙所在地。卫城高 38 米，占地 15 平方米，围以高 12—13 米的石墙，墙外绕以宽 30 米、深 22 米的壕沟。堡寨共有 6 座塔楼和 7 道大门。入口处有三道大门：第一道大门上雕有两条互相缠绕的巨蛇，因此被称为"蛇门"；第二道大门上雕有一对盘坐的狮子；第三道大门上也雕有两只狮子，一只哭，一只笑，表情迥异。第一道大门和第三道大门之间的通道长约 20 米，两侧布满监视孔和垛孔。整座卫城设施齐全，既有考究的王宫、美丽的花园和

---

① https：//cs. wikipedia. org/wiki/Citadela_ v_ Aleppu.

宏伟的清真寺，也有巨大的地下仓库和配备陶制冷热水管的浴室。卫城居高临下，易守难攻，至今仍巍然屹立。

阿勒颇大清真寺位于阿勒颇卫城的西侧，由阿拉伯帝国伍麦叶王朝哈里发韦立德下令建造，所以该寺又名伍阿勒颇伍麦叶清真寺。韦立德在工程竣工前就去世了。韦立德之弟苏莱曼继任者哈里发后于715年完成该寺的建设。1090年，塞尔柱王朝苏丹马立克沙对该寺进行了翻修，并增设了高耸入云的宣礼塔。但除宣礼塔外，该寺在此后的战乱中又遭到彻底破坏。1158年，赞吉王朝国王努尔丁参照大马士革伍麦叶清真寺对该寺进行重建，其中的石雕和壁画等皆堪称艺术精品。2013年4月24日，宣礼塔在叙利亚内战中为炮火所毁。

二　撒马尔罕

撒马尔罕，可能是粟特语的音译，原义为"肥沃的土地"，最早为操中古伊朗语—粟特语的粟特人的城市。① 撒马尔罕坐落于泽拉夫尚河谷，拥有丰富的自然资源和食物。不仅如此，撒马尔罕还拥有得天独厚的地理优势，东临中国，西接波斯，南近印度，一直是东南西北各大文明的交会之处。

有关撒马尔罕城最早的文字见诸公元前6世纪的波斯文献。波斯帝国国王居鲁士大帝在公元前545—前539年发动了对中亚的战争，迫使中亚居民缴纳税赋，包括撒马尔罕在内的索格狄亚那就是其中的一部分。

公元前329年，亚历山大大帝率军穿越兴都库什山脉并占领撒马尔罕，他由衷地赞叹道："我听到的一切都是千真万确的，只是它比我想象中的更为壮丽。"② 撒马尔罕于是作为希腊屯军之地得到进一步建设和发展，并在此后的塞琉古王朝、巴克特里亚王朝、帕提亚帝国、萨珊王朝等各个历史时期，都是东西方交通贸易通道上的重要商

---

①　陈庆隆：《"撒马尔罕"语源考》，《大陆杂志》1969年第4期，第103—108页。
②　沙达提、聂云鹏：《丝绸之路上的璀璨明珠撒马尔罕》，《中亚信息》2014年第7期，第36页。

业城市。

651年,阿拉伯帝国伍麦叶王朝灭亡萨珊王朝,然后继续东进,并于671年首次攻破撒马尔罕,随后在木鹿设立呼罗珊总督府,负责管理伊朗东北部等中亚地区。681—683年,阿拉伯人首次在呼罗珊过冬。712年,呼罗珊总督屈底波·伊本·穆斯林率阿拉伯军队攻占撒马尔罕城,焚毁城内佛寺,建筑清真寺,强迫当地人信奉伊斯兰教。751年,阿拉伯军队在怛罗斯战役中击败中国唐朝安西四镇兵马,有可能从战俘那里学会了造纸术,随后在撒马尔罕建造了伊斯兰世界的第一个造纸作坊。[1]

1220年,作为花剌子模新都的撒马尔罕在第一次蒙古西征中陷落,军民被屠,城垣被毁。

1370年,帖木儿帝国的创立者帖木儿定都撒马尔罕。帖木儿在世时曾将领土分给子孙,并指定其长孙皮儿·马黑麻(1376—1407)——帖木儿长子贾汗吉尔的遗腹子为嗣君。帖木儿去世后,其后裔立即开始争夺王位的斗争。皮儿·马黑麻因远在阿富汗的坎大哈,撒马尔罕遂为帖木儿在世时最喜欢的孙子——帖木儿三子米兰沙之子哈利勒(1384—1411)所据并自立为汗。皮儿·马黑麻率军前去争位,被哈利勒打败,退回阿富汗的巴尔赫,后于1407年被部下所杀。帖木儿第四子沙哈鲁(1405—1447年在位)以为皮儿·马黑麻复仇为名,于1409年终结了哈利勒的统治,并将首都由撒马尔罕迁至赫拉特。沙哈鲁之子兀鲁伯(1447—1449年在位)继位后,又将首都迁回撒马尔罕。

根据西班牙人克拉维约所著《克拉维约东使记》记载:"帖木儿于所征服各城市中,选拔最良善、最有才干以及有巧艺之工匠,送来此间。他在大马士革时即将该处之珠宝商、丝织工匠、弓矢匠和战车制造家,以及制琉璃及瓷器的陶工,一律送至此城。经选送来此之工匠,

---

[1] H. Park, *The Delineation of a Coastline: The Growth of Mutual Geographic Knowledge in China and the Islamic World from 750 – 1500*, PhD dissertation, New Haven: Yale University, 2008, p. 45; 罗新:《撒马尔罕纸》,《读书》2020年第3期,第154—156页。

皆为世界上最富于技巧之技术家。"① 按照帖木儿的规划,撒马尔罕应该是世界第一大城,所以他在城市四周建起了一系列村镇,并以巴格达、大马士革、设拉子和苏丹尼叶等伊斯兰世界主要城市命名。②

帖木儿帝国时期的撒马尔罕"依平原而建,东西广十余里,南北径五六里,六面开门,旱濠深险"③。宫殿和庭院等主要建筑大多集中在城内,宫内之四壁,悬以丝幔,颜色取玫瑰色,其上有锦绣及宝石珍珠之属。天花板上悬有绿绦带,微风入室,绿绦飘荡,使宫中增

图6—2 吉戈·加巴什维利的画作《撒马尔罕巴扎》④

---

① [西班牙] 罗·哥泽来滋·克拉维约:《克拉维约东使记》,杨兆钧译,商务印书馆1957年版,第157页。

② [苏联] 瓦西里·弗拉基米罗维奇·巴托尔德、B. A. 罗莫金、斯塔维斯基:《中亚历史:巴托尔德文集》第2卷第1册第1部分,张丽译,兰州大学出版社2013年版,第171页。

③《新疆通史》编撰委员会编:《陈诚西域资料校注》,王继光校注,新疆人民出版社2012年版,第7页。

④ 参见 http://www.uzbekjourneys.com/2019/05/Gigo-Gabashvili-a-19th-century-georgian-painter-in-uzbekistan.htm。

加无限美趣①。城中有 6 条主街，以一组宗教建筑组成的广场建筑群为中心，北门附近形成巨大巴扎，其他区域为低层传统民居。

列基斯坦神学院位于撒马尔罕城中心的列吉斯坦广场，是一组宏大的建筑群，建于 15—17 世纪。建筑群由三座神学院组成：左侧为兀鲁伯神学院，建于 1417—1420 年；正面为季里雅—卡利神学院，建于 1646—1660 年；右侧为希尔—多尔神学院，建于 1619—1636 年。这三座建筑布局严整，内有设计考究的清真寺。这些神学院是中世纪培养穆斯林神职人员的高级学府，其中兀鲁伯神学院是 15 世纪世界上最知名的穆斯林学府之一。

古尔—埃米尔陵园位于撒马尔罕城内，始建于 1403 年，最初作为猝死的帖木儿之孙穆罕默德·苏尔丹的陵墓，后成为帖木儿家族墓地，分别安葬着帖木儿、帖木儿的两个儿子、兀鲁伯等两个孙子、兀鲁伯的两个儿子、兀鲁伯的宗教导师以及一个姓氏不明者。帖木儿墓上写道：谁掘我的墓，谁就遭殃。1941 年 6 月 8 日，苏联考古学家和人类学家打开帖木儿墓，两周后希特勒就进攻苏联，被认为此话得到了应验，但其实这只是撒马尔罕人在苏德战争爆发后，对苏联当局发掘帖木儿墓表达不满的一种方式而已。这次发掘既证实了有关帖木儿面部特征和右腿伤残等的文献记载，也证实了兀鲁伯于 1449 年 10 月 27 日被害的传说。

随着新航路的发现，撒马尔罕的发展陷于停滞，人口急遽减少，有段时间甚至成了一座空城。1868 年，沙俄军队占领撒马尔罕。以此为据点，19 世纪后期，沙俄完成了对中亚的征服，撒马尔罕也于 1887 年沙俄的一个地区首府。

三 大不里士

大不里士居伊朗高原北部，历史悠久。该城市靠近火山，"大不

---

① [西班牙] 罗·哥泽来滋·克拉维约：《克拉维约东使记》，杨兆钧译，商务印书馆 1957 年版，第 126—129 页。

第六章 伊儿汗国时期的西亚城市

里士"意即"让炎热流动"或"让热量消失"①。

1220年,蒙古铁骑在大将哲别（？—约1224）、速不台（1176—1248）的率领下进入阿塞拜疆,大不里士在支付巨额贡赋后免遭屠城之灾。1231年春,蒙古大汗窝阔台派大将卓尔玛罕（？—1241）率蒙古大军平定花剌子模末代沙赫扎兰丁（1220—1231年在位）领导的复国运动期间,再次进逼大不里士,城中居民因及时奉上财物,再次躲过浩劫。② 相较于战乱不断的巴格达,大不里士的城市发展条件更显优越。1258年,在对巴格达等城市大肆劫掠之后,旭烈兀命人将金银熔铸成巴里失③存放在大不里士的贴列山上,从各城市中掳掠的工匠、学者也多聚集在大不里士,为大不里士的兴起提供了物质和人才保障。④ 譬如,宰相拉施特在大不里士城郊兴建医院和医学院时,就专门延揽了包括汉人在内的来自多个国家和地区的50名医生。⑤ 1265年旭烈兀去世后,其长子阿八哈继位后始定都大不里士,以蔑剌哈为陪都。

伊儿汗国掌控的小亚细亚、两河流域和伊朗高原,地处亚欧大陆的交会区域,以首都大不里士为中心,国内外交通四通八达：东路为大不里士—加兹温—剌夷—内沙布尔—布哈拉—撒马尔罕—中国,其中以内沙布尔为中心向上至塔什干,下至木鹿、赫拉特、巴里黑、喀布尔至印度河流域；东南路为大不里士—哈马丹—忽木—伊斯法罕—亚兹德—克尔曼,其中伊斯法罕、亚兹德、克尔曼和设拉子均可相通；西路为大不里士—鲁木—叙利亚和巴勒斯坦沿海地区,其延伸线经海路通向塞浦路斯和意大利；北路为大不里士—鲁

---

① 中国史籍称大不里士为"桃里寺""讨来思""帕必力思"（参见《元史》卷一二二《唵木海传》《明史》卷三三二《讨来思》）。
② M. R. T. Dumper, B. E. Stanley, eds., *Cities of the Middle East and North Africa: A Historical Encyclopedia*, Santa Barbara: ABC-CLIO, 2007, p.339；[瑞典]多桑：《多桑蒙古史》,下册,冯承钧译,中华书局1962年版,第18—19页。
③ 巴里失,为成吉思汗时代蒙古帝国的货币单位,1巴里失约合2两白银。
④ [波斯]拉施特主编：《史集》第3卷,余大钧、周建奇译,商务印书馆2009年版,第72页。
⑤ 陈春晓：《蒙古西征与伊利汗国的汉人移民》,《中州学刊》2019年第6期,第148页。

· 187 ·

在神圣和世俗之间：西亚城市带的交融与冲突（公元前 7000—公元 1922 年）

木—黑海南岸的特拉布宗，其延伸线抵达君士坦丁堡、东欧和黑海沿岸；南路为大不里士—摩苏尔—巴格达—巴士拉，其中以巴格达为中心可北上两河流域至叙利亚、巴尔干半岛和东欧，可南下库法、汉志和也门，可东至哈马丹和加兹温，再连接丝绸之路。因此，首都大不里士开始作为一个国际大都会而繁盛起来，"在那里很容易买到东方的香料、波斯丝绸和奴隶。大不里士夺走了波斯湾所有的印度尼西亚香料贸易；这些香料现在直接运到大不里士而不是巴格达、巴士拉及其他古代贸易中心"①。

图6—3　朱尔斯·劳伦斯1872年所绘蓝色清真寺②

总体来看，虽然蒙古三次西征给广阔的亚欧大陆被征服地区带来严重的破坏，但同时也为这些地区之间的物质交往和精神交往提供了史无前例的安全保障，"实现了洲际知识、货物和治国术的交流"③。

---

① M. M. Postan, E. Miller, eds., *The Cambridge Economic History of Europe*, vol. II, 2nd edition, Cambridge: Cambridge University Press, 1987, p. 459.
② 参见 https://en.wikipedia.org/wiki/File: Tabriz-16. PNG。
③ ［美］简·伯班克、弗雷德里克·库珀：《世界帝国史：权力与差异政治》，柴彬译，商务印书馆2017年版，第8页。

正如一位穆斯林旅行家所评述的，在蒙古人统治下，"一个旅人可以顶着金盘从日出走到日落，而完全不必担心遭到劫掠"[①]。这种局面无疑为大不里士的繁荣发展创造了有利条件。然而，随着1355年伊儿汗国的消亡，环绕大不里士的商路阻塞，驿站废弛，城市发展陷入低谷，其贸易中心的地位逐渐被开罗取代。新航路开辟后，东西方主要商路转移到海洋，因丝绸之路复兴而发展起来的大不里士逐渐湮没在历史的长河中。

四 马什哈德

阿拉伯帝国阿巴斯王朝第七任哈里发马蒙在登基前，为赢得什叶派信徒的支持，曾请什叶派第十二伊玛目派第八任伊玛目阿里·里达（765—818）由麦地那迁居呼罗珊的图斯[②]，并宣布他为自己继承人。据说马蒙登基后，因慑于阿里·里达在什叶派中的声望，于818年派人将他毒死，然后葬于距图斯约24千米的一个叫萨那巴德的村庄，该村遂以"马什哈德·里达"（阿拉伯语意为"里达殉难之地"）而闻名，并逐渐发展成为什叶派圣地，即马什哈德（阿拉伯语意为"殉难之地"）。不过，在蒙古第一次西征之前，马什哈德还只是一座边陲小城。

蒙古第一次西征摧毁了大呼罗珊地区的许多大城市，马什哈德则没有受到太大的损坏。因此蒙古人于1220年将这些城市中的幸存者都迁往马什哈德。伊本·白图泰在1333年旅行至此时，描述这是一座大城市，有成片的果树、奔腾的河流与大量的磨坊，贵族陵墓上建有优雅的圆顶，连城墙都装饰着彩色瓦片。[③]

沙哈鲁统治时期，马什哈德成为帖木儿帝国的主要城市之一。1418

---

① R. Grousset, *The Empire of the Steppes: A Histroy of Central Asia*, New Brunswick: Rutgers University Press, 1970, p. 252.
② 图斯，亦译"徒思"，为呼罗珊古城，距马什哈德25千米。
③ H. Halm, *The Shiites: A Short History*, trans. from the German by A. Brown, Princeton: Markus Wiener Publishers, 2007, p. 26.

年，经沙哈鲁的妻子古哈尔·沙德的提议，在伊玛目里达陵墓旁建起一座壮观的清真寺，此即古哈尔·沙德清真寺。清真寺的平面格局是中庭＋四面壁龛式拱门的形式，面向中庭的四面壁龛式拱门之间为二层的围廊。在主礼拜堂的顶部，洋葱形大穹顶安放在升起的圆柱形底座上。整个建筑的表面贴以青绿色调为主但色彩丰富的彩釉面砖，图案以植物纹样和几何形体为主，细腻明快，达到了很高的艺术和技术水准。

图6—4　马什哈德·古哈尔·沙德清真寺正门①

1502年，伊斯玛仪一世建立了萨法维王朝，以伊斯兰教什叶派十二伊玛目派为国教。而在十二位伊玛目中，只有阿里·里达的陵墓在波斯境内，因此该城对萨法维王朝具有特殊意义。阿巴斯一世在位期间重新整修了伊玛目里达陵园，并鼓励什叶派信徒到马什哈德，他自己也以步行的方式从伊斯法罕前往马什哈德朝圣，一时传为佳话。经过伊朗历史王朝的营建，伊玛目里达陵园现已成为一个占地11万

---

① https：//www.metmuseum.org/art/collection/search/302221.

平方米，拥有陵墓、清真寺、经学院、博物馆和医学院的宏大建筑群。其中墓冢大厅的拱形圆顶高约45米，全部用纯金包镶。

作为世界上第二大伊斯兰教圣城，马什哈德自中古以来就一直吸引着旅游者和朝圣者。其中，在伊斯兰世界，到过麦加的穆斯林被称为哈吉，到过马什哈德的穆斯林则被称为马什德。

五　苏丹尼叶

苏丹尼叶，位于今伊朗西北部的赞詹省，距德黑兰西南约240千米，海拔1784米，其名称含义为"至高无上"。伊儿汗国第八任君主完者都，在伊朗这片荒凉的高原上修建了这座蒙古城市，并将都市从大不里士迁至苏丹尼叶。①

苏丹尼叶城市建设工程在第六任伊儿汗阿鲁浑统治时期动工，在第七任伊儿汗合赞在位期间继续施工，直到完者都继位后方告竣工。

图6—5　亚当·奥莱里乌斯所绘苏丹叶尼城②

---

① B. B. 巴托尔德、刘先涛：《蒙古征服对波斯文化的影响》，《蒙古学资料与情报》1988年第4期，第31页。
② 参见https://upload.wikimedia.org/wikipedia/commons/c/c5/Adam_Olearius_Soltaniyeh_Iran-_Sahand_Ace.jpg。

苏丹尼叶的建筑以双层圆顶的完者都陵墓最负盛名。该陵墓建于 1302—1312 年，八角形的建筑物顶着一个 50 米、重约 200 吨且覆以突厥蓝陶圆顶，并环绕以八座纤细的宣礼塔。陵墓内外有大量具有极高历史文化价值的马赛克、彩陶和壁画等装饰。完者都陵墓在伊斯兰世界建筑史上的重要地位，堪与基督教世界的布鲁内莱斯基式圆顶建筑①相提并论。这种双层圆顶构造后来还被应用于诸如霍贾·艾哈迈德·亚萨维陵墓和泰姬陵等著名建筑中。

完者都去世后，苏丹尼叶开始衰落。1384 年，该城被帖木儿破坏。

---

① 菲利普·布鲁内莱斯基（1377—1446），出生于佛罗伦萨，是意大利早期文艺复兴建筑职业建筑师和工匠的先驱之一，其代表作为佛罗伦斯圣母百花大教堂穹隆顶。人们对布鲁内莱斯基生平的了解主要根据写于 14 世纪 80 年代的一本传记，该书作者为当时一位被人们称许的年轻人马内蒂。

第七章

奥斯曼帝国时期的西亚城市

第一节 政治生态

1355年钦察汗国灭亡后，奥斯曼帝国（1299—1922）、东罗马帝国（395—1453）、马穆路克王朝（1250—1517）、帖木儿帝国（1370—1507）、黑羊王朝（1375—1468）、白羊王朝（1378—1502）、萨法维王朝（1501—1736）、阿夫沙尔王朝（1736—1796）、杜兰尼王朝（1747—1818）、赞德王朝（1750—1794）、恺加王朝（1779—1921）以及以18世纪60年代工业革命后的英国、法国和俄国等欧洲列强你方唱罢我登场，在西亚地区展开激烈争夺。

奥斯曼帝国是由奥斯曼人建立的多族群帝国。奥斯曼人系西突厥的一支，属于西突厥乌古兹族卡伊部落，曾在呼罗珊从事游牧活动，并臣服于花剌子模王朝（1097—1231），信奉逊尼派伊斯兰教。13世纪，迫于蒙古西征的威胁，奥斯曼人迁至两河流域上游，其中约400户在首领厄尔图格鲁尔的率领下，进入小亚细亚西北部与东罗马帝国相邻的萨卡利亚河畔，依附于塞尔柱王朝旁支在小亚建立的罗姆苏丹国（1077—1308）。

1290年，厄尔图格鲁尔去世，其子奥斯曼一世（1258—约1326）继承首领之位任。奥斯曼一世以圣战之名不断袭击东罗马帝国边境，围困东罗马帝国城市尼西亚。1299年，奥斯曼自称加齐①，在其领地

---

① 加齐，为阿拉伯语音译，意为"战士"或"圣战者"。

范围内建立国家,是为奥斯曼帝国的雏形。1301年,奥斯曼一世在巴法埃农战役中击败救援尼西亚的东罗马帝国军队,旋即被得到土库曼人支持并依附于伊儿汗国的罗姆苏丹国苏丹凯库巴德三世(1298—1302)授予"贝伊"①称号。1302年,凯库巴德三世到访伊儿汗国时被处死,罗姆苏丹国分裂,奥斯曼一世遂改称埃米尔②,建立奥斯曼埃米尔国,定都萨卡利亚河谷的卡拉加希萨尔③,继而朝马尔马拉海和黑海方向拓展领土。1317年,奥斯曼一世将目标指向东罗马帝国在小亚细亚的最大据点布尔萨④。只要拿下了布尔萨,通向欧洲的马尔马拉海便铺展在眼前。这场围攻战持续了9年之久。在即将破城之际,奥斯曼一世的生命也走到了尽头。1326年,奥斯曼一世之子奥尔汗一世迁都布尔萨,并将父亲的遗体葬于该城。

奥尔汗一世(1326—1359年在位)、穆拉德一世(1360—1389年在位)和巴耶塞特一世(1389—1403年在位)接力发动对东罗马帝国的圣战,及至1401年,东罗马帝国只保有君士坦丁堡附近地区和摩里亚⑤两片领土。面对奥斯曼帝国的步步进逼,东罗马帝国皇帝甚至要逃离君士坦丁堡,只是在1402年与帖木儿大军的安卡拉会战中,巴耶塞特一世力屈被俘,奥斯曼帝国进入大空位时期(1402—1411),东罗马帝国才暂时躲过一劫,国祚又延续了约半个世纪,但到了1450年,君士坦丁堡仅剩下一个空壳,城市人口已不足10万人。⑥

1421年,穆拉德二世即位,此时的奥斯曼帝国在历经帖木儿入侵的打击后已实力大减。他首先战胜并杀死了反叛的弟弟穆斯塔法。

---

① 贝伊,为突厥语音译,意为"首领"或"酋长"。
② 埃米尔,为阿拉伯语音译,意为"统帅"或"掌权者"。
③ 卡拉加希萨尔原为希腊主教驻地,距布尔萨约两日路程。
④ 布尔萨位于今土耳其西北部马尔马拉海南岸的乌卢山北麓,始建于公元前3世纪,城名源于其创建者卑斯尼亚王国国王普鲁希亚斯,当时名为布鲁萨,后来成为罗马帝国的军事要塞。奥尔汗一世在布尔萨修建了奥斯曼帝国第一座清真寺和伊斯兰教经学院,使该城成为帝国的宗教和文化中心,1326—1426年为帝国首都。
⑤ 摩里亚,为东罗马帝国采邑,位于希腊大陆南部的伯罗奔尼撒半岛。
⑥ S. Turnbull, *The Ottoman Empire 1326–1699*, New York: Osprey, 2003, p. 28.

随后于1430年打败强国威尼斯。在接下来的统治中逐渐厌恶政事，于1443年让位其子穆罕默德二世（1444—1446年在位），由于穆罕默德二世年幼，穆拉德二世1446在禁军的拥戴下重新登基。1451年，穆拉德二世逝世，穆罕默德二世再次继位（1451—1481年在位）。1452年，穆罕默德二世在君士坦丁堡北方几千米外的博斯普鲁斯海峡最狭窄处欧洲一侧的东罗马帝国领土上，建造罗米利亚—希沙尔要塞，正对着海峡对面由其父穆拉德二世建造的另一座要塞。穆罕默德二世在罗米利亚—希沙尔要塞上配置了3门重炮，并规定任何进出海峡的船只必须停航接受检查，从而彻底阻断了援军和粮食进入君士坦丁堡的通道。

1452年秋，穆罕默德二世指挥8万大军围攻君士坦丁堡。东罗马帝国皇帝君士坦丁十一世（1449—1453年在位）可调动的力量只有5000名守军以及由意大利人和少数西班牙水手组成的1400名援军。[①] 1453年4月6日，奥斯曼军队开始炮击城墙，并多次尝试翻越城墙攻入城内，但均被击退。然而，尽管守城军民勇气可嘉，但他们面对的是一个不可能完成的任务。1453年5月29日凌晨1时，穆罕默德二世下达总攻令，君士坦丁堡遂在当天毫无悬念地陷落了。君士坦丁十一世下落不明，人们发现了一具脚穿绣有金鹰的红靴的遗体，从而猜测他可能力战殉国。[②] 绵延千余年、历经13个王朝和93位皇帝的东罗马帝国终于迎来的自己的终结之日。[③]

[①] ［美］托马斯·克劳威尔：《图说古今帝王》，卢欣渝译，生活·读书·新知三联书店2018年版，第252页。

[②] ［英］理查·威廉·丘奇：《中世纪欧洲：查理曼大帝时代、神圣罗马帝国兴衰、百年战争与文艺复兴》，李艳译，中国画报出版社2018年版，第524页。

[③] 东罗马帝国灭亡后，莫斯科大公国（1283—1547）大公伊凡三世（1462—1505年在位）于1472年迎娶东罗马帝国末代皇帝君士坦丁十一世的侄女索菲娅公主，从而在法理上成为东罗马帝国的唯一继承者（奥斯曼帝国也宣称自己是东罗马帝国的合法继承者）。1479年，作为东罗马帝国皇室标志的双头鹰作为国徽首次出现在莫斯科大公国的国玺上。1547年，伊凡三世之孙伊凡四世（1547—1584年在位）加冕为"沙皇"（"沙皇"在俄语中意为"恺撒"），建立沙皇俄国（1547—1721）。1721年，沙皇彼得一世（1721—1725年在位）被沙皇俄国元老院授予"全俄罗斯皇帝"称号，此后沙皇俄国改称俄罗斯帝国（1721—1917）。

同时代的东罗马帝国历史学家杜卡斯记载了城破后的情景："城市沦陷3天后，苏丹同意放船。于是一条条重得似乎要沉没的船只离开港口，驶往全国各地。船上满载着昂贵的布料和纺织品，黄金、白银、青铜和黄铜器皿，不计其数的各类典籍，以及战俘、百姓、教士、修女和僧侣。所有的船只都装满货物，所有的营帐都关满俘虏并堆满战利品。"① 君士坦丁堡的陷落，"使欧洲人突然意识到自己处于屈辱的最危险的防守地位"②。

东罗马帝国灭亡近40年后的1492年8月2日，意大利航海家克里斯托弗·哥伦布（1451—1506）在西班牙国王斐迪南和王后伊莎贝拉的资助下，率领3艘大船从西班牙南部的巴罗斯·德拉弗龙特拉港出发，沿着"一条此前可能没人走过的航道"③前往印度，结果在5个星期后抵达了他所谓的"印度恒河以外的陆地和岛屿"，而实际上是中美洲西印度群岛的古巴、海地两个大岛和若干小岛。④ 1497年7月8日，受葡萄牙国王派遣，葡萄牙航海家、探险家瓦斯科·达·伽马（1469—1524）率船从里斯本出发，寻找通向印度的海上航路，船经加那利群岛，绕好望角，经莫桑比克等地，于1498年5月20日到达印度西南部卡利卡特。1498年秋天离开印度，在1499年9月9日回到里斯本。随着以西班牙和葡萄牙为起点的将南北美洲、非洲、欧洲连接起来并最终通向亚洲的新航路的开辟，以西班牙、葡萄牙、荷兰、英国、法国、德国、俄罗斯等欧洲列强主导的殖民扩张的帷幕徐徐拉开，而同时代的西亚有两大强国，即奥斯曼帝国和萨法维王朝。

1516年8月24日，奥斯曼帝国苏丹塞利姆一世（1512—1520年

---

① S. Vryonis, Jr., *Byzantium and Europe*, New York: Harcourt Brace Jovanovich, 1967, pp. 190 – 192.

② H. G. Koenigsberger, *Medieval Europe 400 – 1500*, London: Longman, 1987, p. 340.

③ O. Dunn, J. Kelley, ed., and trans., *The Diario of Christopher Columbus' First Vayage to America, 1492 – 1493*, Norman: University of Oklahoma Press, 1989, p. 19.

④ C. Jane, ed., trans., *Select Ducuments Illustrating the Four Voyages of Columbus*, vol. I, London: Hakluyt Society, 1930, pp. 2 – 19.

在位）在阿勒颇北面的达比克草原击溃马穆路克军队，征服叙利亚。塞利姆一世乘胜从大马士革出发进攻埃及，并于1517年在开罗城郊的瑞达利亚战役中全歼末代苏丹图曼贝伊（1516—1517年在位）所部，灭亡马穆路克王朝，俘获哈里发穆塔瓦基勒三世（1508—1516年、1517年在位）并将其连同家眷带往伊斯坦布尔。1517年，穆塔瓦基勒三世被迫正式交出哈里发头衔和先知穆罕默德的遗物（剑和斗篷）。塞利姆一世自封哈里发并修订了哈里发职位的相关约规，以应对奥斯曼帝国王室并非出身于古莱西部落这一事实。晋升为哈里发后，"保卫伊斯兰世界的疆域、统帅穆斯林对基督徒发动圣战和维护沙里亚法的神圣地位，成为奥斯曼帝国苏丹的首要职责"[1]。

苏莱曼一世（1520—1566年在位）是奥斯曼帝国第十任苏丹。他亲自统率大军征服了基督教世界的军事重镇贝尔格莱德和罗得岛以及匈牙利的大部分领土，奥斯曼帝国向欧洲的扩张态势，直到1529年维也纳围攻战的失利方才告一段落，撤围原因包括守军的英雄顽强、连续的暴风天气和疫病的大肆传播等。[2] 在北非，奥斯曼帝国占领了除摩洛哥以外的马格里布地区，并于1560年全歼进攻的黎波里的西班牙远征军。当时的基督徒对奥斯曼军队颇为敬畏，将其形容为"一团炽热的火焰，无论遇到什么，都迅即加以吞噬，并继续猛烈地燃烧下去"[3]。

在与基督教世界进行陆上与海上的激烈博弈的同时，苏莱曼一世还将打击对象指向东方的宿敌萨法维王朝，并于1534年占领巴格达，巩固了奥斯曼帝国苏丹作为伊斯兰世界精神领袖和阿巴斯王朝哈里发合法继承人的地位。

苏莱曼一世在位期间，奥斯曼帝国海军称霸地中海、红海和波斯

---

[1] 彭树智主编：《中东史》，人民出版社2010年版，第149页。
[2] ［美］斯塔夫里阿诺斯：《全球通史：从史前史至21世纪》上册，吴象婴、梁赤民译，北京大学出版社2020年版，第401页。
[3] M. Pasha, *Ottoman Statecraft*: *The Book of Counsel for Vezirs and Governors*, ed. and trans. by W. L. Wright, Princeton: Princeton University Press, 1935, p. 21.

湾。此外，他进行了社会、教育、税收、刑律等方面的立法改革，主持编撰的法典奠定了帝国数个世纪的法律制度基础。苏莱曼一世统治时期的奥斯曼帝国版图横跨三大洲，人口达到5000万人。他也以"真主在大地上的影子""众苏丹之苏丹""众君主之君主"等桂冠自诩。

1566年，苏莱曼一世驾崩，其子塞利姆二世（1566—1574年在位）承继大统，奥斯曼帝国内忧外患不断，盛极而衰，有学者因此认为苏莱曼大帝时代的落幕标志着奥斯曼帝国乃至西亚中古的结束和现代的开始。[1]而从世界史的角度来看，"突厥人攻陷君士坦丁堡、哥伦布发现新大陆、达·伽马完成印度首航，共同见证了新世界的萌芽和世界现代史的行将开启，但也见证了旧世界的枯萎和世界中古史的即将落幕"[2]。

奥斯曼帝国的衰落是一个漫长的过程。苏莱曼大帝逝世之后的帝国仍维持着强大的军力，塞利姆二世等苏丹在对外战争中也取得些许进展，但颓势已现。1569年，奥斯曼帝国军队进攻伏尔加河三角洲地区的阿斯特拉罕，为俄罗斯军队所败。1570年，奥斯曼帝国海军占领威尼斯共和国控制塞浦路斯岛，随后将大量突厥人从小亚细亚移入该岛，而将岛上操希腊语的居民迁往小亚的安塔基亚一带。[3] 1571年，奥斯曼帝国海军在勒颁多海战中被奥地利、西班牙和威尼斯联合舰队击败。1606年，奥斯曼帝国与奥地利签订《西特瓦托洛克条约》，首次承认双方地位平等，后者无须再每年向前者纳贡。1645年，奥斯曼帝国军队远征克里特岛并占领哈尼雅和雷斯蒙等多个港口。[4] 1602—1618年和1623—1639年奥斯曼帝国与萨法维王朝展开了两次大战，不分胜负，两败俱伤。

---

[1] 黄民兴：《中东历史与现状二十讲》，中国书籍出版社2019年版，第18页。
[2] [英]理查·威廉·丘奇：《中世纪欧洲：查理曼大帝时代、神圣罗马帝国兴衰、百年战争与文艺复兴》，李艳译，中国画报出版社2018年版，第572页。
[3] S. Turnbull, *The Ottoman Empire 1326 – 1699*, New York: Osprey, 2003, p. 57.
[4] S. J. Shaw, E. K. Shaw, *History of the Ottoman Empire and Modern Turkey*, vol. I, Cambridge: Cambridge University Press, 1976, pp. 201 – 202.

1683年，奥斯曼帝国苏丹穆罕穆德四世（1648—1687年在位）派大维齐尔卡拉·穆斯塔法·帕夏（1634—1683）统率大军，围攻神圣罗马帝国首都维也纳，但被波兰国王约翰三世（1674—1696年在位）率领的波兰、奥地利和德意志联军击败。维也纳之战导致奥斯曼帝国精锐损失殆尽，不仅再也无力向欧洲发起攻势，而且在此后的数年间相继丢失匈牙利和巴尔干半岛大片土地，被迫由攻转守并寻求和谈。1699年，奥斯曼帝国与荷兰、俄国、奥地利、威尼斯和波兰在贝尔格莱德以北的卡洛维茨小镇签署《卡洛维茨条约》，首开奥斯曼帝国割让领土之先河：匈牙利和特兰西瓦尼亚划归奥地利，泰梅什堡划归奥斯曼帝国，奥地利与奥斯曼帝国以蒂萨河、萨瓦河和翁纳河一线为新的边界，达尔马提亚、伯罗奔尼撒半岛以及爱琴海上的重要岛屿划归威尼斯，勒班陀和艾因纳马夫拉划归奥斯曼帝国，波多利亚和乌克兰划归波兰。

　　除了东罗马帝国，由自称为什叶派第七任伊玛目穆萨·卡兹姆（745—799）后裔的萨法维家族创建的萨法维王朝（1501—1736），是奥斯曼帝国在西亚的另一个主要对手。

　　萨法维家族的祖先萨菲·丁（1252—1334）长期追随逊尼派苏菲派谢赫扎西德·吉拉尼，并于1301年在伊朗高原西北部城市阿尔达比勒创立苏菲派萨法维教团。此后，萨法维家族的宗教影响逐渐扩大。从1392年开始，萨法维教团改奉什叶派十二伊玛目派。1501年，萨菲·丁的六世孙——萨法维教团谢赫伊斯玛仪一世（1487—1524）率领由长期追随萨法维教团的乌斯塔吉鲁、鲁姆鲁、沙穆鲁、祖尔加迪尔、塔卡鲁、阿夫沙尔和恺加7个土库曼[①]部落组成的凯兹巴什战士[②]进军阿塞拜疆和亚美尼亚，随后在大不里士自封沙赫[③]，

---

　　① "土库曼"一词，通常用来指从萨法维王朝建立前后开始向中亚和西亚扩展的突厥部落。

　　② 凯兹巴什系波斯语，本义为"红帽子"，引申为"戴红帽子的战士"或"红头军"，特指伊斯玛仪一世之父海达尔（？—1488）担任谢赫以后的萨法维教团成员，因他们佩戴一种叠有十二个褶（代表十二伊玛目）的红色帽子而得名。

　　③ 沙赫，波斯语音译，简译为"沙"，意为"国王"。

建立萨法维王朝，确定十二伊玛目派的什叶派伊斯兰教为国教，无情镇压逊尼派。

建国伊始，伊斯玛仪一世就致力于开疆拓土。1502—1509年，萨法维王朝相继占领伊朗高原大部、亚美尼亚、库尔德斯坦和两河流域。1510年，伊斯玛仪一世在木鹿战役中击杀以骁勇善战著称的乌兹别克汗国昔班尼汗（1451—1510）。随后，萨法维王朝与奥斯曼帝国发生正面冲突，但在1514年8月23日的查尔迪兰战役中，被奥斯曼帝国苏丹塞利姆一世击败，从而丧失了亚美尼亚西部和库尔德斯坦。在查尔迪兰战役中，伊斯玛仪一世忽视了奥斯曼帝国军队火枪和大炮的威力，因此拖延了战机，致使大量曾一直追随他，甚至看着他长大的情同兄父的凯兹巴什将领殒命沙场。这次战役开启了两国长达41年的毁灭性战争，期间萨法维王朝首都大不里士先后于1528年、1534—1535年、1548年被奥斯曼帝国占领，伊斯玛仪一世之子——第二代沙赫塔赫马斯普一世（1524—1576年在位）不得不于1548年将首都迁往加兹温。1555年，两国在奥斯曼帝国北部城市阿马西亚签订《阿马西亚条约》，在历史上首次对边界做了宽泛的安排，特别是在北部接壤地区。

阿巴斯一世（1587—1629年在位）登基后，认识到传统的以骏马利剑见长的凯兹巴什战士已经完全不是装备了火枪火炮的奥斯曼军队的对手，军队重组和改革已经势在必行。他于1590年3月21日与奥斯曼人签订了《君士坦丁堡和约》，暂时结束了两国的敌对状态。根据和约，奥斯曼帝国基本保留了所有占领地区，包括格鲁吉亚、达吉斯坦、希尔凡、叶里凡、卡拉巴赫、库尔德斯坦、卢里斯坦、胡齐斯坦以及绝大部分的阿塞拜疆，另外和约重申了奥斯曼帝国对两河流域的所有权。而萨法维王朝仅仅保住了以阿尔达比勒为中心的一小部分阿塞拜疆领土，就连旧都大不里士也割让了出去。阿巴斯一世还承诺不再迫害逊尼派穆斯林，不再举行针对前三位哈里发的诅咒仪式，停止在奥斯曼帝国的领土上传播什叶派教义。为表示诚意，阿巴斯一世还将侄子海达尔·米尔扎作为人质送往奥斯曼帝国宫廷。

尽管《君士坦丁堡和约》让萨法维王朝蒙羞，但这不过是阿巴斯一世的韬光养晦之策，因为他需要争取时间来整军经武：一方面将凯兹巴什战士数量由6万—8万人减至3万人；另一方面，延聘一位英国将军担任顾问，重新组建了一支包括步兵、炮兵、火枪兵、禁卫军等兵种的人数达4000人的类似欧洲国家正规军的领取薪俸的职业化新军。[1]

军队改革完成后，阿巴斯一世首先向乌兹别克人开战，并于1598年重新夺回早前被乌兹别克人占领的赫拉特和马什哈德两座城市。1602年，阿巴斯一世一改百年来的被动防御的态势，主动向奥斯曼帝国发起进攻，再次占领两河流域和西亚美尼亚，并于1622年夺取巴格达。1602年，阿巴斯一世将葡萄牙人逐出巴林，随后在英国海军的帮助下于1622年重占波斯湾中的霍尔木兹，他还加强了与英国东印度公司和荷兰东印度公司的贸易往来。阿巴斯一世治下的萨法维王朝进入极盛时期，其疆域北起里海、南至波斯湾、西与奥斯曼帝国接壤、东与莫卧儿帝国相邻，成为当时国际公认的强国，一些欧洲国家纷纷遣臣交好，试图与其结成反奥斯曼帝国的同盟。[2]

1666年阿巴斯一世去世后，萨法维王朝开始逐渐走向崩溃，最后在1736年被土库曼阿夫沙尔部落建立的阿夫沙尔王朝取而代之。对于这次改朝换代的原因，有学者分析道："萨法维王朝的崛起、伊朗通往印度洋商路的关闭、俄国对伏尔加地区的征服，以及内部秩序与安全环境的丧失，所有这些都显著弱化了亚洲内陆的贸易。而连接欧洲与印度海上航道的发现，以及俄国经西伯利亚到太平洋的扩张所开辟的到中国的新商路，更使亚洲内陆贸易进一步弱化。亚洲内陆不仅断绝了与经济富庶地区的交往，也断绝了与文化发达地区的交往，那些曾给这一地区带来佛教、基督教等宗教和文化的商路遭到废置，

---

[1] [苏]米·谢·伊凡诺夫：《伊朗史纲》，李希泌、孙伟、汪德全译，生活·读书·新知三联书店1973年版，第86页。
[2] [美]斯塔夫里阿诺斯：《全球通史：从史前史至21世纪》上册，吴象婴、梁赤民译，北京大学出版社2020年版，第403页。

与外部穆斯林世界的密切联系亦不复存在，于是，地方主义盛行，经济衰落倒退，政治四分五裂。"①

阿夫沙尔王朝的建立被认为是伊朗近代史的起点。1796年，土库曼恺加部落推翻阿夫沙尔王朝，建立恺加王朝。在阿夫沙尔王朝和恺加王朝统治时期，伊朗成为西方列强争夺的对象：1801年，俄国兼并格鲁吉亚；1856—1857年的英伊战争导致恺加王朝割地赔款并承认阿富汗独立，此后法国、奥地利、美国等相继强迫恺加王朝订立不平等条约，取得领事裁判权和贸易特权；19世纪下半叶，英国和俄国攫取了在恺加王朝采矿、筑路、设立银行和训练军队等特权；1907年，英国和俄国划分了在恺加王朝的势力范围，北部属俄国，南部属英国，中部为缓冲区。

1921年，礼萨·汗推翻恺加王朝，并于1925年建立伊朗历史上最后一个王朝——巴列维王朝，国号为伊朗帝国②。1979年，宗教领袖阿亚图拉·鲁霍拉·穆萨维·霍梅尼（1902—1989）发动伊斯兰革命，礼萨·汗（1925—1941年在位）之子穆罕默德·礼萨·巴列维（1941—1979年在位）流亡国外，巴列维王朝被伊朗伊斯兰共和国取代。

一个国家的衰落往往是相对意义上的，是国际政治经济宏观大背景下力量对比关系的此消彼长。奥斯曼帝国和萨法维王朝走向衰落的大背景是16—17世纪欧洲经历了革命性的变化，如民族国家的诞生、主要列强的形成、重商主义的出现、殖民地的开拓和制海权的确立等。这正如一位奥斯曼帝国观察家在1625年的评论中所写的："欧洲人已经开始认识整个世界；他们的船只遍布全球，控制重要港口。印度、

---

① I. M. Lapidus, *A History of Islamic Society*, Cambridge: Cambridge University Press, 1988, p. 281.

② 1935年，礼萨·汗通知外国使节将国家名称由"波斯"改为"伊朗"。从词源上看，"伊朗"（Iran）源于族群名"雅利安"（Aryan），而"波斯"（Persia）源于地名"帕尔斯"（Pars）的希腊字和拉丁语音译。此外，"伊朗"与"波斯"在语言、历史和文化等方面的内涵和外延亦有所不同。通常来说，"伊朗"的范畴大于"波斯"。参见冀开运《论"伊朗"与"波斯"的区别和联系》，《世界民族》2007年第5期，第66页。

信德和中国的货物以前先运到苏伊士,再由穆斯林发往世界各地。而现在,这些货物则被装上葡萄牙、荷兰和英国船只运回欧洲,再从那里转运世界各地。欧洲人将自己剩余之物运到伊斯坦布尔等伊斯兰教城市,以5倍的价格出售,从中牟取暴利。伊斯兰教世界的黄金和白银大量外流,越来越少。奥斯曼帝国必须控制也门沿岸和那里的贸易,否则欧洲人很快就将成为伊斯兰世界的主人。"[1]

伴随着欧洲日益成为世界上最具活力和实力的地区,与欧洲毗邻的奥斯曼帝国成为最早受到欧洲列强冲击的国家,主要表现在持续不断的军事失败和领土萎缩上:1914年第一次世界大战爆发之前,奥斯曼帝国名义上的领土仅剩下安纳托利亚、叙利亚、巴勒斯坦、伊拉克、汉志、也门西部和色雷斯,面积约210万平方千米,只占版图最大时的2/5,同时边远省份和自治城市的离心倾向愈演愈烈。[2]

第一次世界大战爆发后,奥斯曼帝国加入同盟国,与协约国作战。1920年4月23日,凯末尔(1881—1938)在安卡拉创立以自己为首的集立法、行政管理和审判权为一身的土耳其大国民议会,组建正规军,并与列宁领导的苏维埃俄国缔结友好条约,争取尽可能多的国家的同情与支持。1920年8月10日,协约国与苏丹穆罕默德六世领导的奥斯曼帝国政府签订《色佛尔和约》,内容主要为削弱奥斯曼帝国的领土及国力,防止它再发动对外扩张的战争。土耳其大国民议会认为该条约损害土耳其人利益和主权,对之不予承认,并与依据《色佛尔和约》进占安纳托利亚的亚美尼亚、希腊和法国军队战斗,是为土耳其独立战争。

1919年5月19日,希腊王国[3]军队在位于安纳托利亚西端爱琴

---

[1] B. Lewis, *The Emergence of Modern Turkey*, London, New York and Toronto: Oxford Unveristy Press, 1961, p. 28.

[2] H. Ozoglu, *Kurdish Notables and the Ottoman State: Evolving Identities, Competing Loyalties and Shifting Boundaries*, New York: State University of New York Press, 2004, p. 47.

[3] 希腊从1460年起处于奥斯曼帝国的统治之下。1821年3月25日,希腊爆发反抗奥斯曼帝国统治的独立战争,同时宣布独立。1829年9月24日,奥斯曼帝国军队全部撤出希腊。1832年,希腊王国(1832—1924)成立。

在神圣和世俗之间：西亚城市带的交融与冲突（公元前7000—公元1922年）

海边的伊兹密尔登陆。1920年6月22日，希军从伊兹密尔地区发起进攻，并在马尔马拉海南岸登陆，企图扼杀土耳其的独立运动。危难时刻，凯末尔出任国民军总司令。1921年1月10日和3月31日，大国民会议组建的正规军击退希军在伊诺努的两次进攻。1921年8月23日，希军发起历时22个昼夜的萨卡利亚河战役，但在凯末尔指挥的土军的奋勇抵抗下，以失败告终。为彻底战胜希军，凯末尔一面争取苏联的支持，签订友好条约，一面着手军事改革，实行义务兵役制，改善武器装备，土军士气大振。1922年8月26日，土军发动全面反攻，8月30日在多姆鲁—彭那尔会战中击溃希军主力，9月9日收复伊兹密尔，9月18日将希军逐出安纳托利亚。在这场战争中，希军共伤亡20余万人，被俘4万余人。1922年10月11日，协约国与土耳其大国民议会在土耳其的穆达尼亚签订停战协定。1922年11月1日，土耳其大国民议会宣布废除苏丹制，11月16日下令以叛国罪对苏丹穆罕默德六世（1918—1922年在位）进行公开审判。1922年11月17日，穆罕默德六世携幼子潜登英国军舰出逃，奥斯曼帝国灭亡。

  1923年7月24日，以英国、法国、意大利、日本、希腊、罗马尼亚和塞尔维亚—克罗地亚—斯洛文尼亚王国7个协约国为一方，以土耳其大国民议会政府为另一方在瑞士洛桑缔结《洛桑条约》，取代《色佛尔条约》，确立了现代土耳其的疆域。1923年10月29日，土耳其大国民议会政府宣布土耳其共和国成立，凯末尔当选为共和国首任总统（1923—1938年在位），安卡拉被确定为首都。1924年3月3日，根据凯末尔的提议，土耳其大国民议会通过决议，废除哈里发制度，奥斯曼帝国最后一位哈里发阿卜杜拉·麦吉德二世（1922—1924年在位）被放逐出国。[①]

---

  ① 哈里发制度始自632年阿布·伯克尔当选阿拉伯帝国首任哈里发。阿拉伯帝国灭亡后，"哈里发"作为伊斯兰世界精神领袖的头衔保留下来。

第二节 发展概览

"以马可·波罗和以后的伊本·白图泰时代预言东方代表着城市和文明的未来是合乎情理的。然而,到了16世纪,从漳州的码头和货栈到开罗的嘎萨巴可以明显地看出,中国和伊斯兰世界城市的活力开始消散。"[1] 的确,随着欧洲工业革命的完成,在大部分历史时期内在规模和财富上都远超欧洲城市的奥斯曼帝国和萨法维王朝城市,不断被赶超,屈尊到二流甚至三流城市的行列。17世纪以降,越来越多的奥斯曼帝国和萨法维王朝城市的命运不再由国王和地方权贵左右,而是由欧洲的银行和政府官员决定,伊斯坦布尔和德黑兰等城市的影响显著下降。[2]

一 奥斯曼帝国的城市化进程

奥斯曼帝国的城市主要分布在拥有广阔农村腹地的商路沿线。小亚细亚的布尔萨和伊兹密尔、叙巴地区的耶路撒冷、横跨欧亚的伊斯坦布尔、叙利亚的大马士革和阿勒颇、两河流域的巴士拉和巴格达都成为奥斯曼帝国西亚贸易网络的重要节点城市。

1326年,马尔马拉海东侧的布尔萨被乌尔汗占领并成为奥斯曼帝国的第一座都市。[3] 1340年,奥尔汗在布尔萨建成大型巴扎。[4] 16世纪,布尔萨发展成为帝国东西方商品在小亚的集散地之一,其中大宗商品是伊朗高原的生丝、欧洲的毛纺织品、埃及的糖和印度的香

---

[1] [美] 乔尔·科特金:《全球城市史》,王旭等译,社会科学文献出版社2014年版,第97页。

[2] W. H. McNeill, *Plagues and People*, Garden City: Anchor Press, 1976, p.151.

[3] S. R. Turnbull, *The Ottoman Empire 1326–1699*, New York: Osprey, 2003, p.13.

[4] W. Ochsenwald, *The Middle East: A History*, Boston: McGraw-Hill, 2003, p.168. 有学者认为耶尼谢希尔(Yeni Sehir)为奥斯曼帝国的第一个首都。参见 S. J. Shaw, *History of the Ottoman Empire and Modern Turkey*, vol. I: *Empire of the Gazis: The Rise and Decline of the Empire, 1280–1808*, Cambridge: Cambridge University Press, 1976, p.14.

料，城市人口也从1340年的5000户增至1530年的6351户，1580年更是达到12852户。[1]

位于小亚半岛西部伊兹密尔，原来不过是一座仅有约2000户居民的小港，主要经济职能是为首都伊斯坦布尔提供水果、谷物、棉花和羊毛，经济发展长期处于停滞状态。[2] 17世纪，随着欧洲人对伊兹密尔谷物、棉花、烟草、无花果和葡萄干等需求的增长，英国东印度公司改善了伊兹密尔的城市基础设施，扩建了伊兹密尔港，并在城市周边开办了各类工厂。1897—1913年，伊兹密尔的无花果出口增长一倍，烟草出口增长3倍，棉花出口增长4倍。[3] 在这一过程中，伊兹密尔也由一个区域性港口发展成为一座国际化城市。

1517年3月20日，奥斯曼帝国军队占领耶路撒冷，结束了马穆路克王朝对该城长达350年的统治，开启了长达400余年的奥斯曼帝国统治时期。1535年，奥斯曼帝国苏莱曼大帝平息了阿拉伯人的叛乱后，下令以圆顶清真寺和阿克萨清真寺为中心，重建耶路撒冷。重建工程包括城墙、清真寺和排水系统等内容，规模庞大，耗时5年。其中重建后的城墙采用耶路撒冷特有的米色石料砌成，高约12米、厚约2.5米、长约5千米，有35座瞭望塔和7座可通行的城门。此外，苏莱曼大帝还指定西墙作为犹太人祈祷的场所。重建后的耶路撒冷老城大致呈正方形，占地约0.87平方千米，并逐渐形成以宗教和族群划分的4个区域，即位于老城东北的伊斯兰教区、位于老城西北的基督教区、位于老城西南的亚美尼亚教区和位于老城东南的犹太教区。克里米亚战争（1853—1855）结束后，奥斯曼帝国赋予帝国属民和外国侨民平等待遇。其中耶路撒冷各宗教团体的人口比例发生了明显变化，犹太社团逐渐成为当地最大的居民团体。1874年，美国

---

[1] H. Inalcik, *An Economic and Social History of the Ottoman Empire*, vol. I : 1300 – 1600, Cambridge: Cambridge University Press, 1994, p.225.

[2] M. R. T. Dumper, B. E. Stanley, eds., *Cities of the Middle East and North Africa: A Historical Encyclopedia*, Santa Barbara: ABC-CLIO, 2007, p.191.

[3] R. Owen, *The Middle East in the World Economy, 1800 – 1914*, London and New York: Methuen, 1981, p.29.

领事哈斯报告说，耶路撒冷的3万名居民当中有2万名是犹太人。①第一次世界大战结束后，耶路撒冷进入长达30年的英国委任统治时期（1918—1948）。

伊斯坦布尔于1453年成为奥斯曼帝国首都后，既是一个庞大的国内消费市场，也是一个繁忙的国际贸易枢纽。满载欧洲纺织品和东方香料等货物的商旅驼队周而复始地往返于伊斯坦布尔与伊朗高原、叙利亚、两河流域和中亚之间。② 在奥斯曼帝国的城市中，工匠和商人通常组成行会。官府在向行会会员收缴捐税的前提下，往往给予行会一定的自治权，有些地方行会与宗教团体联系密切，几乎能"执行所有的社会职能"③，"足以有效控制当地政府"④。在17世纪的伊斯坦布尔，手工业从业者约有26万人，分属1109个行会。⑤ "所有手工匠都有自己的行会，所有手艺人都属于自己的团体，当然农村手工匠例外，他们独立经营。"⑥ 手工业行会由从事同一行业的若干手工作坊组成，作坊内部的工匠、帮工和学徒各司其职，等级森严。学徒期限通常为1001天，其间提供食宿，不付报酬。学徒期满且通过考核者，可晋升为帮工，继续在作坊中工作3—5年并领取报酬，直至晋升为具体独立开设作坊资质的工匠。⑦

在15—16世纪的鼎盛时期，奥斯曼帝国涌现出一大批建筑杰作，

---

① E. Tal, *Whose Jerusalem?* Jerusalem: International Forum for a United Jerusalem, 1994, p. 74.

② H. Inalcik, *The Ottoman Empire: The Classical Age 1300 – 1600*, trans. by N. Itzkowitz and C. Imber, New York: Praeger Publishers, 1973, p. 146.

③ S. J. Shaw, E. K. Shaw, *History of the Ottoman Empire and Modern Turkey*, vol. I, Cambridge: Cambridge University Press, 1976, p. 157.

④ ［美］R. H. 戴维森：《从瓦解到新生：土耳其的现代化历程》，张增健、刘同舜译，姚南校，学林出版社1996年版，第56页。

⑤ J. Beinin, *Workers and Peasants in the Middle East*, Cambridge: Cambridge University Press, 2001, p. 17.

⑥ ［巴基斯坦］赛义德·菲亚兹·马茂德：《伊斯兰教简史》，吴云贵、金宜久等译，中国社会科学出版社1981年版，第401页。

⑦ H. Inalcik, *The Ottoman Empire: The Classical Age 1300 – 1600*, trans. by N. Itzkowitz and C. Imber, New York: Praeger Publishers, 1973, p. 157, 160.

在神圣和世俗之间：西亚城市带的交融与冲突（公元前 7000—公元 1922 年）

其中最负盛名的当属苏莱曼大帝（1520—1566 年在位）和其子塞利姆二世（1566—1574 年在位）统治时期帝国首席建筑师希南的系列作品。希南在伊斯坦布尔、大马士革、巴格达、麦加和麦地那等城市主持建造了 80 余座清真寺、60 余所伊斯兰学校、32 座宫殿、17 家救济所和 3 所医院以及各种桥梁、水渠、浴室和货栈等。[①] 其中的苏莱曼尼亚清真寺建于 1564—1575 年，坐落在今土耳其西北部的埃迪尔，是堪与君士坦丁堡的圣索菲亚大教堂相媲美的伊斯兰建筑艺术的最高成就之一。[②] 然而，同样在 15—16 世纪，随着西欧各国通往东方的航线，也即新航路的开辟，奥斯曼帝国的城市建设随着旧商路[③]的日益没落，逐渐进入了下行通道。

为了垄断与亚洲的贸易，葡萄牙人采取了封锁旧商路等措施，一度使由奥斯曼帝国主导的旧商路贸易份额急剧减少。作为反制手段，奥斯曼帝国在 16 世纪中期采取了一系列军事和外交行动，"稳定了近东的社会经济秩序，保障了穿越肥沃的新月地带的贸易路线的安全"[④]，贸易活动重新活跃起来，从红海运出的商品有丝绸、黄金、白银和奴隶等，进入红海的商品有瓷器、靛蓝、明矾、香料和药材等，阿勒颇顺理成章地成为地中海东岸的丝绸和香料贸易中心，巴士拉同样借助波斯湾贸易的增长而繁荣起来。显然，奥斯曼帝国在"西亚贸易路线的复兴取得了很大的成功"[⑤]，一度迫使葡萄牙人于 1563 年请求奥斯曼帝国同意他们可以在不受海关检查的情况下，先将货物

---

① [美] 托马斯·克劳威尔：《图说古今帝王》，卢欣渝译，生活·读书·新知三联书店 2018 年版，第 284 页。

② H. Crane, E. Akin, G. Necipoglu, *Sinan's Autobiographies: Five Sixteenth-Century Text*, Leiden: Brill Academic Publishers, 2006, p. 130.

③ 旧商路，是指与新航路对应的联结亚洲和欧洲的两条传统商路：一条是印度洋—波斯湾—巴格达—叙利亚和小亚—欧洲的商路；另一条是印度洋—红海—地中海东南沿岸—欧洲的商路。两条旧商路分别与陆上丝绸之路西段和海上丝绸之路西段大致重合。

④ J. Erick, *The European Miracle: Environments, Economies and Geopolitics in the History of Europe and Asia*, 3rd edition, Cambridge: Cambridge University Press, 2003, pp. 177 – 178.

⑤ [意] 卡洛·M. 奇波拉主编：《欧洲经济史》第 2 卷，贝昱、张菁译，商务印书馆 1988 年版，第 412—413 页。

从印度运到红海港口，再转运开罗和亚历山大。① 然而，奥斯曼帝国的衰落与欧洲国家的兴起的大势已不可逆转，所谓"贸易复兴"和阿勒颇等城市的发展只能是昙花一现式的回光返照，伊兹密尔等少数城市之所以能够逆势发展，是因为它们实际上已被纳入西方殖民体系之中。

1774年，沙皇俄国和奥斯曼帝国签订《库克·卡亚纳加条约》。该条约标志着奥斯曼帝国主导黑海时代的结束，西方国家和沙皇俄国的势力开始向特拉布宗等帝国黑海沿岸港口城市渗透。在此背景下，特拉布宗很快转变为一个半自治港口城市。1829年9月14日俄土《阿德里安堡条约》签订后，特拉布宗商品贸易戏剧性增长，如1838年商品贸易额较1829年增长了4倍。1853—1856年的克里米亚战争进一步刺激了特拉布宗的经济增长，因为战争所需的大量军用和民用物资大都是通过特拉布宗港转运的。②

外国商人主导了奥斯曼帝国的贸易活动，正如恩格斯所说的："谁在土耳其进行贸易呢？无论如何不是土耳其人。当他们还处于原始的游牧状态时，进行贸易的方法只是抢劫商队，现在他们稍为文明一点的时候，是任意强征各种各样的捐税。居住在大海港的希腊人、阿尔明尼亚人、斯拉夫人和西欧人掌握了全部贸易，而他们也没有任何理由应当感谢土耳其的贝伊和帕夏让他们有从事贸易的可能。如果把所有土耳其人赶出欧洲，贸易也绝不会碰到什么灾难。"③ 外国商人在奥斯曼帝国的大城市有自己的居住区，有代理和办事机构。亚美尼亚人、希腊人和阿拉伯人充当欧洲商人的中介或代理人，从事中间经济和过境贸易业务。由此可见，奥斯曼帝国城市在跨入近代前只处于全球商业网的边缘，并且随着全球商业网的不断拓展，这种边缘程

---

① ［法］弗尔南·布罗代尔:《菲利普二世时代的地中海与地中海世界》第1卷，唐家龙、曾培耿等译，吴模信校，商务印书馆1996年版，第827页。
② M. R. T. Dumper, B. E. Stanley, eds., *Cities of the Middle East and North Africa: A Historical Encyclopedia*, Santa Barbara: ABC-CLIO, 2007, p. 364.
③ 马克思、恩格斯:《马克思恩格斯全集》第9卷，人民出版社1961年版，第29页。

度不断加深，最终失去了与欧洲城市齐头并进的历史机遇。

二　伊朗诸王朝的城市化进程

萨法维王朝、阿夫沙尔王朝和恺加王朝等伊朗诸王朝的城市化进程与奥斯曼帝国的城市化进程大致相近并交叠在一起。

作为萨法维王朝的首都，大不里士的最大缺陷是地处伊朗高原西北一隅，难以统摄全国，又靠近奥斯曼帝国边界，易受敌国侵扰。在1514年的查尔迪兰战役中就曾被奥斯曼人攻陷，千名工匠和无数财宝被掠走。1549年，塔赫马斯普一世迁都至大不里士东南方402千米的厄尔布尔士山南麓的加兹温[①]，直至阿巴斯一世再迁至伊斯法罕。

库姆是伊斯兰圣城之一，位于伊朗高原中部，阿拉伯语意为"起来"。816—817年，伊斯兰教什叶派第八任伊玛目阿里·里达之妹法蒂玛·马尔苏玛在探望兄长的旅途中，病故于库姆，后建陵于此，是为马尔苏玛陵。1502年，萨法维王朝将什叶派定为国教，并设总部于库姆。遵照王朝开国君主伊斯玛仪一世的旨意，马尔苏玛陵被饰以花砖金箔，在墓北建起礼拜堂和宣礼塔，还辟有宽阔的广场。萨法维王朝阿巴斯一世在位期间，号召什叶派穆斯林到库姆和阿里·里达陵墓所在地马什哈德朝拜，不要再去奥斯曼帝国统治下的两河流域圣地朝拜，从而确立了库姆和马什哈德什叶派圣城的地位。

1504年，帖木儿的后裔巴布尔占领喀布尔。随后以其为中心，不断南下入侵印度，经过十几年的奋战，终于建立了莫卧儿帝国。喀布尔位于阿富汗东部兴都库什山南麓的喀布尔河谷，在信德语中意为"贸易中枢"，是"古代东西方贸易和军事的交汇之地"[②]，印度古经《吠陀经》和《波斯古经》都提到喀布尔。此后，为了争夺对阿富汗

[①] 加兹温在3世纪由萨珊王朝国王沙普尔一世所建，在塞尔柱王朝统治下曾一度繁荣。

[②] S. Wahab, B. Youngerman, *A Brief History of Afghanistan*, New York: Infobase Publishing, 2007, p. 31.

城市的控制权，莫卧儿帝国与萨法维王朝展开拉锯战，"莫卧儿控制喀布尔，萨法维占据赫拉特，处于两城之间的坎大哈数易其手"①。1530年冬，巴布尔去世，其子胡马雍继位。1545年秋，胡马雍在萨法维王朝支持下夺取苏尔王朝（1486—1555）统治下的喀布尔。

坎大哈位于勒齐斯坦沙漠东北端海拔1000米的绿洲上，往北可通喀布尔，往西可达赫拉特，是阿富汗南部的商业中心和交通重镇，公元前330年由亚历山大大帝所建，原名"安其提亚的亚历山大城"，既是波斯与印度之间的屏障，也是安置马其顿—希腊老兵之地。1221年，坎大哈被拖雷所率蒙古西征队占据。1383年被帖木儿王朝的创建者帖木儿攻取。1522年落入帖木儿大帝后裔——莫卧儿帝国的创建者巴布尔之手。1605—1606年，萨法维王朝阿巴斯一世派兵攻打坎大哈，结果无功而返。1622年阿巴斯一世亲率大军经45天围攻，终于占领坎大哈。1638年，莫卧儿帝国沙·贾汗派重兵迫使萨法维王朝坎大哈总督阿里·马丹汗投降，重新夺回坎大哈。

1648年夏，萨法维王朝阿巴斯二世率领4万大军从伊斯法罕出发，先是占领拉什卡尔加，然后于1648年冬兵临守备薄弱的坎大哈城下，并最终于1649年春迫使坎大哈守将献城投降。1651年，莫卧儿帝国沙·贾汗派皇子奥朗则布（1618—1707）率5万人大军企图夺回该城，但由于火炮质量太差和冬季即将到来而被迫撤军。此后，沙·贾汗又先后于1652年和1653年派皇子奥朗则布和达拉·沙赫分别攻打该城，均铩羽而归。

1747年，在伊斯兰教苏菲派长老主持下，阿富汗各部族酋长在坎大哈集会，推举普什图人艾哈迈德·沙赫·杜兰尼（1724—1773）为盟主，定都坎大哈，创建阿富汗人的第一个伊斯兰教王朝——杜兰尼王朝（1747—1818）。1773年，艾哈迈德·沙赫·杜兰尼迁都喀布尔，同年逝世，其子帖木儿·沙赫继位。

---

① A. Fletcher, *Afghaniatan: Highway of Conquest*, Iahaga and New York: Cornell University Press, 1965, p. 38.

萨法维王朝城市的社会经济结构与奥斯曼帝国大同小异。根据17世纪欧洲旅行家的估计，当时萨法维王朝有约100万居民生活在伊斯法罕等城市，占全国人口的10%—15%。[①] 行会是城市基本的社会经济组织，在受到国家官吏监管的同时，也享有不同程度的自治。行会内部分为若干作坊，作坊往往由来自同一家族的工匠、帮工和学徒构成。作为相对独立的生产单位，作坊所从事的是以生产资料个体所有制和个体劳动为基础的商品经济，也即简单商品经济。

在萨法维王朝，最重要的手工业部门是纺织业，纺织业行会因而成为势力最大的城市行会。其他的手工业部门包括制陶业、金属加工业、皮革业、玻璃制造业、珠宝业、洗染业和造纸业等。17世纪之前，萨法维王朝的手工业产品主要满足国内需要，亦有地毯和陶瓷等手工业产品畅销国际市场。与众多的行会作坊并存的，还有拥有约5000名工匠的30余个王室工场。王室工场生产的丝绸和地毯质地上乘，不仅满足宫廷所需，还远销欧洲和印度。"所有亚洲国家和多数欧洲国家向伊斯法罕派出从事商品批发和零售的商人，其中既有印度人、蒙古人、突厥人、犹太人、亚美尼亚人和格鲁吉亚人，也有英国人、荷兰人、法国人、意大利人和西班牙人。"[②] 包括欧洲人在内的外国商人，此时"只是获准入境从事商贸活动的外国人，与当地商人共同生活在文明程度很高的社会中，当地商人与他们一样富有和精明"[③]。

随着1640年英国资产阶级革命的爆发，世界历史步入现代。受当时西方世界主导的以工业化和地理大发现为标志的早期全球化的影响，与奥斯曼帝国的城市一样，萨法维王朝、阿夫沙尔王朝（1736—1796）和恺加王朝（1779—1921）[④] 的城市也在很大程度上成了"全

[①] J. Foran, *Fragile Resistance: Social Transformation in Iran from 1500 to the Revolution*, Boulder: Westview Press, 1993, p. 31.

[②] J. Foran, *Fragile Resistance: Social Transformation in Iran from 1500 to the Revolution*, Boulder: Westview Press, 1993, p. 32, 36.

[③] J. Foran, *Fragile Resistance: Social Transformation in Iran from 1500 to the Revolution*, Boulder: Westview Press, 1993, p. 38.

[④] 1921年，礼萨·汗推翻恺加王朝；1925年，巴列维王朝（1925—1979）建立。

球化中的城市"①。

19世纪以前,如奥斯曼帝国一样,萨法维王朝、阿夫沙尔王朝、恺加王朝的城市化水平与西方国家相差无几,甚至一度略高于西方国家,成为当时世界上城市化程度最高的地区。据统计,1800年,中东城市化率为12%,而同期欧洲城市化水平为8%—9%,北美仅为3%,世界平均水平为5%。②然而伴随着18世纪后期到19世纪中期工业革命所推动的第一次现代化浪潮,西方国家实现了产业结构和政治制度的转型,从而确立了对世界上其他国家和地区的优势地位,纷纷走上殖民扩张之路,使世界范围的资本要素迅速向西方城市聚集,西方城市化由此进入发展快车道。与此形成鲜明对比的是,传统经济结构占绝对地位的西亚城市化进程与在西方城市化进程相形见绌,差距越来越大。设拉子是伊朗南部重要的手工业中心,1800年约有纺织作坊500家,1857年只剩下10家。③伊朗中部的内陆城市卡尚曾以工艺精美的丝织品和棉织品的闻名遐迩,但到19世纪40年代已严重衰退,织机从最高峰时的8000部锐减至800部。④9世纪初,伊斯法罕还是拥有20万人口的伊朗最大城市,但到1870年,该城人口只剩下7万人。⑤至19世纪90年代,伊斯法罕已经成为英国工业城市曼彻斯特和格拉斯哥的纺织品倾销市场。⑥19世纪末的一位伊斯法罕税吏在其报告中写道:"这座城市曾有许多织工,现在只剩下不

---

① P. J. Taylor, B. Derudder, P. Saey, F. Witolw, eds., *Cities in Globalization: Practices, Policies and Theories*, Oxon: Routledge, 2007, p. 32.

② C. E. Elias, J. Gillies, S. Rierner, *Motropolis: Values in Conflict*, Belmont: Wadsworth Publishing, 1964, pp. 11 – 12; J. De Vries, *European Urbanization: 1500 – 1800*, London: Metheun Press, 1984, p. 349.

③ G. Nashat, *The Origins of Modern Reform in Iran: 1870 – 1880*, Urbana: University of Illinois Press, 1982, p. 6.

④ W. Floor, *Tradtional Crafts in Qajar Iran (1800 – 1925)*, Costa Mesa: Mazda Publishers, 2003, pp. 6 – 8.

⑤ G. Nashat, *The Origins of Modern Reform in Iran: 1870 – 1880*, Urbana: University of Illinois Press, 1982, p. 6.

⑥ J. Foran, *Fragile Resistance: Social Transformation in Iran from 1500 to the Revolution*, Boulder: Westview Press, 1993, p. 125.

过 1/5。伊斯法罕的妇女现在大都失业了，无法再像从前那样靠纺纱织布来养育自己的孩子。"①

直到 19 世纪，伊朗各王朝与奥斯曼帝国统治者一样，仍对西方国家抱有自 9 世纪以来轻蔑态度。② 然而，在当时世界日益融为一体的大背景下，面对西方国家殖民扩张的现实挑战，西亚的现代城市化进程也不得不被动地开启了。

在西方殖民者涉足的以前的萨法维王朝城市中，与奥斯曼帝国城市一样，由于不同宗教、不同种族、不同职业、不同地理来源而形成的相互邻接和相互重叠社团在城市生活中发挥了至关重要的作用，使得德黑兰等城市"即使不存在欧洲城市那样的市政机构，也能幸存甚至发展的原因"③。但随着西方国家工业革命完成以及对外扩张的提速，萨法维王朝、阿夫沙尔王朝和恺加王朝的城市发展动力亦随之发生嬗变，不再以宗教色彩浓厚的社团的影响作为唯一的动力源，具有西方殖民性质的经济因素逐渐成为城市发展的主要动力。城市作为经济中心的地位日益上升，人口增长提速。

与奥斯曼帝国城市一样，萨法维王朝、阿夫沙尔王朝和恺加王朝的城市现代化是伴随着西方殖民扩张开始的，所以其近代化过程既无法体现整个国家的发展水平，更无法与西方城市平等竞争。

第三节 典型城市

一 伊斯法罕

伊斯法罕位于扎格罗斯山脉与库赫鲁德山之间的山谷之间，扎延德河流经于此。作为伊朗高原为数不多的河谷地带，得天独厚的

---

① E. Abrahamian, *A History of Mordern Iran*, Cambridge: Cambridge University Press, 2008, p. 59.
② B. Lewis, *The Muslim Discovery of Europe*, New York: Norton, 1982, pp. 60 – 68, 185 – 187.
③ A. Raymond, *Arab Cities in the Ottoman Period: Cairo, Syria and the Maghreb*, Burlington: Ashgate Variorum Collected Studies Series, 2002, p. 236.

地理环境使得这里非常适合农业生产。公元前7世纪，这里成为米底王国的一部分，并有一些波斯部落定居于此。公元前553年阿契美尼德王朝建立后，为了将辎重与兵员高效地输送给东征西讨的一线部队，迫切需要建设一个后勤保障基地，伊斯法罕就这样登上了历史的舞台。[1]

公元前330年，伊斯法罕在亚历山大大帝东征时遭受破坏，后在塞琉古王朝和萨珊王朝统治时期得以修复并有所发展。640年，阿拉伯人占领伊斯法罕并对其进行了改建，出现了大量伊斯兰式建筑。

11世纪中叶，塞尔柱王朝开国君主图格里勒·贝格（1037—1063年在位）夺取萨珊王朝东部地区并定都伊斯法罕。维齐尔尼扎姆·穆勒克（1018—1092）的主持在伊斯法罕主持修建了清真寺等大量公共设施。新建的道路和运河将全国各地的物资源源不断地输送到伊斯法罕。优越的地理位置吸引着丝路上南来北往的商队，商人们聚集在新建的客栈中，巴扎与市集上充满了东方与西方的奇珍异宝。

随着塞尔柱王朝国力衰弱，周边游牧部落不断蚕食其领土。在此后的数百年间，花剌子模、蒙古军队数次入侵伊斯法罕。1387年，帖木儿帝国攻占伊斯法罕，7万军民被屠。1453年，伊斯法罕再次重建。

萨法维王朝建立后，为了抵御来自西面的奥斯曼帝国的攻击，阿巴斯一世于1598年将都城由伊朗高原西部的加兹温（1548—1598年成为首都）迁至位于伊朗高原腹地的伊斯法罕。[2] 阿巴斯一世在伊斯法罕大兴土木，城内许多公共建筑物都是从那时开始建造的，其中著名的有沙赫广场、阿里卡普宫、谢赫·劳夫清真寺、沙赫清真寺、四十柱宫、大巴扎、三十三孔桥和赫朱古桥等，整个城市"如同一座充满瑰丽建筑的天堂，公园里花香四溢，为草木和溪流平添生气"[3]。

---

[1] "伊斯法罕"一名源自波斯语"斯帕罕"，意为"军队"，这里可能曾是军队的集结地，故名。

[2] P. M. Holt, A. K. S. Lambton, B. Lewis, eds., *The Cambridge of Islam*, vol. 1, Cambridge: Cambridge University Press, 1970, p. 398.

[3] R. McChesney, "Four Sources on Shah 'Abbas's Building of Isfahan", *Muqarnas* 5 (1988), pp. 103–134.

沙赫广场位于市中心，呈长方形，长510米，宽165米，四周修建有两层高的拱门式回廊，面积8万余平方米，始建于1612年萨法维王朝沙赫阿巴斯一世在位期间，是当时检阅军队、举行庆典及观看流行的马球比赛的场所。广场西边为阿里加普宫，南边为沙赫清真寺，东边为谢赫·劳夫清真寺，北边为大巴扎。

阿里卡普宫始建于17世纪初叶，是萨法维王朝君主们用来招待外国使节的宫殿。殿高近50米，共有6层，内有两座楼梯，一座螺旋形，通向屋顶的音乐厅，该音乐厅的四壁与屋顶全部采用木质镂空装饰成花瓶和茶杯等造型，以减少声音的反射提高音响效果；另一座是国王专用梯，直接通往位于第3层的由18根木柱支撑的观景台，该观景点是君主和客人欣赏在广场上举行的马球比赛、焰火表演和阅兵仪式的最佳位置。宫殿廊壁上有数幅宏大精致的壁画和浮雕作品，反映当时人们的生活、劳动和征战场面。

图7—1　法国建筑师帕斯卡尔·科斯特1841年访问波斯时所绘沙赫清真寺[①]

---

① 参见https：//en.wikipedia.org/wiki/Isfahan。

沙赫清真寺最初由塞尔柱王朝维齐尔尼查姆·穆勒克主持兴建，阿巴斯一世1612年下令扩建，1638年竣工，占地17000平方米，圆柱、拱门、尖塔和瓷砖皆具浓郁的波斯风情。清真寺内外墙壁均有饰以精美壁画的瓷砖镶嵌而成，大门镀银，上书诗文。清真寺拱顶上的尖塔正对麦加方向。位于寺南侧的大拱顶高54米，主要部分均为镀金或镀银，辉煌夺目，光彩照人。若站在正对着拱顶的回音石上拍手，即可听到多次洪亮的回音，离拱顶中心越远，回音越弱。在大拱顶两侧各有一座高43米的宣礼塔。寺内有一个用来测算时间的三角形日晷。该寺西侧建有经学院，现仍保留多处用于礼拜和祈祷的房间。

谢赫·劳夫清真寺是王室家眷专用的祷告场所，设计简洁，既无宣礼塔，亦无庭院。不同于大多数清真寺的蓝色基调，清真寺外观呈柠檬黄色，建材和装潢亦十分考究，尽显高贵典雅。此寺由设计师谢赫·劳夫主持建造，开工于1602年，竣工于1619年。

四十柱宫位于沙赫广场和阿巴斯大街之间，总面积约6.7万平方米，主体建筑面积1113平方米，始建于阿巴斯一世在位时期，竣工于阿巴斯二世在位时期，是接待贵宾和使节的地方。宫殿的基石高出地面约1米。宫殿前半部是三面开放的宽敞的平台，台上有20根高大的松木廊柱。正中的4根廊柱中间有一大理石水池。水由这4根廊柱下方的石雕狮子的嘴里喷出。宫殿前面为长方形大水池，长110米，宽16米，水池四周有喷泉和石雕。站在池边朝宫殿望去，20根廊柱与辉映在水中清晰的倒影浑然一体。① 与平台相接的大殿有三个拱顶。入门处有一玻璃镶嵌的镜厅，为阿巴斯一世于1657年所建，萨法维二世时重新修饰。大殿墙上有三幅巨大壁画，中间是国王远征印度大获全胜的战场风云，左右分别国王接待嘉宾的宴会盛况。

---

① "四十"这个词在波斯语中的含义是虚指"很多"，而非实指"四十"这个数字。其用法就像阿拉伯经典故事集《一千零一夜》里脍炙人口的短篇故事《阿里巴巴与四十大盗》一样，并不是实指四十个强盗，而是泛指有很多强盗。

借其优越的地理位置，萨法维王朝时期的伊斯法罕很快就成为丝绸之路的南路重镇。1666年，伊斯法罕有162座清真寺、273座公共浴室、48所学校和1802处客栈，居民约60万人，远超同时期的巴黎和伦敦。[1] 阿巴斯一世支持与欧洲开展贸易，尤其与英国和荷兰。为了满足日益增长的贸易需求，大量的工匠从帝国各地来到伊斯法罕开办工厂，伊斯法罕不仅成为帝国的贸易中心，也成为帝国的制造中心。伊斯法罕不仅出口当地生产的地毯、羊毛、马匹、葡萄酒、珍珠和水果，还把从中国和印度进口的瓷器、丝绸和杏仁等转运到欧洲。[2] 主要进口商品则纺织品、金属、咖啡、糖和香料。由于商旅四方云集、商品琳琅满目，一时富甲天下，民间素有"伊斯法罕半天下"的美誉。

二 赫拉特

赫拉特，位于喀布尔西约600千米处的哈里河中游右岸。公元前541年，赫拉特被居鲁士大帝纳于治下。公元前329年，在亚历山大大帝征服波斯的战争中，赫拉特成为亚历山大帝国的一部分。公元前312年、公元前245年和公元前167年，赫拉特有先后被并入塞琉古王朝、巴克特里亚王国[3]和帕提亚帝国的版图。

3世纪，赫拉特成为萨珊王朝治下的基督教的中心，设有一名景教主教。484年，赫拉特为中亚游牧族群嚈哒人攻占。644年，赫拉特成为阿拉伯帝国的一部分。786—809年，赫拉特是阿拔斯王朝的一部分。后来实际上先后被名义上尊奉阿拔斯王朝哈里发的伊斯兰政权塔希尔王朝（820—872）、萨法尔王朝（867—1002）、萨曼王朝

---

[1] J. Foran, *Fragile Resistance: Social Transformation in Iran from 1500 to the Revolution*, Boulder: Westview, 1993, p. 31.

[2] 阿巴斯一世喜爱中国瓷器。1611年他在阿尔达比勒陵园祭祖，祭祀完毕后，特地在陵墓一角开辟了中国陶瓷收藏室，将个人珍藏的1162件中国瓷器奉献出来，其中特别珍贵的青花瓷有37件。

[3] 巴克特里亚王国（公元前256—前145）是由希腊—马其顿殖民者在今兴都库什山以北的阿富汗东北部地区建立的希腊化国家，首都为巴克特拉。

（874—999）和伽兹尼王朝（962—1186）实际控制。1040年以后被塞尔柱王朝统治。1175年，被古尔王朝（1148—1215）占领，后归花剌子模王朝（1077—1231）。

1220年，蒙古大将苏达·巴哈杜尔率领2万军队突然出现在赫拉特城下，守将不战而降。不久，谢姆斯·埃德·丁率阿富汗军队夺占该城。1221年，托雷率蒙古大军再次围城。战斗中，谢姆斯·埃德·丁阵亡，该城居民遂打开城门。蒙古军队入城后，对守城军民进行了大屠杀。

1245年以后，赫拉特成为卡尔提德王朝（1244—1381）的一部分。1381年，赫拉特遭帖木儿大帝屠城，帖木儿第四子沙哈鲁被任命为赫拉特总督。1405年帖木儿大帝去世后，沙哈鲁继位并迁都赫拉特。

1747年杜兰尼王朝建立后，赫拉特时而臣服，时而独立。19世纪上半叶，伊朗因沙皇俄国侵占其外高加索领土而企图占领赫拉特以弥补损失。沙皇俄国支持伊朗的行动，并劝说阿富汗统治者不要干涉。伊朗的行动和沙皇俄国的态度，使以印度为根据地向中亚扩张势力的英国感到震惊。1837年，伊朗军队3万余人包围赫拉特。英国随即与伊朗断绝外交关系，并派兵入侵伊朗，占领波斯湾的哈尔克岛。1838年，伊朗当局鉴于赫拉特久攻不下，又有英军侵入帕尔斯的传闻，遂以维护英伊友谊之名撤围，并开始与英国进行谈判。1841年，英伊关系正常化，英国交还哈尔克岛。赫拉特冲突实际上是俄英在中亚的一次较量。伊朗军队中有沙皇俄国军事顾问，而赫拉特防御战则由英国军官指挥。此后，1856年和1885年，英国同伊朗又因赫拉特问题发生两次军事冲突。

在建筑上，赫拉特将波斯、阿拉伯同突厥建筑风格融为一体，呈现出突厥特色。所建造的清真寺、经学院、陵墓、宫殿等，巍峨完美，装饰华丽，雕镂精湛，色调明快。

在神圣和世俗之间：西亚城市带的交融与冲突（公元前7000—公元1922年）

图 7—2　1879 年的赫拉特卫城①

　　始建于 11 世纪初著名的赫拉特礼拜五清真寺，重建于 15 世纪，以蓝色为主基调，镶有色彩鲜艳的马赛克作为装饰，可容 8 万人同时礼拜，是世界上最大的清真寺之一。城郊有帖木儿帝国苏丹侯赛因·拜卡拉（1469—1502 年在位）创建的伊斯兰教经学院，4 座尖塔高耸挺拔。城西的郭瓦沙古学府系帖木儿第四子沙哈鲁后裔建于 1420 年，历经 22 年完工，其中的高塔六柱外层以蓝绿琉璃瓦镶嵌，宏伟壮观。东北郊的加扎尔加赫有一座苏菲派修道院，内有 11 世纪苏菲派诗人霍贾·阿卜杜拉·安萨里（1006—1088）的大理石墓，是著名的苏菲派圣地。西北郊有古哈尔·沙德皇后陵墓和 6 座尖塔。从皇后陵墓北行不远，还有苏菲派诗人贾米（1414—1492）的陵墓，贾米的创作标志着持续了 6 个世纪之久的中古伊朗文学繁荣时期的终结。

三　卡尔巴拉

　　卡尔巴拉为伊斯兰教什叶派圣地之一，位于伊拉克中部巴格达西

---

①　参见 https：//commons. wikimedia. org/wiki/File：1879_ Citadel_ of_ Herat. jpg。

南 88 千米处。城市分新旧两部分：旧城围以城墙，新城在其南面。

680 年，阿拉伯帝国第四任哈里发阿里的次子、第三任什叶派领袖侯赛因（626—680）反对伍麦叶王朝哈里发穆阿维叶一世实行世袭制传位给自己的儿子亚齐德，拒绝向亚齐德宣誓效忠，并在库法的亲先知家族的一再恳求下，与弟弟阿拔斯等家属和随从 60 余人离开麦地那，前往库法就任哈里发。在行抵卡尔巴拉附近沙漠时，与亚齐德派出的由齐亚德统率的数千骑兵追上，经过 9 天的对峙，侯赛因一行全部遇难，他的头颅被送往大马士革亚齐德的宫廷。侯赛因的遗体连同后来被归还的头颅一起被安葬在卡尔巴拉，该城从此成为什叶派信徒朝拜的圣地。有学者这样评介侯赛因的举动："他的殉教开创了什叶派的新纪元。在什叶派来看，侯赛因比其父阿里更为重要，因为他是先知的外孙。有那么一些事件，它们的巨大作用并非来自当事人及其无法避免的结局，而是来自它们留在人们脑海中的记忆。"[1]

图 7—3　卡尔巴拉侯赛因的陵墓[2]

---

[1] H. Halm, *Shiism*, Edinburgh: Edinburgh University Press, 1991, p. 15.
[2] 参见 https://baike.baidu.com/item/侯赛因清真寺/6949684？fr = aladdin。

在侯赛因遇难地附近，什叶派建起了陵墓和清真寺，陵墓位于寺中央。阿拔斯王朝哈里发穆尔台绥姆（833—842年在位）进行了重建。该寺1801年曾被逊尼派支派瓦哈比派所毁，很快修复。每年许多什叶派穆斯林从世界各地前来朝谒，而伊拉克和伊朗去麦加朝觐的穆斯林，则常以卡尔巴拉为出发点。还有很多穆斯林把亲属朋友的遗体运到这里埋葬。历史上卡尔巴拉是什叶派的根据地和宗教学术中心之一。

四 德黑兰

德黑兰原是9世纪古城拉依城外的一个村落，意为"暖坡"，所以拉依常被视为德黑兰历史的先驱。根据波斯古经《阿吠斯塔》记载，拉依是世界第12个城市，由善神阿胡拉·马兹达建立，位于呼罗珊大道和厄尔布尔士山脉南麓。[①]

643年，拉依在被阿拉伯人征服的过程中几乎全部被毁。阿拉伯人在拉依附近建立一座新城市，为阿拔斯王朝早期的一些哈里发和塞尔柱王朝奠基者的驻跸之地，古代的拉依也随之得以重建。8—12世纪，拉依空前繁荣，成为阿拔斯王朝和塞尔柱王朝东部主要城市之一。1037年，拉依成为塞尔柱王朝首都，这一地位一直保持到塞尔柱王朝迁都伊斯法罕。[②] 1220年，蒙古人摧毁拉依，许多居民逃往德黑兰，德黑兰从此逐渐繁荣起来，成为"著名的村庄"[③]。

13世纪早期的阿拉伯地理学家亚库特就记载德黑兰有12个区，拥有隐蔽的住房和环绕的花园，"各区之间时常爆发冲突"[④]。14世纪上半期的地理学家和历史学家阿卜杜拉·穆斯塔法把德黑兰描写成一座

[①] A. Madanipour, *Tehran: The Making of a Metropolis*, New York: John Wiley and Sons, 1998, p. 3.

[②] A. Madanipour, *Tehran: The Making of a Metropolis*, New York: John Wiley and Sons, 1998, p. 4.

[③] [英] W. B. 费舍尔主编：《伊朗》，北京大学地质地理系经济地理专业译，人民出版社1977年版，第187页。

[④] L. Lockhart, *Persian Cities*, London: Luzac, 1960, p. 2.

中等城市，气候比拉依更为舒适。① 1404年，西班牙驻帖木尔帝国首都撒马尔罕大使唐·鲁伊·克拉维霍在赴任途中经过德黑兰时写道："德黑兰占地很广，没有城墙，商品丰富，令人愉悦。"②

1553年，萨法维王朝塔玛斯布一世（1525—1577）为德黑兰建了巴扎，修筑了城墙。从1589年开始，阿巴斯一世又在德黑兰北部建了4个花园和1座园林。1618年的德黑兰"人口较少，住宅不多，花园很大，水果种类繁多"，"几乎没有什么引人注目的建筑"③。1628年的德黑兰已经成为"一座令人印象深刻的高原之城，周边有众多令人赏心悦目的卫星小镇"④。

1795年，恺加王朝建立者阿加·穆罕默德（1779—1797年在位）将只有1.5万人口的德黑兰确定为首都。⑤ 随着宫廷人口和军队数量的膨胀，又有更多的人口来此从事贸易和手工业。1811年，德黑兰有30个清真寺和300个浴池，人口达4万—6万人。1817年，德黑兰人口达到7万，其中恺加宫廷和军队占全城人口的6%。⑥ 1885年，德黑兰人口增至15万人，其中包括1578名犹太人、1006名基督徒、123名琐罗亚斯德教徒和30名外国人，分别生活在5个社区，全城共有47座清真寺、35所宗教学校、190座公共浴池和130个客栈。⑦

1868年，恺加王朝第四任沙赫纳赛尔丁（1848—1896年在位）聘请法国设计师勃朗将军仿照法国巴黎对德黑兰进行了第一次扩建，

---

① L. Lockhart, *Persian Cities*, London: Luzac, 1960, p. 4.
② A. Madanipour, *Tehran: The Making of a Metropolis*, New York: John Wiley and Sons, 1998, p. 4.
③ A. Madanipour, *Tehran: The Making of a Metropolis*, New York: John Wiley and Sons, 1998, p. 29.
④ L. Lockhart, *Persian Cities*, London: Luzac, 1960, pp. 4–5.
⑤ 邢秉顺：《伊朗文化》，文化艺术出版社2003年版，第102—103页。
⑥ A. Madanipour, *Tehran: The Making of a Metropolis*, New York: John Wiley and Sons, 1998, pp. 5–6.
⑦ E. Abrahamian, *A History of Mordern Iran*, Cambridge: Cambridge University Press, 2008, p. 28.

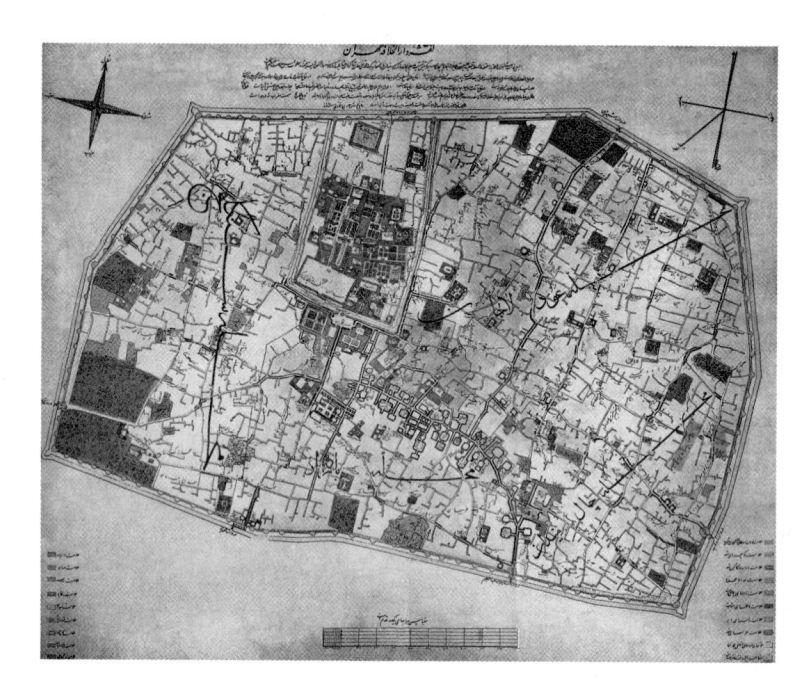

图7—4　1857年德黑兰布局图①

城区面积达到18平方千米，是原来的4.5倍。② 新规划的德黑兰为规划的八边形，环绕以新城墙和新护城河，有12座大门、58座尖塔式城堡和3个大型广场。在新的城市空间格局中，社会中下层人群与上层人群被分置于南部和北部：北部更为西化，林荫大道、高档写字楼和豪华酒店鳞次栉比，清真寺难得一见；南部更为传统，茶馆、烤羊肉串店和宗教图书馆星罗棋布，清真寺无所不在。③

五　伊斯坦布尔

从10世纪时起，突厥人和阿拉伯人开始称君士坦丁堡为"伊斯

---

① https://en.wikipedia.org/wiki/Tehran.
② A. Madanipour, *Tehran: The Making of a Metropolis*, New York: John Wiley and Sons, 1998, pp. 32, 235.
③ G. H. Blake, R. I. Lawless, eds., *The Changing Middle Eastern City*, New York and London: Harnes and Noble Books, 1980, pp. 149–150.

坦布尔",这个名称来自希腊语,意为"在城里"或"进城去"[①]。1453年奥斯曼帝国苏丹穆罕默德二世征服君士坦丁堡并迁都于此后,虽仍沿用希腊语旧称"君士坦丁堡",但"伊斯坦布尔"逐渐成为官方称谓。[②]

奥斯曼帝国统治初期的伊斯坦布尔,人口还不到5万。穆罕默德二世(1444—1446年、1451—1481年在位)以归还财产和给予信仰自由为条件,吸引出逃的希腊人、亚美尼亚人和犹太人返城定居,同时3000户鲁梅尼亚人移民至该城,另将3万户农民迁到城郊,以保障城内的农产品供应。[③] 1477年,伊斯坦布尔有穆斯林9486户、东正教徒3743户、犹太人1647户,总人口近10万人。苏莱曼一世在位期间(1520—1566),伊斯坦布尔有人口40—50万人,"比当时欧洲任何城市都拥有更多的财富和更多的人口"[④],成为当时欧洲和近东最大的城市。[⑤] 16世纪末,伊斯坦布尔的人口增至80万人,40%为热那亚人、希腊人、犹太人和亚美尼亚人等非穆斯林,主要分布在与金角湾毗邻的郊区加拉塔,其中希腊人在包税、批发和航运领域处于垄断地位。[⑥] 18世纪,加拉塔有8个穆斯林区、7个希腊人区、3个法兰克人区、1个犹太人区和2个亚美尼亚人区。

[①] A. Room, *Placenames of the World: Origins and Meanings of the Names for 6600 Countries, Cities, Territories, Natural Features and Historic Sites*, 2nd edition, Jefferson: McFarland, 2006, p. 177.

[②] D. Obolensky, *The Byzantine Commonwealth: Eastern Europe, 500 – 1453*, New York: Praeger, 1971, p. 48. 1930年,土耳其共和国正式将君士坦丁堡改名为伊斯坦布尔。

[③] H. Inalcik, *The Ottoman Empire: The Classical Age 1300 – 1600*, trans. by N. Itzkowitz and C. Imber, New York: Praeger Publishers, 1973, p. 140.

[④] [美] 乔尔·科特金:《全球城市史》,王旭等译,社会科学文献出版社2014年版,第98页。

[⑤] H. Inalcik, *An Economic and Social History of the Ottoman Empire*, vol. I: 1300 – 1600, Cambridge: Cambridge University Press, 1994, p. 18;[美] 保罗·肯尼迪:《大国的兴衰——1500—2000年的经济变革与军事冲突》,王保存、王章辉、余昌楷译,朱贵生审校,求实出版社1988年版,第12—13页。

[⑥] H. Inalcik, *The Ottoman Empire: The Classical Age 1300 – 1600*, trans. by N. Itzkowitz and C. Imber, New York: Praeger Publishers, 1973, p. 144.

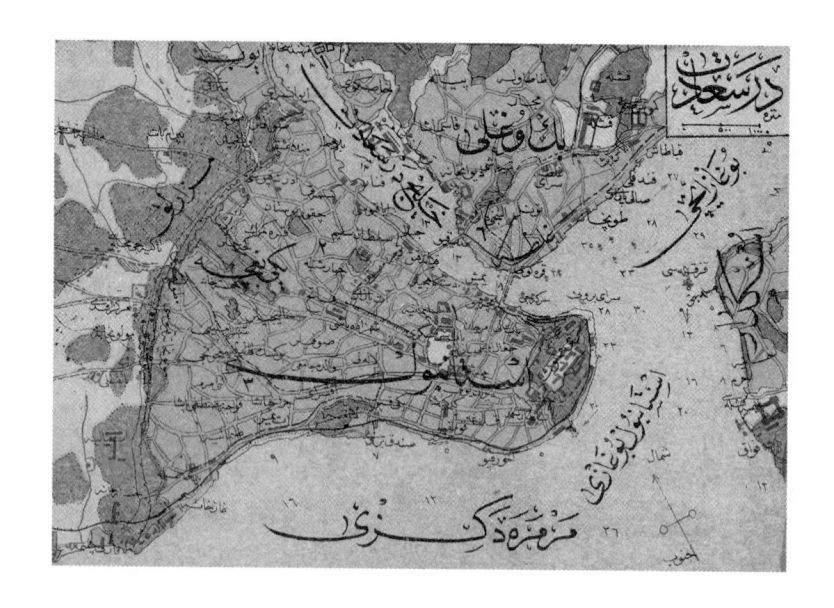

图7—5　绘于公元1909年的伊斯坦布尔地图①

在奥斯曼帝国统治者对伊斯坦布尔的重建过程中，意义深远的不是皇宫和城墙，而是大巴扎和清真寺。

大巴扎作为商业中心，有助于居民过上正常的生活；清真寺更是发挥着宗教、文化和政治等综合功能。1456年，穆罕默德二世下令在伊斯坦布尔兴建大巴扎，第二年竣工。根据1476年的统计，大巴扎有各类店铺、作坊、仓库、客栈、茶馆和咖啡馆3000余家，2万余人在此谋生。② 随后经济的进一步发展，17世纪的伊斯坦布尔有各类行会735个③，其中包括20个厨师行会、11个渔民行会和64个乐器行会。④

1463—1470年，穆罕默德二世在伊斯坦布尔建造有着6座宣礼塔

---

① https：//www.geographicus.com/P/AntiqueMap/Istanbul-esref-1909.
② J. Freely, *Istanbul*: *The Imperial City*, London：Penguin Books, 1996, pp. 185, 356.
③ J. Freely, *Istanbul*: *The Imperial City*, London：Penguin Books, 1996, p. 230.
④ G. Baer, *Fellah and Townsman in the Middle East*: *Studies in Social History*, London：Frank Cass, 1982, p. 152.

的蓝色清真寺（当时只有麦加的清真寺有 6 座宣礼塔），周围环绕着 8 所宗教学校，学生总数超过 600 人。17 世纪中叶，伊斯坦布尔有清真寺 152 处，宗教学校 126 所。①

随着以进行资本主义商品经济活动为主要内容的新城市中心出现，改变了伊斯坦布尔以清真寺和巴扎为中心的城市格局。从 1838 年开始，伊斯坦布尔的欧洲人聚居在加拉塔区城墙以北的佩拉。1848 年，为了解决佩拉人口密度过大的问题，奥斯曼帝国政府开始参照欧洲城市模式对原有居民区进行了改建和扩建。到 1864 年，砖石结构建筑取代了所有木质结构建筑。佩拉的生活是舒适优雅的，林荫大路两侧排列着西式的酒店、商场、咖啡屋、俱乐部、影剧院和外国使领馆，"这里有希腊、意大利和法国最奢华的东西，到处都是来自西方各国的商业巨头、代表团员、海军军官和使馆马车等，土耳其男人在理发店的窗口外朝里艳羡地窥视，土耳其女人则好奇地在女帽陈列柜前流连。欧洲人在街上开着玩笑，惬意悠闲；土耳其人反倒像外国佬，拘谨羞涩"②。随着佩拉的西化，许多西化的上层穆斯林开始跨过金角湾移居这一正在成长为国际商业中心的新区。当奥斯曼帝国苏丹在 1856 年先是将王宫从托普卡珀迁至道玛巴哈斯，然后再迁到伊尔迪兹，进一步靠近博斯普鲁斯海峡，上层穆斯林及其居住区自然围绕新宫发展起来。

伊斯坦布尔在外力楔入作用下踏上了现代化之路。不仅城市管理体制、城市市容和内部格局发生了变化，而且城市人口增长和经济繁荣，在国内外地位上升。

每个居民区在其谢赫领导下，形成一个行政社区，谢赫由居民区的人员选举，并得到政府任命。谢赫是政府与人民之间的中间人，他

---

① H. Inalcik, *The Ottoman Empire: The Classical Age 1300－1600*, trans. by N. Itzkowitz and C. Imber, New York: Praeger Publishers, 1973, pp. 143－144; Ira M. Lapidus, *A Histroy of Islamic Society*, Cambridge: Cambridge University Press, 1988, p. 330.

② Z. Celik, *The Remaking of Istanbul: Portrait of Ottoman City in the Nineteenth Century*, Seattle and London: University of Washington Press, 1986, p. 119.

们不仅负责征税等财政任务,而且也要维持社区的法律和法令,解决内部争执,防止外部袭击。在谢赫领导下,居民区成为城市管理的一个不可或缺的集体。

伊斯坦布尔的街区是按族群组织的,穆斯林是最大族群,生活在半岛中心地区,亚美尼亚人、希腊人、犹太人集中在海岸一带,其中希腊人和亚美尼亚人主要居住在马尔马拉海岸,而金角湾则是希腊人和犹太人聚居地。[1] 1871年,伊斯坦布尔有321个居民区,其中284个是穆斯林的,其余是希腊人、亚美尼亚人和犹太人的。[2]

---

[1] Z. Çelik, *The Remaking of Istanbul: Portrait of Ottoman City in the Nineteenth Century*, Seattle and London: University of Washington Press, 1987, Introduce.

[2] C. Thubron, *Istanbul*, Amsterdam: Time Life Books, 1978, p. 11.

附　录

专有名词英汉对照

Ace-Ptolemais 阿卡托勒梅斯
Achaemenid 阿契美尼德
Acre 阿卡
Adab 阿达布
Adana 亚达那
Aden 亚丁
Admah 押玛
Adoraim 亚多莱因
Aelia Capitolina 埃利亚卡皮托利纳
Afghanistan 阿富汗
Agade 阿卡德
Ahura Mazda 阿胡拉马兹达
Ai-Khanoum 阿伊－哈努姆
Ain Ghazal 艾因加扎勒
Akkad 阿卡德
Akshak 阿克沙克
Alaca Hoyuk 阿拉卡霍尤克
Alalah 阿拉拉赫
Alashiya 阿拉西亚
Al-Bufalasah 阿勒布法拉萨

Aleppo 阿勒颇
Alexandria ad Caucasum 高加索亚历山大城
Alexandria in Arachosia 阿拉霍西亚的亚历山大城
Alexandria in Aria 阿里亚亚历山大城
Alexandria Eschate 极远亚历山大里亚
Alexandropolis 亚力山卓波利斯
Al-Fustat 福斯塔特
Algiers 阿尔及尔
Ali Kosh 阿里库什
Alishar Huyuk 阿利沙尔霍尤克
Almaty 阿拉木图
Almaut 阿拉穆特堡
Al-Najaf 纳贾夫
Al-Rawda 艾尔罗达
Amasya 阿马西亚
Amman 安曼
Amol 阿莫勒

在神圣和世俗之间：西亚城市带的交融与冲突（公元前7000—公元1922年）

Amorites 阿摩利人
Anbar 安巴尔
Anjar 安杰尔
Ankara 安卡拉
Anatolia 安纳托利亚
Anshan 安珊
Antakya 安塔基亚
Antioch 安条克
Antioch-Margiana 马尔基亚那的安条克
Antioch-Persis 波西斯的安条克
Apamea 阿帕米亚
Apamea on the Selea 塞拉河畔的阿帕梅亚
Aphek 亚弗
Apollonia 阿波罗尼亚
Arad 亚拉得
Arbela 埃尔比勒
Ardabil 阿尔达比勒
Arderica 阿德里卡
Arg-e Karim Khan 卡里姆汗城堡
Armenia 亚美尼亚
Arqa 阿卡
Arrapha 阿拉法哈
Arsacia 阿尔萨息亚
Arsacid 阿尔萨息
Arslantepe 阿斯兰特
Artemita 阿特密塔
Arzac 阿扎克

Assyria 亚述
Astrakhan 阿斯特拉罕
Attalia 阿塔利亚
Arwad 阿尔瓦德
Aryan 雅利安
Ashdod 阿什杜德
Ashkabad 阿什哈巴德
Ashkelon 亚实基伦
Assur 阿淑尔
Avaris 阿瓦利斯
Avesta 阿吠斯塔
Awaz 阿瓦士
Awwam 奥瓦姆
Ayia Napa 阿依纳帕
Ayla 艾拉
Ayn Jalut 艾因贾鲁
Azerbaijan 阿塞拜疆
Az Zarqa 扎尔卡
Baba Jan Tepe 巴巴简泰佩
Babylon 巴比伦
Bactria 巴克特里亚
Bad-tibira 巴德提比拉
Baghdad 巴格达
Bagram 贝格拉姆
Bahrain 巴林
Bakkah 巴卡
Baku 巴库
Balawat 巴拉瓦特
Balkh 巴里黑

Balkan 巴尔干
Bam 巴姆
Bani Yas 雅西族
Bardaa 巴达阿
Barran 巴兰
Basrah 巴士拉
Batroun 拜特龙
Bastam 巴斯塔姆
Bazaar 巴扎
Beersheba 别是巴
Behistun 贝希斯敦
Beirut 贝鲁特
Bercher 贝尔谢
Bethlehem 伯利恒
Beth Shean 伯善
Bet Shemesh 伯示麦
Bet-el 贝特埃尔
Bethsaida 伯赛
Bezer 比悉
Beycesultan 贝塞尔坦
Bishkek 比什凯克
Bithynia 卑斯尼亚
Bit-Istar 比特伊斯塔尔
Borsippa 波尔西帕
Bukhra 布哈拉
Bursa 布尔萨
Bushehr 布什尔
Butumi 巴统
Buyids 布益人

Byblos 巴比罗斯
Byzantine 拜占庭
Byzas 拜扎斯
Cadiz 加的斯
Caesarea 恺撒里亚
Cappadocia 卡帕多西亚
Carthage 迦太基
Caspian Sea 里海
Carchemish 卡尔凯美什
Catalhoyuk 恰塔霍裕克
Caucasus 高加索
Cayonu 卡约努
Chagar Bazar 查加尔巴扎尔
Chogha Bonut 乔哈波努特
Chogha Mish 丘加美斯
Cimmerians 辛梅里安人
Constantinople 君士坦丁堡
Crete 克里特
Crimea 克里米亚
Ctesiphon 泰西封
Cyropolis 居鲁士城
Cyclades 克拉泽斯群岛
Cyprus 塞浦路斯
Dalma 达尔马
Damascu 大马士革
Dan 但
Daqin 大秦
Dara 达拉
Darabgard 达拉巴德

在神圣和世俗之间：西亚城市带的交融与冲突（公元前 7000—公元 1922 年）

Darobdjird 达拉卜吉尔德
Deir Alla 迪尔阿拉
Der 德尔
Dhamar 扎马尔
Dhiban 底本
dhimma 吉玛
dhimmis 吉米
Dibba Al-Hisn 迪巴埃尔黑森
Dilbat 迪尔巴特
Dilmun 狄勒蒙
Diniktum 迪尼库姆
Diyarbakir 迪亚巴克尔
Dor 多珥
Doura Europos 多拉埃乌洛波斯
Dura-Europos 杜拉欧罗普
Dumat Al-Jandal 杜马特埃尔贾达尔
DurKurigalzu 杜尔库尔加勒祖
Dur Sharrukin 杜尔沙鲁金
Dur Untash 杜尔安塔什
Dushanbe 杜尚别
Ebla 埃伯拉
Ecbatana 埃克巴坦那
Ed-Dur 埃德杜尔
Egypt 埃及
Ekallatum 埃卡拉姆
Ekron 革伦
Elasa 厄拉撒
Elburz Mountains 厄尔布尔士山脉

Emar 埃玛
En Gedi 恩盖迪
Enfeh 恩菲
Ephesus 以弗所
Eratosthenes 埃拉托色尼
Erbil 埃尔比勒
Eridu 埃利都
Ertugrul 埃尔图鲁尔
Erzurum 埃尔祖鲁姆
Esagila 埃萨吉拉
Esfahan 伊斯法罕
Eshnunna 埃什努那
Eskischer 埃斯基谢希尔
Estakhr 伊什塔克尔
Et-Tell 埃特尔
Euboea 优卑亚岛
Eudaemon 尤达蒙
Euphrates 幼发拉底河
Failaka 法拉卡
Famagusta 法马古斯塔
Faryab 法利亚布
Firuzabad 菲鲁扎巴德
Gandzha 占贾
Ganjah 干札赫
Ganj Dareh 甘吉达维
Ganzak 甘扎克
Gath 迦特
Gaza 加沙
Gaziantap 加济安泰普

· 232 ·

Georgia 格鲁吉亚
Geoy Tepe 格奥泰佩
Gerrha 格里拉
Gezer 盖泽尔
Gibeah 基比亚
Gilead 基列
Girdkuk 吉儿都怯
Girsu 吉尔苏
Godin Tepe 戈丁泰佩
Gomorrah 俄摩拉
Gozlukule 哥兹卢库勒
Guabba 古阿巴
Guida 吉达
Gyumri 久姆里
Hadatu 哈达图
Hafshejan 哈夫斯扬
Haifa 海法
Hajar Am-Dhaybiyya 哈杰尔阿姆达比亚耶
Haji 哈吉
Hajji Firuz Tepe 哈吉菲鲁兹泰佩
Halicarnassus 哈利卡纳苏斯
Hamadan 哈马丹
Hama 哈马
Hammam 公共浴池
Haradum 哈拉德姆
Harran 哈兰
Hashimiya 哈什米耶
Hashtgerd 哈什特盖尔德

Hatra 哈特拉
Hattusha 哈图沙
Hazor 哈措尔
Hebron 希伯仑
Hecatompylos 百门城
Hejaz 汉志
Heliopolis 赫利奥波里斯
Herat 赫拉特
Hippodamus 希波丹姆
Homs 霍姆斯
Hormirzad 霍米尔扎德
Hormouz 霍尔木兹
Hungary 匈牙利
Hyrcanian 赫卡尼亚
Il-Khan 伊儿汗
Ilkhanate 伊儿汗国
Inandıktepe 伊纳迪克佩
Ion 伊翁
Ionia 爱奥尼亚
Iran 伊朗
Iraq 伊拉克
Isfahan 伊斯法罕
Isin 伊新
Israel 以色列
Istanbul 伊斯坦布尔
Iwan 伊旺
Izmir 伊兹密尔
Janin 杰宁
Jawa 爪哇

Jebel Ali 杰贝阿里
Jericho 杰里科
Jerusalem 耶路撒冷
Jews 犹太人
Judah 犹太
Jezreel 耶斯列
Jidda 吉达
Joppa 雅法
Jordan 约旦
Jowzjan 朱兹詹
Jubail 朱拜勒
Julfar 朱拉弗
Kabnak 卡巴纳克
Kabri 卡布里
Kabul 喀布尔
Kadesh 卡代什
Kadesh Barnea 卡代什巴尼亚
Kgzimiyyah 卡兹米耶
Kahat 卡哈特
Kalhu 卡尔浒
Kaminahu 卡米纳胡
Kandahar 坎大哈
Kangavar 坎加瓦尔
Kanish 卡尼什
Karaj 卡拉季
Karakorum 哈拉和林
Karatepe 卡拉泰佩
Karbala 卡尔巴拉
Karka de Bet Selok 塞琉古城堡

Karkemish 卡尔凯美什
Karlowitz 卡洛维茨
Kar-Tukulti-Ninurta 卡尔图库尔提宁努尔塔
Kazan 喀山
Kermanshah 科曼莎
Keryneia 凯里尼亚
Ketuvim 圣文集
Khalifa 哈里发
Maqqedah 玛基大
Khirbet Kerak 克尔伯特克拉克
Khirbet Qeiyafa 海贝·凯雅法
Khojend 苦盏
Khorasan 呼罗珊
Khorsabad 克尔萨巴德
Khor Rori 克罗里奥
Khorsabad 豪尔萨巴德
Khvarvaran 克瓦尔瓦兰
Khwarezmia 花剌子模
Kidinnu 肯迪努
Kirkuk 基尔库克
Kir of Moab 摩押的基尔
Kish 基什
Kishma 吉什姆岛
Kisurra 基苏拉
Knhor 卡恩浩
Konar Sandal 科纳尔桑达
Kondoz 昆都士
Konia 科尼亚

Kuara 夸拉
Kufa 库法
Kul Tepe 库尔泰佩
Kumayri 久姆里
Kumidi 库米迪
Kurigalzu 库尔加勒祖
Kutaisi 库塔伊西
Kutha 库萨
Kuwait 科威特
Kyrgyzstan 吉尔吉斯斯坦
Jemdet Nasr 杰姆德特纳斯尔
Jordan Valley 约旦河谷
Lachish 拉吉
Lagash 拉伽什
Lamassu 拉马苏
Lamla 拉姆拉
Lammasa 兰巴撒耳
Laodicea 劳迪西亚
Larnaca 拉纳卡
Larsa 拉尔萨
Lebanon 黎巴嫩
Lefkosia 尼科西亚
Lenkoran 兰凯兰
Lihyan 利罕
Limassol 利马索尔
Liyan 利延
Lugal-Zaggisi 卢伽尔扎吉西
Lydia 吕底亚
Macedones 马其顿人

Madain Saleh 马德恩萨利赫
Madinat at-Salam 麦地那萨莱姆
Magan 马干
Maghreb 马格里布
Mahallat 玛赫拉特
Mahanaim 玛哈念
Maimundiz 麦门底司
Maktoum 马克图姆
Mameluke 马穆路克
Manama 麦纳麦
Manishtushu 马尼什图苏
Marad 马拉德
Maragheh 蔑剌哈
Mardaman 马达曼
Mashhad 马什哈德
Mari 马瑞
Marduk 马尔杜克
Marib 马里卜
Marlik 马利克
Marw 木鹿
Masat Hoyuk 马萨特霍尤克
Mashhad 马什哈德
Mashkan-shapir 马什坎沙皮尔
Massagetae 马萨革泰人
Mashtee 马什德
Matla 马特拉
Mecca 麦加
Media 米底
Medina 麦地那

Megara 迈加拉人　　　　　　　　Nicosia 尼科西亚
Megiddo 美吉多　　　　　　　　Nimrud 尼姆鲁德
Meluhha 麦鲁哈　　　　　　　　Nimvar 尼瓦尔
Merv 木鹿　　　　　　　　　　Nineveh 尼尼微
Mesene 墨塞尼　　　　　　　　Nippur 尼普尔
Mesopotamia 两河流域　　　　　Nisa 尼萨
Miletus 米利都　　　　　　　　Nisahapur 尼沙布尔
Millett 米勒特　　　　　　　　Nuzi 奴孜
Mithradatkirt 米特里达梯基特　　Opis 欧比斯
Mleiha 姆莱哈　　　　　　　　Orcistus 奥色斯图斯
Moldavia 摩尔达维亚　　　　　Otrar 讹答剌
Morea 摩里亚　　　　　　　　Palestine 巴勒斯坦
Mosul 摩苏尔　　　　　　　　Paphos 帕福斯
Mukalla 穆卡拉　　　　　　　Parni 帕勒
Mumbaqat 姆巴卡特　　　　　　Parthia 帕提亚
Musasir 穆萨西尔　　　　　　　Pasargadae 帕萨尔加德
Musqat 马斯喀特　　　　　　　Patigrabana 帕克拉帕纳
Mutasim 穆塔西姆　　　　　　　Pera 佩拉
Muweilah 穆维拉　　　　　　　Pergamon 帕加马
Nabada 纳巴达　　　　　　　　Persepolis 波斯波利斯
Nagar 纳伽尔　　　　　　　　Persia 波斯
Nahavand 纳哈万德　　　　　　Persis 波西斯
Najd 纳加德　　　　　　　　　Petra 佩特拉
Naqsh-e Rustam 那屈舍鲁斯塔姆　Philippoi 腓力比
Narezzash 纳雷扎什　　　　　　Philippopolis 腓力波利斯
Nashaq 纳斯哈克　　　　　　　Pompeii 庞贝
Nashan 拿山　　　　　　　　　Pontus 本都
Nerebtum 纳博姆　　　　　　　Poti 波季
Nicaea 尼西亚　　　　　　　　Priene 普南

Prusias 普鲁希亚斯
Qalat al-Bahrain 卡拉特巴林
Qalat Jarmo 卡拉特贾莫
Qarnawu 卡纳乌
Qaryat al-Faw 卡亚拉特阿尔法
Qasr-e-Shirin 席林堡
Qasr Khuld 永恒宫
Qatara 卡塔拉
Qatna 卡特纳
Qawasim 卡西米族
Oman 阿曼
Pasaradea 帕萨加第
Qom 库姆
Quat-Hadasht 新城
Quba Mosque 库巴清真寺
Quraysh 古莱西
Rabat Amon 拉巴特阿蒙
Rabat Tepe 拉巴特泰佩
Ramallah 拉姆安拉
Raqqa 剌哈
Ray 拉依
Rey 雷伊
Rhagae 拉盖
Rishon Le Ziyyon 里松莱锡安
Riyadh 利雅得
Ruha 努哈
Rustavi 鲁斯塔维
Safavid 萨法维
Sakarya River 萨卡里亚河

Sakas 萨迦人
Samal 萨马尔
Samaria 撒马利亚
Samarkand 撒马尔罕
Samarra 萨马拉
Sanaa 萨那
Sanabad 萨那巴德
Sapinuwa 萨皮努瓦
Sarai 萨莱
Sarakhs 撒刺哈
Sardis 萨尔狄斯
Sarepta 萨雷普塔
Sargon 萨尔贡
Sarrukin 沙鲁金
Saruj 撒路只
Sassanid 萨珊
Sarvestan 萨尔韦斯坦
Saudi Arabia 沙特阿拉伯
Scanderbeg 斯堪德贝格
Seleucia 塞琉西亚
Seleucia-Hedyphon, Susiana 苏西亚那的塞琉西亚
Seleucia Pieria 塞琉西亚·皮埃里亚
Seleucia ad Eulaeum 埃兰的塞琉西亚
Seleucia on the Eulaios 优来奥斯河畔的塞琉西亚
Seleucid 塞琉古

Seleukis 塞琉西斯
Seljuk 塞尔柱
Semnan 塞姆南
Sfard 斯法德
Shabwa 舍卜沃
Shaduppum 谢德普姆
Shahdad 沙赫德
Shahr-e-Sukhteh 沙雷苏克泰
Shah Tepe 沙阿泰佩
Shanidar cave 山达洞
Sharuhen 沙鲁亨
Shechem 示剑
Shibaniba 什巴尼巴
Shiloh 示罗
Shimal 斯迈尔
Shuburqan 苏布尔
Sidon 西顿
Shir Ashian Tepe 希尔阿希安泰佩
Shiraz 设拉子
Shuruppak 舒鲁帕克
Shushtar 舒什塔尔
Sidon 西顿
Sinjeril 辛杰里
Sippar 西帕尔
Sippara 西帕拉
Sippar-Amnanum 西帕尔阿姆纳姆
Siraf 尸罗夫
Sirwah 西尔瓦
Smyrna 士麦那

Sodom 索多姆
Sogdiana 索格狄亚那
Sogut 索古特
Solkhat 索克哈
Soltaniyeh 苏丹尼叶
Subari 苏巴里
Suleiman 苏莱曼
Sultan 苏丹
Sultantepe 苏丹泰佩
Sumgait 苏姆盖伊特
Susa 苏萨
Syria 叙利亚
Tabriz 大不里士
Tadmor 泰德穆尔
Taif 塔伊夫
Takht-e-Suleiman 塔赫特苏莱曼
Talas 怛罗斯
Talas River 塔拉斯河
Tall-i Bakun 塔利巴肯
Tall Ziraa 托尔齐拉
Tarbisu 塔比索
Tarout 塔罗
Tarsus 塔尔苏斯
Tbilisi 第比利斯
Tehran 德黑兰
Temukan 特穆坎
Terqa 特尔卡
Thaj 泰杰
Thessalonica 塞萨洛尼基

· 238 ·

The Wall of Semiramis 沙米拉姆长墙
Thrace 色雷斯
Tigris 底格里斯河
Til Barsip 提巴西普
Timna 亭纳
Timur 帖木儿
Tirigan 提瑞干
Tirzah 得撒
Titus 提图斯
Tocharians 吐火罗人
Transylvania 特兰西瓦尼亚
Trebizond 特拉布宗
Tripoli 的黎波里
Troy 特洛伊
Trucial Oman 特鲁西尔阿曼
Tunis 突尼斯
Tureng Tepe 图伦泰佩
Turkey 土耳其
Tus 图斯
Tushhan 图什罕
Tutub 图图卜
Tyche 堤喀
Tyre 推罗
Ubaid 欧贝德
Ubar 乌巴尔
Ugarit 乌加里特
Ulama 乌里玛
Umma 乌玛

Umm el-Marra 乌姆埃尔马拉
Umm Al Nar 乌姆阿纳尔
Urfa 乌尔法
Urkesh 乌尔凯什
Urmia 奥鲁米耶
Ur-Nammu 乌尔那姆
Uruk 乌鲁克
Urum 乌鲁姆
Utuhegal 乌图赫伽尔
Uzbekistan 乌兹别克斯坦
Vahrkana 瓦哈卡纳
Van 凡城
Vanadzor 瓦纳佐
Vespasian 韦帕芗
Vologasias 沃罗噶西亚斯
Walachia 瓦拉儿亚
Warshama 瓦尔沙马
Yarim Tepe 耶里姆泰佩
Yasuj 亚苏
Medina 麦地那
Yazd 亚兹德
Yazilikaya 亚泽勒卡亚
Yemen 也门
Yenbo 延布
Yerevan 埃里温
Yokneam 约克纳姆
Zabalam 扎巴拉姆
Zafar 扎法
Zand 赞德

Zeboim 锡伯尼   Zoara 佐拉
Zemar 泽马   Zoroastrianism 索罗亚斯德教
Zenobia 泽诺比亚   Zranka 扎兰卡
Zephyrion 泽菲瑞昂

参考文献

一 中文著作

白寿彝主编：《中国回回民族史》，中华书局2003年版。

车效梅：《全球化与中东城市发展研究》，人民出版社2013年版。

车效梅、续亚彤：《中东城市民族社团与宗教社团研究》，中国社会科学出版社2015年版。

车效梅：《中东中世纪城市的产生、发展与嬗变》，中国社会科学出版社2004年版。

陈恒等：《西方城市史学》，商务印书馆2017年版。

陈恒：《希腊化研究》，商务印书馆2006年版。

陈鸿彝：《中华交通史话》，中华书局1992年版。

陈志强：《拜占庭帝国史》，商务印书馆2003年版。

杜佑撰：《通典》，中华书局1984年版。

段进、邱国潮：《国外城市形态学概论》，东南大学出版社2009年版。

范晔：《后汉书》，中华书局1965年版。

高发元：《穆圣后裔》，云南人民出版社2004年版。

高佩义：《中外城市化比较研究》，南开大学出版社2004年版。

郭应德：《阿拉伯史纲（610—1945）》，中国社会科学出版社1991年版。

哈全安：《阿拉伯封建形态研究》，天津人民出版社2000年版。

哈全安：《古典伊斯兰世界》，中国青年出版社1999年版。

哈全安:《土耳其通史》，上海社会科学院出版社2014年版。

哈全安:《中东史610—2000》，天津人民出版社2010年版。

哈全安:《中东国家的现代化历程》，人民出版社2006年版。

哈全安:《中东国家史》，天津人民出版社2016年版。

哈全安:《中东现代化进程中的世俗政治与宗教政治》，中国社会科学出版社2017年版。

哈全安、周术情:《土耳其共和国政治民主化进程》，上海三联书店2010年版。

哈全安、周术情:《哈里发国家的浮沉》，北京大学出版社2010年版。

何一民:《中国城市史纲》，四川大学出版社1994年版。

何一民:《中国城市史》，武汉大学出版社2012年版。

洪钧:《元史译文证补》，中华书局1985年版。

黄凤祝:《城市与社会》，同济大学出版社2009年版。

黄建华:《丝绸之路上的文明古国》，四川人民出版社2002年版。

黄民兴:《中东历史与现状二十讲》，中国书籍出版社2019年版。

黄维民:《奥斯曼帝国》，三秦出版社2000年版。

黄振编:《阿拉伯联合酋长国:列国志》，社会科学文献出版社2003年版。

冀开运、蔺焕萍:《二十世纪伊朗史》，甘肃人民出版社2002年版。

金宜久主编:《伊斯兰教史》，中国社会科学出版社1990年版。

康少邦、张宁等编译:《城市社会学》，浙江人民出版社1986年版。

李明伟主编:《丝绸之路贸易史》，甘肃人民出版社1997年版。

李铁匠:《长河落日——巴比伦文明探秘》，云南人民出版社1999年版。

李铁匠:《大漠风流——古波斯文明探秘》，云南人民出版社2001年版。

李铁匠:《古代伊朗历史与文化》，江西人民出版社1993年版。

李铁匠选译:《古代伊朗史料选辑(上古史部分)》，商务印书馆1992

年版。

李孝聪：《历史城市地理》，山东教育出版社2007年版。

林玲：《城市化与经济发展》，湖北人民出版社1995年版。

令狐德棻等撰：《周书》，中华书局1971年版。

刘昌玉：《从"上海"到下海：早期两河流域商路初探》，中国社会科学出版社2019年版。

刘文鹏主编：《古代西亚北非文明》，中国社会科学出版社1999年版。

刘郁：《西使记》，中华书局1985年版。

马明良：《伊斯兰文明与中华文明的交往历程和前景》，中国社会科学出版社2006年版。

纳忠：《阿拉伯通史》上卷，商务印书馆1997年版。

纳忠：《阿拉伯通史》下卷，商务印书馆1999年版。

纳忠、朱凯、史希同：《传承与交融：阿拉伯文化》，浙江人民出版社1993年版。

内蒙古大学蒙古史研究所编：《蒙古史研究参考资料新编》第37辑，1985年。

欧阳修、宋祁：《新唐书》，中华书局1975年版。

彭树智：《东方民族主义思潮》，人民出版社2013年版。

彭树智：《东方民族主义思潮》，西北大学出版社1992年版。

彭树智：《文明交往论》，陕西人民出版社2002年版。

彭树智：《我的文明观》，西北大学出版社2013年版。

彭树智主编：《阿拉伯国家史》，高等教育出版社2002年版。

彭树智主编：《二十世纪中东史》，高等教育出版社2001年版。

彭树智主编：《中东国家通史》第1—13卷，商务印书馆2000—2009年版。

彭树智主编：《中东史》，人民出版社2010年版。

钱乘旦、杨豫、陈晓律：《世界现代化进程》，南京大学出版社1997年版。

任继愈：《伊斯兰教史》，中国社会科学出版社1990年版。

沈福伟：《丝绸之路中国与西亚文化交流研究》，新疆人民出版社2010年版。

沈福伟：《中国与西亚、非洲文化交流志》，上海人民出版社2010年版。

沈玉麟编：《外国城市建设史》，中国建筑工业出版社2007年版。

《世界上古史纲》编写组：《世界古代史论丛》第1集，生活·读书·新知三联书店1982年版。

司马迁撰：《史记》，中华书局1982年版。

宋濂：《元史》，中华书局1976年版。

孙宝国：《阿玛纳时代东地中海世界文明共生现象研究》，中国社会科学出版社2021年版。

孙宝国：《十八世纪以前的欧洲文字传媒研究》，黑龙江人民出版社2005年版。

同济大学建筑城规学院主编：《城市规划资料集·总论》，中国建筑工业出版社2003年版。

王三义：《晚期奥斯曼帝国研究（1792—1918）》，中国社会科学出版社2015年版。

王彤主编：《当代中东政治制度》，中国社会科学出版社2005年版。

王治来：《中亚史纲》，湖南教育出版社1986年版。

吴岳添编：《丝绸之路：古代文明的通道》，重庆出版社1999年版。

西隐、王博：《世界城市建筑简史》，华中科技大学出版社2007年版。

肖宪主编：《世纪之交看中东》，时事出版社1998年版。

谢文蕙、邓卫编：《城市经济学》，清华大学出版社1996年版。

解光云：《古典时期的雅典城市研究：作为城邦中心的雅典城市》，中国社会科学出版社2006年版。

《新疆通史》编撰委员会编：《陈诚西域资料校注》，王继光校注，新疆人民出版社2012年版。

邢秉顺：《伊朗文化》，文化艺术出版社 2003 年版。

徐良利：《伊儿汗国史研究》，人民出版社 2009 年版。

徐向群、余崇建主编：《第三圣殿——以色列的崛起》，上海远东出版社 1994 年版。

杨共乐：《早期丝绸之路探微》，北京师范大学出版社 2011 年版。

杨建华：《两河流域：从农业村落走向城邦国家》，科学出版社 2014 年版。

杨建新、卢苇：《历史上的欧亚大陆桥——丝绸之路》，甘肃人民出版社 1992 年版。

杨珊珊、杨兴、礼陈俊、华刘苏：《当代伊朗人文地理研究》，时事出版社 2018 年版。

于殿利：《巴比伦与亚述文明》，北京师范大学出版社 2013 年版。

俞金尧等：《世界历史：城市发展与变革》，江西人民出版社 2012 年版。

于卫青：《波斯帝国》，三秦出版社 2001 年版。

张俊彦主编：《变化中的中东经济：现状与前景》，北京大学出版社 1992 年版。

张承安编：《城市发展史》，武汉大学出版社 1985 年版。

张星烺编注：《中西交通史料汇编》，中华书局 1978 年版。

张振国主编，刘陵副主编：《未成功的现代化——关于巴列维的白色革命研究》，北京大学出版社 1993 年版。

赵国忠主编：《简明西亚北非百科全书》，中国社会科学出版社 2000 年版。

赵伟明：《近代伊朗》，上海外语教育出版社 2000 年版。

周菁葆、邱陵：《丝绸之路宗教文化》，新疆人民出版社 1998 年版。

周一良主编：《中外文化交流史》，河南人民出版社 1987 年版。

朱杰勤：《中外关系史论文集》，河南人民出版社 1984 年版。

邹磊：《中国"一带一路"战略的政治经济学》，上海人民出版社 2015 年版。

卓旻：《西方城市发展史》，中国建筑工业出版社2015年版。

二 译著

［以色列］阿巴·埃班：《犹太史》，阎瑞松译，中国社会科学出版社1986年版。

［英］A.E.J.莫里斯：《城市形态史——工业革命以前》，成一农、王雪梅、王耀、田萌译，商务印书馆2011年版。

［美］A.T.奥姆斯特德：《波斯帝国史》，李铁匠、顾国梅译，上海三联书店2010年版。

［伊朗］阿宝斯·艾克巴尔·奥希梯扬尼：《伊朗通史》，叶奕良译，经济日报出版社1997年版。

［伊朗］阿布杜尔礼·胡尚格·马赫德维：《伊朗外交四百五十年》，元文琪译，商务印书馆1982年版。

［伊朗］阿卜杜·侯赛因·扎林库伯：《波斯帝国史》，张鸿年译，复旦大学出版社2011年版。

［古希腊］阿里安：《亚历山大远征记》，李活译，商务印书馆1979年版。

［古希腊］阿里安：《亚历山大战史：马其顿崛起、波斯帝国灭亡与希腊文明的东传》，胡慧译，中国画报出版社2018年版。

［法］阿里·玛扎海里：《丝绸之路：中国—波斯文化交流史》，耿昇译，中国藏学出版社2014年版。

［英］阿诺德·汤因比：《历史研究》，刘北成、郭小凌译，上海人民出版社2005年版。

［英］阿诺德·汤因比：《人类与大地母亲》，徐波、徐钧尧、龚晓庄等译，马小军校，上海人民出版社1992年版。

［美］阿瑟·奥沙利文：《城市经济学》，苏晓燕、常前莎、朱雅丽主译，中信出版社2003年版。

［美］爱德华·麦克诺尔·伯恩斯、菲利普·李·拉尔夫：《世界文明史》第一卷，罗经国等译，商务印书馆1987年版。

〔美〕埃尔顿·丹尼尔：《伊朗史》，李铁匠译，东方出版中心2010年版。

〔美〕埃尔曼·塞维斯：《国家与文明的起源：文化演进的过程》，龚辛、郭璐莎、陈力子译，陈淳审校，上海古籍出版社2019年版。

〔埃及〕艾哈迈德·爱敏：《阿拉伯—伊斯兰文化史（第一册：黎明时期）》，纳忠译，商务印书馆1982年版。

〔约旦〕艾哈迈德·萨米尔：《文明的追随：中国的崛起与阿拉伯人的未来》，刘欣路、吴晓琴译，北京师范大学出版社2014年版。

〔苏〕安·菲·米列尔：《土耳其现代简明史》，朱贵生、苏苒译，生活·读书·新知三联书店1973年版。

〔土耳其〕奥尔罕·帕慕克：《伊斯坦布尔：一座城市的记忆》，何佩桦译，上海人民出版社2007年版。

〔美〕保罗·肯尼迪：《大国的兴衰——1500—2000年的经济变革与军事冲突》，王保存、王章辉、余昌楷译，朱贵生审校，求实出版社1988年版。

〔美〕保罗·诺克斯、琳达·迈克卡西：《城市化》，顾朝林、汤培源、杨兴柱等译，科学出版社2009年版。

〔美〕伯纳德·刘易斯：《历史上的阿拉伯人》，马肇椿、马贤译，华文出版社2015年版。

〔意〕贝纳沃罗：《世界城市史》，薛钟灵、余靖芝、葛明义、岳青、赵小健译，薛钟灵校，科学出版社2000年版。

〔英〕彼得·弗兰科潘：《丝绸之路：一部全新的世界史》，邵旭东、孙芳译，徐文堪审校，浙江大学出版社2016年版。

〔英〕彼得·克拉克：《欧洲城镇史》，宋一然、郑昱、李陶、戴梦译，商务印书馆2000年版。

〔英〕伯纳德·刘易斯：《现代土耳其的兴起》，范中廉译，商务印书馆1982年版。

〔英〕伯纳德·刘易斯：《中东：激荡在辉煌的历史中》，郑之书译，中国友谊出版公司2000年版。

［英］伯纳德·路易斯：《中东两千年》，郑之书译，国际文化出版公司2017年版。

［英］伯纳·路易：《历史上的阿拉伯人》，马肇椿、马贤译，中国社会科学出版社1979年版。

祁学义译：《布哈里圣训实录全集》，朱威烈、丁俊校，宗教文化出版社2008年版。

［美］布赖恩·贝利：《比较城市化：20世纪的不同道路》，顾朝林等译，商务印书馆2008年版。

［美］布赖恩·费根：《世界史前史》，杨宁、周幸、冯国雄译，世界联合出版公司2011年版。

［英］戈登·柴尔德：《历史发生了什么》，李宁利译，上海三联书店2008年版。

［美］查尔斯·金：《黑海史》，苏圣捷译，东方出版中心2011年版。

［美］戴维森：《从瓦解到新生：土耳其的现代化历程》，张增健、刘同舜译，姚楠、龙协涛校，学林出版社1996年版。

［瑞典］多桑：《多桑蒙古史》上下册，冯承钧译，上海书店出版社2001年版。

［德］费迪南德·冯·李希霍芬：《李希霍芬中国旅行日记》，李岩、王彦会译，华林甫、于景涛审校，商务印书馆2016年版。

［法］费尔南·布罗代尔：《菲利普二世时代的地中海与地中海世界》第1卷，唐家龙、曾培耿等译，吴模信校，商务印书馆1996年版。

［美］菲利普·巴格比：《文化：历史的投影》，夏克、李天纲、陈江岚主译，上海人民出版社1987年版。

［美］菲利普·李·拉尔夫、罗伯特·E.勒纳、斯坦迪什·米查姆、爱德华·伯恩斯：《世界文明史》，赵丰、罗培森、刘宗亚等译，商务印书馆2006年版。

［英］弗兰克林·威廉·沃尔班克：《希腊化世界》，陈恒、茹倩译，上海人民出版社2009年版。

［英］格雷格·沃尔夫主编：《剑桥插图罗马史》，郭小凌等译，山东

画报出版社 2008 年版。

［英］G. 勒·斯特兰奇：《大食东部历史地理研究：从阿拉伯帝国兴起到帖木儿朝时期的美索不达米亚、波斯和中亚诸地》，韩中义译注，何志龙校订，社会科学文献出版社 2018 年版。

［美］简·伯班克、弗雷德里克·库珀：《世界帝国史：权力与差异政治》，柴彬译，商务印书馆 2017 年版。

［美］J. W. 汤普森：《历史著作史》，孙秉莹、谢德风译，商务印书馆 1996 年版。

［德］卡尔·布罗克尔曼：《伊斯兰教各民族与国家史》，孙硕人、诸长福、贾鼎治、吴厚恭译，商务印书馆 1985 年版。

［意］卡洛·M. 齐波拉主编：《欧洲经济史》第 1 卷，徐璇译，商务印书馆 1988 年版。

［英］W. B. 费舍尔主编：《伊朗》，北京大学地质地理系经济地理专业译，人民出版社 1977 年版。

［法］菲斯泰尔·德·古朗士：《古代城市：希腊罗马宗教、法律及制度研究》，吴晓群译，世纪出版集团 2005 年版。

［比利时］亨利·皮雷纳：《中世纪的城市》，陈国樑译，商务印书馆 2006 年版。

［意］卡洛·M. 齐波拉主编：《欧洲经济史》第 2 卷，贝昱、张菁译，商务印书馆 1988 年版。

［美］凯文·林奇：《城市形态》，林庆怡、陈朝晖、邓华译，华夏出版社 2001 年版。

［美］凯文·林奇：《城市意象》，方益萍、何晓军译，华夏出版社 2001 年版。

［法］勒内·格鲁塞：《草原帝国》，蓝琪译，商务印书馆 1998 年版。

［英］理查·威廉·丘奇：《中世纪欧洲：查理曼大帝时代、神圣罗马帝国兴衰、百年战争与文艺复兴》，李艳译，中国画报出版社 2018 年版。

联合国人居中心编：《城市化的世界》，沈建国、于立、董立等译，中国建筑工业出版社1999年版。

［美］刘易斯·芒福德：《城市发展史：起源、演变和前景》，宋俊岭、倪文彦译，中国建筑工业出版社2005年版。

［法］罗伯特·杜歇：《风格的特征》，司徒双、完永祥译，生活·读书·新知三联书店2003年版。

［美］罗宾·多克：《伊斯兰世界帝国》，王宇洁、李晓瞳译，商务印书馆2016年版。

［西班牙］罗·哥泽来滋·克拉维约：《克拉维约东使记》，杨兆钧译，商务印书馆1957年版。

［英］马丁·吉尔伯特：《五千年犹太文明史》，蔡永良、袁冰洁译，上海三联书店2016年版。

［意］马可波罗：《马可波罗行纪》，冯承钧译，上海书店出版社2001年版。

［苏］米·谢·伊凡诺夫：《伊朗史纲》，李希泌、孙伟、汪德全译，生活·读书·新知三联出版社1958年版。

［美］M.罗斯托夫采夫：《罗马帝国社会经济史》，马雍、厉以宁译，商务印书馆2005年版。

［伊朗］穆罕默德·哈塔米：《从城邦世界到世界城市》，马生贵、塔瓦纳译，中国文联出版社2002年版。

［丹］莫恩斯·特罗勒·拉尔森：《古代卡尼什：青铜时代安纳托利亚的商业殖民地》，史孝文译，商务印书馆2021年版。

［英］诺尔曼·庞兹：《中世纪城市》，刘景华、孙继静译，商务印书馆2015年版。

［英］诺曼·斯通：《土耳其简史》，刘鑫昌译，哈全安校，中信出版集团2017年版。

［法］皮埃尔·布里昂：《亚历山大大帝》，陆亚东译，商务印书馆1995年版。

［英］乔安·弗莱彻：《埃及四千年：主宰世界历史进程的伟大文明》，杨凌峰译，浙江文艺出版社2019年版。

［美］乔尔·科特金：《全球城市史》，王旭等译，社会科学文献出版社 2014 年版。

［美］R.E. 帕克、E.N. 伯吉斯、R.D. 麦肯齐：《城市社会学：芝加哥学派城市研究文集》，宋俊岭、吴建华、王登斌译，华夏出版社 1987 年版。

［美］R.H. 戴维森：《从瓦解到新生：土耳其的现代化历程》，张增健、刘同舜译，姚南校，学林出版社 1996 年版。

［美］芮乐伟·韩森：《丝绸之路新史》，张湛译，北京联合出版公司 2015 年版。

［美］萨缪尔·亨廷顿：《文明的冲突与世界秩序的重建》，周琪、刘绯、张立平、王圆译，新华出版社 2010 年版。

［美］塞缪尔·P. 亨廷顿：《变化社会中的政治秩序》，王冠华、刘为等译，上海世纪出版集团 2008 年版。

［巴基斯坦］赛义德·菲亚兹·马茂德：《伊斯兰教简史》，吴云贵、金宜久等译，中国社会科学出版社 1981 年版。

［古希腊］色诺芬：《长征记》，崔金戎译，商务印书馆 1985 年版。

［法］沙海昂注：《马可波罗行纪》，冯承钧译，中华书局 2004 年版。

［日］杉山正明：《疾驰的草原征服者》，乌兰、乌日娜译，广西师范大学出版社 2014 年版。

［美］斯皮罗·科斯托夫：《城市的形成——历史进程中的城市模式和城市意义》，单皓译，中国建筑工业出版社 2005 年版。

［美］丝奇雅·沙森：《全球城市：纽约、伦敦、东京》，周振华等译，上海社会科学院出版社 2005 年版。

［美］斯塔夫里阿诺斯：《全球通史：1500 年以前的世界》，吴象婴、梁赤民译，上海社会科学院出版社 1999 年版。

［美］斯塔夫里阿诺斯：《全球通史：从史前史至 21 世纪》，吴象婴、梁赤民、董书慧、王昶译，吴象婴审校，北京大学出版社 2006 年版。

［美］斯塔夫里阿诺斯：《全球通史：从史前史至 21 世纪》第 7 版新

校本，吴象婴、梁赤民译，北京大学出版社2020年版。

［英］苏珊·伍德福德：《剑桥艺术史：古希腊罗马艺术》，钱乘旦译，译林出版社2009年版。

［英］汤因比：《文明经受着考验》，沈辉等译，浙江人民出版社1988年版。

［美］藤田昌久、保罗·克鲁格曼、安东尼·J.维纳布尔斯：《空间经济学：城市、区域与国际贸易》，梁琦主译，中国人民大学出版社2011年版。

［美］托马斯·克劳威尔：《图说古今帝王》，卢欣渝译，生活·读书·新知三联书店2018年版。

［美］托马斯·李普曼：《伊斯兰教和伊斯兰世界》，陆文岳、英珊译，新华出版社1985年版。

［苏］瓦西里·弗拉基米罗维奇·巴托尔德、B. A. 罗莫金、斯塔维斯基：《中亚历史：巴托尔德文集》第2卷第1册第1部分上下册，张丽译，兰州大学出版社2013年版。

［英］W. B. 费舍尔主编：《伊朗》，北京大学地质地理系经济地理专业译，人民出版社1977年版。

［美］威尔·杜兰：《拜占庭、伊斯兰及犹太文明》，幼狮文化事业公司1975年版。

［美］威尔·杜兰：《恺撒与基督》，幼狮文化公司译，东方出版社2003年版。

［美］威尔·杜兰：《世界文明史》第7卷，幼狮文化公司译，华夏出版社2010年版。

［苏］威廉·巴托尔德：《中亚突厥史十二讲》，罗致平译，中国社会科学出版社1984年版。

［英］威廉·塔恩：《希腊化文明》，陈恒、倪华强、李月译，上海三联书店2014年版。

［古希腊］希罗多德：《历史》，王以铸译，商务印书馆1959年版。

［土耳其］悉纳·阿克辛：《土耳其的崛起（1789年至今）》，吴奇

俊、刘春燕译，社会科学文献出版社 2017 年版。

［美］西·内·费希尔：《中东史》，姚梓良译，商务印书馆 1979 年版。

［美］西蒙·蒙蒂菲奥里：《耶路撒冷三千年》，张倩红、马丹静译，民主与建设出版社 2014 年版。

［美］希提：《阿拉伯通史》，马坚译，商务印书馆 1995 年版。

［美］小阿瑟·戈尔德施密特、劳伦斯·戴维森：《中东史》，哈全安、刘志华译，东方出版中心 2015 年版。

［英］休特利、达比、克劳利、伍德豪斯：《希腊简史》，中国科学院世界历史研究所翻译小组译，商务印书馆 1974 年版。

［摩洛哥］伊本·白图泰：《伊本·白图泰游记》，马金鹏译，宁夏人民出版社 1985 年版。

［俄］叶莲娜·伊菲莫夫娜·库兹米娜：《丝绸之路史前史》，梅维恒英译，李春长汉译，科学出版社 2015 年版。

［伊朗］志费尼：《世界征服者史》，何高济译，内蒙古人民出版社 1980 年版。

中国基督教协会译：《新旧约全书》，中国基督教协会 1994 年版。

中国历史博物馆考古部编：《当代国外考古学理论与方法》，陈星灿等译，三秦出版社 1991 年版。

三 博士学位论文

车效梅：《中东伊斯兰城市研究：对开罗、伊斯坦布尔、德黑兰的比较研究》，西北大学，2004 年。

赖比尔：《大马士革城市交通问题及其发展政策》，长安大学，2004 年。

敏敬：《文明的多维交往——土耳其的现代化、民族主义与伊斯兰教》，西北大学，2006 年。

王三三：《帕提亚与丝绸之路关系研究》，南开大学，2014 年。

王三义：《工业文明的挑战与中东近代经济的转型（1809—1938）》，

西北大学，2005 年。

闫伟：《阿富汗民族国家构建的多维研究》，西北大学，2014 年。

四　中文论文

阿尔伯特、王向鹏：《〈耶路撒冷史〉》，《读书》2015 年第 4 期。

安维华：《马克思和恩格斯笔下的西亚文明》，《西亚非洲》2010 年第 10 期。

B. B. 巴托尔德、刘先涛：《蒙古征服对波斯文化的影响》，《蒙古学资料与情报》1988 年第 4 期。

［英］柴尔德：《城市革命》，中国历史博物馆考古部编：《当代国外考古学理论与方法》，陈星灿等译，三秦出版社 1991 年版。

曹康、刘昭：《国外城市史与城市规划史比较研究：异同与交叉》，《城市规划学刊》2013 年第 1 期。

曹明玉：《古代西亚地区印章材质考察文物》，《鉴定与鉴赏》2018 年第 1 期。

车效梅、常芳瑜：《难民与安曼城市发展探析》，《西亚非洲》2012 年第 3 期。

车效梅：《当代中东大城市困境与对策分析》，《西亚非洲》2006 年第 9 期。

车效梅：《德黑兰的两次现代化改革探析》，《西亚非洲》2007 年第 12 期。

车效梅：《德黑兰都市困境探析》，《世界历史》2007 年第 4 期。

车效梅、杜雁平：《迪拜的崛起与走向》，《西亚非洲》2008 年第 6 期。

车效梅：《挑战与应战　冲突与融合——伊斯坦布尔城市现代化历程》，《世界历史》2008 年第 3 期。

车效梅、王泽壮：《城市化、城市边缘群体与伊朗伊斯兰革命》，《历史研究》2011 年第 5 期。

车效梅、续亚彤：《从文明交往视域解读希腊化时期中东城市》，《长安大学学报》（社会科学版）2014 年第 1 期。

车效梅、杨琳：《对中东过度城市化的思考》，《山西师范大学学报》（社会科学版）2010 年第 6 期。

车效梅、郑敏：《"丝绸之路"与 13—14 世纪大不里士的兴起》，《世界历史》2017 年第 5 期。

车效梅：《中东城市化的原因、特点与发展趋势》，《西亚非洲》2006 年第 4 期。

车效梅：《中东伊斯兰城市起源初探》，《山西师范大学学报》（社会科学版）2005 年第 3 期。

车效梅：《中东伊斯兰城市社区作用初探》，《山西师范大学学报》（社会科学版）2006 年第 2 期。

车效梅：《中东中世纪城市社会结构分析》，《世界历史》2011 年第 1 期。

车效梅：《中东中世纪伊斯兰城市形态解读》，《西亚非洲》2007 年第 8 期。

车效梅：《中东中世纪伊斯兰城市行政体系》，《学海》2006 年第 2 期。

杜莉莉：《都市的魅像与"呼愁"——解读帕慕克〈我脑袋里的怪东西〉的伊斯坦布尔街道》，《外国文学》2017 年第 4 期。

陈淳：《聚落考古与城市起源研究》，《杭州师范大学学报》（社会科学版）2014 年第 1 期。

陈春晓：《蒙古西征与伊利汗国的汉人移民》，《中州学刊》2019 年第 6 期。

陈德正：《大流士与秦始皇治国方略辨异——兼论波斯帝国延祚和秦帝国速亡之原因》，《齐鲁学刊》2002 年第 6 期。

陈飞：《〈同步王表〉译注》，《古代文明》2017 年第 3 期。

陈飞：《亚述历次迁都比较研究》，《宁夏社会科学》2014 年第 2 期。

陈恒、白英健：《历史上的城市与帝国——第一届全球城市史学术研讨会综述》，《历史教学问题》2016 年第 1 期。

陈恒：《关于城市史研究的若干思考》，《华东师范大学学报》（哲学社会科学版）2019 年第 5 期。

陈恒：《他山之石，可以攻玉——西方城市史研究的历史与现状》，《上海师范大学学报》（哲学社会科学版）2007 年第 3 期。

陈恒：《希腊化时代研究的历史与现状》，《史学理论研究》2002 年第 3 期。

陈恒、谭顺莲：《古罗马城市研究源流与现状》，《上海师范大学学报》（哲学社会科学版）2010 年第 1 期。

陈恒：《希腊化时代的城市及其功能》，《上海师范大学学报》（哲学社会科学版）2005 年第 5 期。

陈隆波：《城市、城邦和古代西亚、北非的早期国家》，《世界历史》1984 年第 4 期。

陈隆波：《印欧语人南徙与公元前 2000 年代中期的西亚》，《武汉大学学报》（哲学社会科学版）1991 年第 4 期。

陈培婵：《寻找失落的交往空间——城市形态对交往形式的建构》，《新闻大学》2015 年第 6 期。

陈庆隆：《"撒马尔罕"语源考》，《大陆杂志》1969 年第 4 期。

陈天社：《阿拉伯国家与耶路撒冷问题》，《郑州大学学报》（哲学社会科学版）2011 年第 5 期。

陈天社：《一部研究中东城市史的开拓性之作——评〈中东中世纪城市的产生、发展与嬗变〉》，《西亚非洲》2006 年第 6 期。

陈天社：《通古今之变著自得之见——评〈中东国家通史〉》，《西亚非洲》2008 年第 8 期。

程士强：《空间的再造：一个超大城市的诞生》，《社会学评论》2017 年第 6 期。

东方晓：《阿富汗伊斯兰化进程刍议》，《西亚非洲》2005 年第 6 期。

东方晓：《阿富汗的伊斯兰教》，《西亚非洲》2005 年第 4 期。

段汉明：《亚述兴起前两河流域的城邦》，《美与时代》（城市版）2016 年第 1 期。

范鸿达：《波斯与犹太：民族和国家关系的演变》，《首都师范大学学报》（社会科学版）2010年第4期。

冯定雄：《论波斯帝国对犹太民族的统治政策》，《浙江海洋学院学报》（人文科学版）2008年第1期。

冯蜀冀、何习尧、孔彬：《"一带一路"视阈下多元文明交往的思考》，《中国穆斯林》2017年第3期。

符松涛：《希腊大殖民运动对城市发展的影响》，《青海民族学院学报》2008年第4期。

高克冰：《塞琉古王国与帕提亚王国及丝绸之路》，《内蒙古大学学报》（哲学社会科学版）2017年第6期。

葛天任：《国外学者对全球城市理论的研究述评》，《国外社会科学》2018年第5期。

拱玉书：《一个苏美尔城邦联盟——尼普尔联盟》，日知主编：《古代城邦史研究》，人民出版社1989年版。

顾晶晶：《中阿（富汗）丝绸之路文明交往的历史演进及当代启示》，《西安财经学院学报》2017年第6期。

官卫华、姚士谋：《世界城市未来展望与思考》，《地理学与国土研究》2000年第3期。

国洪更、吴宇虹：《古代两河流域和巴林的海上国际贸易——楔形文字文献和考古发现中的狄勒蒙》，《东北师范大学学报》（哲学社会科学版）2004年第5期。

国洪更：《亚述帝国研究的历史与现状——访意大利帕多瓦大学兰弗兰基教授》，《世界历史》2009年第4期。

郭小红：《古罗马向东方的探索与丝绸之路》，《首都师范大学学报》（社会科学版）2011年第S1期。

郭月琴：《"一带一路"背景下城市文化传承与国际化》，《江西社会科学》2016年12期。

郭子林：《波斯人统治埃及新探》，《史学集刊》2015年第3期。

韩晓明、王晓越、冯雪珺：《"一带一路"，深化中阿合作新契机》，

《人民日报》2014年6月5日第23版。

何美兰：《7—12世纪伊斯兰城市的布局及其成因——以开罗为例》，《首都师范大学学报》（社会科学版）2011年第5期。

何一民：《第一次"城市革命"与社会大分工》，《甘肃社会科学》2014年第5期。

何跃、牛文光：《萨珊王朝存续考》，《史学月刊》2001年第3期。

洪世键、黄晓芬：《大都市区概念及其界定问题探讨》，《国际城市规划》2007年第5期。

黄晓燕、秦放鸣：《中国—中亚—西亚经济走廊建设：基础、挑战与路径》，《改革与战略》2018年第2期。

黄达远、文丰：《冲击与调适：都市化对伊斯兰教世俗化的影响考察》，《新疆社会科学》2009年第5期。

黄民兴：《关于上古中东帝国的几个问题》，《西北大学学报》（哲学社会科学版）2000年第4期。

黄民兴：《历史的轮回与帝国情结——战后土耳其外交的三次转型与"阿拉伯之春"》，《西北大学学报》（哲学社会科学版）2014年第1期。

黄民兴：《论中东上古文明交往的阶段和特征》，《西北大学学报》（哲学社会科学版）2007年第2期。

黄民兴：《文明对话：希腊化时期西亚北非历史的个案》，《山西师范大学学报》（社会科学版）2007年第6期。

冀开运：《论"伊朗"与"波斯"的区别和联系》，《世界民族》2007年第5期。

蒋保：《试论波斯对伯罗奔尼撒战争的介入》，《世界历史》2010年第4期。

姜芃：《城市史是否是一门学科？》，《世界历史》2002年第4期。

金良祥：《21世纪初中东地缘政治格局变化及应对》，《阿拉伯世界研究》2013年第2期。

雷钰：《中古时期伊朗与中国的丝路商贸》，《人文杂志》2011年第

1 期。

李长林：《中国学术界对希腊化时代历史的了解与研究》，《世界历史》2007 年第 5 期。

李金明：《唐代中国与阿拉伯海上交通航线考释》，《广东社会科学》2011 年第 2 期。

李玲、王新中：《论帕提亚与丝绸之路》，《山西大同大学学报》（社会科学版）2018 年第 2 期。

李青：《全球化下的城市形态——世界城市的论说及现实涵义》，《数量经济技术经济研究》2002 年第 1 期。

李青燕：《阿富汗形势与中国的"一带一路"倡议》，《南亚研究季刊》2016 年第 3 期。

李荣建：《中古时期阿拉伯城市的兴起与发展》，《武汉大学学报》（人文科学版）2005 年第 6 期。

李晓东：《古埃及红海航路考》，《东北师范大学学报》（哲学社会科学版）2010 年第 6 期。

林丰民：《赛义德专场：阿拉伯小说与城市的研讨》，《国外文学》2004 年第 1 期。

蔺焕萍：《伊朗与伊斯兰世界关系研究述评》，《世界历史》2012 年第 6 期。

林梅村：《公元 100 年罗马商团的中国之行》，《中国社会科学》1991 年第 4 期。

刘昌鑫：《奥斯曼帝国与萨法维王朝的外交关系评析》，《阿拉伯世界研究》2017 年第 4 期。

刘昌玉：《麦鲁哈与上古印度洋——波斯湾海上贸易》，《浙江师范大学学报》（社会科学版）2016 年第 5 期。

刘健：《苏美尔城邦的基本特征》，于沛主编：《世界历史研究所学术文集》第 6 辑，江西人民出版社 2008 年版。

刘少才：《伊斯坦布尔：历史与今天的对接》，《西亚非洲》2009 年第 3 期。

刘士林：《城市兴衰的文化阐释》，《学术界》2010年第2期。

刘苏华、李长林：《古朗治〈古代城市〉一书在中国的流传》，《史学理论研究》2011年第4期。

刘筱：《城市形态与城市精神》，《科学对社会的影响》2010年第1期。

鲁良快：《两河流域千年圣城尼普尔》，《大众考古》2016年第5期。

栾科军：《从古代城市的起源论城邦问题》，《上海大学学报》（社会科学版）1989年第4期。

罗新：《撒马尔罕纸》，《读书》2020年第3期。

吕耀军：《城市社会与伊斯兰文明关系探析》，《西北第二民族民族学院学报》（哲学社会科学版）2008年第2期。

毛曦：《试论城市的起源和形成》，《天津师范大学学报》（社会科学版）2004年第5期。

毛曦：《"似城聚落"及其在历史研究中的理论意义》，《史林》2016年第5期。

孟振华：《波斯早期犹太政策重探》，《世界历史》2010年第4期。

纳比尔：《伊斯兰城市的环境因素及其共性》，《同济大学学报》（社会科学版）2001年第1期。

倪凯：《汤因比的城市观》，《史林》2018年第3期。

潘志平：《"丝绸之路经济带"与中亚的地缘政治》，《西北民族研究》2016年第1期。

齐前进：《宗教引导的伊斯兰城市》，《世界知识》2004年第9期。

钱乘旦：《论伊朗现代化的失误及其原因》，《世界历史》1998年第3期。

邱国潮、段进：《阿拉伯地区城市形态学研究综述》，《国际城市规划》2009年第4期。

邵大路：《塞琉西亚建城考：早期希腊化城市与帝国统治》，《历史研究》2017年第4期。

沙达提、聂云鹏：《丝绸之路上的璀璨明珠撒马尔罕》，《中亚信息》

2014 年第 7 期。

邵育群:《美国"新丝绸之路"计划评估》,《南亚研究》2014 年第 2 期。

沈坚:《关于希腊化时代的历史考察》,《史学集刊》1992 年第 3 期。

盛蓉、刘士林:《当代世界城市群理论的主要形态与评价》,《上海师范大学学报》(哲学社会科学版)2015 年第 2 期。

史育龙、周一星:《戈特曼关于大都市带的学术思想评介》,《经济地理》1996 年第 3 期。

苏聪:《波斯帝国与丝绸之路西段的形成》,《社会科学家》2016 年第 2 期。

孙宝国:《阿玛纳时代东地中海世界国际经济交往体系述略》,《新史学》第 21 辑,大象出版社 2018 年版。

孙宝国:《阿玛纳时代东地中海世界信息传播活动考略》,《东北师范大学学报》(哲学社会科学版)2017 年第 3 期。

孙宝国:《阿玛纳时代的东地中海世界政治生态》,《上海师范大学学报》(哲学社会科学版)2017 年第 3 期。

孙宝国:《阿玛纳时代叙巴城市国家的兴衰》,《新史学》第 19 辑,大象出版社 2017 年版。

孙宝国:《古代罗马社会新闻史简论》,《东北师范大学学报》(哲学社会科学版)2004 年第 3 期。

孙宝国、郭丹彤:《论纸莎草纸的兴衰及其历史影响》,《史学集刊》2005 年第 3 期。

孙宝国:《国内外西亚城市文化研究现状综述》,《北华大学学报》(社会科学版)2019 年第 2 期。

孙宝国:《跨文化交流视域下的阿玛纳时代东地中海世界跨境移民活动考略》,《史林》2019 年第 2 期。

孙宝国:《论古登堡活字印刷术及其历史影响》,《社会科学战线》2004 年第 2 期。

孙宝国:《人际间社交媒体的古老源头——阿玛纳时代东地中海世界

书信传播研究刍议》,《北方传媒研究》2017年第2期。

孙宝国:《试析晚期青铜时代的东地中海世界朝贡体系》,《新史学》第22辑,大象出版社2019年版。

孙宝国:《信使:阿玛纳时代东地中海世界的跨文化传播者》,《现代传播》2018年第3期。

孙培良:《中世纪的巴格达》,《世界历史》1980年第1期。

孙玮:《作为媒介的城市:传播意义再阐释》,《新闻大学》2012年第2期。

孙有中:《文明的历程——〈人文传统〉导读》,《中华读书报》2014年7月2日第18版。

陶金、张杰、刘业成、阿布力克木·托合提:《传统阿拉伯伊斯兰城市宗教习俗与建成环境的关系探析》,《规划师》2012年第10期。

王敦书:《略论古代世界的早期国家形态——中国古史学界关于古代城邦问题的研究与讨论》,《世界历史》2010年第5期。

王根明:《阿拉伯文化的分期和界定》,《中国穆斯林》2017年第2期。

王华:《对话是城市的生命——刘易斯·芒福德城市传播观解读》,《西南交通大学学报》(社会科学版)2013年第2期。

王康:《从尘世之城到天国之城的升华——〈圣经〉里耶路撒冷城地位变迁与西方天堂文化探源》,《外国语文》2011年第2期。

王林聪:《试析麦加商道状况与伊斯兰教兴起诸问题》,《中国社会科学院研究生院学报》2002年第6期。

王蕊:《外高加索——丝绸之路上的新亮点》,《光明日报》2016年5月31日第12版。

王三三:《"被遗忘的王朝"——帕提亚帝国及其历史研究》,《光明日报》2018年12月10日第14版。

王三三:《帕提亚与希腊化文化的东渐》,《世界历史》2018年第5期。

王三义:《"土耳其人阻断商路"说与西方的近东殖民》,《历史研究》

2007 年第 4 期。

王泰：《论北非文明交往与利比亚城市的历史变迁》，《史学理论研究》2003 年第 2 期。

王小平：《文明交往视阈中的中东城市——车效梅教授〈全球化与中东城市发展研究〉一书评介》，《山西师范大学学报》（社会科学版）2013 年第 4 期。

王潇：《塞琉古王国早期希腊化城市管窥——以杜拉·欧罗波斯城为例》，《农业考古》2020 年第 1 期。

王新中、车效梅：《耶路撒冷的"隔都化"及其影响》，《西亚非洲》2010 年第 1 期。

王旭：《大都市区的形成与发展：二十世纪中期以来世界城市化转型综论》，《历史研究》2014 年第 6 期。

王一鸣：《西亚城市的历史和发展现状》，《西亚非洲》1987 年第 6 期。

王一鸣：《西亚人口的分布和迁移》，《人口与经济》1986 年第 5 期。

王一鸣：《战后西亚的人口和经济问题》，《人口研究》1985 年第 3 期。

王勇、希望、罗洋：《"一带一路"倡议下中国与土耳其的战略合作》《西亚非洲》2015 年第 6 期。

王泽壮、李晶、车效梅：《中东过度城市化与社会稳定》，《史学集刊》2011 年第 4 期。

魏雪娥：《伊斯坦布尔的宗教艺术——基督教与伊斯兰教的相遇》，《美术观察》2014 年第 12 期。

吴成：《前伊斯兰时期的伊朗政治文化及其影响》，《郑州大学学报》（哲学社会科学版）2017 年第 3 期。

武鹏、田明：《5—7 世纪基督一性论宗教争端与东地中海世界的社会冲突》，《内蒙古民族大学学报》（社会科学版）2008 年第 5 期。

吴兆礼：《美国"新丝绸之路"计划探析》，《现代国际关系》2012 年第 7 期。

徐良利：《伊儿汗国后期商业和城市发展的原因及特点》，《湖南城市学院学报》2009 年第 5 期。

徐良利：《伊儿汗国的基本特征及历史影响》，《北方论丛》2009 年第 5 期。

徐希才：《从耶路撒冷之争看构建文明共同体》，《新疆社会科学》2018 年第 4 期。

闫国疆：《蒙元初期的丝绸之路与国家治理》，《河海大学学报》（哲学社会科学版）2016 年第 2 期。

晏绍祥：《荷马时代的"polis"》，《历史研究》2004 年第 2 期。

晏绍祥：《米利都与波斯：专制帝国中地方共同体的地位》，《世界历史》2015 年第 3 期。

杨共乐：《"丝绸之路"研究中的几个问题——与〈公元 100 年罗马商团的中国之行〉一文作者商榷》，《北京师范大学学报》（社会科学版）1997 年第 1 期

杨建新：《论丝绸之路的产生、发展和运行机制》，《西北史地》1995 年第 2 期。

杨巨平：《阿伊·哈努姆遗址与"希腊化"时期东西方诸文明的互动》，《西域研究》2007 年第 1 期。

杨巨平：《论希腊化文化的多元与统一》，《世界历史》1992 年第 3 期。

杨巨平：《帕提亚王朝的"爱希腊"情结》，《中国社会科学》2013 年第 11 期。

杨巨平、王潇、邵大路：《城市、钱币与艺术——"丝绸之路上的希腊化文明遗产"国际学术研讨会综述》，《西域研究》2018 年第 4 期。

杨巨平：《"希腊化文化"是人类历史上第一次文化大交流大汇合》，《山西大学学报》（哲学社会科学版）1992 年第 4 期。

杨巨平：《希腊化文明的形成、影响与古代诸文明的交叉渗透》，《陕西师范大学学报》（哲学社会科学版）1998 年第 3 期。

杨巨平：《希腊化文明与丝绸之路关系研究的回顾与展望》，《北京师范大学学报》（社会科学版）2016 年第 6 期。

杨巨平：《亚历山大东征与丝绸之路开通》，《历史研究》2007 年第 4 期。

杨巨平、张丽霞：《试论米利都的文化中心地位及其成因》，《山西大学学报》（哲学社会科学版）2002 年第 4 期。

杨雷：《中国—中亚—西亚国际运输走廊建设的现状与挑战》，《新疆师范大学学报》（哲学社会科学版）2017 年第 1 期。

杨恕、王术森：《中亚与西亚的地缘经济联系分析》，《兰州大学学报》（社会科学版）2008 年第 1 期。

杨智：《世界城市化的四大基本规律》，《江汉论坛》2001 年第 7 期。

易华：《金玉之路与欧亚世界体系之形成》，《社会科学战线》2016 年第 4 期。

弋杨：《"呼愁"之城：伊斯坦布尔》，《中国宗教》2012 年第 9 期。

俞金尧、刘健：《权势创造城市——论农业时代的城市起源》，《杭州师范大学学报》（社会科学版）2012 年第 5 期。

袁瑞娟、宁越敏：《全球化与发展中国家城市研究》，《城市规划汇刊》1999 年第 5 期。

昝涛：《历史视野下的"土耳其梦"——兼谈"一带一路"下的中土合作》，《西亚非洲》2016 年第 2 期。

张安福：《全球史视野下民族连通与丝绸之路的开辟》，《兰州学刊》2017 年第 11 期。

张安、李敬煊：《开辟空中"丝路"的尝试——20 世纪 50 年代中阿关于通航问题的交涉》，《世界历史》2018 年第 3 期。

张丹、车效梅：《中东城市化、市民心理危机与社会稳定》，《西亚非洲》2018 年第 6 期。

张国刚：《"丝绸之路"与中国式"全球化"》，《读书》2018 年第 12 期。

张虎：《论〈伊斯坦布尔——记忆与城市〉中的"呼愁"》，《解放军外国语学院学报》2011年第5期。

张虎：《〈伊斯坦布尔——一座城市的记忆〉的空间权力分析》，《当代外国文学》2008年第4期。

张建成：《"丝绸之路经济带"视野的中阿文化交流先行战略》，《重庆社会科学》2014年第12期。

张建宇：《丝绸之路古城掠影：伊斯法罕》，《社会科学战线》2017年第5期。

张萍：《古代城市形态研究的两个维度》，《历史研究》2014年第6期。

张庆熊：《世界历史视野中的中华文明》，《复旦学报》（社会科学版）2018年第5期。

张绪山：《罗马帝国沿海路向东方的探索》，《史学月刊》2001年第1期。

赵克仁：《浅谈两河流域的古代建筑和艺术雕刻》，《阿拉伯世界》2001年第2期。

赵雅婧、王有鑫：《"一带一路"背景下中国与中东的经济合作》，《阿拉伯世界研究》2016年第2期。

赵炎秋：《伊斯坦布尔的"呼愁"试探——读帕慕克的〈伊斯坦布尔——一座城市的记忆〉》，《外国文学研究》2012年第5期。

郑莘、林琳：《1990年以来国内城市形态研究述评》，《城市规划》2002年第7期。

钟声：《"一带一路"彰显开放与包容》，《人民日报》2014年7月2日第5版。

周义保、张南：《罗马帝国城市化初论》，《史林》1991年第2期。

朱鸿：《甘英使大秦》，《光明日报》2016年2月26日第15版。

朱杰：《美国东北部大城市带人口空间分布特征及产业变动规律》，《国际城市规划》2012年第1期。

朱明：《亨利·皮朗之后的中世纪城市史研究》，《史林》2017年第4期。

祝鸣：《中外城市外事的历史、发展及其展望》，《中国名城》2013 年第 2 期。

周畅：《了解丝绸之路交通变迁——评〈大食东部历史地理研究——从阿拉伯帝国兴起到帖木儿朝时期的美索不达米亚、波斯和中亚诸地〉》，《中国穆斯林》2018 年第 4 期。

周传斌：《后现代视野中的阿拉伯—伊斯兰传统》，《阿拉伯世界研究》2008 年第 4 期。

周义保、张南：《罗马帝国城市化初论》，《史林》1991 年第 2 期。

五　西文著作

Abrahamian, E., *A History of Mordern Iran*, Cambridge: Cambridge University Press, 2008.

Abrahamson, M., *Global Cities*, New York: Oxford University Press, 2004.

Adams, R. M., *Heartland of Cities: Surveys of Ancient Settlement and Land Use on the Central Foodplain of the Euphrates*, Chicago: The University of Chicago Press, 1981.

Adams, R. M., Nissen, H. J., *The Uruk Countryside*, Chicago: University of Chicago Press, 1972.

Adams, R. M., *The Evolution of Urban Society: Early Mesopotamia and Prehispanic Mexico*, Chicago: Aldine, 1966.

Adamwhite, M. R., *Late Hittite Emar: The Chronology Synchronisms and Socio-political Aspects of a Late Bronze Age Fortress Town*, Louvain: Peeters Press, 2001.

Adle, C., Hourcade, B., eds., *Teheran: Capitale Bicentenzire*, Paris: Institut Francais de Recherche en Iran, 1992.

Adshead, S. A. M., *China in World History*, Basingstoke and London: The Macmillan Press, 1988.

Aerts, E., Klengel, H., eds., *The Town as Regional Economic Center in the Ancient Near East*, Leuven: Leuven University Press, 1990.

Aharoni, Y., *The Land of the Bible: A Historical Geography*, Philadelphia: Westminster Press, 1967.

Aksin, S., *Turkey from Empire to Revolutionary Republic: The Emergence of the Turkish Nation from 1789 to Present*, New York: New York University Press, 2006.

Al-Azmeh, A., *Emergence of Islam in Late Antiquity: Allah and His People*, Cambridge: Cambridge University Press, 2014.

Alsayyad, N., *Cities and Caliphs: On the Genesis of Arab Muslim Urbanism*, New York: Greenwood Press, 1991.

Amin, A., Thrift, N., *Cities: Reimagining the Urban*, Malden: Polity Press, 2002.

Amirahmadi, H., El-Shakhs, S. S., eds., *Urban Development in the Muslim World*, New Brunswick: Rutgers University Press, 1993.

Amitai, R., *The Mongols in the Islamic Lands: Studies in the History of the Ilkhanate*, Aldershot: Ashgate Variorum, 2007.

Amjad, M., *Iran: From Royal Dictatorship to Theocracy*, New York: Greenwood Press, 1989.

Armajani, Y., *Middle East Past and Present*, Englewood Cliffs: Prentice-Hall, 1970.

Arnold, D., *Building in Egypt: Pharaonic Stone Masonry*, Oxford: Oxford University Press, 1991.

Appian, *Roman History*, trans. by H. White, New York: Macmillan, 1899.

Arrian, *Anabasis of Alexander*, vols. I – IV, trans. by P. A. Brunt, Cambridge: Harvard University Press, 1976.

Ashtor, E., *A Social and Economic History of the Near East in the Middle Ages*, Berkeley: University of California Press, 1976.

Ashworth, G. J., *War and the City*, London and New York: Routledge, 1991.

Atici, L., Kulakoglu, F., Barjamovic, G., Fairbairn, A., eds., *Current*

Research at Kultepe/Kanesh: An Interdisciplinary and Integrative Approach to Trade Networks, Internationalism and Identity, Atlanta: Lockwood Press, 2014.

Aufrecht, W. E., Mirau, N. A., Gauley, S. W., eds., *Urbanism in Antiquity: From Mesopotamia to Crete*, Sheffield: Sheffield Academic Press, 1997.

Austin, M. M., *The Hellenistic World from Alexander to the Roman Conquest: A Selection of Ancient Sources in Translation*, Cambridge: Cambridge Univeristy Press, 1981.

Austin, M. M., *The Hellenistic World from Alexander to the Roman Conquest: A Selection of Ancient Sources in Translation*, 2nd edition, Cambridge: Cambridge Univeristy Press, 2006.

Avigdor, L., ed., *The Jews of the Ottoman Empire*, Princeton: The Darwin Press, 1994.

Baer, G., *Fellah and Townsman in the Middle East: Studies in Social History*, London: Frank Cass, 1982.

Baer, G., *Poputation and Society in the Arab East*, London and New York: Rouledge, 1964.

Bairoch, P., *Cities and Economic Development: From the Dawn of History to the Present*, Chicago: University of Chicago Press, 1988.

Barbanes, E., *Heartland and Province: Urban and Rural Settlement in the Neo-Assyrian Empire*, PhD dissertation, Berkeley: University of California, 1999.

Barchard, D., *Turkey and the West*, London and Boston: Routledge and Kegan Paul, 1985.

Bargan, M., *Great Empire of the Past: Empire of Ancient Rome*, New York: Facts in File, 2005.

Barjamovic, G., Hertel, T., Larsen, M. T., *Ups and Downs at Kanesh: Observations on Chronology, History and Society in the Old Assyrian Period*, Leiden: Nederlands Instituut voor het Nabije Oosten, 2012.

Barker, E. , Clark, G. , Vaucher, P. , eds. , *The European Inheritance*, vols. Ⅰ - Ⅲ, Oxford: Clarendon Press, 1954.

Beinin, J. , *Workers and Peasants in the Middle East*, Cambridge: Cambridge University Press, 2001.

Bengtson, H. , *Die Strategie in der Hellenistischen Zeit: Ein Beitrag zum Antiken Staatsrecht*, Munchen: C. H. Beck'sche Verlagsbuchhandlung, 1964.

Bennison, A. K. , Gascoigne, A. L. , eds. , *Cities in the Pre-Modern Islamic World: The Urban Impact of Religion, State and Society*, London: Routledge, 2007.

Bentley, J. H. , *Old World Encounters: Cross-Cultural Contacts and Exchanges in Pre-Modern Times*, New York: Oxford University Press, 1993.

Berger, M. , ed. , *The New Metropolis in the Arab World*, New Delhi: Allied Publishers, 1963.

Bharier, J. , *Economic Development in Iran 1900 - 1970*, London: Oxford University Press, 1971.

Bianca, S. , *Urban Form in the Arab World: Past and Present*, London and New York: Thames and Hudson, 2000.

Bikerman, E. , *Institutions des Selucides*, Paris: Librairie Orientaliste Paul Geuthner, 1938.

Bilde, P. , et al. , eds. , *Centre and Periphery in the Hellenistic World*, Oakville: Aarhus University Press, 1993.

Biroch, P. , *Cities and Economic Development: From the Dawn of History*, trans. by C. Braider, Chicago: The University of Chicago Press, 1988.

Bittel, K. , *Hattusha: The Capital of the Hittites*, Oxford and New York: Oxford University Press, 1970.

Blake, G. H. , Lawless, R. I. , eds. , *The Changing Middle Eastern City*, New York and London: Harnes and Noble Books, 1980.

Blake, S. P. , *Half the World: The Social Architecture of Safavid Isfahan*,

1590 – 1722, Costa Mesa: Mazda Publication, 1999.

Boardman, J. , Hammond, N. G. L. , Lewis, D. , Ostwald, M. , eds. , *The Cambridge Ancient History*, vol. IV, 2nd edition, Cambridge: Cambridge University Press, 1988.

Boardman, J. , Hornblower, S. , Lewis, D. M. , Ostwald, M. , eds. , *The Cambridge Ancient History*, vol. VI, 2nd edition, Cambridge: Cambridge University Press, 1994.

Boardman, J. , et al. , eds. *The Cambridge Ancient History. vol. III , part 2: The Assyrian and Babylonian Empires and Other States of the Near East, from the Eighth to the Sixth Centuries BC*, Cambridge: Cambridge University Press, 1991.

Boardman, J. , Hammond, N. G. L. , Lewis, D. M. , Ostwald, M. , eds. , *The Cambridge Ancient History*, vol. IV, 2nd edition, Cambridge: Cambridge University Press, 1988.

Boiy, T. , *Late Achaomenid and Hellenistic Babylon*, Leuven: Peeters, 2004.

Bollens, S. A. , *On Narrow Ground: Urban Policy and Ethnic Conflict in Jerusalem and Belfast*, Albany: State University of New York Press, 2000.

Bolton, J. L. , *The Medieval English Economy, 1150 – 1500*, London and New York: J. M. Dent and Sons, 1980.

Bonine, M. E. , ed. , *Population, Poverty and Politics in Middle East Cities*, Gainesville: University Press of Florida, 1997.

Borenstein, L. , *The Jewish Community in Istanbul in Mid-Seventeenth Century: Social, Legal and Administrative Transformations*, Ramat Gan: Bar-Ilan University Press, 1979.

Botsford, G. W. , *Hellenic History*, New York: MacMillan, 1939.

Boucheron, P. , Menjot, D. , *Histoire de l'Europe Urbaine, Tome I– II , La Ville Medievale*, Paris: Points, 2011.

Bowman, J. S. , *Columbia Chronologies of Asian History and Culture*, New

York: Columbia University Press, 2000.

Bowra, C. M., ed., *Golden Ages of the Great Cities*, London: Thames and Hudson, 1952.

Boyle, J. A., ed., *The Cambridge History of Iran*, vol. V: *The Saljuq and Mongol Periods*, Cambridge: Cambridge University Press, 1968.

Boyer, M. C., *City of Collective Memory: Its Historical Imagery and Architectural Entertainments*, Cambridge: The MIT Press, 1996.

Bozdogan, S., *Modernism and Nation Building: Turkish Architectural Culture in the Early Republic*, Seattle and London: University of Washington Press, 2001.

Breger, M. J., Ahimeir, O., eds., *Jerusalem: A City and Its Future*, Syracuse: Syracuse Univeristy Press, 2002.

Briant, P., *From Cyrus to Alexander: A History of the Persian Empire*, Winona Lake: Eisenbrauns, 2002.

Bridge, G., Watson, S., eds., *A Companion to the City*, Malden: Blackwell Publishers, 2000.

Bridge, G., Watson, S., eds., *The Liquid City of Megalopolis*, Oxford: Wiley - Blackwell, 2011.

Broadhurst, R. J. C., trans., *The Travels of Ibn Jubayr: Being the Chronicle of a Mediaeval Spanish Moor Concerning His Journey to the Egypt of Saladin, the Holy Cities of Arabia, Baghdad the City of the Caliphs, the Latin Kingdom of Jerusalem, and the Norman Kingdom of Sicily*, London: Cape, 1952.

Brodersen, K., *Appians Abrissder Seleukidengeschichte (Syriake 45232 - 70369), Text und Kommmentar*, Munchen: Editio Maris, 1989.

Brogiolo, G. P., Ward-Perkins, B., eds., *The Idea and Ideal of the Town between Late Antiquity and the Early Middle Ages*, Leiden: E. J. Brill, 1999.

Brown, B. A., *Monumentalizing Identities: North Syrian Urbanism, 1200 -*

800 BCE, PhD dissertation, Berkeley: University of California, 2008.

Bryce, T., *The World of the Neo-Hittite Kingdoms: A Political and Military History*, Oxford and New York: Oxford University Press, 2012.

Bugh, G. R., ed., *The Cambridge Companion to the Hellenistic World*, Cambridge: Cambridge University Press, 2006.

Boulnois, L., *Silk Road: Monks, Warriors and Merchants*, Hong Kong: Odyssey Books, 2005.

Burns, R., *Damascus: A History*, London: Routledge, 2005.

Burton, Sir Richard, F., *Personal Narrative of a Pilgrimage to Al Medinah and Meccah*, London: George Bell and Sons, 1907.

Butcher, K., *Roman, Syria and the Near East*, London: The British Museum Press, 2003.

Calvino, I., *Invisible Cities*, San Diego: Harcourt, 1978.

Carcopino, J., *Daily Life in Ancient Rome*, trans. by E. O. Lorimer, ed. by H. T. Rowell, New Haven: Yale University Press, 1940.

Carter, H., *An Introduction to Urban Historical Geography*, London: Edward Arnold, 1983.

Carter, H., *The Study of Urban Geography*, 4th edition, London: Arnold, 1995.

Cary, M., *A History of the Greek World, from 323 to 146 BC*, London: Methuen, 1932.

Cary, M., *A History of the Greek World, 323 – 146 BC*, 2nd edition, London: Methuen, 1951.

Cassius, D., *Roman History*, Cambridge: Harvard University Press, 1984.

Castells, M., *End of Millennium*, Oxford: Blackwell Publishers, 1998.

Castells, M., Hall, P., *Technopoles of The World: The Making of 21st Century Industrial Complexes*, London: Rouledge, 1994.

Cattan, H., *Jerusalem*, London: Croom Helm, 1981.

Celik, Z., *The Remaking of Istanbul: Portrait of Ottoman City in the*

Nineteenth Century, Seattle and London: University of Washington Press, 1986.

Chahryar, A., Hourcade, B., eds., *Teheran: Capitalebicentenaire*, Paris and Teheran: Institut Francais de Recherche en Iran, 1992.

Chandler, T., *Four Thousand Years of Urban Growth: An Historical Census*, Lewiston: Edwin Mellen Press, 1987.

Chandler, T., Fox, G., *Three Thousand Years of Urban Growth*, New York: Academic Press, 1974.

Childe, V. G., *The Dawn of Eurpopean Civilization*, New York: Knopf, 1925.

Childe, V. G., *What Happened in History*, New York: Penguin, 1957.

Childe, V. G., *Man Makes Himself*, London: Watts, 1936.

Cho, Min Yong, *How Land Came into the Picture: Rendering History in the Fourteenth Century Jami al-Tawarikh*, PhD dissertation, Michigan: University of Michigan, 2008.

Choueiri, Y. M., ed., *A Companion to the Histroy of the Middle East*, Malden: Blackwell Publishing, 2005.

Clark, D., Urban World/*Global City*, London: Routledge, 1996.

Clark, G., *Global Cities: A Short History*, Washington: Brookings Institution Press, 2016.

Clark, G., *World Prehistory: An Outline*, Cambridge: Cambridge University Press, 1961.

Cohen, G. M., *The Hellenistic Settlements in Europe, the Islands and Asia Minor*, Berkley: California University Press, 1995.

Cohen, G. M., *The Hellenistic Settlements in Syria, the Red Sea Basin and North Africa*, Berkley: California University Press, 2006.

Cohen, G. M., *The Hellenistic Settlements in the East from Armenia and Mesopotamia to Bactria and India*, Berkley: California University Press, 2013.

Cohen, G. M. , *The Seleucid Colonies: Studies in Founding, Administration and Organization*, Wiesbaden: Steiner, 1978.

Colledge, M. A. R. , *The Parthians*, London: Thames and Hudson, 1967.

Collins, B. J. , *The Hittites and Their World*, Atlanta: Society of Biblical Literature, 2007.

Costello, V. F. , *Urbanization in the Middle East*, New York: Cambridge University Press, 1977.

Crane, H. , Akin, E. , Necipoglu, G. , *Sinan's Autobiographies: Five Sixteenth-Century Text*, Leiden: Brill Academic Publishers, 2006.

Crawford, H. , *Dilmun and Its Gulf Neighbours*, Cambridge: Cambridge University Press, 1998.

Crawford, H. , *Sumer and the Sumerians*, Cambridge: Cambridge University Press, 1991.

Creswell, K. A. C. , *Early Muslim Architecture*, 2 vols. , Oxford: Clarendon Press, 1932 – 1940.

Crone, P. , *Mecca Trade and the Rise of Islam*, Princeton: Princeton University Press, 1987.

Curchin, L. A. , *Roman Spain: Conquest and Assimilation*, London and New York: Routledge, 1991.

Curtin, P. D. , *Cross-Cultural Trade in World History*, Cambridge: Cambridge University Press, 1984.

Curtis, S. , *Global Cities and Global Order*, Oxford: Oxford University Press, 2016.

Curtis, J. E. , Tallis, N. , eds. , *The Balawat Gates of Ashurnasirpal II*, London: British Museum Press, 2008.

Curtis, V. S. , Hillenbrand, R. , Rogers, J. M. , eds. , *The Art and Archaeology of Ancient Persia: New Light on the Parthian and Sasanian Empires*, London: I. B. Tauris, 1998.

Dabrowa, E. , *Studia Graeco-Parthica: Political and Cultural Relations between Greeks and Parthians*, Wiesbaden: Harrassowitz Verlag, 2011.

Dalley, S., *Myths from Mesopotamia: Creation, the Flood, Gilgamesh and Others*, revised edition, Oxford: Oxford University Press, 2008.

Dalley, S., *The Mystery of the Hanging Garden of Babylon: An Elusive World Wonder Traced*, Oxford: Oxford University Press, 2015.

Danesh, A. H., *Rural Exodus and Squatter Settlements in the Third World: The Case of Iran*, Lanham: University Press of America, 1987.

Danielson, M. N., Keles, R., *The Politics of Rapid Urbanization: Government and Growth in Modern Turkey*, New York: Holmes and Meier Publishers, 1985.

Davis, W., *Readings in Ancient History: Illustrative Extracts from the Sources*, vols. I – II, Boston: Allyn and Bacon, 1912 – 1913.

Debevoise, N. C., *A Political History of Parthia*, Chicago: The University of Chicago Press, 1938.

De Coulanges, N. D. F., *The Ancient City: A Study on the Religion, Laws and Institution of Greece and Rome*, Baltimore: John Hopkins University Press, 1980.

Denoeux, G., *Urban Unrest in the Middle East: A Comparative Study of Informal Networks in Egypt, Iran and Lebanon*, Albany: State University of New York Press, 1993.

Dercksen, J. G., *The Old Assyrian Copper Trade in Anatolia*, Leiden: Nederlands Instituut voor het Nabije Oosten, 1996.

Determann, J. M., *Historiography in Saudi Arabia: Globalization and the State in the Middle East*, London: I. B. Tauris, 2014.

De Vries, J., *European Urbanization: 1500 – 1800*, London: Metheun Press, 1984.

Di Cosmo, N., ed., *Warfare in the Inner Asian History, 500 – 1800*, Leiden: E. J. Brill, 2002.

Dogan, M., Kasarda, J., eds., *The Metropolis Era Mega*, vol. II, London:

Sage Publications, 1988.

Donner, M., *The Early Islamic Conquests*, Princeton: Princeton University Press, 1981.

Downey, G., *A History of Antioch in Syria: From Seleucus to the Arab Conquest*, Princeton: Princeton University Press, 1961.

Downey, S. B., *Mesopotamian Religious Architecture: Alexander through the Parthians*, Princeton: Princeton University Press, 1988.

Dumper, M. R. T., Stanley, B. E., eds., *Cities of the Middle East and North Africa: A Historical Encyclopedia*, Santa Barbara: ABC-CLIO, 2006.

Dwyer, D. J., ed., *The City as a Centre of Change in Asia*, Hong Kong: Hong Kong University Press, 1972.

Dwyer, D. J., ed., *The City in the Third World*, New York: Barnes and Noble Books, 1974.

Economic and Social Commission for Western Asia, *Urbanization and the Changing Character of the Arab City*, New York: United Nations, 2005.

Durant, W., Durant, A., *The Story of Civilization: The Age of Faith*, vol. IV, New York: Simon and Schuster, 1950.

Dumper, M., Stanley, B. E., Abu-Lughod, J. L., *Cities of the Middle East and North Africa*, Santa Babara: ABC-CLIO, 2007.

Dunn, O., Kelley, J., ed., and trans., *The Diario of Christopher Columbus' First Vayage to America, 1492 – 1493*, Norman: University of Oklahoma Press, 1989.

Duru, R., *A Forgotten Capital City Tilmen: Story of a 5400 Year Old Settlement in the Islahiye Region-Southeast Anatolia*, Istanbul: Tursab Kultur Yayınları, 2003.

Edzard, D., *Gudea and His Dynasty*, Toronto: University of Toronto Press, 1997.

Egger, V. O., *A History of the Muslim World to 1405: The Making of a*

Civilization, Upper Saddle River: Person Education, 2004.

EI 1 (Houtsma, M. Th., et al., eds.), *The Encyclopædia of Islam: A Dictionary of the Geography, Ethnography and Biography of the Muhammadan Peoples*, 4 vols. and suppl., Leiden: E. J. Brill, 1913 – 1938.

SEI (Gibb, H. A. R., Kramers, J. H., eds.), On behalf of the Royal Netherlands Academy, *Shorter Encyclopaedia of Islam*, Leiden: E. J. Brill, 1953.

Egger, V. O., *A History of the Muslim World to 1405: The Making of a Civilization*, Upper Saddle River: Person Education, 2004.

EI 2 (Bearman, P. J., Bianquis, Th., Bosworth, C. E., Van Donzel, E., Heinrichs, W. P., et al., eds.), *Encyclopædia of Islam*, 2nd edition, 12 vols. with indexes, etc., Leiden: E. J. Brill, 1960 – 2005).

EI 3 (Fleet, K., Kramer, G., Matringe, D., Nawas, J., Rowson, E., eds.), *Encyclopaedia of Islam*, 3rd edition, Leiden: E. J. Brill, 2007.

Eldem, E., Goffman, D., Masters, B., *The Ottoman City between East and West: Aleppo, Izmir and Istanlbu*, Cambridge: Cambridge University Press, 1999.

Eliade, M., *The Myth of the Eternal Return*, trans. by W. R. Trask, Princeton: Princeton University Press, 1971.

Elias, C. E., Gillies, J., Rierner, S., *Motropolis: Values in Conflict*, Belmont: Wadsworth Publishing, 1964.

Elisseeff, V., *The Silk Roads: Highways of Culture and Commerce*, Berghahn Books, 2001.

Ellul, J., *The Meaning of the City*, trans. by D. Pardee, Grand Rapids: Eerdmans, 1970.

Ellul, J., *The Technological Society*, New York: Vintage Books, 1967.

Elmahmudi, A. A. A., *The Islamic Cities in Libya: Planning and Architecture*, Frankfurt am Main: Peter Lang, 1997.

Elon, A. , *Jerusalem City of Mirrors*, Boston: Little, Brown and Company, 1989.

Elsheshtawy, Y. , ed. , *Planning Middle Eastern Cities: An Urban Kaleidoscope in a Globalizing World*, London and NewYork: Routledge, 2004.

Elsheshtawy, Y. , ed. , *The Evolving Arab City: Tradition Modernity and Urban Development*, New York: Routledge, 2008.

Erick, J. , *The European Miracle: Environments, Economies and Geopolitics in the History of Europe and Asia*, 3rd edition, Cambridge: Cambridge University Press, 2003.

Ewen, S. , *What Is Urban History?* Malden: Polity Press, 2016.

Farazmand, A. , *The State, Bureaucracy and Revolution in Modern Iran*, New York: Praeger, 1989.

Faroqhi, S, et al. , eds. , *The Ottoman Empire and Its Heritage, Politics, Society and Economy*, Leiden, Boston and Koln: E. J. Brill, 2001.

Favro, D. , *The Urban Image of Augustan Rome*, Cambridge: Cambridge University Press, 1996.

Feldherr, A. , ed. , *The Cambridge Companion to the Roman Historians*, Cambrigde and New York: Cambridge University Press, 2009.

Finkel, C. , *Osman's Dream: The Story of the Ottoman Empire, 1300 – 1923*, New York: Basic Books, 2006.

Finkel, I. , Seymour, M. , eds. , *Babylon: Myth and Reality*, London: British Museum Press, 2008.

Fisher, S. N. , Ochesenwald, W. , *The Middle East: A Histroy*, 4th edition, New York: Mcgraw-Hill, 1990.

Fisher, S. N. , Ochesenwald, W. , *The Middle East: A History*, 6th edition, New York: McGraw Hill, 2004.

Flannery, K. V. , ed. , *The Early Mesopotamian Village*, New York: Academic Press, 1976.

Fletcher, A. , *Afghaniatan: Highway of Conquest*, Iahaga and New York: Cornell University Press, 1965.

Fletcher, R. , *Space in Settlement*, PhD dissertation, Cambridge: University of Cambridge, 1976.

Floor, W. , *Tradtional Crafts in Qajar Iran (1800 – 1925)*, Costa Mesa: Mazda Publishers, 2003.

Foltz, R. , *Religions of Iran: From Prehistory to the Present*, London: Oneworld Publications, 2013.

Foltz, R. , *Religions of the Silk Road: Premodern Patterns of Globalization*, 2nd edition, New York: Palgrave Macmillan, 2010.

Foran, J. , *Fragile Resistance: Social Transformation in Iran from 1500 to the Revolution*, Boulder: Westview Press, 1993.

Foss, C. , *Ephesus after Antiquity: A Late Antique, Byzantine and Turkey City*, Cambridge: Cambridge University Press, 1979.

Fox, R. J. L. ed. , *Brill's Companion to Ancient Macedon: Studies in the Archaeology and History of Macedon, 650 BC – 300 AD*, Leiden and Boston: E. J. Brill, 2011.

Frame, G. , *The Royal Inscriptions of Mesopotamia: Babylonian Periods, vol. II: Rulers of Babylonia from the Second Dynasty of Isin to the End of Assyrian Domination (1157 – 612 BC)*, Toronto, Buffalo and London: University of Toronto Press, 1955.

Franke, J. A. , *Artifact Patterning and Functional Variability in the Urban Dwelling: Old Babylonian Nippur, Iraq*, PhD dissertation, Chicago: University of Chicago, 1987.

Frankopan, P. , *First Crusade: The Call from the East*, Cambridge: Belknap Press, 2012.

Frankopan, P. , *The Silk Roads: A New History of the World*, London, Oxford, New York, New Delhi and Sydney: Bloomsbury Paperbacks, 2016.

Fraser, D., *Village Planning in the Primitive World*, New York: George Braziller, 1968.

Fraser, P. M., *Cities of Alexander the Great*, Oxford: Clarendon Press, 1996.

Frayne, D., *The Royal Inscriptions of Mesopotamia Early Periods, vol. II: Sargonic and Gutian Periods (2334 – 2113 BC)*, Toronto: University of Toronto Press, 1993.

Freely, J., *Istanbul: The Imperial City*, London: Penguin Books, 1996.

Fritz, V., *Die Stadt im Alten Israel*, Munchen: Verlag C. H. Beck, 1990.

Frye, R. N., *The History of Ancient Iran*, Munchen: C. H. Beck, 1984.

Fuccaro, N., *Histories of City and State in the Persian Gulf: Manama since 1800*, Cambridge: Cambridge University Press, 2009.

Garnsey, P., Saller, R., *The Roman Empire: Economy, Society and Culture*, Berkeley and Los Angeles: University of California Press, 1987.

Gates, C., *Ancient Cities: The Archaeology of Urban Life in the Ancient Near East and Egypt, Greece and Rome*, London: Routledge, 2003.

Geddes, P., *Cities in Evolution*, London: Williams and Norgate, 1915.

Geoffrey, G., *The Roman Eastern Frontier and the Persian Wars, part 2, AD 363 – 630*, London: Routledge, 2007.

George, A., *The Epic of Gilgamesh: The Babylonian Epic Poem and Other Texts in Akkadian and Sumerian*, London: Penguin Books, 1999.

Gheissari, A., ed., *Contemporary Iran: Economy, Society and Politics*, New York: Oxford University Press, 2009.

Ghirshman, R., *Iran: From the Earliest Times to the Islamic Conquest*, New York: Penguin Books, 1954.

Giedion, S., *Architecture and the Phenomena of Transition*, Cambridge: Harvard Univerasity Press, 1971.

Giedion, S., *The Eternal Present: The Beginnings of Architecture*, New York: Pantheon Books, 1964.

Giebert, A., Gugler, J., eds., *Cities, Poverty and Development: Urbanization in the Third World*, Oxford: Oxford University Press, 1991.

Gilbert, A. S., ed., *Cities and Urbanization: Canadian Historical Perspectives*, Toronto: Copp Clark Pitman, 1990.

Giouard, M., *Cities and People: A Social and Architectural Histroy*, New Haven and London: Yale University Press, 1985.

Goldschmidt, A. Jr., *A Concise History of the Middle East*, Boulder: Westview Press, 1979.

Gorman, V. B., *Miletos: The Ornament of Ionia: A History of the City to 400 BCE*, Ann Arbor: The University of Michigan Press, 2001.

Gottdiener, M., Budd, L., *Key Concepts in Urban Studies*, London: Sage, 2005.

Gottmann, J., *Megalopolis Revisited: Twenty-five Years Later*, College Park: University of Maryland, Institute for Urban Studies, 1987.

Gottmann, J., *Megalopolis: The Urbanized Northeastern Seaboard of the United States*, New York: The Twentieth Century Fund, 1961.

Graham, R., *Iran: The Illusion of Power*, London: St. Martin's Press, 1979.

Grainger, J. D., *The Cities of Seleukid Syria*, Oxford: Clarendon Press, 1990.

Grant, M., *From Alexander to Cleopatra: The Hellenstic World*, New York: Scribner's, 1982.

Grant, M., Kizinger, R., eds., *Civilization of the Ancient Mediterranean: Greece and Rome*, New York: Scribner's, 1988.

Grant, M., *The Ancient Mediterranean*, New York: Scribner's, 1969.

Gray, J., *A History of Jerusalem*, New York: Frederick A. Praeger, 1969.

Grayson, A. K., *The Royal Inscriptions of Mesopotamia, Assyrian Periods*, vol. III: *Assyrian Rulers of the Early First Millennium BC II (858 – 745 BC)*, Toronto, Buffalo and London: University of Toronto Press, 1996.

Grimal, P., *Hellenism and the Rise of Rome*, London: Weidenfeld & Nicolson, 1968.

Grimal, P., *Roman Cities*, trans. and ed. by G. M. Woloch, Madison: University of Wisconsin Press, 1983.

Grousset, R., *The Empire of the Steppes: A Histroy of Central Asia*, New Brunswick: Rutgers University Press, 1970.

Gugler, J., ed., *The Urban Transformation of the Developing World*, Oxford: Oxford University Press, 1996.

Gulick, J., *Middle East: An Antiropological Perspective*, Lanham, New York and London: University Press of America, 1983.

Gunnerson, J. H., et al., *Irrigation Civilizations: A Comparative Study*, Washington: Pan American Union, 1955.

Habib, I., *A People's History of India, vol. II: The Indus Civilization*, New Delhi: Tulika, 2002.

Hakim, B. S., *Arabic-Islamic Cities: Building and Planning Principles*, London: Kegan Paul International, 1986.

Hakim, B. S., *Mediterranean Urbanism: Historic Urban/Building Rules and Processes*, New York and London: Springer Dordrecht Heidelberg, 2014.

Hall, P., *Cities in Civilizaton*, New York: Pantheon Books, 1998.

Hall, P., Pain, K., *The Polycentric Metropolis: Learning from Mega-city Regions in Europe*, London: Earthscan Publication, 2006.

Hall, P., *The World Cities*, 3rd edition, London: Weidenfeld and Nicolson, 1984.

Halm, H., *Shiism*, Edinburgh: Edinburgh University Press, 1991.

Halm, H., *The shiites: A Short History*, trans. from the German by A. Brown, Princeton: Markus Wiener Publishers, 2007.

Hammond, M., *The City in the Ancient World*, Cambridge: Harvard University Press, 1972.

Hanks, R. R., *Global Security Watch: Central Asia*, Santa Barbar, Denver and Oxford: Praeger, 2010.

Hansen, V., *The Open Empire: A History of China to 1600*, New York and London: W. W. Norton, 2000.

Hansen, V., *The Silk Road: A New History*, Oxford: Oxford University Press, 2012.

Hanssen, J., Philipp, T., Weber, S., eds., *The Empire in the City: Arab Provincial Capitals in the Late Ottoman Empire*, Wuurzburg: Ergon in Kommission, 2002.

Harmansah, O., *Cities and the Shaping of Memory in the Ancient Near East*, Cambridge: Cambridge University Press, 2013.

Harris, N., *City, Class and Trade: Social and Economic Change in the Third World*, London and New York: I. B. Tauris, 1991.

Harris, R., *Ancient Sippar: A Demographic Study of an Old-Babylonian City (1894 – 1595 B. C.)*, Istanbul and Leiden: Nederlands Historisch-Archaeologisch Institute te Istanbul, 1975.

Hawkins, J. D., ed., *Trade in the Ancient Near East: Papers Presented to the XXIII Rencontre Assyriologique Internationale*, University of Birmington 5 – 9 July 1976, London: British School of Archaeology in Iraq, 1977.

Hayes, C. J. H., Hanscom, J. H., *Ancient Civilization: Prehistory to the Fall of Rome*, New York and London: Macmillan, 1968.

Held, C. C., Held, M. M., *Middle East Pattern: Places, People and Politics*, 3rd edition, Boulder: Westview Press, 2000.

Heper, M., *Local Government in Turkey: Governing Greater Istanbul*, London: Rouledge, 1989.

Herm, G., *The Phonenicians: The Purple Empire of the Ancient World*, New York: William Morrow, 1975.

Herodotus, *The Histories*, trans. by A. D. Godley, Cambridge: Harvard University Press, 1920.

Herodotus, *The Histories*, trans. by Aubrey De Selincourt, London: Penguin

Books, 1954.

Herrin, J., Saint-Guillain, G., eds., *Identities and Allegiances in the Eastern Mediterranean after 1204*, Farnham: Ashgate, 2011.

Herrmann, A., *Die Alten Seidenstrassen zwischen China und Syrien*, Berlin: Weidmannsche Buchhandlung, 1910.

Hillenbrand, C., *Turkish Myth and Muslim Symbo: The Battle of Manzikert*, Edinburgh: Edinburgh University Press, 2007.

Hirst, A., Silk, M, eds., *Alexandria, Real and Imagined*, London and New York: Routledge, 2016.

Hiss, T., *The Experience of Place*, New York: Knopf, 1990.

Hitti, P. K., *Capital Cities of Arab Islam*, Minneapolis: University of Minnesota Press, 1973.

Hitti, P. K., *History of the Arabs: From the Earliest Times to the Present*, 10th edition, London: Palgrave Macmillan, 1970.

Holt, P. M., Lambton, A. K. S., Lewis, B., eds., *The Cambridge of Islam*, vol. 1A, Cambridge: Cambridge University Press, 1970.

Hopkins, C., *Topography and Architecture of Seleucia on the Tigris*, Ann Arbor: University of Michigan, 1972.

Hopwood, D., ed., *Studies in Arab History: the Antonius Lectures, 1978 – 1987*, New York: St. Martin's Press, 1990.

Hopwood, D., *Syria 1945 – 1986: People and Politics*, London: Unwin Hyman, 1988.

Horsnell, M. J. A., *The Year-Names of the First Dynasty of Babylon: With a Catalogue of the Year-Names from Sumuabum to Samsuiluna*, PhD dissertation, Toronto: University of Toronto, 1974.

Hourani, A., *A History of the Arab Peoples*, Cambridge: Harvard University Press, 2002.

Hourani, A., Stern, S. M., eds., *The Islamic City: A Colloquium*, Philadelphia: University of Pennsylvania Press, 1970.

Howard-Johnson, J., *Witnesses to a World Crisis: Historians and Histories of the Middle East in the Seventh Century*, Oxford: Oxford University Press, 2010.

Howard, M. C., *Transnationalism in Ancient and Medieval Societies, the Role of Cross Border Trade and Travel*, Jefferson: McFarland, 2012.

Huart, C., *Historie des Arabes*, Paris: P. Geuthner, 1912.

Hudson, L., *Transforming Damascus: Space and Modernity in an Islamic City*, New York: Tauris, 2008.

Hussein, M. M., Suleiman, A., *Nimrud: A City of Golden Treasures*, Baghdad: Al-Huriyah, 1999.

Hutchison, R., ed., *Encyclopedia of Urban Studies*, Thousand Oaks: SAGE Publications, 2009.

Inalcik, H., *An Economic and Social History of the Ottoman Empire, vol. I: 1300–1600*, Cambridge: Cambridge University Press, 1994.

Inalcik, H., *The Ottoman Empire: The Classical Age 1300–1600*, trans. by N. Itzkowitz and C. Imber, New York: Praeger Publishers, 1973.

Issawi, C., *An Economic History of the Middle East and North Africa*, New York: Columbia University Press, 1982.

Jacobs, B., Rollinger, R., eds., *Der Achamenidenhof /The Achaemenid Court*, Wiesbaden: Harrassowitz Verlag, 2010.

Jane, C., ed., trans., *Select Ducuments Illustrating the Four Voyages of Columbus*, vols. I–II, London: Hakluyt Society, 1930–1932.

Jastrow, M., Jr., *The Civilization of Babylonia and Assyria: Its Remains, Language, History, Religion, Commerce, Law, Art and Literature*, New York: Arno Press, 1980.

Jidejian, N., *Tyre Through the Ages*, Beirut: Librairie Orientale, 1996.

Jones, A. H. M., *The Cities in the Eastern Roman Provinces*, 2nd edition, Oxford: The Clarendon Press, 1971.

Jones, A. H. M., *The Greek City from Alexander to Justinian*, Oxford: The

Clarendon Press, 1940.

Jubayr, I. , *The Travels of Ibn Jubair*, ed. by W. Wright, Leiden: E. J. Brill, 1852.

Justinus, M. J. , *Epitome of Pompeius Trogus' Philippic Histories*, London: Henry. G. Bohn, 1853.

Justinus, *Epitome of the Philippic History of Pompeius Trogus*, Atlanta: Scholars Press, 1994.

Juvaini, A. A. , *The History of the World-Coqueror*, vols. I – II, trans. by J. A. Boyle, Manchester: Manchester University Press, 1958.

Kasarda, J. D. , Parrell, A. M. , eds. , *Third World Cities: Problems, Politics and Prospects*, London: Saga Pulbications, 1993.

Kathy, C. , *The Silk Road: Explore the World's Most Famous Trade Route*, White River Junction: Nomad Press, 2011.

Kazemi, F. , *Poverty and Revolution in Iran: The Migrant Poor, Urban Marginality and Politics*, New York and London: New York University Press, 1980.

Keller, W. , *The Bible as History*, New York: William Morrow, 1981.

Keller, A. C. , Williamson, J. G. , *What Drives Third World City Growth? A Dynamic General Equilibirum Approach*, Princeton: Princeton University Press, 1984.

Kennedy, H. , *The Prophet and the Age of Caliphate: The Islamic Near East from the Sixth to the Eleventh Century*, London and New York: Longman, 1986.

Kennedy, H. , ed. , *Muslim Military Architecture in Greater Syria: From the Coming of Islam to the Ottoman Period*, Leiden and Boston: E. J. Brill, 2006.

Kennedy, H. , *The Early Abbasid Caliphate: A Political History*, London: Croom Helm, 1981.

Kent, R. , *Old Persian Grammar, Texts, Lexicon*, New Haven: American

Oriental Society, 1953.

Kertai, D. , *The Architecture of Late Assyrian Royal Palaces*, Oxford: Oxford University Press, 2015.

Keyder, C. , ed. , *Istanbul: Between the Global and the Local*, Lanham: Rowman and Littlefield Publishers, 1999.

Khaldun, I. , *The Muqaddimah: An Introduction to History*, trans. by Franz Rosenthal, Princeton: Princeton University Press, 1969.

Khalaf, S. , Khoury, P. , eds. , *Recovering Beirut: Urban Design and Post-War Recontruction*, Leiden: E. J. Brill, 1993.

Kheirabadi, M. , *Iranian Cities: Formation and Development*, Autin: University of Texas Press, 1991.

Khoupy, P. S. , *Urban Notables and Arab Nationalism: The Politics of Damascus 1860 – 1920*, New York: Cambridge University Press, 1983.

King, L. W. , *Bronze Reliefs from the Gates of Shalmaneser, King of Assyria, 860 – 825 BC*, London: British Museum Department of Egyptian and Assyrian Antiquities, 1915.

King, L. W. , Thompson, R. C. , *The Sculpture and Inscription of Darius the Great on the Rock of Behistün in Persia*, London: Britain Museum, 1907.

Knapp, A. B. , *The History and Culture of the Ancient Western Asia and Egypt*, Belmont: Wadworth Press, 1990.

Knox, P. L. , Taylor, P. J. , *World Cities in a Worldsystem*, New York: Cambridge University Press, 1995.

Koenigsberger, H. G. , *Medieval Europe 400 – 1500*, London: Longman, 1987.

Koester, H. , ed. , *Ephesos Metropolis of Asia: An Interdisciplinary Approach to Its Archaeology, Religion and Culture*, Cambridge: Harvard University Press, 1995.

Koldewey, R. , *The Excavation at Babylon*, London: Macmillan, 1914.

Kolluoglu, B. , Toksoz, M. , eds. , *Cities of the Mediterranean: From the*

Ottomans to the Present Day, New York: IB Tauris, 2010.

Kostof, S., *The City Shaped: Urban Patternsand Meanings through History*, London: Thames and Hudson, 1991.

Kosmin, P. J., *The Land of the Elephant Kings: Space, Territory and Ideology in the Seleucid Empire*, Cambridge: Harvard University Press, 2014.

Kostof, S., Castillo, G., *The City Assembled: The Elements of Urban Form through History*, London: Thames and Hudson, 1999.

Kostof, S., *The City Shaped: Urban Patterns and Meanings through History*, Boston: Little, Brown, 1991.

Kotkin, J., *The City: A Global History*, New York: Modern Library, 2005.

Kraeling, C. H., Adams, R. M., eds., *City Invincible: A Symposium on Urbanization and Cultural Development in the Ancient Near East*, Chicago: The University of Chicago Press, 1960.

Kuhrt, A., Sherwin-White, S., eds., *Hellenism in the East: The Interaction of Greek and Non-Greek Civilizations from Syria to Central Asia after Alexander*, London: Duckworth, 1987.

Kuhrt, A., *The Ancient Near East c. 3000 – 300 BC*, vols. Ⅰ – Ⅱ, London and New York: Routledge Publishing, 1995.

Kuhrt, A., *The Persian Empire*, London: Routledge, 2007.

Kulakoglu, F., Kangal, S., eds., *Anatolia's Prologue*, *Kultepe Kanesh Karum*, *Assyrians in Istanbul*, Istanbul: Kayseri Metropolitan Municipality, 2010.

Kuzmina, E. E., *The Prehistory of the Silk Road*, Philadelphia: University of Pennsylvania Press, 2008.

Kzaimee, B. A., Rahmani, A. B., *Place, Meaning and Form in the Architecture and Urban Structure of Eastern Islamic Cities*, New York: The Edwin Mellen Press, 2002.

Lacovara, P., *The New Kingdom Royal City*, London and New York: Routledge, 2009.

Lampl, P., *Cities and Planning in the Ancient Near East*, New York: George Braziller, 1968.

Lane, D., Zhu, Guichang, *Changing Regional Alliances for China and the West*, London: Lexington Books, 2017.

Lang, R., Dawn, D., *Beyond Megalpolis: Exploring America's New "Megalpolitan" Geography*, Metropolitan Institute Census Report, Alexandria: Virginia Polytechnic Institute and State University, 2005.

Lapidus, Ira M., *A Histroy of Islamic Society*, Cambridge: Cambridge University Press, 1988.

Lapidus, Ira M., ed., *Middle Eastern Cities*, Berkeley and Los Angeles: University of California Press, 1969.

Lapidus, Ira M., *Muslim Cities in the Later Middle Ages*, Cambridge: Harvard University Press, 1967.

Larsen, M. T., *Old Assyrian Caravan Procedures*, Leiden: Nederlands Instituut voor het Nabije Oosten, 1967.

Larsen, M. T., *The Old Assyrian City: State and Its Colonies*, Copenhagen: Akademisk Forlag, 1976.

Lassner, J., *Medieval Jerusalem: Forging an Islamic City in Spaces Sacred to Christians and Jews*, Ann Arbor: University of Michigan Press, 2017.

Lebon, J. H. G., *The Islamic City in the Near East: A Comparative Study of Cairo, Alexanderia and Istanbul*, Liverpool: Liverpool University Press, 1970.

Leemans, W. F., *Foreign Trade in the Old Babylonian Period*, Leiden: E. J. Brill, 1960.

Leichty, E., *The Royal Inscriptions of Esarhadon, King of Assyia*, Winona Lake: Eisenbrauns, 2011.

Lewis, B., *Islam: From the Prophet Muhammad to the Capture of*

Constantinople, New York: Harper and Row, 1987.

Lewis, B., *The Arabs in History*, London and New York: Hutchison's University Library, 1950.

Lewis, B., *The Emergence of Modern Turkey*, London, New York and Toronto: Oxford University Press, 1961.

Lewis, B., *What Went Wrong? The Clash between Islam and Modernity in the Middle East*, New York: Perennial, 2002.

Lewis, B., *The Muslim Discovery of Europe*, New York: Norton, 1982.

Liddell, H. G., Scott, R., *A Greek-English Lexicon*, Oxford: Clarendon Press, 1996.

Limbert, J. W., *Shiraz in the Age of Hafez: The Glory of a Medieval Persian City*, Seattle: University of Washington Press, 2004.

Liverani, M., *Uruk: The First City*, ed. and trans. by Z. Bahrani, M. Van de Mieroop, London: Equinox, 2006.

Liu, Xinru, Shaffer, L. N., *Connections Across Eurasia: Transportation, Communication and Cultural Exchange on the Silk Roads*, New York: McGraw Hill, 2007.

Liu, Xinru, *The Silk Road in World History*, New York: Oxford University Press, 2010.

Liverani, M., *Imagining Babylon: The Modern Story of an Ancient City*, trans. from the Italian by A. Campbell, Boston and Berlin: Walter de Gruyter, 2016.

Lloyd, S., Muller, H. W., Martin, R., *Ancient Architecture: Mesopotamia, Egypt, Crete, Greece*, New York: Harry N. Abrams, 1974.

Lockhart, L., *Persian Cities*, London: Luzac, 1960.

Lopez, R. S., *The Birth of Europe*, New York: M. Evans and Company, 1967.

Luckenbill, D. D., *Ancient Records of Assyria and Babylonia*, vol. II: *Historical Records of Assyria from Sargon to the End*, New York:

Greenwood Press, 1968.

Lynch, K., *A Theory of Good City Form*, Cambridge: MIT Press, 1981.

Lynch, K., *Good City Form*, Cambridge: MIT Press, 1984.

Lynch, K., *The Image of the City*, Cambridge: Technology Press, 1960.

Macfie, A. L., ed., *Orientalism: A Reader*, New York: New York University Press, 2000.

Madanipour, A., *Tehran: The Making of a Metropolis*, Chichester: John Wiley and Sons, 1998.

Ma, J., *Antiochos III and the Cities of Western Asia Minor*, Oxford: Oxford University Press, 1999.

Mansfield, P., *The Arabs*, New York: Penguin Books, 1992.

Mansory, M., *Jewish History and Thought*, New York: Ktav Publishing House, 1991.

Manzanilla, L., ed., *Emergence and Change in Early Urban Societies*, New York and London: Plenum Press, 1997.

MacKey, S., Harrop, S., *The Iranians: Persia, Islam and the Soul of a Nation*, New York: Plume, 1998.

Ma, J., *Antiochos III and the Cities of Western Asia Minor*, Oxford: Oxford University Press, 1999.

Mango, C., *Byzantium: The Empire of New Rome*, New York: Scribner's, 1980.

Mark, S., *From Egypt to Mesopotamia: A Study of Predynastic Trade Routes*, Austin: Texas A&M University Press, 1997.

Masters, B., *The Origins of Western Economic Dominance in the Middle East: Mercantilism and the Islamic Economy in Aleppo, 1600 – 1750*, New York: New York University Press, 1988.

Matyszak, P., *The Enemies of Rome: From Hannibal to Attila the Hun*, London: Thames and Hudson, 2009.

McLoughlin, J. B., *Urban and Regional Planning: A Systems Approach*,

London: Charles Hammond, 1978.

McNeill, W. H., *Plagues and People*, Garden City: Anchor Press, 1976.

McNeill, W. H., *The Pursuit of Power: Technology, Armed Force and Society since AD 1000*, Chicago: University of Chicago Press, 1982.

McNeill, W. H., *The Rise of the West*, Chicago: University of Chicago Press, 1963.

Meijers, E. J., *Synergy in Polycentric Urban Regions: Complementarity, Organising Capacity and Critical Mass*, PhD dissertation, Delft: Delft University of Technology, 2007.

Mellaart, J., *Earliest Civilizations of the Near East*, London: Thames and Hudson, 1965.

Menahem, M., *Jewish History and Thought: An Introduction*, New York: KTAV Publishing House, 1991.

Millar, F., *The Emperor in the Roman World*, Ithaca: Cornell University Press, 1977.

Millar, F., *The Roman Near East, 31 BC – AD 337*, Cambridge: Harvard University Press, 1993.

Montgomery, W., *Muhammad at Macca*, Oxford: Clarendon, 1953.

Miller, M. C., *Athens and Persia in the Fifth Century BC: A Study in Cultural Receptivity*, Cambridge: Cambridge University Press, 1997.

Montgomery, W., *Muhammadat Medina*, Karachi and New York: Oxford University Press, 1957.

Moore, K., David, L., *Birth of the Multinational: 2000 Years of Ancient Business History from Ashur to Augustus*, Copenhagen: Copenhagen Business School Press, 1999.

Moore, W., *The Impact of Industry*, Englewood Cliffs: Prentice-Hall, 1965.

Moorey, P. R. S., ed., *The Origins of Civilization*, Oxford: Clarendon Press, 1979.

Moran, W. L., *The Amarna Letters*, revised edition, Baltimore and London:

Johns Hopkins University Press, 1992.

Morgan, D., *Medieval Persia, 1040 – 1797*, London and New York: Longman, 1988.

Morgan, D., *The Mongols*, Oxford: Basil Blackwell, 1986.

Morris, A. E. J., *History of Urban Form: Before the Industrial Revolution*, 3rd edition, London: Longman, 1994.

Mortada, H., *Traditional Islamic Principles of Built Enviroment*, London and New York: Routledge Curzon, 2003.

Moscati, S., *The World of the Phoenicians*, trans. from the Italian by Alisair Hamilton, New York: Praeger, 1968.

Muller, H., *The Uses of the Past: Profiles of Former Societies*, New York: Oxford University Press, 1952.

Mumford, L., *City Development: Studies in Disintegration and Renewal*, New York: Harcourt Brace and World, 1945.

Mumford, L., *The City in History: Its Origins, Its Transformations and Its Prospects*, New York: Harcourt, Brace and World, 1961.

Mumford, L., *The Culture of Cities*, New York: Harcourt, Brace and World, 1938.

Mumford, L., *The Highway and the City*, New York: Harcourt, Brace and World, 1963.

Mumford, L., *The Urban Prospect*, New York: Harcourt, Brace and World, 1968.

Myers, E. M., ed., *Oxford Encyclopedia of Archaeology in the Ancient Near East* 5, New York: Oxford University Press, 1997.

Nashat, G., *The Origins of Modern Reform in Iran: 1870 – 1880*, Urbana: University of Illinois Press, 1982.

Newman, A. J., *Safavid Iran: Rebirth of a Persian Empire*, London: I. B. Tauris, 2009.

Nissen, H. J., *The Early History of the Ancient Near East, 9000 – 2000 BC*,

Chicago: University of Chicago Press, 1988.

Oates, J., *Babylon*, London: Thames and Hudson, 1979.

Oates, J., Oates, D., *Nimrud: An Assyrian Imperial City Revealed*, London: British School of Archaeology in Iraq, 2001.

Oberoi, A. S., *Population Growth, Employment and Poverty in Third-World Mega-Cities: Analytical and Policy Issues*, New York: St. Martin's Press, 1993.

Obolensky, D., *The Byzantine Commonwealth: Eastern Europe, 500 – 1453*, New York: Praeger, 1971.

Ochsenwald, W., *The Middle East: A History*, Boston: McGraw-Hill, 2003.

O'Flaherty, B., *City Economics*, Cambridge: Harvard University Press, 2005.

Ogzguc, T., *The Palaces and Temples of Kultepe-Kanesh/Nesha*, Ankara: Turkish Historical Society, 1999.

O'Leary, D., *Arabia before Muhammed*, London: Kegan Paul, 1927.

Olesen, A., *Islam and Politics in Afghanistan*, Surrey: Curzon Press, 1995.

Owen, R., *The Middle East in the World Economy, 1800 – 1914*, London and New York: Methuen, 1981.

Owens, E. J., *The City in the Greek and Roman World*, London: Routledge, 1991.

Pacione, M., *The City: Critical Concepts in The Social Sciences*, New York: Routledge, 2001.

Paddison, R., ed., *Handbook of Urban Studies*, London, Thousand Oaks and New Delhi: SAGE Publications, 2001.

Park, H., *The Delineation of a Coastline: The Growth of Mutual Geographic Knowledge in China and the Islamic World from 750 – 1500*, PhD dissertation, New Haven: Yale University, 2008.

Parpola, S., *The Correspondence of Sargon II, part I: Letters from Assyria* and the West, Helsinki: Helsinki University Press, 1987.

Pasha, M., *Ottoman Statecraft: The Book of Counsel for Vezirs and Governors*, Princeton: Princeton University Press, 1935.

Peltenburg, E. J., Wasse, A., eds., *Neolithic Revolution: New Perspectives on Southwest Asia in Light of Recent Discoveries on Cyprus*, Oxford: Oxbow Books, 2004.

Perlman, F., *Against His-Story, Against Leviathan*, Detroit: Black and Red, 1983.

Peters, F. E., *Mecca*, Princeton: Princeton University Press, 1994.

Peters, F. E., *Muhammad and the Origins of Islams*, Albany: State University New York Press, 1994.

Petrie, W. M. F., *Syria and Egypt: From the Tell El Amarna*, London: Methuen, 1898.

Philostratus, *The Life of Apollonius of Tyana*, Cambridge: Harvard University Press, 1989.

Pirenne, H., *Mohammed and Charlemagne*, trans. by B. Miall, Cleveland: Meridian Books, 1957.

Pliny, *Natural History*, London: George Bell and Sons, 1856.

Pliny the Elder, *Natural History*, Cambridge: Harvard University Press, 1999.

Plutarch, *Lives*, Cambridge: Harvard University Press, 1948.

Polo, M., *The Travels*, trans. by R. Latham, London: Penguin Classics, 1958.

Polo, M., *The Travels of Marco Polo*, ed. by M. Komroff, New York: The Mordern Library, 1926.

Polybius, *The Histories*, Cambridge: Harvard University Press, 1993.

Postan, M. M., Miller, E. eds., *The Cambridge Economic History of Europe*, vol. II: *Trade and Industry in the Middle Ages*, 2nd edition, Cambridge: Cambridge University Press, 1987.

Postgate, J. N., *Early Mesopotamia: Society and Economy at the Dawn of History*, London: Routledge, 1992.

Postgate, J. N., *Neo-Assyrian Royal Grants and Decrees*, Rome: Pontifical Biblical Institute, 1969.

Potter, R. B., Salau, A. T., eds., *Cities and Development in the Third World*, London: Mansell, 1990.

Prawer, J., Ben-Shammai, H., *The History of Jesusalem: The Early Muslim Period, 638 – 1099*, New York: New York University Press, 1996.

Pritchard, J. B., ed., *Ancient Near Eastern Texts Relating to the Old Testament*, 3rd edition, Princeton: Princeton University Press, 1969.

Pritchard, J. B., ed., *The Ancient Near East in Pictures*, 2rd edition, Princeton: Princeton University Press, 1969.

Psellus, M., *The Chronographia*, trans. by E. R. A. Sewter, New Haven: Yale University Press, 1953.

Rawlinson, G., *Parthia*, New York and London: G. P. Putnam's Sons, 1903.

Rawlinson, G., *The Sixth Great Oriental Monarchy: Or, the Geography, History and Antiquities of Parthia*, New York and London: G. P. Putnam's Sons, 1873.

Rawlinson, G., *The Story of Parthia*, New York and London: G. P. Putnam's Sons, 1893.

Raymond, A., *Arab Cities in the Ottoman Period: Cairo, Syria and the Maghreb*, Burlington: Ashgate, 2002.

Raymond, A., *The Great Arab Cities in the 16th – 18th Centuries: An Introduction*, New York: New York University Press, 1984.

Redman, C. L., *The Rise of Civilization: From Early Farmers to Urban Society in the Ancient Near East*, San Francisco: W. H. Freeman, 1978.

Rejwan, N., *The Last Jews in Baghdad: Remembering a Lost Homeland*,

Austin: University of Texas Press, 2004.

Rennell, J., *The Geographical System of Herodotus Examined and Explained*, Charleston: Nabu Press, 2011.

Reynolds, F., *The Babyonian Correspondence of Esarhaddon and Letters to Assurbanipal and Sin-sharru-ishkun from Northern and Central Balylonia*, Helsinki: Helsinki University Press, 2003.

Reynold, S., *An Introduction to the History of English Medieval Towns*, Oxford: Clarendon Press, 1977.

Richards, J. F., *The Mughal Empire*, Cambridge: Cambridge University Press, 1993.

Richardson, S. F., *The Collapse of a Complex State: A Reappraisal of the End of the First Dynasty of Babylon, 1683 - 1597 BC*, PhD dissertation, New York: Columbia University, 2002.

Rickman, M. Austin, J., Harries, C. J. Smith, eds., *Modus Operandi: Essays in Honour of Geoffrey Rickman*, London: University of London, 1998.

Robson, W. A., Regan, D. E., eds., *Great Cities of the World*, 3rd edition, London: George Allen and Unwin, 1972.

Robinson, C. F., *First Eslamic Empire*, Oxford: Wiley-Blackwell, 2013.

Room, A., *Placenames of the World: Origins and Meanings of the Names for 6600 Countries, Cities, Territories, Natural Features and Historic Sites*, 2nd edition, Jefferson: McFarland, 2006.

Rothman, M. S., ed., *Uruk Mesopotamia and Its Neighbors Cross-Cultural Interactions in the Era of State Formation*, Santa Fe: School for Advanced Research Press, 2001.

Rowe, N., *The Jew, the Cathedral and the Medieval City: Synagoga and Ecclesia in the Thirteenth Century*, Cambridge: Cambridge University Press, 2011.

Rowe, P. G., Sarkis, H., eds., *Projecting Beirut: Episodes in the*

Construction and Reconstruction of a Mordern City, Munich: Prestel Verlag, 1998.

Rozen, M., *A History of the Jewish Community in Istanbul: The Formative Years, 1453 – 1566*, Leiden: E. J. Brill, 2002.

Ruggles, D. F., *Islamic Gardens and Landscapes*, Philadelphia: University of Pennsylvania Press, 2008.

Russell, J. M., *Sennacherib's "Palace without Rival" at Nineveh*, Chicago: University of Chicago Press, 1992.

Russell, J. M., *The Final Sack of Nineveh: The Discovery, Ducumentation and Destruction of King Sennacherib's Throne Room at Nineveh, Iraq*, New Haven and London: Yale University Press, 1998.

Russell, J. M., *The Writing on the Wall: Studies in the Architectural Context of Late Assyrian Palace Inscriptions*, Winona Lake: Eisenbrauns, 1999.

Saarinen, E., *The City: Its Growth, Its Decay, Its Future*, New York: Reinhold Publishing, 1943.

Sabloff, J. A., Lamberg-Karlovsky, C. C., eds., *Ancient Civilization and Trade*, Albuquerque: University of New Mexico Press, 1975.

Sachs, A. J., Hunger, H., eds., *Astronomical Diaries and Related Texts from Babylonia*, vols. I – III, Wien: Verlag der Osterreichischen Akademie der Wissenschaften, 1988 – 1996.

Saggs, H. W. F., *Babylonians*, London: the British Museum Press, 1995.

Saggs, H. W. F., *The Greatness That Was Babylon: A Sketch of the Ancient Civilization of the Tigris-Euphrates Valley*, New York: Hawthorn Publishers, 1962.

Said, E. W., *Orientalism*, New York: Vintage Books, 1979.

Sandmel, S., *Judaism and Christian Beginnings*, New York: Oxford University Press, 1978.

Sartre, M., *The Middle East under Rome*, Cambridge: The Belknap Press of Harvard University Press, 2005.

Sasson, J. M., et al., eds., *Civilizations of the Ancient Near East*, Peabody: Hendrickson Publishers, 2000.

Saunders, J. J., *A History of Medieval Islam*, London: Routledge, 1978.

Savory, R., *Iran under the Safavids*, Cambridge: Cambridge University Press, 1980.

Scherrer, P., ed., *Ephesus: The New Guide*, revised edition, Istanbul: Ege Yaynlari, 2000.

Schlesinger, A. M., *The Rise of the City, 1878 – 1898*, New York: Macmillan, 1933.

Scott, A. J., ed., *Global City-regions: Trends, Theory, Policy*, Oxford and New York: Oxford University Press, 2001.

Segeant, R. B., ed., *The Islamic City: Selected Papers from the Colloquium Held at the Middle East Centre, Faculty of Oriental Studies, Cambridge, United Kingdom, from 19 to 23 July 1976*, Paris: UNESCO, 1980.

Seri, A., *The House of Prisoners: Slavery and State in Uruk during the Revolt against Samsu-iluna*, Boston and Berlin: Walter de Gruyter, 2013.

Service, E. R., *Origins of the State and Civilization: The Process of Cultural Evolution*, New York: W. W. Norton, 1975.

Seymour, M., *Babylon: Legend, History and the Ancient City*, London: I. B. Taurus, 2014.

Sharbatoghlie, A., *Urbanization and Regional Disparities in Post-Revolutionary Iran*, Boulder: Westview Press, 1991.

Shaw, S. J., *History of the Ottoman Empire and Modern Turkey*, vol. I, Cambridge: Cambridge University Press, 1976.

Shaw, S. J., Shaw, E. K., *History of the Ottoman Empire and Modern Turkey*, vol. II, Cambridge: Cambridge University Press, 1977.

Sherwin-White, A. N., *The Roman Citizenship*, Oxford: Clarendon Press, 1980.

Sherwin-White, S., Kuhrt, A., *From Samarkhand to Sardis: A New*

Approach to the Seleucid Empire, Berkeley: University of California Press, 1993.

Short, J. R., Kim, Yeong-Hyun, *Globalization and the City*, London: Longman, 1999.

Short, J. R., *Liquid City: Megalopolis and the Contemporary Northeast*, Washington: RFF Press, 2007.

Simons, J., *Handbook for the Study of Egyptian Topographical Lists relating to Western Asia*, Leiden: E. J. Brill, 1937.

Sinnigen, W. G., Robinson, C. A., *Ancient History*, 3rd edition, New York: Macmillan Publishing, 1981.

Sinor, D., *Inner Asia: History, Civilization, Languages: A Syllabus*, Bloomington: Indiana University, 1969.

Sirat, C., *Hebrew Manuscripts of the Middle Ages*, ed. and trans. by Nicholas de Lange, Cambridge: Cambridge University Press, 2002.

Sluglett, P., ed., *The Urban Social History of the Middle East 1750 – 1950*, Syracuse: Syracuse University Press, 2008.

Slyomovics, S., ed., *The Walled Arab City in Literature, Architecture and History: The Living Medina in the Maghrib*, London and New York: Routledge, 2001.

Smethurst, P., *Introduction to The Travels of Marco Polo*, New York: Barnes and Noble Publishing, 2005.

Smith, E. B., *Egyptian Architecture as Cultural Expression*, London and New York: D. Applton-Century, 1938.

Smith, G., *History of Assurbanipal*, London and Edinburgh: Williams and Norgate, 1871.

Smith, M. L., ed., *The Social Construction of Ancient Cities*, Washington and London: Smithsonian Books, 2003.

Smith, M. P., *Transnational Urbanism: Locating Globalization*, Oxford: Blackwell, 2000.

Snape, S. , *The Complete Cities of Ancient Egypt*, London: Thames and Hudson, 2014.

Snir, R. , *Baghdad: The City in Verse*, Cambridge and London: Harvard Uniersity Press, 2013.

Southall, A. , *The City in Time and Space*, Cambridge: Cambridge University Press, 1998.

Spuler, B. , *History of the Mongols: Based on Eastern and Western Accounts of the Thirteenth and Fourteenth Centuries*, Berkeley and Los Angeles: University of California Press, 1972.

Stewart, D. , *Great Cairo, Mother of the World*, Cario: American University in Cairo Press, 1981.

Stol, M. , *Studies in Old Babylonian History*, Istanbul: Nederlands Historisch-Archaeologisch Instituut, 1976.

Storper, M. , Scott, A. J. , eds. , *Pathways to Industrialization and Regional Development*, New York: Rouledge, 1992.

Strabo, *Geography*, Cambridge: Harvard University Press, 1988.

Tacitus, *Annals*, Cambridge: Harvard University Press, 1998.

Tada, R. , *Apollodorus of Artemita and the Rise of the Parthian Empire*, Seattle: University of Washington Press, 2008.

Tal, E. , *Whose Jerusalem?* Jerusalem: International Forum for a United Jerusalem, 1994.

Tarn, W. W. , *Hellenistic Civilisation*, 2nd edition, London: E. Arnold, 1930.

Taylor, P. J. , Derudder, B, Saey, P. , Witolw, F. , eds. , *Cities in Globalization: Practices, Policies and Theories*, Oxon: Routledge, 2007.

Taylor, P. J. , *World City Network: A Global Urban Analysis*, London: Routledge, 2004.

Tarn, W. W. , *Alexander the Great*, vols. Ⅰ - Ⅱ, Cambridge: Cambridge University Press, 1948.

Tarn, W. W. , *The Greeks in Bactria and India*, Cambridge: Cambridge University Press, 1951.

Thernstrom, S. , Sennett, R. , eds. , *Nineteenth-Century Cities: Essays in the New Urban History*, New Haven: Yale University Press, 1969.

Thomlinson, R. , *Urban Structure: The Social and Spatial Charater of Cities*, New York: Random House, 1969.

Thubron, C. , *Istanbul*, Amsterdam: Time Life Books, 1978.

Tolman, H. C. , *Ancient Persian Lexicon and Texts*, New York, Cincinnati and Chicago: America Book Company, 1908.

Toynbee, A. J. , ed. , *Cities of Destiny*, New York: McGraw-Hill, 1967.

Toynbee, A. J. , *Hellenism: The History of a Civilization*, London: Oxford University Press, 1959.

Toynbee, A. J. , *Mankind and Mother Earth: A Narrative History of the World*, Oxford: Oxford University Press, 1976.

Trigger, B. G. , *Understanding Early Civilization: A Comparative Study*, Cambridge: Cambridge University Press, 2003.

Tscherikower, V. , *Die Hellenistischen Stadtegründungen von Alexander dem Großen bis auf die Romerzeit*, Leipzig: Dieterich'sche Verlagsbuchhandlung, 1927.

Turnbull, S. , *The Ottoman Empire 1326 – 1699*, New York: Osprey, 2003.

Uphill, E. P. , *Egyptian Towns and Cities*, London: Shire Publications, 1988.

Ucko, P. J. , Tringham, R. , Dimbleby, G. W. , eds. , *Man Settlement and Urbanism*, London: Duckworth, 1972.

Van der Woude, A. , De Vries, J. , Hayami, A. , *Urbanization in Histroy: A Process of Dynamic Interactions*, Oxford: Clarendon Press, 1990.

Veenhof, K. R. , *Aspects of Old Assyrian Trade and Its Terminology*, Leiden: E. J. Brill, 1972.

Veenhof, K. R. , Eidem, J. , Wafler, M. , *Mesopotamia: The Old Assyrian*

Period, Gottingen: Vandenhoeck and Ruprecht, 2008.

Van De Mieroop, M., *A History of the Ancient Near East*, ca. *3000 – 323 BC*, Oxford: Blackwell Publishing, 2008.

Van De Mieroop, M., *Society and Enterprise in Old Babylonian Ur*, Berlin: Dietrich Reimer Verlag, 1992.

Van de Mieroop, M., *The Ancient Mesopotamian City*, Oxford: Oxford University Press, 1997.

Van der Woude, A. D., et al., eds., *Urbanization in History: A Process of Dynamic Interactions*, Oxford: Clarendon Press, 1990.

Vanstiphout, H., *Epic of Sumerian Kings: The Matter of Aratta*, Atlanta: Society of Biblical Literature, 2003.

Von Grunebaum, G. E., *Islam: Essays in the Nature and Growth of a Cultural Tradition*, 2nd edition, New York: Barnes and Noble, 1961.

Von Kalckreuth, D., *Three Thousand Years of Rome*, New York: Knopf, 1930.

Von Richthofen, F., *China: Ergebnesse Eigener Reisen und darauf Gegrundeter Studien*, 5 vols, Berlin: D. Reimer, 1877 – 1912.

Vryonis, S., Jr., *Byzantium and Europe*, New York: Harcourt Brace Jovanovich, 1967.

Wahab, S., Youngerman, B., *A Brief History of Afghanistan*, New York: Infobase Publishing, 2007.

Walbank, F. W., Astin, A. E., Frederiksen, M. W., Ogilvie, R. M., eds., *The Cambridge Ancient History*, vol. Ⅶ, part 1: The Hellenistics World, Cambridge: Cambridge University Press, 1984.

Walbank, F. W., *The Hellenistic World*, Cambridge: Harvard University Press, 1981.

Waters, M., *Ancient Persia: A Concise History of the Achaemenid Empire, 550 – 330 BCE*, Cambridge: Cambridge University Press, 2014.

Weinfeld, M., *Social Justice in Ancient Israel and in the Ancient Near East*,

Jerusalem: The Hebrew Univeristy Magnes Press, 1995.

Wheatley, P. , *The Places Where Men Pray Together: Cities in Islamic Lands, Seventh through the Tenth Centuries*, Chicago: University of Chicago Press, 2001.

Wheeler, M. , *Flames over Persepolis: Turning Point in History*, New York: Reynal, 1968.

Willey, P. , *Eagle's Nest: Ismaili Castles in Iran and Syria*, London and New York: I. B. Tauris, 2006. .

Whitfield, S. , *Life along the Silk Road*, London: John Murray, 1999.

Whitfield, S. , *The Silk Road: Trade, Travel, War and Faith*, Chicago: Serindia, 2004.

Wilson, R. , *Economic Development in the Middle East*, London: Routledge, 2005.

Wright, G. E. , *Shechem: The Biography of a Biblical City*, London: Duckworth, 1965.

Yarshater, E. , ed. , *The Cambridge History of Iran, vol. 2: The Seleucid, Parthian and Sasanian Periods*, Cambridge: Cambridge University Press, 2000.

Yeor, B. , *The Dhimmis, Jews and Christians under Islam*, London and Toronto: Associated University Press, 1985.

Yi, Eunjeong, *Guild Dynamics in Seventeen Century Istanbul: Fluidity and Leverage*, Leiden and Boston: E. J. Brill, 2004.

Yoffee, N. , *Myths of the Archaic State: Evolution of the Earliest Cities, States and Civilizations*, Cambridge: Cambridge University Press, 2005.

Yon, M. , *The City of Ugarit at Tell Ras Shamra*, Winona Lake: Eisenbrauns, 2006.

Young, G. D. , ed. , *Ugarit in Retrospect: Fifty Years of Ugarit and Uagritic*, Winona Lake: Eisenbrauns, 1981.

Zaidan, J. , *History of Islamic Civilization*, New Delhi: Kitab Bhavan,

1978.

Zandi-Sayek, S., *Ottoman Izmir: The Rise of a Cosmopolitan Port*, Minneapolis: University of Minnesota Press, 2012.

Zarcone, T., *La Route du Jade: Un Voyage de Vingt Siecles*, Paris: Autrement, 2001.

Zenner, W. P., *A Global Community: The Jews from Aleppo Syria*, Detroit: Wayne State University Press, 2000.

六 西文论文

Abu-Lughod, J. L., "The Islamic City: Historic Myth, Islamic Essence and Contemporary Relevance", *International Journal of Middle East Studies* 19/2 (1987), pp. 155 – 176.

Ahmad, B., "Urbanization and Urban Development in the Muslim World: From the Islamic City Model to Megacities", *Geo Journal* 37/1 (1995), pp. 113 – 123.

Al-Hemaidi, W. K., "The Metamorphosis of the Urban Fabric in Arab-Muslim City: Riyadh, Saudi Arabia", *Journal of Housing and the Built Environment* 16/2 (2001), pp. 179 – 201.

Anschutz, H., "Persische Stadttypen: Eine Vergleichende Betrachtung der Stadte Teheran-Isfahan-Abadan-Chorramschahr und Buschir in Iran", *Geografische Rundschau* 19/3 (1967), pp. 105 – 110.

Archi, A., Biga, M. G., "A Victory over Mari and the Fall of Ebla", *Journal of Cuneiform Studies* 55 (2003), pp. 1 – 44.

Asami, Y., Istek, C., Kubat, A. S., "Characterization of the Street Networks in the Traditional Turkish Urban Form", *Environment and Planning B: Planning and Design* 28 (2001), pp. 777 – 795.

Ashraf, A., "Bazaar-Mosque Alliance: The Social Basis of Revolts and Revolutions", *International Journal of Politics, Culture and Society* 1/4 (1988), pp. 538 – 567.

Assar, G. R. F. , "Parthian Calenders at Babylon and Seleucia on the Tigris", *Iran* 41 (2003), pp. 171 – 191.

Astour, M. C. , "An Outline of the History of Ebla (Part 1)", in C. H. Gordon, ed. , *Eblaitica: Essays on the Tbla Archives and Eblaite Language*, vol. Ⅲ, Winona Lake: Eisenbrauns, 1992, pp. 3 – 82.

Astour, M. C. , "An Outline of the History of Ebla (Part 2)", in C. H. Gordon, ed. , *Eblaitica: Essays on the Ebla Archives and Eblaite Language*, vol. Ⅳ, Winona Lake: Eisenbrauns, 2002, pp. 57 – 196.

Aubin, J. , "Elements pour l'etude des agglomerations urbaines dans l'Iran medieval", in A. H. Hourani, S. M. Stern, eds. , *The Islamic City: A Colloquium*, Philadelphia: University of Pennsylvania Press, 1970, pp. 65 – 75.

Ayalon, D. , "Studies on the Transfer of The Abbasid Caliphate from Bagdad to Cairo", *Arabica* 7/1 (1960), pp. 41 – 45.

Bailkey, N. , *Early Mesopotamian Constitutional Development* 72/4 (1967), pp. 1211 – 1236.

Barbanes, E. , "Planning an Empire: City and Settlement in the Neo-Assyrian Period", *Bulletin of the Canadian Society for Mesopotamian Studies* 38 (2003), pp. 15 – 22.

Batuman, B. , " 'Early Republican Ankara': Struggle over Historical Representation and the Politics of Urban Historiography", *Journal of Urban History* 37/5 (2011), pp. 661 – 679.

Batuman, B. , " 'Everywhere Is Taksim': The Politics of Public Space from Nation-Building to Neoliberal Islamism and Beyond", *Journal of Urban History* 41/5 (2015), pp. 881 – 907.

Bailkey, N. , "Early Mesopotamian Constitutional Development", *The American Historical Review* 72/4 (1967), pp. 1211 – 1236.

Blanton, R. E. , "Anthropological Studies of Cities", *Annual Review of Anthropology* 5 (1976), pp. 249 – 264.

Bonine, M. E. , "City and Hinterland in Central Iran", in G. Schweizer, ed. , *Interdisziplinare Iran Forschung: Beitrage aus Kulturgeographie, Ethnologie, Soziologie und neuerer Geschichte*, Wiesbaden: Ludwig Reichert, 1979, pp. 141 –156.

Bonine, M. E. , "The Morphogenesis of Iranian Cities", *Annals of the Association of American Geographers* 69/2 (1979), pp. 208 –224.

Bono, P. , Crow, J. , Bayliss, R. , "The water supply of Constantinople: Archaeology and Hydrogeology of an Early Medieval City", *Environmental Geology* 40/11 –12 (2001), pp. 1325 –1333.

Breen, C. , "Towards an Archaeology of Early Islamic Ports on the Western Red Sea Coast", *Journal of Maritime Archaeology* 8/2 (2013), pp. 311 – 323.

Brinkman, J. A. , "Sennacherib's Babylonian Problem: An Interpretation", *Journal of Cuneiform Studies* 25/2 (1973), pp. 89 –95.

Brown, S. , "The Collapse of the Neo-Assyrian Empire", *Bulletin of the Canadian Sociey for Mesopotamian Studies* 34 (1999), pp. 69 –75.

Brunswig, R. H. , "Radiocarbon Dating and the Indus Civilization", *East and West* 25/1 –2 (1975), pp. 111 –145.

Buccellati, G. , "The Enthronement of the King and the Capital City in Texts from Ancient Mesopotamia and Syria", in R. D. Briggs, J. A. Brinkman, eds. , *Studies Presented to A. Leo Oppenheim*, Chicago: The Oriental Institute of the University of Chicago, 1964, pp. 54 –61.

Buccellati, G. , "The 'Urban Revolution' in a Socio-Political Perspective", *Mesopotamia* 12 (1977), pp. 19 –39.

Bunnens, G. , "Syro-Anatolian Influence on Neo-Assyrian Town Planning", in G. Bunnens, ed. , *Cultural Interactions in the Ancient Near East*, Louvain: Peeters Press, 1996, pp. 113 –128.

Campbell, E. F. , "Shechem in the Amarna Archive", in G. E. Wright, ed. , *Shechem: The Biography of a Biblical City*, London: Duckworth, 1965, pp. 191 – 207.

Casana, J., Herrmann, J. T., "Settlement History and Urban Planning at Zincirli Hoyuk Southern Turkey", *Journal of Mediterranean Archaeology* 23/1 (2010), pp. 55 – 80.

Cetin, M., "Trends of the Transformation of Urban Form in Arab Cities with Specific Reference to Al-Khobar", *Journal of Civil Engineering* 4/10 (2010), pp. 51 – 58.

Clayden, T., "Kurigalzu I and the Restoration of Babylonia", *Iraq* 58 (1996), pp. 109 – 121.

Cohen, R., "The New International Division of Labor, Multinational Corporations and Urban Hierarchy", in M. Dear, A. Scott, eds., *Urbanization and Urban Planning in Capitalist Society*, London: Methuen, 1981, pp. 287 – 315.

Collon, D., "'Ivory' in Trade in the Ancient Near East", in J. D. Hawkins, ed., *Papers Presented to the XXIII Rencontre Assyriologique Internationale University of Birmington 5 – 9 July 1976*, London: British School of Archaeology in Iraq, pp. 219 – 222.

Contessi, N., "Central Asia in Asia: Charting Growing Transregional Linkages", *Journal of Eurasian Studies* 7/1 (2016), pp. 3 – 13.

Costa, F. J., Noble, A. G., "Planning Arabic Towns", *The Geographical Review* 76/2 (1986), pp. 160 – 172.

Cowgill, G., "Origins and Development of Urbanism: Archaeological Perspectives", *Annual Review of Anthropology* 33 (2004), pp. 525 – 549.

Crang, M., Travlou, P. S., "The City and Topologies of Memory", *Environment and Planning D: Society and Space* 19 (2001), pp. 161 – 177.

Crawford, H., "An Early Dynastic Trading Network in North Mesopotamia?" in D. Charpin, F. Joannes, eds., *La Circulation des Biensdes Personnes et des Idees dans le Proche-Orient Ancien*, Paris: Editions Recherche sur les

Civilisations, 1992, pp. 77 – 82.

Crinson, M. , "Urban Memory: An Introduction", in M. Crinson, ed. , *Urban Memory: History and Amnesia in the Modern City*, London and New York: Routledge, 2005, pp. xi – xx.

Curtis, J. , et al. , "An Assessment of Archaeological Sites in June 2008: An Iraq British Project", *Iraq* 70 (2008), pp. 215 – 237.

Cusack, C. , "A Review of Liqud City: Megalopolis and the Contemporary Northeast", *Professional Geographer* 61/1 (2009), pp. 129 – 131.

Dalley, S. , "Nineveh, Babylon and the Hanging Gardens: Cuneiform and Classical Sources Reconciled", *Iraq* 56 (1994), pp. 45 – 58.

Dalley, S. , "The Hanging Gardens of Babylon at Nineveh", in H. Waetzoldt, H. Hauptmann, eds. , *Assyrien im Wandel der Zeiten: XXXIXe Rencontre Assyriologique Internationale Heidelberg 6. – 10. Juli 1992*, Heidelberg: Heidelberger Orientverlag, 1997, pp. 19 – 24.

Debevoice, N. C. , "Parthian Problems", *The American Journal of Semitic Languages and Literatures* 47/2 (1931), pp. 73 – 82.

Donbaz, V. , Frame, G. , "The Building Activities of Shalmaneser I in Northern Mesopotamia", *Anuual Review of the Royal Inscriptions of Mesopotamia Project* 1 (1983), pp. 1 – 5.

Emberling, G. , "Urban Social Transformations and the Problem of the 'First City'", in M. L. Smith, ed. , *The Social Construction of Ancient Cities*, Washington and London: Smithsonian Books, 2003, pp. 254 – 268.

Edens, C. , "Dynamics of Trade in the Ancient Mesopotamian 'World System'", *American Anthropologist* 94/1 (1992), pp. 118 – 139.

Edens, C. , Kohl, P. , "Trade and World Systems in Early Bronze Age Western Asia", in C. Scarre, F. Healy, eds. , *Trade and Exchange in Prehistoric Europe*, Oxford: Oxbow Monograph, 1993, pp. 17 – 34.

Edzard, D. , "Die Inschriften der altakkadischen Rollsiegel", *Archiv fur Orientforschung* 22 (1968), pp. 12 – 20.

Ehlers, E., Floor, W., "Urban Change in Iran, 1920 – 1941", *Iranian Studies* 26/3 – 4 (1993), pp. 251 – 275.

Ellis, J. R., "Poputation-Transppants by Philip Ⅱ", *Makedonike* 9 (1969), pp. 9 – 17.

Ellis, M. deJong, "Ischali: An Old Babylonian Town and Its Economic Archives", in E. Aerts, ed., *Tenth International Economic History Congress, Session B – 16: The Town as Regional Economic Centre in the Ancient Near East Studies in the Social and Economic History*, vol. XX, Leuven: Leuven University Press, 1990, pp. 103 – 114.

Emberling, G., "Urban Social Transformations and the Problem of the 'First City': New Research from Mesopotamia", in M. L. Smith, ed., *The Social Construction of Ancient Cities*, Washington DC: Smithsonian Institution Press, 2003, pp. 254 – 268.

Ersoy, A., "Cosmopolitan Attachment: Pluralism and Civic Identity in Late Ottoman Cities", *Journal of Urban History* 41/3 (2015), pp. 521 – 525.

Falconer, S., Savage, S., "Heartlands and Hinterlands: Alternative Trajectories of Early Urbanization in Mesopotamia and the Southern Levant", *American Antiquity* 60 (1995), pp. 37 – 58.

Favro, D., "Meaning and Experience: Urban History from Antiquity to the Early Modern Period", *Journal of the Society of Architectural Historians* 58 (2000), pp. 364 – 373.

Fiandra, E., "Similarities and Differences in the Architectural Structures of the Palaces in Crete and Ugarit", *Studies in Mediterranean Archaeology* 39 (1997), pp. 49 – 73.

Finley, M. I., "The Ancient City: From Fustel de Coulanges to Max Weber and Beyond", *Comparative Studies in Society and History* 19 (1977), pp. 305 – 327.

Florida, R., Gulden, T., Mellander, C., "The Rise of the Megaregions", *Cambridge Journal of Regions, Economy and Society* 3/1 (2008), pp.

459 - 476.

Frenkel, M., "Medieval Alexandria: Life in a Port City", *Al-Masaq: Journal of the Medieval Mediterranean* 26/1 (2014), pp. 5 - 35.

George, A. R., "The Tower of Babel: Archaeology, History and Cuneiform Texts", *Archiv Fur Orientforschung* 51 (2005), pp. 75 - 95.

Germeraad, P. W., "Islamic Traditions and Contemporary Open Space Design in Arab-Muslim Selltements in the Middle East", *Landscape and Urban Planning* 23/2 (1993), pp. 97 - 106.

Gottmann, J., "Megalopolis or the Urbanization of the Northeastern Seaboard", *Economic Geography* 33 (1957), pp. 189 - 200.

Gottmann, J., "Megalopolitan Systems around the World", *Ekistics* 243/41 (1976), pp. 109 - 111.

Graf, D. F., "Greek Tyrants and Achaemenid Politics", in J. W. Eadie, J. Ober, eds., *The Craft of the Ancient Historian: Essays in Honor of Chester G. Star*, Lanham: University Press of America, 1985, pp. 87 - 91.

Graf, D. F., "The Persian Royal Royal System", in H. Sancisi-Weerdenburg, etc., eds., *Achaemenid History, vol. VIII: Continuity and Change*, Leiden: Nederlands Instituut voor het Nabije Oosten, 1994, pp. 167 - 189.

Guzman, G., "Christian Europe and Mongol Asia: First Medieval Intellectual Contact between East and West", *Essays in Medieval Studies* 2 (1989), pp. 227 - 244.

Hakim, B. S., "Hakim's Work on Traditional Islamic and Mediterranean Urbanism", *International Journal of Architectural Research* 2 (2007), pp. 100 - 105.

Hakim, B. S., "Mediterranean Urban and Building Codes: Origins, Content, Impact and Lessons", *Urban Design International* 13/1 (2008), pp. 21 - 40.

Hakim, B. S., "Urban Form in Traditional Islamic Cultures: Further Studies needed for Formmulating Theory", *Cities* 16/1 (1999), pp. 51 – 55.

Hansen, D. P., "Royal Building Activity at Sumerian Lagash in the Early Dynastic Period", *Biblical Archaeologist* 55 (1992), pp. 206 – 211.

Hermann, G., "Lapis Lazuli: The Early Phases of Its Trade", *Iraq* 30 (1968), pp. 21 – 57.

Hillenbrand, R., "Anjar and Early Islamic Urbanism", in G. P. Brogiolo, B. Ward-Perkins, eds., *The Idea and Ideal of the Town between Late Antiquity and the Early Middle Ages*, Leiden: E. J. Brill, 1999, pp. 59 – 98.

Holt, P. M., "Some Observations on the Abbasid Caliphate of Cairo", *Bulletin of the School of Oriental and African Studies* 47/3 (1984), pp. 501 – 507.

Hopwood, D., "The Ottoman Conquest and the Development of the Great Arab Towns", in D. Hopwood, ed., *Studies in Arab History: The Antonius Lectures, 1978 – 87*, New York: St. Martin's Press, 1990, pp. 41 – 60.

Finkelstein, I., Na'Aman, N., "Shechem of the Amarna Period and the Rise of the Northern Kingdom of Israel", *Israel Exploration Journal* 55/2 (2005), pp. 172 – 193.

Finkelstein, I., "The Stratigraphy and Chronology of Megiddo and Beth-Shan in the 12th – 11th Centuries BCE", *Tel Aviv* 23 (1996), pp. 170 – 184.

Finkelstein, I., "The Territorial-Political System of Canaan in the Late Bronze Age", *Ugarit Forschungen* 28 (1996), pp. 221 – 255.

Frame, G., Grayson, A. K., "An Inscription of Ashurbanipal Mentioning the Kidinnu of Sippar", *State Archives of Assyria Bulletin* 8/1 (1994), pp. 3 – 12.

Guterbock, H. G., "Carchemish", *Journal of Near Eastern Studies* 13 (1954), pp. 102 – 114.

Guterbock, H. G., "The Hittite Conquest of Cyprus Reconsidered", *Journal of Near Eastern Studies* 26 (1967), pp. 73 – 81.

Jackson, P. , "The Crisis in the Holy Land in 1260", *English Historical Review* 95 (1980), pp. 481 – 513.

Jamalinezhad, M. , Talakesh, S. M. , Soltani, S. H. K. , "Islamic Principles and Culture Applied to Improve Life Quality in Islamic Cities", *Procedia-Social and Behavioral Sciences* 35 (2012), pp. 330 – 334.

Karimian, H. , "Transition from Equality to the Hierarchical Social Structure and Urban Form in the Early Islamic Cities", *Der Islam* 86/2 (2011), pp. 237 – 270.

Kennedy, H. , "From Polis to Madina: Urban Change in Late Antique and Early Islamic Syria", *Past and Present* 106/1 (1985), pp. 3 – 27.

Kubat, A. S. , "The Morphological Characteristics of Anatolian Fortified Towns", *Environment and Planning B: Planning and Design* 24 (1997), pp. 95 – 123.

Kuhrt, A. , "The Old Assyrian Merchants", in H. Parkins, C. Smith, eds. , *Trade, Traders and the Ancient City*, London and New York: Routledge, 1998, pp. 16 – 30.

Lang, R. , Nelson, A. , "The Rise of the Megalpolitans", *Planning* 73/1 (2007), pp. 7 – 12.

Lang, R. , Knox, P. K. , "The New Metropolis: Rethinking Megalopolis", *Regional Studies* 43/6 (2009), pp. 789 – 802.

Lapidus, I. , "The Evolution of Muslim Urban Sociey", *Comparative Studies in Society and History* 15/1 (1973), pp. 21 – 50.

Lassen, A. W. , "The Trade in Wool in Old Assyrian Anatolia", *Jaarbericht ex Oriente Lux* 42 (2010), pp. 159 – 179.

Lieberman, S. J. , "Nippur: City of Decisions", in M. DeJong Ellis, ed. , *Nippur at the Centennial: Papers Read at the 35e Rencontre Assyriologique Internationale*, Philadelphia: University Museum, 1992, pp. 127 – 136.

McChesney, R. , "Four Sources on Shah 'Abbas's Building of Isfahan",

Muqarnas 5 (1988), pp. 103 – 134.

Macheod, G., "New Regionalism Reconsidered: Globalization and the Remaking of Political Economic Space", *International Journal of Urban and Regional Research* 25/4 (2001), pp. 804 – 829.

Mallowan, M., "The Development of Cities from al Ulbaid to the End of Uruk 5", in I. E. Edwards, et al., eds., *The Cambridge Ancient History*, vol. I, part 1, Cambridge: Cambridge University Press, 1980, pp. 413 – 420.

Mallowan, M. E. L., "The Mechanics of Ancient Trade in Western Asia", *Iran* 3/1 (1965), pp. 1 – 7.

Marro, C., "Upper Mesopotamia and the Caucasus: An Essayonthe Evolution of Routes and Road Networks from the Old Assyrian Kingdom to the Ottoman Empire", in A. Sagona, ed., *A View from Highlands: Archaeological Studies in Honor of Charles Burney*, Herent: Peeters, 2004, pp. 91 – 120.

Martinez-Seve, L., "Laville de Suse a l'epoquehellenistique", *Revue Archeologique* 33/1 (2002), pp. 31 – 53.

Meeks, W. A., "Saint Paul of the Cities", in P. S. Hawkins, *Civitas: Religious Interpretations of the City*, Atlanta: Scholars Press, 1986, pp. 17 – 23.

Mellaart, J., "Early Urban Communities in the Near East, c. 9000 – 3400 BC", in P. R. S. Moorey, ed., *The Origins of Civilization*, Oxford: Clarendon Press, 1979, pp. 22 – 34.

Menoret, P., "Cities in the Arabian Peninsula: Introduction", *City* 18/6 (2014), pp. 698 – 700.

Michalowski, P., "Third Millennium Contacts: Observations on the Relationships between Mari and Ebla", *Journal of Ancient Oriental Studies* 105/2 (1985), pp. 293 – 302.

Millar, F., "Caravan Cities: the Roman Near East and Long-distance Trade by Land", in M. Austin, et al., eds., *Modus Operandi: Essays in honour of Geoffrey Rickman*, London: University of London, 1998, pp. 121 – 137.

Mills, A., "Urban Space and Social Transformation in the Middle East", *Journal of Urban History* 38/2 (2012), pp. 379 – 384.

Moqimizade, Z., "Comparative Comparison of City and Urbanism during Sassanid Period in Iran and the Ancient Roman", *Tarih Kultur ve Sanat Arastırmaları Dergisi* 6/1 (2017), pp. 668 – 684.

Morgan, D., "The Mongol Armies in Persia", *Der Islam* 56/1 (2009), pp. 81 – 96.

Mustafa, F. A., Hassan, A. S., "Mosque Layout Design: An Analytical Study of Mosque Layouts in the Early Ottoman Period", *Frontiers of Architectural Research* 2/4 (2013), pp. 445 – 456.

Nagel, W., "Where Were the 'Hanging Gardens' Located in Babylon?" *Sumer* 35 (1979), pp. 241 – 242.

Naji, A. J., Ali, Y. N., Melikianchirvani, A. S., Chalmeta, P., "The Suqs of Basrah: Commercial Organization and Activity in a Medieval Islamic City", *Journal of the Economic and Social History of the Orient* 24/1 (1981), pp. 298 – 324.

Nakabayashi, I., "Urban Structure of the Islamic City and Its Modern Transformation: A Case Study of Aleppo, Syria", *Geographical Reports of Tokyo Metropolitan University* 24 (1989), pp. 1 – 14.

Neglia, G. A., "An Interpretation of the Urban Fabric: The Structure of Pre-Islamic Aleppo", *Urban Morphology* 11/1 (2007), pp. 43 – 58.

Neumann, H., "Der Vertragzwischen Ebla und Abarsal", in B. Janowski, G. Wilhelm, eds., *Texte aus Umwelt des Alten Testaments*, Neue Folge Band 2, Gutersloh: Gutersloher Verlagshaus, 2005, pp. 2 – 9.

Neve, P. J., "Hattusha, the City of the Gods and Temples: Results of Excavations in the Upper City", *Proceedings of the British Academy* 80

(1993), pp. 105 – 132.

Novák, M., "From Ashur to Nineveh: The Assyrian Town: Planning Programme", *Iraq* 66 (2004), pp. 177 – 185.

Oguchi, H., "Trade Routes in the Old Assyrian Period", *Al-Rafidan* 20 (1990), pp. 85 – 106.

Oppenheim, A. L., "The Seafaring Merchants of Ur", *Journal of the American Oriental Society* 74 (1954), pp. 6 – 17.

Parpola, S., Parpola, A., Brunswig, R. H., "The Meluhha Village: Evidence of Acculturation of Harappan Traders in Late Third Millennium Mesopotamia", *Journal of Economic and Social History of the Orient* 20/2 (1977), pp. 129 – 165.

Pettinato, G., "Cuneiform Inscriptions Discovered from Seleucia on the Tigris 1964 – 1970", *Mesopotamia* 5 – 6 (1970 – 1971), pp. 49 – 66.

Potter, D. S., "The Inscriptions on the Bronze Herakles from Mesene: Vologeses IV's War with Rome and the Date of Tacitus Annales", *Zeitschrift fur Papy rologie und Epigraphik* 88 (1991), pp. 277 – 290.

Prazniak, R., "Tabriz on the Silk Roads: Thirteenth Century Eurasian Cultural Connections", *The Asian Review of World History* 2 (2013), pp. 169 – 188.

Radner, K., "The Assur-Nineveh-ArbelaTriangle: Central Assyria in the Neo-Assyrian period", in P. Miglus, S., Muhl, eds., *Between the Cultures : The Central Tigris Region in Mesopotamia from the 3rd to the 1st Millennium BC*, Heidelberg: Heidelberger Orient-Verlag, 2011.

Rajagopalan, M., "Planning Middle Eastern Cities", *Journal of Archtectural Education* 59/2 (2008), pp. 68 – 69.

Raymond, A., "Islamic City, Arab City: Orientalist Myths and Recent Views", *British Journal of Middle Eastern Studies* 21/1 (1994), pp. 3 – 18.

Reade, J. E., "Greco-Parthian Nineveh", *Iraq* 60 (1998), pp. 65 – 83.

Reade, J. E., "The Evolution of Assyrian Imperial Architecture: Political Implications and Uncertainties", *Mesopotamia* 46 (2011), pp. 109 – 125.

Reade, J. E., "The Palace of Tiglath-pileser III", *Iraq* 30 (1968), pp. 69 – 73.

Reade, J. E., "The Ishtar Temple at Nineveh", *Iraq* 67/1 (2005), pp. 347 – 390.

Redman, C. L., "Archeology in a Medieval City of Islam", *Middle East Studies Association Bulletin* 14/2 (1980), pp. 1 – 22.

Reviv, H., "Kidinnu Observations on Previleges of Mesopotamian Cities", *Journal of the Economic and Social Hsitroy of the Orient* 31/3 (1988), pp. 286 – 298.

Rivkah, H., "Some Aspects of the Centralization of the Realm under Hammurapi and His Successors", *Journal of the American Oriental Society* 88/4 (1968), pp. 727 – 732.

Roaf, M., "Sculptors and Designers at Persepolis", in A. C. Gunter, ed., *Investigating Artistic Environments in the Ancient Near East*, Washington: Arthur M. Sackler Gallery, Smithsonian Institution, 1990, pp. 105 – 114.

Ronaghy, H. A., "Major Source of Air Pollution in Iranian Cities", *Journal of Iranian Research and Analysis* 17/1 (2001), pp. 56 – 65.

Rondinelli, D. A., Johnsona, J. H., Kasarda, J. D., "The Changing Forces of Urban Economic Development: Globalization and City Competitiveness in the 21st Century", *Cityscape* 3/3 (1998), pp. 71 – 105.

Rosenthal, S. T., "Foreigners and Municipal Reform in Turkey: 1855 – 1865", *International Journal Middle East Studies* 11/2 (1980), pp. 227 – 245.

Ryan, J., " 'Unveiling' the Tramway: The Intimate Public Sphere in Late Ottoman and Republican Istanbul", *Journal of Urban History* 44/5 (2016), pp. 811 – 834.

Saggs, H. W. F., "Hitorical Texts and Fragments of Sargon II of Assyria, 1:

The Assur Charter", *Iraq* 37/1 (1975), pp. 11 – 20.

Saleh, M. A. E., "The Impact of Islamic and Customary Laws on Urban Form Development in Southwestern Saudi Arabia", *Habitat International* 22/4 (1998), pp. 537 – 556.

Schroeter, D. J., "Jewish Quarters in the Arab-Islamic Cities of the Ottoman Empire", in L. Avigdor, ed., *The Jews of the Ottoman Empire*, Princeton: The Darwin Press, 1994, pp. 287 – 300.

Seymour, M., "Neighbors through Imperial Eyes: Depicting Babylonia in the Assyrian Campaign Reliefs", *Journal of Ancient Near Eastern History* 4/1 – 2 (2018), pp. 129 – 162.

Sharifi, A., Murayama, A., "Changes in the Traditions Urban Form and the Social Sustainability of Contemporary Cities: A Case Study of Iranian Cities", *Habitat International* 38 (2013), pp. 126 – 134.

Shechter, R., Yacobi, H, "Cities in the Middle East: Politics, Representation and History", *Cities* 22/3 (2005), pp. 183 – 188.

Shelekpayev, N., "Making Cities Great Again?" *Journal of Urban History* 44/3 (2018), pp. 533 – 538.

Schlesinger, A. M., "The City in American History", *The Mississippi Valley Historical Review* 27/1 (1940), pp. 43 – 66.

Smith, J., "Demographic Considerations in Mongol Siege Warfare", *Archivum Ottomanicum* 13 (1994), pp. 329 – 334.

Smith, M. E., "Form and Meaning in the Earliest Cities: A New Approach to Ancient Urban Planning", *Journal of Planning History* 6/1 (2007), pp. 3 – 47.

Smith, M. L., "Introduction: The Social Construction of Ancient Cities", in M. L. Smith, ed., *The Social Construction of Ancient Cities*, Washington and London: Smithsonian Books, 2003, pp. 1 – 36.

Smith, M. E., "The Earliest Cities", in G. Gmelch, W. Zenner, eds., *Urban Life: Readings in Urban Anthropology*, 4th edition, Prospect

Heights: Waveland Press, 2002, pp. 3 – 19.

Smith, R. G. , "Beyond the Global City Concept and Myth of 'Command and Control' ", *International Journal of Urban and Regional Research* 38/1 (2014), pp. 98 – 115.

Smith, S. , "Yarim-Lim of Yamhad", *Rivista Studi Orientali* 32 (1957), pp. 155 – 184.

Stone, E. , "The Development of Cities in Ancient Mesopotamia", in J. M. Sasson, et al. , eds. , *Civilizations of the Ancient Near East*, Peabody: Hendrickson Publishers, 2000, pp. 235 – 248.

Turnbull, S. , *The Ottoman Empire 1326 – 1699*, New York: Osprey, 2003.

Valencia, A. , "The City, The City in Islam", *Journal of Urban History* 36/6 (2010), pp. 906 – 909.

Van de Mieroop, M. , "Old Babylonian Ur: Portrait of an Ancient Mesopotamian City", *Journal of Ancient Near Eastern Studies* 21 (1992), pp. 119 – 130.

Vidal, J. , "Ugarit and the Southern Levantine Sea-ports", *JESHO* 49/3 (2006), pp. 269 – 279.

Waugh, D. , "Richthofen's 'Silk Roads': Toward the Archaeology of a Concept", *The Silk Road* 5/1 (2007), pp. 1 – 10.

Wheatley, P. , "Levels of Space Awareness in the Traditional Islamic City", *Ekistics* 253 (1976), pp. 354 – 366.

Wheatley, P. , "The Concept of Urbanism", in P. J. Ucko, R. Tringham, G. W. Dimbleby, eds. , *Man Settlement and Urbanism*, Cambridge: Gerald Duckworth, 1972, pp. 601 – 637.

Whitehouse, D. , "Siraf: A Medieval Port on the Persian Gulf", *World Archaeology* 2/2 (1970), pp. 141 – 158.

Wirth, E. , "Die Orientalische Stadt", *Saeculum* 26 (1975), pp. 43 – 94.

Wirth, L. , "Urbanism as a Way of Life", *American Journal of Sociology* 44/1 (1938), pp. 1 – 24.

Wolf, S., "Other Urban Early Modernities: Istanbulin the Fifteenth and Eighteenth Centuries", *Journal of Urban History* 38/1 (2012), pp. 152 – 158.

Wortley, J., "Studies on the Cult of Relics in Byzantium up to 1204", *Speculum* 85/4 (2010), pp. 1061 – 1062.

Yan, Chen, "Earliest Silk Route: The Southwest Route", *China Reconstructs* 35/10 (1986), pp. 59 – 62.

Yofee, N., "The Decline and Rise of Mesopotamian Civilization: An Ethnoarchaeological Perspective on the Evolution of Social Complexity", *American Antiquity* 44/1 (1979), pp. 5 – 35.

Yu, Hong, "Motivation behind China's 'One Belt, One Road' Initiatives and Establishment of the Asian Infrastructure Investment Bank", *Journal of Contemporary China* 26/105 (2016), pp. 353 – 368.

Zhou, Yixing, "The Metropolitan Interlocking Regions in China: A Preliminary Hypothesis", in N. Ginsburg, B. Koppel, T. G. McGee, eds., *The Extended Metropolis: Settlement Transition in Asia*, Honolulu: University of Hawii Press, 1991, pp. 89 – 111.